D1697481

Rudolf Weth (Hg.)

Der lebendige Gott

Auf den Spuren
neueren trinitarischen Denkens

Neukirchener

© 2005
Neukirchener Verlag
Verlagsgesellschaft des Erziehungsvereins mbH, Neukirchen-Vluyn
Alle Rechte vorbehalten
Umschlaggestaltung: Hartmut Namislow
Druckvorlage: Dorothee Schönau
Gesamtherstellung: Fuck Druck, Koblenz
Printed in Germany
ISBN 3-7887-2123-5

Abbildung Titelseite: Gnadenstuhl aus dem Nordostfenster des Chorraums der Augustinerkirche in Erfurt

Bibliografische Information Der Deutschen Bibliothek

Die Deutsche Bibliothek verzeichnet diese Publikation in der Deutschen Nationalbibliografie; detaillierte bibliografische Daten sind im Internet über http://dnb.ddb.de abrufbar.

Vorwort des Herausgebers

Schon seit einiger Zeit lässt sich ein »neues trinitarisches Denken«, ja die »Wiederentdeckung des dreieinigen Gottes« in der zeitgenössischen Theologie feststellen. In Abgrenzung zu einem abstrakten Monotheismus wird Gott als der »lebendige«, weil trinitarisch-geschichtlich handelnde und erfahrene Gott neu entdeckt. Das ist umso bemerkenswerter, als die klassische Trinitätslehre noch immer im Verdacht steht, weit entfernt von ihren biblischen Wurzeln das Produkt griechisch-hellenistischer Spekulation zu sein. So fragen sich bis in die Gegenwart manche akademischen Theologen und viele Praktiker, »ob es noch heute notwendig oder auch nur opportun sei, an diesem Punkt (sc. der kirchlichen Trinitätslehre) über die biblische Botschaft hinauszugehen, oder ob man lieber – um der großen Verstehens- und Verständigungsschwierigkeiten, die die Trinitätslehre im interreligiösen Dialog bereitet – darauf verzichten sollte« (A. Ritter, Art. Trinität I in TRE, Bd. 34, 92, mit Bezug auf Karl-Heinz Ohlig, Ein Gott in drei Personen? Vom Vater Jesu zum »Mysterium« der Trinität, 1999).

Das alles hat die Gesellschaft für Evangelische Theologie bewogen, auf Spurensuche zu gehen und ihre Jahrestagung in Erfurt vom 21.–23. Februar 2005 unter das Thema »Der lebendige Gott. Auf den Spuren neuerer trinitarischen Denkens und Redens in unserer Zeit« zu stellen. Viele Teilnehmerinnen und Teilnehmer haben die Erfurter Tagung mit diesem zentralen und anspruchsvollen Thema als besonders spannend und anregend empfunden. Der Wunsch nach einer Dokumentation zwecks Nach- und Weiterarbeit ist entsprechend groß. Der vorliegende Band dokumentiert alle in Erfurt gehaltenen Vorträge in für den Druck bearbeiteter Fassung, ergänzt sie aber um weitere sachdienliche Beiträge aus der Werkstatt und dem Umfeld der Erfurter Arbeitsgruppen. Auf diese Weise ist ein ansehnlicher Reader entstanden, der das theologische Interesse weit über den Erfurter Teilnehmerkreis hinaus finden wird.

Der erste Beitrag von *Ulrike Link-Wieczorek*, auf der Erfurter Tagung der Eröffnungsvortrag, empfiehlt sich in doppelter Hinsicht als Einführung. Wie schon der Titel »Warum trinitarisch von Gott reden? Zur Neuentdeckung der Trinitätslehre in der heutigen Theologie« andeutet, geht es hier nicht nur um einen informativen Überblick über die verschiedenen Neuansätze, sondern auch um eine originelle theologische Orientierung und Weiterführung in der Sache. Zugleich hat Ulrike Link-Wieczorek einführende Hinweise auf die in Erfurt vorgesehenen und gehaltenen Vorträge von *Hans-Joachim Eckstein, Susanne Plietzsch, Bertold Klappert, Michael Welker, Michael Meyer-Blanck und Thomas Sternberg* in ihren Überblick eingearbeitet. Ich kann mich deshalb auf wenige tagungsbezogene und editorische Bemerkungen beschränken. Leider war Magdalene L. Frettlöh ganz kurzfristig, bedingt durch einen Unfall, verhindert, ihren angekündigten Vortrag über »Haus Trinitatis‹ – Knüpfungen zwischen RAUMkategorischen Interpretationen der Lehre von der immanenten Trinität und der rabbinischen Gottesbenennung MAQOM« zu halten. Freundlicherweise sprang *Bertold Klappert*, der für eine Arbeitsgruppe gemeinsam mit Peter Ochs vorgesehen war, mit einem Vortrag ein, der auf seinen Synodalvortrag vor der Landessynode der Ev. Kirche im Rheinland im Januar 2005 aus Anlass des Rückblicks auf 25 Jahre Rheinischer Synodalbeschluss »Zur Erneuerung des Verhältnisses von Christen und Juden« zurückging. Die Quintessenz dieses Vortrags findet sich in dem hier abgedruckten Beitrag »Geheiligt werde dein NAME – Dein Torawille werde getan!«, der die durchgesehene und im dritten Teil erweiterte Fassung des Aufsatzes »Geheiligt werde dein NAME! – Erwägungen zu einer gesamtbiblischen Trinitätslehre in israeltheologischer Perspektive« (in: Katja Kriener / Johann Michael Schmidt [Hg.], »... um Seines NAMENs willen« – Christen und Juden vor dem Einen Gott Israels, 2005, 118–134) darstellt. Klapperts Vortrag hat auf der Erfurter Tagung starke Beachtung gefunden. Er stand allerdings auch in deutlichem, exegetischem und theologischem Widerspruch zu dem Beitrag von *Hans-Joachim Eckstein* über »Die Anfänge trinitarischer Rede von Gott im Neuen Testament« – eine Spannung, die viele Gespräche durchzog und im Schlussplenum noch einmal ausdrücklich als nicht aufgelöst festgestellt wurde.

Das empfinde ich keineswegs als Schaden, sondern im Gegenteil als Aufforderung zur theologischen Weiterarbeit am Thema, was ja auch schon auf der Erfurter Tagung geschah. Einerseits wurde deutlich, dass die christliche Trinitätslehre nicht nur biblische Wurzeln hat, sondern bereits frühe biblische, und zwar neutestamentliche, Anfänge: Ohne die »hohen«, soteriologisch begründeten christologischen Aussagen über die Gottessohnschaft bzw. »Gottheit« Jesu gäbe es überhaupt keine Notwendigkeit trinitarischer Rede von Gott. Andererseits wurde deutlich: Nur eine gesamtbiblische Perspektive, die auch die notorische NAMENs- und Israelvergessenheit christlicher Theologie überwindet, kann vor einer spekulativen und abstrakten Trinitätslehre bewahren.

Es zeigt sich: Das neue trinitarische Denken verdankt sich ganz wesentlich dem christlich-jüdischen Dialog, wie er auf der Basis des Rheinischen Synodalbschlusses, aber auch schon davor und weit darüber hinaus u.a. mit dem Bemühen geführt wird, das jüdische Bekenntnis zu dem einen Gott und die christliche Trinitätslehre ins Gespräch zu bringen. Von *Peter Ochs*, einem der Unterzeichner und Wortführer der New Yorker Rabbiner-Erklärung »Dabru Emet«, der für einen Vortrag in Erfurt zuge-

sagt hatte, krankheitshalber aber seine Zusage zurücknehmen musste, kommt auf diesem Hintergrund der Beitrag »Dreifaltigkeit und Judentum« (in: Concilium 39. Jg., 2003, H. 4, 433–441) zum Abdruck. *Eberhard Busch*, langjähriges Mitglied der Gesellschaft, hat seinen Beitrag »Die Trinitätslehre angesichts der Kritik von Judentum und Islam« (in: Bärbel Köhler [Hg.], Religion und Wahrheit, Religionsgeschichtliche Studien, 1998, 217–236) zur Verfügung gestellt, aus dem die grundlegende Differenz zwischen dem jüdischen und dem islamischen Bekenntnis zu dem einen Gott jeweils im Verhältnis zu dem christlich-trinitarischen Bekenntnis erhellt und der sich im Übrigen gut als Einstieg in den gesamten Band eignet. *Jürgen Moltmann*, einer der großen Wegbereiter und Wortführer des neuen trinitarischen Denkens, leitete auf der Erfurter Tagung eine Arbeitsgruppe und hat mit seinem Beitrag »Der dreieinige Gott« eine Neuinterpretation der trinitarischen »Perichorese« im Sinne wechselseitiger Einwohnung und Durchdringung der göttlichen Personen vorgestellt. *Magdalene L. Frettlöh* hat angekündigt, den ursprünglich für Erfurt vorgesehenen Beitrag »Haus Trinitatis«, in dem sie die raumprojektiven Trinitätslehren Jürgen Moltmanns, Friedrich-Wilhelm Marquardts und Peter Sloterdijks im Horizont der topologischen Wende diskutiert und eine eigene trinitarische Theologie des Raumes entwirft, als Monographie erscheinen zu lassen. Sie hat aber freundlicherweise unter der Überschrift »Der trinitarische Gott als Raum der Welt« eine deutlich erweiterte und aktualisierte Fassung ihres Vortrags »Von den Orten Gottes zu Gott als Ort. Máqom, eine rabbinische Gottesbenennung und die christliche Lehre von der immanenten Trinität«, der auf einer Tagung der Ev. Akademie in Berlin über die theologische Utopie Friedrich-Wilhelm Marquardts gehalten wurde, zur Verfügung gestellt. Diesen Beitrag darf man als eine »topologische ReVision« der Lehre von der immanenten Trinität, mit der sie die eschatologische und utopische Gotteslehre Marquardts fortschreibt, bezeichnen.
Eine Erfurter Arbeitsgruppe war dem Gespräch mit der orthodoxen Theologie und damit dem neuen Nachdenken über die Sendung des Geistes gewidmet, das die Neuansätze trinitarischen Denkens in unserer Zeit ebenfalls inspiriert hat. In diesem Kontext steht der Beitrag des orthodoxen Theologen und Moltmannschülers *Daniel Munteanu* über »Das Filioque – ewige Streitfrage oder Herausforderung der ökumenischen Trinitätslehre?« – Hat die trinitarische Rede von Gott auch ethische Konsequenzen? Über diese Frage haben Daniel Munteanu und *Heinrich Bedford-Strohm* in einer gesonderten Arbeitsgruppe nachgedacht und gehen unter dem Titel »Trinität und Gemeinschaft der Liebe« den verschiedenen Ansätzen der neuen sozialen Trinitätslehre (Jürgen Moltmann, Leonardo Boff, Elizabeth Johnson) und ihrer Rezeption in der ökumenischen Bewegung nach.
Es ist Beschlusslage der Gesellschaft für Ev. Theologie, das friedensethische Thema auf der Tagesordnung aller ihrer Tagungen zu halten und zu

reflektieren. Das geschieht mit dem Beitrag des bekannten Friedensethikers *Joachim Garstecki*, der in Erfurt gemeinsam mit Heino Falcke eine entsprechende Arbeitsgruppe geleitet hat.

Der Band schließt ab mit dem Mittagsgebet in der Augustinerkirche, das *Heino Falcke*, lange Jahre Propst in Erfurt, zum Abschluss der Tagung mit den Teilnehmerinnen und Teilnehmern in der Augustinerkirche gestaltet hat. In seiner Ansprache, die die Eindrücke der Tagung, aber auch die Erfahrung der Tsunami-Katastrophe widerspiegelt, setzt er ein mit der Meditation einer Gnadenstuhldarstellung im Buntfenster an der Nordwand des Hohen Chores der Augustinerkirche. Eine Wiedergabe dieses Kirchenfensters findet sich auf dem Umschlag dieses Bandes und fügt sich im Übrigen gut dem Vortrag von *Thomas Sternberg* über »Visualisierungen des Einen Gottes in drei Personen« an, den er am Abend des 22. Februars gehalten hat.

Auch namens des Vorstands der Gesellschaft für Evangelische Theologie danke ich allen Autorinnen und Autoren, dass sie ihren Beitrag für diesen Sammelband zur Verfügung gestellt haben. 1991 wurde ich zum Vorsitzenden der Gesellschaft für Evangelische Theologie gewählt und habe gemeinsam mit dem Vorstand sieben Tagungen der Gesellschaft vorbereitet und geleitet, deren Ergebnisse alle im Neukirchener Verlag nach sorgfältiger und umsichtiger Lektorierung durch Herrn Ekkehard Starke, dem ich dafür herzlich danke, veröffentlicht wurden. Ich habe diese Arbeit mit großer Freude getan und bin dankbar nicht nur für die gute Zusammenarbeit im Vorstand, sondern auch für die in der Gesellschaft erfahrene vielfältige Begegnung, Anregung und Freundschaft. Ein besonderer Dank gilt meiner langjährigen Neukirchener Mitarbeiterin Inge Keidel, die alle Tagungen mit ihrem organisatorischen Charisma und mit großer Freundlichkeit begleitet hat. Gerne habe ich das Amt des Vorsitzenden in die bewährten Hände von Heinrich Bedford-Strohm gelegt, der der Gesellschaft seit vielen Jahren verbunden ist und in Erfurt zum neuen Vorsitzenden gewählt wurde. Ich freue mich, noch eine Weile im Vorstand der Gesellschaft mitarbeiten zu dürfen, und verbinde mit dem Wechsel die zuversichtliche Hoffnung, dass die Gesellschaft für Evangelische Theologie ihren Satzungszweck, den Zeugnisauftrag der christlichen Gemeinde in unserer Zeit durch die Vermittlung theologischer Wissenschaft und praktischer Erfahrung des christlichen Glaubens und Lebens zu fördern, auch weiterhin glaubwürdig, verständlich für Theologen wie Laien und mit zunehmender ökumenischer Offenheit erfüllen kann. Gerne verabschiede ich mich als Vorsitzender mit einem eigenen, gemeindetheologischen Beitrag zum Verhältnis von trinitarischem Bekenntnis und offener Theodizeefrage, der Jürgen Moltmann, dem Lehrer und langjährigen Vorgänger im Amt des Vorsitzenden der Gesellschaft, in Freundschaft und großer Dankbarkeit gewidmet ist.

Neukirchen-Vluyn, 3. Oktober 2005   Rudolf Weth

Inhalt

ULRIKE LINK-WIECZOREK

Warum trinitarisch von Gott reden?

Zur Neuentdeckung der Trinitätslehre in der heutigen Theologie

»Aus der Dreieinigkeitslehre, nach den Buchstaben genommen, lässt sich schlechterdings nichts fürs Praktische machen (...).«[1] Dieser Ausspruch stammt nicht aus der jüngsten Gegenwart, sondern von Immanuel Kant. Aber viele Gemeindeglieder heute würden ihn wohl unterschreiben. obwohl es in der akademischen Theologie seit etwa 1980 eine ausdrückliche und sehr lebendige Neubesinnung auf die Trinitätslehre gegeben hat. Diesen Eindruck muss ich aus meinen eigenen Erfahrungen in der gemeindlichen Erwachsenenkatechese ebenso gewinnen wie in der Lehre mit Studierenden, die durchaus aus der kirchlichen Gemeindearbeit kommend sich für den Beruf der Religionslehrerin / des Religionslehrers entschieden haben. Immer noch wird die Trinitätslehre weitgehend für etwas Überflüssiges gehalten, insbesondere weil zunehmend evangelische Kirchenglieder äußern, sie glaubten »an eine höhere Kraft, aber nicht an einen Gott, wie ihn die Kirche beschreibt«.[2] Allenfalls könnten wir eine Art von Arianismus konstatieren, in dem zwischen Gott und Jesus Christus stark unterschieden wird. Für die Beschäftigung mit der Trinitätslehre heißt das, dass dabei auch zu fragen ist, inwiefern sie als hilfreich angeboten werden kann in dieser Situation – oder ob sie tatsächlich, wie Paul Tillich befürchtete, im Protestantismus dadurch, dass man keinen Gebrauch von ihr machte, sozusagen »verkümmerte (...), ähnlich wie im Leben ein Organ verkümmert und zum Lebenshindernis wird, wenn seine Funktion erloschen ist.«[3]
Ich werde im Folgenden in sechs Abschnitten über die Möglichkeiten, Schwierigkeiten und Chancen trinitarischen Redens von Gott nachdenken und damit gleichzeitig in diesen Band einführen.

---

[1] *Immanuel Kant*, Der Streit der Fakultäten, 1. Abschnitt, in: Werke in 10 Bden, hg. von *Wilhelm Weischedel*, Bd. 9, Darmstadt 1975, 303.
[2] *Klaus Engelhardt / Hermann von Loewenich / Peter Steinacker* (Hg.), Fremde Heimat Kirche. Die dritte EKD-Erhebung über Kirchenmitgliedschaft, Gütersloh 1997, 133. Vgl. dazu auch *Klaus-Peter Jörns*, Die neuen Gesichter Gottes. Was die Menschen heute wirklich glauben, München [2]1999, 48/49.
[3] *Paul Tillich*, Systematische Theologie, Bd. III, Stuttgart/Frankfurt [3]1981, 334.

1 Warum gerade drei? Vom Sinn der Trinitätslehre

Blickt man auf die Entstehungsgeschichte der Trinitätslehre in den ersten vier Jahrhunderten der Alten Kirche, so fällt auf, dass sie eingebettet ist in das Nachdenken über eine adäquate Redeweise von Jesus Christus. Sie diente zur Klärung des eigenen Gottesverständnisses, wie es sich aus dem Nachdenken über Jesus Christus ergeben hatte. Insofern stimmt es natürlich, dass es sich hier um ein nachbiblisches Erzeugnis handelt. Freilich sollte es – wie schon die Fragen zum Verständnis Jesu Christi – die biblische Botschaft über Gottes Heilswirken in Israel, Jesus Christus und in der Gegenwart der Gläubigen zur Sprache bringen. So gesehen entsteht die Dreierstruktur der Gottesrede zunächst aus ihrer Geschichte: aus der Einsicht, dass die verschiedenen biblisch bezeugten Gegenwartserfahrungen Gottes verklammert gesehen werden müssen, um deutlich von demselben Gott zu reden.[4] Das heißt nicht mehr und nicht weniger als: Ohne die Trinitätslehre gehörte das Alte Testament nicht zur christlichen Bibel. Die Einsicht, dass Gott trinitarisch einer ist, beruht auf einer Verklammerung verschiedener Gottesreden zu einer Gottesrede schon in der Schrift. (In dem Beitrag zum neutestamentlichen Befund zu unserem Thema stellt *Hans-Joachim Eckstein* heraus, wie früh sich hier bereits die sog. »hohe Christologie« entwickelte, die dann mindestens implizit eine solche Verklammerung voraussetzt.) Aller gegenteiligen Deutung in der Geschichte der Christenheit zum Trotz beruht die Trinitätslehre auf dem impliziten biblischen Axiom, dass der Gott der Juden kein anderer ist als der der Heiden. Der Interessenschwerpunkt dieses Bandes hat immens viel damit zu tun: Es soll geprüft werden, ob die weitläufige Meinung wirklich plausibel ist, dass gerade die trinitarische Gottesrede ein Zeichen für die Entfernung der Christen von den Juden darstellt. Die Hoffnung, dass sich Widerlegungsmöglichkeiten finden mögen, ist letztlich eine Hoffnung auf Erweis der Plausibilität der christlichen Rede von Gott. Gespannt lesen darf man darum die Beiträge von *Susanne Plietzsch, Bertold Klappert* sowie *Magdalene L. Frettlöh*.
Es empfiehlt sich, noch ein wenig bei der geschichtlichen Dreigestalt der Gottesrede zu bleiben und zu klären, wie sie entsteht: Letztlich spiegelt sie den Prozess christlicher Gotteserkenntnis wider, wie er sich immer wieder erneut auch bei uns ereignet. Man kann ihn zunächst so beschreiben, als ob die Gläubigen eine Art Zeitreise unternähmen. Aus einer Perspektive, in der sie durch Gottes Gegenwart im Christusgeschehen heraus »für Gott sensibilisiert« werden, stellen sie

---

[4] *Dietrich Ritschl*, Zur Logik der Theologie. Kurze Darstellung der Zusammenhänge theologischer Grundgedanken, München 1984, 178: »Sie (d.h. die Trinitätslehre, U. L.-W.) entspringt aus der gegenwärtigen Anbetung Gottes und drängt auf die gedankliche Verklammerung des Wirkens des Geistes in der Kirche mit dem Kommen und Gehen von Jesus und dem Gott Israels und Schöpfer der Welten.«

dabei zum einen einen Rückbezug her auf die Gegenwart Gottes in Israel, zum andern einen »Vorwärtsbezug« in die Wahrnehmung der
Gegenwart Gottes im Leben und Hoffen der Christus-Gläubigen jetzt.
Die differenzierenden biblischen Gottesnamen und Metaphern, die in
diesem doppelten Bezug in der Entwicklung des Redens von Gott gefunden wurden, ordnen diesen Bezügen unterschiedliche Hauptakzente
der Gottesgegenwart zu: Gott als Vater, dem Anfangen der Gotteserfahrung Israels – auch als Schöpfer erfahren –, Gott, der Sohn bzw. das
Wort seiner entschiedenen Manifestation im Christusgeschehen – als
Erlöser erkannt –, und Gott, der Geist als seine treibende und erneuernde Dynamik. Vater, Sohn/Wort und Geist – hätte man diese Metaphern nicht schon im biblischen Reden von Gott, hätte man sie vielleicht erfinden müssen.[5] Es lässt sich aber durchaus diskutieren, ob sie
die einzig mögliche Wahl der Versprachlichung der dreifachen grundlegenden Gotteserfahrung darstellen. Nicht nur von der feministischen
Theologie wird eingeworfen, dass die beiden ersten Metaphern, Vater
und Sohn, zu einer durchaus schädlichen Vermännlichung des Redens
von Gott in der Kirche beigetragen habe.[6] Schade, dass nicht die Figur
der Weisheit, die Sophia, stärkeres Gewicht bekommen hat. Elizabeth
Johnson schlägt vor, Gottes Weisheit zum Verbindungsglied der drei
zu verklammernden Gegenwartsformen zu machen. Von Geist-Sophia,
Jesus-Sophia und Mutter-Sophia sollten wir sprechen – Vater und
Sohn wären also als trinitarische Metaphern ersetzt durch andere biblisch angeregte Redeweisen.[7] Sicher wären dadurch auch einige Probleme, die mit dem Zusammendenken der »mittleren« Gotteserfah-
rungsweise, die nun »Sohn« genannt wird, und der Rede von der Person Jesu entschärft. (Dazu später noch ausführlicher). Die Theologiegeschichte hält auch Vorschläge bereit, die Erfahrungsweise von Gott,
dem Geist weiblich zu visualisieren.[8] Berühmt ist die Trinitätsdarstel-
lung in der Kirche von Urschalling, in der wie aus einem nach unten

---

[5] So *Bernd Oberdorfer*, Man müsste sie erfinden. Die Trinitätslehre ist kein
überflüssiges Dogma, sondern ein Fenster zum Himmel, in: Zeitzeichen 8/2004,
56–58.
[6] Vgl. dazu *J. Christine Janowski*, Art. Trinität, in: Wörterbuch der Feministischen Theologie; hg. von *Elisabeth Gössmann* u.a., 2. vollst. überarb. u. grundlg.
erw. Aufl., Gütersloh 2002, 564–567; *Catherine Mowry LaCugna*, The Baptismal
Formula, Feminist Objections, and Trinitarian Theology, in: Journal of Ecumenical Studies, 26, 1989/2, 235–250.
[7] *Elizabeth A. Johnson*, Ich bin die ich bin. Wenn Frauen Gott sagen, Düsseldorf
1994 (Orig.: She Who Is. The Mystery of God in Feminist Theological Discourse,
New York 1992).
[8] Vgl. dazu *F.K. Mayr*, Patriarchalisches Gottesverständnis? Historische Erwägungen zur Trinitätslehre, in: ThQ 152, 1972, 224–255; *Gisbert Greshake*, Der
dreieine Gott. Eine trinitarische Theologie, Freiburg i.Br. u.a. 1997, ⁴2001, 259–
266; *Leonardo Boff* will allen trinitarischen Personen eine weibliche Dimension
zumessen; vgl. Der dreieinige Gott, Düsseldorf 1987, 142ff, 196ff, 209ff, 225ff.

hin gemeinsamen Körper von Vater und Sohn aus deren Mitte und diese dadurch differenzierend ein dritter, ein Frauenkörper herauswächst, der – in deutlicher Assoziation an Mariendarstellungen – die weibliche Geistgestalt darstellt. Aber auch hier sind Nachteile zu beklagen: Hermann Häring hat herausgearbeitet, wie sehr die männliche Dominanz von »Vater« und »Sohn« vor allem im 19. Jh. in ihrer sozialgeschichtlich entwickelten Konnotation auf die »Geistin« ausstrahlte, so dass diese dazu einlade, eine Frau zu assoziieren, die ihre Identität daraus zieht, Mutter mindestens eines *Sohnes* zu sein.[9]

Jenseits dieser Probleme der sprachlichen und bildlichen Dimensionen der Trinitätslehre bleibt hier festzuhalten: Die Rede von Vater, Sohn und Geist, wie sie zum Grundgerüst trinitarischen Redens geworden ist und wie sie in unserer gottesdienstlichen Liturgie wiederkehrt, stellt also gewissermaßen die Oberflächenstruktur der Verklammerung der Erfahrung verschiedener Hauptakzente von Gottes Gegenwart dar. Stellenweise geschieht das ausdrücklich schon biblisch, z.B. im sog. Taufbefehl Mt 28. In dieser Weise lässt sich also die trinitarische Gottesrede auf Knotenpunkte christlicher Gotteserfahrung zurückführen, in den aus dem jüdisch-christlichen Gespräch gewachsenen Worten des katholischen Theologen Josef Wohlmuth: auf »Erfahrungsorte des Heiligen in der Welt«.[10] Legt man im trinitarischen Reden den Akzent auf diese Ebene, so spricht man bekanntlich von der sog. »ökonomischen, der heilsgeschichtlichen Trinität«. Sie ist sozusagen eine »Trinität von unten« und verzichtet auf weitere Spekulationen über das Verhältnis der drei Gotteserfahrungsweisen Vater, Sohn und Geist. Allenfalls würden in ihr Sohn und Geist als Sendungen des Vaters gesehen werden, die schon in der Schöpfung wirksam sind, denen im Christusereignis eine besonders wirksame Gottes-Manifestation gelungen sei und die sich im weiteren Unterwegssein Gottes mit der Menschheit weiter ereignet.[11] Trinitarische Gottesrede ist dies aber zunächst nur implizit, denn die rein ökonomische Rede von der Trinität verzichtet vollständig darauf, Aussagen über Gott selbst zu machen – darüber, als *wer* sich Gott denn in dieser dreifachen Verklammerung erweise.

Schon die Ausgangsthese jedoch, dass sich mit der Rede von der ökonomischen Trinität ausdrücken solle, dass der Gott Israels auch der Gott der Heiden sei, lässt Folgefragen aufkommen: Hat sich denn Gott

9 *Hermann Häring*, Die Mutter als die Schmerzensreiche: Zur Geschichte des Weiblichen in der Trinität, in: *Marie-Theres Wacker* (Hg.), Der Gott der Männer und die Frauen, Düsseldorf 1987, 38–69.

10 *Josef Wohlmuth*, Zum Verhältnis von ökonomischer und immanenter Trinität – eine These, in: *ders.*, Im Geheimnis einander nahe. Theologische Aufsätze zum Verhältnis von Judentum und Christentum, Paderborn u.a. 1996, 115–138; hier 128 und passim.

11 *Piet Schoonenberg*, Der Geist, das Wort und der Sohn. Eine Geist-Christologie, Regensburg 1992; *ders.*, Trinität – der vollendete Bund. Thesen zur Lehre vom dreipersönlichen Gott, in: Orientierung 37, 1973, 115–117.

in dieser Geschichte mit Israel, Jesus und der Kirche vielleicht sogar selbst weiterentwickelt, also verändert? War seine Gegenwart im Volk Israel gleich wirksam wie die in Christus? Oder wird er erst mit der Jesus-Erfahrung zum barmherzigen Gott, wie viele unserer Studierenden offenbar noch in ihrem Konfirmandenunterricht gelernt haben? Ist also die konstatierte unterschiedliche Erfahrbarkeit Gottes auch ein Hinweis auf eine unterschiedliche Qualität der Gottesgegenwart?

So oder ähnlich muss man sich wohl die Fragen vorstellen, die schließlich zur Ausbildung der Rede von der »immanenten Trinität« geführt haben. Jetzt beginnt man in der Tat, mehr zu sagen als die biblischen Texte. Es kommt also, wie Dietrich Ritschl vorschlägt zu sagen, zu einem »Sprachgewinn« im Nachdenken über Gott.[12] Der Grund dafür ist das Grundbekenntnis: So, wie sich Gott uns in Jesus Christus als Gott Israels und der Heiden in seinen Intentionen erkennbar macht, so können wir von ihm auch am adäquatesten in seinem Sein sprechen – kurz: Wie er sich uns in Christus zeigt, so ist er auch. Das Ringen in der Alten Kirche um die Trinitätslehre hat in diesem Credo seinen Grund. Jetzt geht es um das Wesen Gottes: Als inadäquat werden Konzepte ausgeschieden, in denen man eine Unsicherheit fürchtete, ob nicht Gott eigentlich ganz anders ist, als er in seinem Ringen um gerechte, barmherzige Lebensfähigkeit in Jesus Christus bekannt geworden ist. Wie Gott sich nach außen, in der ökonomischen Trinität zeigt, so muss er überhaupt sein, als immanente Trinität sozusagen. Gottes »Außen« soll nicht als Ergebnis raum-zeitlicher Kontingenz gedacht werden, sondern als auf seine ureigene selbstmitteilende Intention zurückgehend. Die Entwicklung der Trinitätslehre in der Alten Kirche folgt der Einsicht, dass hinter dem erkenntnistheoretischen Prä der ökonomischen, heilsgeschichtlichen Trinitätslehre ein implizites ontisches Prä Gottes selbst steht, das im Konzept der immanenten Trinität seinen Ausdruck finden wird.[13] Die Knotenpunkte der Gotteserfahrung sind durch Gott selbst zu eben solchen gemacht worden – das meint die Rede von der immanenten Trinität.

Allerdings: Was man auf dem Konzil von Konstantinopel 381 als Trinitätslehre verabschiedet hat, bleibt geradezu provozierend formal und abstrakt: ein Wesen, drei Hypostasen bzw. Personen, die untereinander vollkommen göttlich seien und in ihrer Hervorgehensweise Unterschiede aufweisen wie Gezeugt-Sein oder Gehaucht-Sein. Denkt von

---

12 *Dietrich Ritschl*, Zur Logik der Theologie, a.a.O. (s. Anm. 4), 215.
13 Vgl. dazu die vorsichtige Formulierung von *Josef Wohlmuth*, Zum Verhältnis von ökonomischer und immanenter Trinität, a.a.O. (s. Anm. 10), 135: »Der denkende Glaube (...) darf die heilsgeschichtlichen Erfahrungsorte nicht in die Logik des raumzeitlichen Denkens und Sprechens einebnen, sondern muss sie in ihrer trinitarischen Andersheit, d.h. als nicht verrechenbare Offenbarung, auf sich zukommen lassen und sich an die dreigestaltige Nähe des absoluten Geheimnisses als eines unauflöslichen personalen Widerfahrnisses gewöhnen.«

Gott so, so sagt uns die Lehre der drei großen Kappadozier, wie wenn
in seinem in sich differenzierten Wesen drei Hypostasen ständig ineinander tanzend – perichoretisch – miteinander verschränkt sind – was
nur gelingt, wenn alle dasselbe wollen.[14] Nichts vom Leiden Gottes,
nichts von seiner Barmherzigkeit, seinem Drängen auf Gerechtigkeit –
kurzum: Von nichts Inhaltlichem ist die Rede! Die Rede von Gottes
trinitarischem Sein als Schlussfolgerung aus seiner biblisch bezeugten
Erfahrbarkeit erweist sich zunächst als eine Sprach*regel*, als eine Formel, die helfen soll, die biblisch bezeugten Gotteserfahrungen *richtig
zu verklammern*. Ohne inhaltliche Füllung aus der ökonomischen Ebene bleibt sie abstrakt, und ohne die formalen Klarstellungen der immanenten Ebene würde die ökonomische nicht von einem Gott reden
können. Freilich kann man die Formel der immanenten Trinitätslehre
auch füllen, indem sie ausdrücklich in Bezug gesetzt wird mit dem
biblisch-bezeugten Reden in der Heilsgeschichte. Nur in dieser Kombination wird der Sprachgewinn der Trinitätslehre deutlich. Und der
Jammer ist wohl, dass diese Verbindung im Laufe der Zeit häufig ver-
dunkelt wurde, weil sich die Theologie bald nur noch auf die immanente Trinität bezog, sie nicht kreativ inhaltlich füllte und sie trotzdem
als Verkündigungsinhalt anbot, von dem aus jede Gottesrede zu beginnen habe. Von den Schwierigkeiten mit der Trinitätslehre zu reden
heißt also eigentlich, von der Schwierigkeit der Verbindung von ökonomischer und immanenter Trinität zu reden.[15]
Gott ist, wie er sein wird,[16] ist so, wie er sich in Christus als der Gott
Israels und der Heiden offenbart – nur als Vater, Sohn und Geist zusammen ist er Gott, auch schon in jedem der Knotenpunkte, in denen
sich Sohnes- und Geistwirken in je besonderer Weise verdichten. Das

---

[14]   Zur Betonung der innertrinitarischen Willenseinheit als Gegengewicht zur
Dreiheit der Personen bei Gregor von Nyssa vgl. *Sarah Coakley*, ›Persons‹ in the
›Social‹ Doctrine of the Trinity: A Critique of Current Analytic Discussion, in:
Stephen T. Davis / Daniel Kendall SJ / Gerald O'Collins SJ (Hg.), The Trinity. An
Interdisciplinary Symposium on the Trinity, Oxford 1999, Neudruck 2004, 123–
144; hier 131.
[15]   Zum Verhältnis von ökonomischer und immanenter Trinität vgl.: *Karl Rahner*, Bemerkungen zum dogmatischen Traktat »De Trinitate«, in: *ders.*, Schriften
zur Theologie IV, Einsiedeln 1960, 103-133; hier 115: »Die ›ökonomische‹ Trinität *ist* die immanente Trinität und umgekehrt.«; dazu *Eberhard Jüngel*; Das Verhältnis von »ökonomischer« und »immanenter« Trinität, in: ZThK72, 1975, 353-
365 (auch in: *ders.*, Entsprechungen, München 1980, 265–275); *Josef Wohlmuth*,
Zum Verhältnis, a.a.O. (s. Anm. 10); noch unbedingter für ein Prä der ökonomischen Trinität vgl. *Piet Schoonenberg*, Trinität, a.a.O. (s. Anm. 11); vgl. dagegen
die Bewegung der Ableitung aus der immanenten Ebene betonend: *Gisbert Greshake*, Der dreieine Gott, a.a.O. (s. Anm. 8), 317–325: »3. Gott wird Mensch – Die
›immanente‹ Trinität wird zur ›ökonomischen‹«.
[16]   Zum Verständnis der Lehre von der immanenten Trinität als Ausdruck der
»eschatologischen Wahrheit der ökonomischen Trinität« vgl. *Josef Wohlmuth*,
Zum Verhältnis, a.a.O. (s. Anm. 10), 137f.

ist das merkwürdige Skelett der Trinitätslehre. Mit ihm soll ermöglicht werden, in neuen Worten von Gottes wundersamer Art, von seiner Potenz zu sprechen, in unterschiedlicher Weise derselbe zu sein. Nun gut, etwas Inhaltliches scheint die Sprachregel doch zu enthalten: Die Spannung aus Einheit und Verschiedenheit, die zunächst in der Verklammerungsnatur der Trinität sichtbar wird, wird nun als »typisch« für Gott erkannt, und sie bleibt in der Geschichte der Trinitätslehre beides: ständiger Stein des Anstoßes, aber auch stetige Inspiration kreativer Gottesrede.

Interessanterweise kann man sowohl in der kirchlichen wie in der akademischen Lehre die Erfahrung machen, dass Menschen, wenn es um die Trinität gehen soll, zuerst geradezu versteinert abwehrend reagieren. Haben sie aber erst einmal Gelegenheit bekommen, sich in unterschiedliche Modelle der gedanklichen Visualisierung von Einheit und Vielfalt hineinzudenken, sind sie häufig sehr schnell von einem großen Eifer erfüllt: Sie wollen selbst mit verschiedenen Modellen spielen, in denen diese Spannung zum Ausdruck kommt. In ähnlicher Weise wird man in diesem Band angeregt auf der Reise durch *Visualisierungen der Trinität* mit *Thomas Sternberg*. Was geschieht in dieser Anregung?

Mir scheint, dass es hierbei durchaus zu einem Erkenntnisereignis kommen kann: zur Entwicklung einer Sensibilität für die Wahrnehmung von Komplexität. Es werden Erfahrungen von Komplexität wach, Erfahrungen der Komplexität des Lebens, der eigenen Geschichte und der Komplexität Gottes. In unendlicher Hartnäckigkeit können wir dies auch in Augustins Trinitätsbüchern lesend nacherleben. Möglicherweise wird in diesen Gedankenspielen auch ein Unbehagen vor einer solchen bereits erahnten Komplexität abgebaut. Verbunden mit dem Reden von Gott hieße das: Hier wächst Gottvertrauen.

Wenn diese Vermutungen richtig sind, dann wäre es freilich fatal, auf Komplexitätsunbehagen mit einem didaktischen Angebot der Reduktion von Komplexität zu reagieren. Der Sprachgewinn bei der Entstehung der Trinitätslehre lässt sich durchaus auf eine solche Einsicht zurückführen. Theologie hätte dann freilich die Aufgabe, Komplexität nachvollziehbar, wahrnehmbar zu machen, nicht die Menschen mit ihr einzunebeln. Das sind große Aufgaben für die Trinitätstheologie!

Warum also drei?

Zunächst einmal, so könnte man im Anschluss an eben Gesagtes überlegen, könnte man die Zahl drei als die Kernform von Komplexitätsstruktur überhaupt verstehen, eher jedenfalls als nur zwei Elemente. Bild- und Abbild sind denkbar in einer Zweierstruktur – dann wären sie wie eine Verdopplung vorstellbar – oder in einer multipoligen, also mindestens dreipoligen Struktur, wenn das Abbild nicht dieselbe äußere Form des Bildes haben muss, wie z.B. in der abstrakten Malerei. (Es ist denkbar, dass Augustin mit seinen Analogien für die Trinität diesem Urgrund von multipolarer Komplexität nachjagte, und es ist leicht einzusehen, dass in ihr eine grundsätzliche Bremse gegen jegliche Art von Fundamentalismus liegt.) Eben diese letztere Stufe von Komplexität prägt ja unser christliches Reden von Offenbarung, das doch Geheimnis, Verborgenheit Gottes und Offenbarung miteinander verbindet – nicht, um damit zu sagen, dass Gottes Wahrheit letztlich unfassbar vage sei, sondern um sie jeglicher fundamentalistischen Versuchung zum Trotz in ihrer Komplexität der Lebendigkeit Gottes zu erhalten.[17] Darauf wird am Schluss dieses Beitrages noch einzugehen sein. Zunächst jedoch ist die jüngere trinitätstheologische Entwicklung zu skizzieren.

2 Verschränkung in der Ewigkeit: Trinitarisches Reden von Gott im 20. Jahrhundert

Es ist hier nicht möglich, den theologiegeschichtlichen Entwicklungen nachzugehen, in denen die Aufgabe, die Komplexität Gottes mit Hilfe der Trinitätslehre wahrnehmbar zu machen, mehr oder weniger erfolgreich aufgegriffen wurde. Es sollte aber doch ein kurzes Spotlight auf die jüngere Vergangenheit um die Mitte des 20. Jahrhunderts geworfen werden. Bekanntlich blüht um diese Zeit – ich erinnere an Karl Barth und auch Karl Rahner – eine bewusste theologische Neubesinnung auf das trinitarische Reden von Gott.[18] Vor allem soll damit betont werden, dass Gott nur aus sich allein den Grund nehme, auf die Welt zuzugehen in Schöpfung, Erlösung und Erneuerung. Darum sprach Karl Barth von einem Offenbarungsgeschehen in Gott selbst in Ewigkeit.[19] Gottes ewiges immanentes trinitarisches Wesen spiegelt sich sozusa-

---

[17] In ähnlicher Weise interpretiert der britische Dominikaner Fergus Kerr die einleitenden Fragen von Thomas von Aquins *Summa Theologiae*, De Deo, als ein »Training« im metaphysischen Denken, das abergläubische Implikationen ausscheiden will: »If *this* highly abstract treatise on God is not just a set of metaphysical theorems that turns the living God of the Bible into the abstract ›God of the philosophers‹, as so many people suppose, then we might begin to see our way towards re-reading these questions as a spiritual exercise, a discipline that searches out the temptations to idolatrous conceptions of God which retain their grip even when we are deeply immersed in scripture.« F.K., Tradition and Reason: Two Uses of Reason, Critical and Contemplative, in: Internat. Jour. of Syst. Theol. 6, 2004/1, 37–49; hier 45.
[18] *Karl Barth*, KD I/1; *Karl Rahner*, Bemerkungen zum dogmatischen Traktat »De Trinitate«, a.a.O. (s. Anm. 15); zur Orientierung vgl. *Christoph Schwöbel*, Art. Trinität IV, 5. Offenbarungstrinität: Karl Barth und Karl Rahner, in: TRE 34 , 115–118 sowie *Herbert Vorgrimler*, Karl Rahner, Gotteserfahrung in Leben und Denken, Darmstadt 2004, 189–194.
[19] Vgl. zur Einführung in Barths Trinitätslehre: *Christofer Frey*, Die Theologie Karl Barths. Eine Einführung, Frankfurt a.M. 1988, 148–172; *Eberhard Busch*, Die große Leidenschaft. Einführung in die Theologie Karl Barths, Darmstadt ²2001, 114–136.

gen in der Zeit als Offenbarer, Offenbartes und Offenbarsein. In der immanenten Trinität zeigt sich Gottes Unabhängigkeit. So kraftvoll das Selbstbewusstsein dieser Theologie von der Souveränität Gottes gewesen sein mag – es fragt sich doch, ob in den Gemeinden die Abstraktion der »vorgelagerten« immanenten Trinität, die Rede von ihrer Unabhängigkeit von der Welt wirklich hilfreich war. In der Folge von Barth und Rahner soll nun doch die Beziehungsgeschichte Gottes mit der Welt im trinitarischen Reden vorkommen: Die Passion Christi wird Quelle der Bildwelt der Komplexität Gottes. Überwindung von Leiden durch Leiden ist das für Gott »Typische«. Hans Urs von Balthasar, Eberhard Jüngel und Jürgen Moltmann denken die Passion in die immanente Trinität hinein:[20] Vater und Sohn als kompliziertes Verhältnis von Geben und Empfangen, von Geburt und Tod, von Wort und Gehorsam – ja, sogar von Gott gegen Gott wird gesprochen – alles möglich nur in der Vorstellung, dass dies zusammengehalten wird durch den Geist – schwierige Bilder der Gottesrede. Es bleibt in der Struktur bei der Spiegelung von Ökonomie und Immanenz: Was in der Zeit biblisch erfahrbar wurde, wurzelt in der Ewigkeit der immanenten Trinität. Was schwierig bleibt: Die Verschränkung in der Ewigkeit scheint die Abfolge in der Zeit als »nur« Stecknadelköpfe der eigentlichen Wirklichkeit Gottes zu relativieren. Erfahrenes Nacheinander ist nur scheinbares Nacheinander – die *Regel* der Verschränkung der drei Wirkweisen Gottes mag vielen abstrakt und lebensfern vorkommen. Theologisch will sie freilich viele fatale theologische Missverständnisse verhindern helfen: Schöpfung ist nicht etwas Abgeschlossenes, Vergangenes. Errettendes, befreiendes Handeln Gottes auch nicht – weil es in Ewigkeit in ihm ist. Oder: Gottes Gegenwart in Israel ist nicht überholt durch die in Jesus Christus – hätten wir nur eine kräftige Trinitätstheologie gehabt, als es besonders galt, dem christlichen Antijudaismus zu wehren! In der Folge der Sprachregel, so muss man die vorgelagerte immanente Trinität zunächst verstehen, kommt es zum ständig neuen Sprach*gewinn* in der Trinitäts*theologie:* Sie lebt in einem schöpferischen Prozess, in dem immer wieder neue Bilder der Füllung des Grundgerüstes der Trinitätslehre entstehen. Grundgerüst ist die Regel der Verschränkung, der Zusammengehörigkeit, der gemeinsamen Intention der verschiedenen erfahrenen Wirkweisen Gottes. Es ist das Credo von Gottes Identität, seiner Selbigkeit, das in im-

---

20 Zur passianischen Trinität vgl.: *Hans Urs von Balthasar*, Theodramatik, 4 Bde, Einsiedeln 1973; vgl. dazu *Thomas R. Krenski*, Passio Caritatis. Trinitarische Passiologie im Werk Hans Urs von Balthasars, Einsiedeln 1990; sowie kritisch *Jürgen Werbick*, Gottes Dreieinigkeit denken? Hans Urs von Balthasars Rede von der göttlichen Selbstentäußerung als Mitte des Glaubens und Zentrum der Theologie, in: ThQ 176, 1996/3, 225–240; *Eberhard Jüngel*, Gottes Sein ist im Werden, Tübingen 1965; Gott als Geheimnis der Welt, Tübingen 1977, ⁷2000, §22, 470–505; *Jürgen Moltmann*, Trinität und Reich Gottes, München 1980, 36–76.

mer neuen Bildern von der immanenten Trinität Ausdruck bekommt.
Schwierig bleibt, dass Gottes Ewigkeit in Bildern zum Ausdruck gebracht wird, die ein Spiegel der zeitlichen Ereignisse sind, deren Voraussetzung sie sein sollen.

3   Zur gegenwärtigen Neuentdeckung trinitarischen Redens

»Die Trinitätslehre ist im Grunde eine praktische Lehre mit radikalen
Konsequenzen für das christliche Leben.«[21] Der Satz der amerikanischen katholischen Theologin Catherine LaCugna klingt wie ein direkter Widerspruch gegen das eingangs zitierte Urteil Immanuel Kants,
und er zeigt die Intentionen, die heute mit der Beschäftigung mit der
Trinität verbunden werden. Seit etwa 1980 kam es in der akademischen Theologie in Ost und West, evangelisch, katholisch und orthodox, zu einer belebenden Neubesinnung der Trinitätslehre. Die unterschiedlichen Vorschläge einer Neukonzeption treffen sich dabei in einer erstaunlichen Gemeinsamkeit: Nahezu alle Konzepte kritisieren
den bis dahin im westlichen Abendland prägenden Typus von Trini-
tätsdenken. Die Kritik kann so summiert werden: In einer übergroßen
Furcht, tri-theistisch missverstanden zu werden, habe man sich mehr
um die Einheit Gottes Gedanken gemacht, als dass man die Möglichkeit der trinitarischen Dreiheit genutzt habe, um von der Lebendigkeit
Gottes zu sprechen. Besonders sei dieser Eindruck entstanden durch
die Konzeption der abgeschlossenen Ewigkeit Gottes. Darin werde die
eigentliche Wirklichkeit von Gott mit sich allein als einem absoluten
Subjekt gebildet.[22]
Für diese Neubesinnung steht nicht zuletzt auch *Jürgen Moltmann*.[23]
Sie fordert einen Perspektivenwechsel: Die Dreier-Struktur der Trinität

---

[21]   *Catherine M. LaCugna*, God for Us. The Trinity and Christian Life, San Francisco 1991, 1: »The doctrine of the Trinity is ultimately a practical doctrine with
radical consequences for Christian life.«
[22]   Das wird auch unter dem Stichwort »Modalismusvorwurf« behandelt; vgl.
Jürgen Moltmann, Trinität und Reich Gottes, a.a.O. (s. Anm. 20), 155 und 162:
Karl Barths und Karl Rahners Konzeption mit Zügen des »idealistischen Modalismus«; vgl. kritisch zum Modalismusvorwurf: *Josef Wohlmuth*, Zum Verhältnis,
a.a.O. (s. Anm. 10), 117–118; *Ralf Miggelbrink*, Modalismusvorwurf und Personbegriff in der trinitätstheologischen Diskussion, in: *Andreas R. Batlogg SJ. / Mari-
no Delgado / Roman A. Siebenrock* (Hg.), Was den Glauben in Bewegung bringt.
Fundamentaltheologie in der Spur Jesu Christi. FS Karl H. Neufeld SJ, Freiburg
i.Br. u.a. 2004, 279–295; *Dennis W. Jowers*, The Reproach of Modalism: a Diffi-
culty for Karl Barth's Doctrine of the Trinity, in: Scott. Journ. of Theol. 56,
2003/2, 231–246. Generell ist bereits hier die Frage impliziert, ob ökonomische
und immanete Trinität mit Notwendigkeit eine Strukturähnlichkeit oder gar Spie-
gelbildlichkeit der Metaphorik aufweisen müssen.
[23]   *Jürgen Moltmann*, Trinität und Reich Gottes, a.a.O. (s. Anm. 20).

wird jetzt ausdrücklich dazu benutzt, um von Gott als einer Pluralität zu sprechen. Gott ist als Pluralität Subjekt, mindestens das sollte jetzt gesagt werden. In Europa, in Nord- und in Südamerika, ja sogar in Asien entstehen Trinitätskonzeptionen, die hierin eine verbindende Gemeinsamkeit aufweisen, die sich vornehmlich in vier strukturellen Elementen zeigt:[24]

Die tragende und bleibende Verschiedenheit der drei trinitarischen »Personen« Vater, Sohn und Geist wird mit Hilfe biblischer Exegese ausdrücklich herausgearbeitet. Das wird in diesem Band demonstriert im Beitrag von *Michael Welker.*

Die Rede von der immanenten Trinität wird sozusagen »nach unten hin offen« gehalten, also wieder deutlicher an die ökonomische Trinität gebunden. Gottes Trinität ist nicht mehr allein mit sich in der Ewigkeit. Das hat nicht nur methodische Gründe: Wenn sich Gott ökonomisch als ein Gott zeigt, der eine Beziehungs-Geschichte eingeht mit den Menschen (biblisch: einen Bund eingeht), so müssen wir das auch deutlich werden lassen, wenn wir sagen wollen, wer er ist: Gott ist Beziehung, Bewegung, Interrelation, in sich *und* mit der Welt.[25]

Die Trinität wird auch »nach vorne hin« geöffnet: Sie ist offen auf die Zukunft der Welt in Gott hin, auf die Teilhabe der Welt am trinitarischen göttlichen Leben, auf die endgültige Verwirklichung von Gottes Willen in seinem dynamisch-verschränkten Wirken. Man kann sagen: Was bisher mit dem Begriff der Einheit Gottes gesagt werden sollte, wird jetzt in zeitlichen Kategorien zu sagen versucht. Nicht in einer substanzhaft gedachten Einheit liegt Gottes Selbigkeit, sondern in der Eschatologie – in dieser nun wirklich typisch biblischen Verschränkung von Schon und Noch-nicht von Gottes Herrschaft. Gott ist als Vater, Sohn und Heiliger Geist noch unterwegs aus der Zukunft in seine Zukunft – so wie es der große heilsgeschichtliche Kreislauf des Irenäus schon malte. Hier schimmert also das Skelett der heilsgeschichtlichen, ökonomischen Trinität hindurch.[26]

---

[24] Vgl. zur Orientierung: *Ulrike Link-Wieczorek,* Trinitätslehre, 2. Protestantische Tradition und ökumenische Diskussion, in: EKL[3], 974–980; *Ernstpeter Maurer,* Tendenzen neuerer Trinitätslehre, in: VuF 39, 1994/2, 3–24.

[25] *Christoph Schwöbel,* Gott ist Beziehung. Studien zur Dogmatik, Tübingen 2002. Vgl. hier: Die Trinitätslehre als Rahmentheorie des christlichen Glaubens. Vier Thesen zur Bedeutung der Trinität in der christlichen Dogmatik, 25–51, 39: »Ist die Erfahrung Christi wirklich (d.h. ontologisch) eine Erfahrung Gottes und ist im Geist wirklich (d.h. ontologisch) Gott gegenwärtig, dann müssen Christus und der Geist wie der Vater ewig Gott sein. Die Einheit Gottes kann nicht als eine ›einfache‹ Einheit begriffen werden, sondern muss als eine Beziehungseinheit zwischen dem Vater, dem Sohn und dem Geist verstanden werden. Die Einheit des Wirkens Gottes als eines trinitarisch differenzierten Wirkens und die Einheit des Wesens Gottes als eines trinitarisch differenzierten Wesens bedingen sich gegenseitig.«

[26] So *Catherine M. LaCugna,* God for Us, a.a.O. (s. Anm. 21); *Piet Schoonenberg,* Der Geist, a.a.O. (s. Anm. 11); *Jürgen Moltmann,* Trinität, a.a.O. (s. Anm.

Das wichtigste aber: Es wird eine neue Ontologie entwickelt.[27] Die Substanzmetaphysik wird ersetzt durch eine Ontologie der Relationen, d.h.: Nicht eine göttliche Substanz gibt den Hypostasen, den »Personen«, »Sein«, sondern diese gewinnen ihre Identität allein aus ihrer gegenseitigen Verschiedenheit und Beziehungshaftigkeit heraus. Ihre Relationen zueinander machen erst ihre Substanz, ihre Identität. »Gott ist ein einziges Ereignis mit drei Identitäten«, schreibt schon 1973 der amerikanische Lutheraner Robert Jenson.[28] Gott ist eher ein »Wir« als ein »Ich«.

Diese Perspektivenverschiebung, mit Verschiedenheit und Relationen im Zentrum, ist gemeint, wenn von den sozialen Dimensionen der Trinität bzw. von der sozialen Trinitätslehre geredet wird. Sie lässt ein Gottesbild assoziieren, das Gott plötzlich als ein dynamisches, stets bewegtes und drängendes Beziehungswesen zeigt, im Unterschied zum bisherigen hauptsächlich prägenden Gottesbild von Gott als dem absoluten Subjekt. Die neu entdeckte Rede von der wesensmäßigen Sozialität Gottes wird in unterschiedlich starker Weise als Urbild zur Gestaltung auch menschlicher Gemeinschaft verstanden. Was die Trinitätslehre lange nicht mehr war, sollte sie nun durchaus wieder werden können: eine Hilfe für die Gläubigen, das christliche Credo von Gott und seinem Wirken in der Welt zu verstehen und ihr eine Relevanz für die eigene Lebensgestaltung zu entnehmen. Der Perspektivenwechsel konnte auch als eine Art von ökumenischer Offenbarung empfunden werden, denn er entstand nicht zuletzt durch einen größeren Einfluss östlich-orthodoxer Theologen, die dem westlichen, vornehmlich augustinischen Trinitätsverständnis vorgeworfen hatten, der Dreiheit in der Gottesrede zu wenig Gewicht zu geben. Vor allem ihre Mahnung, die spezifische Eigen-Identität des Heiligen Geistes nicht unter den Tisch fallen zu lassen, erwies sich als fruchtbar.

In einigen Konzepten wird eine völlige Loslösung von der immanenten Trinität versucht und mit einer ökonomischen Trinität als Prozess nur noch von Gottes großer Sammlungsbewegung in Sohn und Geist gesprochen. Die Dreiheit hat nur in dieser nach außen gerichteten Samm-

---

20). Zur Orientierung vgl. *Ulrike Link-Wieczorek*, Trinität als Prozess? Anregungen aus der jüngeren römisch-katholischen Theologie zur Reflexion über die Funktion der Trinitätslehre, in: Ökum. Ru.schau 50, 2001/1, 55–73.

[27] *Jürgen Moltmann*, Trinität, a.a.O. (s. Anm. 20); *Colin Gunton*, The One, the Three and the Many. God, Creation and the Culture of Modernity, Cambridge 1993, 155–179 und 210–231; etwas vorsichtiger von »Aktzentren« im »Brennpunkt mehrerer Relationen« redend *Wolfhart Pannenberg*, Systematische Theologie, Bd. 1, Göttingen 1988, 347–355; *Gisbert Greshake*, Der dreieine Gott, a.a.O. (s. Anm. 8), 90–94; zur Orientierung vgl. *Ted Peters*, God as Trinity. Relationality and Temporality in Divine Life, Westminster 1993, 30–34; *Ernstpeter Maurer*, Tendenzen, a.a.O. (s. Anm. 24), hier 7–20.

[28] *Robert Jenson*, The Triune Identity, Philadelphia Pa. 1982, 114: »There is one event, God, with three identities.«

lungsbewegung Sinn, so Catherine LaCugna. In sich müssen wir Gott
nicht in der Drei-Gestalt denken. In sich ist Gott Geheimnis.[29] Piet
Schoonenberg spricht in gleicher Absicht von Gottes Unveränderlich-
keit.[30] Gregor von Nyssa, einer der drei Kappadozier, die entscheidend
zur Entwicklung der Trinitätslehre beitrugen, operiert mit der »Unendlichkeit« Gottes.[31]
Ich kann selbst aus eigener Erinnerung sagen, wie sehr diese Neubesinnung als ein belebender Ruck durch die Universitätsseminare ging,
wie wir Studierende inmitten der zunehmenden Erfahrung der neuen
Unübersichtlichkeit der Welt plötzlich sogar so etwas wie ein Gefühl
des Stolzes empfinden zu können glaubten über das christliche Gottesbild. Gerade die Figur der trinitarischen Dreiheit erschien plötzlich als
eine ungeheuer dynamische Kategorie, geeignet, Gottes Wirklichkeit
denkbar und plausibel erfahrbar zu vergewissern. Die Reichweite der
Gottes-Erfahrung vergrößerte sich: Nicht mehr nur in einer individuellen Bettkantenfrömmigkeit war von der Beziehungshaftigkeit Gottes
die Rede, und auch nicht nur auf den Raum der Kirche begrenzt, sondern Gottes Gegenwart wurde neu plausibel in seiner Wesenhaftigkeit
als Gemeinschaftswesen überall in der Welt auf Neuwerdung drän-
gend.
Und doch möchte ich jetzt die Frage stellen: Sind wir nicht vielleicht
in der Freude über diese neue Belebung der Gottesrede zu schnell über
die Köpfe derjenigen hinweggesegelt, denen die theologische Sprache
des »oberen Stockwerks« nicht nur *noch* nicht, sondern gar *nicht mehr*
vertraut genug ist? Sind mit der Neuorientierung und der neuen Freude
an der Dreiheit Gottes vielleicht nicht auch alte Fragen zugeschüttet
worden, die weiterhin der Beantwortung harren?
Ich möchte im folgenden Abschnitt an Einwürfe und Anfragen der Antitrinitarier erinnern – als kritischer Schatten unserer protestantischen
Tradition. Sind ihre Fragen in der Neuausrichtung bedacht worden?

4 Wie Jesus Christus als Gott den Sohn denken? Die Anfrage der An-
titrinitarier

Nachdem alle Schweizer Kantone dafür gestimmt haben, wird am 26.
Oktober 1553 der spanische Laientheologe und Arzt Michael Servet in
Genf zum Tod durch Verbrennen verurteilt.[32] Schon am folgenden Tag

---

29   *Catherine M. LaCugna*, God for Us, a.a.O. (s. Anm. 21).
30   *Piet Schoonenberg*, Der Geist, das Wort und der Sohn, a.a.O. (s. Anm. 11).
31   *Adolf Martin Ritter*, Dogma und Lehre in der Alten Kirche, in: *Carl Andresen*
u.a. (Hg.), Handbuch der Dogmen- und Theologiegeschichte, Bd. 1, Göttingen 2.
überarb. u. erg. Aufl 1999, 99–283; hier 205–206.
32   *Helmut Feld*, Servet, Michael, in: Biographisch-Bibliographisches Kirchenle-
xikon, Bd. IX (1995), Sp. 1470–1479; hier 1470; in der Datierung etwas abwei-

wird das Urteil vollstreckt. Calvin hatte sich zwar dafür eingesetzt, dass eine andere Art von Todesstrafe gewählt werden möge, aber dazu kam es nicht. Melanchthon gratulierte ihm später für das konsequente Vorgehen gegen den Antitrinitarier.

Servet war zweifellos ein Denker mit sehr ungewöhnlichen religiösen Vorstellungen, einem materialistischen Spiritualismus und stark neuplatonischen Gedanken anhängend. In seiner Dogmenkritik wandte er sich vornehmlich gegen überstarke Rationalisierungen, die die biblische Weise, von Gott-Vater und seinen »Sendungen« in Sohn und Geist zu reden, verstellten. In der Folge davon ging es ihm um die Art und Weise, wie sich die Rede von Christus als Sohn Gottes fassen ließe. Das war auch das Thema der späteren Antitrinitarier um Fausto Sozini seit 1579 in Polen und nach ihrer Vertreibung von dort bis heute in Siebenbürgen.[33] Sie wollten von Jesus wie von einem »normalen« Menschen reden können, während Servet ihm immerhin »göttliches« Fleisch zuschrieb.

Nach intensivem Bibelstudium war Servet zu der Überzeugung gekommen, dass die traditionelle kirchliche Trinitätslehre kein überzeugendes Fundament in der Schrift habe. Nirgends stünde da, dass Sohn und Geist eigenständige Hypostasen seien. Vielmehr seien sie als Wirkweisen Gottes darstellt, in denen dieser in der Welt handelte. Von Gott als einem Wesen in drei Personen zu reden, sei unbiblisch und unsinnig. Auch in der heutigen katholischen Theologie, etwa bei Karl-Heinz Ohlig[34] oder vor allem bei Piet Schoonenberg,[35] findet sich durchaus Gedankengut wieder, das auch schon Antitrinitarier im 16. Jahrhundert bewegte. So unterschiedlich diese auch im Einzelnen sind – gemeinsam ist ihnen das Interesse, von der Person Jesu nicht in Ableitung aus der Trinitätslehre reden zu wollen. Sie wollten von Jesus in der Weise als von einem wirklichen Menschen reden können, wie man in der Alltagssprache von einer Person redet. Er sollte nicht als »gottgleich« erscheinen,

chend: *Jerome Friedman*, Michael Servet, in: *Martin Greschat* (Hg.), Gestalten der Kirchengeschichte, Bd. 6 (Reformationszeit II), Stuttgart u.a. 1981, 241–253; hier 252: »Am 23. Dezember 1553 wurde Servet verbrannt.« Vgl. zum Thema: *Gustav Adolf Benrath*, Art. Antitrinitarier, in: EKL, Bd. 1, 168–174.
33 *Gustav Adolf Benrath*, Art. Antitrinitarier, a.a.O. (s. Anm. 32), 170–173.
34 *Karl-Heinz Ohlig*, Ein Gott in drei Personen? Vom Vater Jesu zum »Mysterium« der Trinität, Mainz u. Luzern 1999: Er beklagt, dass mit der Trinitäts*lehre* ein griechisch-intellektualisierendes Denken in die christliche Theologie hineingekommen sei, mit dem nicht nur die biblische Botschaft »überfremdet« worden sei.
35 *Piet Schoonenberg* spricht sich gegen die Lehre von der immanenten Trinität aus, weil »Gott immer mehr wollte. Er (d.h. der Vater, U.L.-W.) will sich im Wort und Geist dem Menschen zuwenden.«; P.S., Der Geist, das Wort und der Sohn., a.a.O. (s. Anm. 11), 214. Vgl. *ders.*, Trinität – der vollendete Bund. Thesen zur Lehre vom dreipersönlichen Gott, in: Orientierung 37, 1973, 115–117. Zu Schoonenberg vgl. *Ulrike Link-Wieczorek*, Inkarnation oder Inspiration? Göttingen 1998, 271–280, sowie *dies.*, Trinität als Prozess?, a.a.O. (s. Anm. 26), 67–69.

sondern durchaus in einer Art von Subordination unter Gott, den Vater, gedacht werden dürfen – entsprechend der Paradesituation des Gebetes im Garten Gethsemane.

Freilich, die Antitrinitarier mussten sich die ausdrückliche Konzentration auf die historisch denkbare Menschheit Jesu auch theologisch etwas kosten lassen: Kaum konnten sie von der Christologie herkommend etwas über Gott sagen – deutlich sichtbar an ihrem leidenschaftlichen Festhalten am Apathie-Axiom, also der Betonung der Leidensunfähigkeit Gottes. Damit aber erscheint Gott monarchisch: »Der trinitarische Gott ist ausgesprochen Gott-für-uns, während der unitarische Gott ausgesprochen für sich selbst allein ist.«[36]

Aber dennoch gilt es in einem Punkt auch, die Kritik der Antitrinitarier am trinitarischen Reden von Gott ernstzunehmen. Von heute aus gesehen können wir sie als den Vorwurf hören, dass trinitarisches Reden von Gott dazu einlade, die biblische Jesusgestalt und die zweite Person der Trinität univok miteinander zu identifizieren. Der präexistente Logos wird also der präexistente Jesus.[37] Als Kritik an dieser Denkfigur verweisen Antitrinitarier auf die biblische Rede von der Sendung des Sohnes durch Gott oder auf die Rede von der Erwählung und halten trinitarisches Reden von der wesensmäßigen Dreieinigkeit Gottes damit nicht für vereinbar. Schaut man genau hin, so muss man sagen: Eigentlich richtet sich diese Kritik nicht gegen ein heilsgeschichtlich-trinitarisches Reden von Gott. Gott in seiner schöpferischen, seiner offenbarenden und erneuernden Mission wahrzunehmen, wäre auch jedem Antitrinitarier recht. Aber wir dürfen uns vielleicht vorstellen, dass *sie* sich Situationen hätten denken können, in denen sie von Kindergärtnerinnen, Religionslehrern und -lehrerinnen um Rat gefragt würden, was sie denn antworten sollten, wenn Kinder sie fragten, ob im Gebet Jesu im Garten Gethsemane Gott mit sich selbst rede oder warum nicht Joseph als der Vater Jesu bezeichnet werden dürfe?

In der Theologie sollten wir deutlich machen, dass die 2. Person der Trinität nicht im univoken Sinn identisch ist mit dem biblischen Jesus, dass sie weniger eine Person meint als einen Geschehenszusammenhang, in dem die Person Jesu integriert gedacht wird.[38] Auch hier wäre wieder an den erkenntnismäßigen Ursprung der ökonomischen Trinität zu erinnern: Die Personen-Metaphern entpuppen sich eigentlich als

---

[36]   *Catherine M. LaCugna*, The Baptismal Formula, a.a.O. (s. Anm. 6), 243: »The Trinitarian God is eminently God for us, whereas the Unitarian God is eminently for himself alone.'' Zu eben diesen Konsequenzen im anglikanischen Unitarismus am Beispiel Samuel Clarkes vgl. *Ulrike Link-Wieczorek*, Inkarnation, a.a.O., (s. Anm. 35), 79–87, hier bes. 84–86.

[37]   Vgl. dazu: *Rudolf Laufen* (Hg.), Gottes ewiger Sohn. Die Präexistenz Christi, Paderborn 1997.

[38]   Das wird in christologischen Konzepten besonders deutlich, die das Christusgeschehen als durch Gott inszeniertes Drama verstehen; vgl. z.B. *Raymund Schwager SJ*, Jesus im Heilsdrama, Innsbruck 1990.

Bündelungsmetaphern für raum-zeitliche Geschehenszusammenhänge. Dies wird auch deutlich in *Magdalene L. Frettlöhs* Beitrag in diesem Band, in dem sie die Vorstellung der rabbinischen Gottesbenennung *maqom* (Raum, Ort) für eine Revision der immanenten Trinitätslehre nutzt. Auf der ökonomischen Ebene bleibend könnte man sagen: Das Geschehen des schöpferischen Wortes Gottes in den »Sehern und Propheten des frühen Israel«[39] ist der ursprüngliche »Erfahrungsort« Gottes, des Vaters, der Wort und Geist sendet, damit in seinen Bund ruft und als Schöpfer bekannt wird. Ebenso wird die Gesamtheit des Lebens, des Wirkens, Sterbens und Auferstehens Jesu, auf dem der Geist Gottes ruhte, zum eindrücklichen Erfahrungsort Gottes, des Sohnes, von dem man auch als hier manifest mitgeteiltes göttliches »Wort« spricht. Und der spezifische Erfahrungsort Gottes, des Geistes wird die überraschende Nähe des Christus praesens in der Lebensgestaltung und -orientierung in der Gemeinschaft Christi, in der die Augen erst recht aufgehen für alle diese Erfahrungsorte Gottes und die fortgesetzte Gegenwärtigkeit des hier Erfahrenen. Schon in diesem Erklärungsversuch wird deutlich, dass auch auf der ökonomischen Ebene die »Personen« in ihrer Verschränktheit erscheinen – der Geist ruhte auf Jesus und forciert heute sowohl unsere Anamnesis (vergegenwärtigende Erinnerung) als auch die Gegenwart des Christus praesens. Vater, Sohn und Geist sind in der Trinitätstheologie zu hochkomplexen Bündelungsmetaphern geworden, gewonnen aus biblischem Reden von Gottes Wirken. Sie bilden die Brücke von der ökonomischen zur immanenten Trinität, darum werden sie zu »Hypostasen«. Mit Josef Wohlmuth kann man sagen: Sie geleiten hinüber in die Rede von der *eschatologischen* Wahrheit Gottes, die Gott selbst erweist und erweisen wird.[40] Das aber muss mindestens heißen: Als Rede von Gott selbst ist die Rede von den »*Personen*« in der immanenten Trinität sozusagen »hochgradig« metaphorisch, die *Intentionalität* Gottes mit seinen raum-zeitlich erfahrenen Geschehnisorten verknüpfend.

Servet hatte übrigens eine Spur gefunden, die er in seiner Zeit wohl noch nicht verfolgen durfte. Im Studium jüdischer Schriften fand er sie: »Dies ist eine klare Angelegenheit für die Hebräer; was wir Person nennen, nennen sie Bild. (...) Leser, prüfe von den Ursprungsgründen her, was die ersten Christen unter dem Begriff Person verstanden.«[41] *Wir* dürfen diese Spur verfolgen. Also:

---

[39]   *Josef Wohlmuth*, Zum Verhältnis, a.a.O. (s. Anm. 10), 129.
[40]   Ebd. und 137f mit Verweis auf *Ingolf U. Dalferth*, Existenz Gottes und christlicher Glaube. Skizzen zu einer eschatologischen Ontologie, München 1984, 333.
[41]   Ohne Stellenangabe zitiert bei *Jerome Friedman*, Michael Servet, a.a.O. (s. Anm. 32), 247.

5 Ein Vorschlag: Trinitarische Personen als Angebote der Kontemplation

In seinem inspirierenden Büchlein zur Theologie des Heiligen Geistes aus dem Jahr 1968 empfiehlt Hendrikus Berkhof im letzten Kapitel, den Personen-Begriff in der trinitarischen Rede von Gott nicht mehr zu verwenden.[42] Zu missverständlich sei er, trotz vieler gelehrter Abhandlungen und Klärungsversuche in Theologie und Philosophie. Berkhof kann damit zusammengesehen werden mit den Versuchen von Karl Barth und Karl Rahner, in der Trinitätslehre eben nicht den Personen-Begriff zu verwenden, sondern von Seins- oder Subsistenzweisen zu sprechen. Denn was wir heute hören mit dem Begriff bzw. wie wir ihn in unserer Alltagskommunikation verwenden, ist bekanntlich nicht dasselbe, wie er in der Antike verstanden wurde. Barth und Rahner hielten darum ihre Alternativen – Seinsweise bzw. Subsistenzweise – gerade für die in heutigen Ohren weniger missverständlichen Begriffe mit genau der Aussageintention der klassischen Trinitätslehre. Denn Person im neuzeitlichen Sinne – charakterisiert durch totale Selbstbezogenheit - ist hier gerade nicht gemeint. Die trinitarischen »Personen« sollen ja gerade auf sie ein kritisches Licht werfen. Hier soll es ja gerade um die Vision einer anderen Personhaftigkeit gehen – in der Gottesbeziehung erahnt und für die Vollendung der Welt immer mehr erhofft: um die Vision einer Person, die sich aus der Relation mit dem Anderen heraus erst konstituiert. Diese Art von Person zeigt sich in der Begegnung mit Gott, weil Gott in dieser Weise Personhaftigkeit ist. Die Rede von der Pluralität der mit sich verschränkten trinitarischen Personen soll doch das zum Ausdruck bringen.

Es ist also ein provozierendes Spiel mit den verschiedenen Nuancen des Personen-Begriffs, wenn in der sozialen Trinitätslehre gerade die Pluralität der drei Personen wieder stark gemacht wird – allen Barths, Rahners und Berkhofs zum Trotz. Was hier geschieht, ist letztlich theologische Kontemplation.[43] Es scheint mir, als würden wir hier eingeladen zu einer immer wieder zu vollziehenden Erkenntnisbewegung: Da ist zuerst die irritierende Assoziation der drei Götter Vater, Sohn und Geist – sie ist und bleibt vorhanden, auch wenn wir wissen, dass

---

[42] *Hendrikus Berkof*, Theologie des Heiligen Geistes, Neukirchen-Vluyn ²1988, 133.
[43] Zur Zeit wird in der Patristik diskutiert, ob das Personen-Konzept der sog. sozialen Trinitätslehre wirklich so eindeutig schon auf die Trinitätstheologie der Kappadozier zurückgeführt werden kann, wie u.a. der orthodoxe Theologie John Zizioulas es uns nahlegte. Vgl. *Lucian Turcescu*, »Person« versus »Individual«, and Other Modern Misreadings of Gregory of Nyssa, in: Mod.Theol 18, 2002/4, 527–539; *Sarah Coakley*, »Persons«, a.a.O. (s. Anm. 15). Zu Zizioulas' Kappadozier-Interpretation hingegen: *John D. Zizioulas*, Being as Communion. Studies in Personhood and the Church, New York 1985, 27–65 und 83–89 sowie *Colin Gunton*, The Promise of Trinitarian Theology, Edinburgh 1991, 86–103.

alles so nicht gemeint sein will. Sie bleibt schon allein darum vorhanden, weil wir wissen, dass sie so gehört werden kann. Nach der Irrita-
tion kommt (hoffentlich) die Korrektur: Nein, drei Götter sind nicht
gemeint. Mit der Korrektur wird gleichzeitig implizit eine Kritik ausgesprochen – mitgedacht –, nämlich die Kritik an dem gerade über-
wundenen falschen Personenbegriff als selbstbestimmtes, »a-soziales«
Individuum: Nein, drei Götter sind nicht gemeint; das hieße ja, in Gott
neuzeitlich gedachte Personen hineinzudenken. Ernstpeter Maurer hat
von einem »Schwindelgefühl« gesprochen, das einem bei trinitätstheologischen Konzepten befallen könne – und das sei gut so.[44] Ich würde
es das Schwindelgefühl einer kontemplativen *Denk*bewegung nennen.[45] In der Alten Kirche und in der heutigen Ostkirche, in der die
Trinitätstheologie noch viel stärker eine spirituelle Funktion hat, kann
man in einer solchen Denkbewegung auch ein Hingezogenwerden in
die Gegenwart des biblisch bezeugten Gottes zu erfahren suchen, mit
der nichts weniger als die Erfahrung der Gotteserkenntnis verbunden
wird.[46] Erkenntnis und Kontemplation erweisen sich damit nicht als
einander widersprüchliche Kategorien, also nicht im Widerspruch von
»rational« und »irrational« oder von »begreiflich« und »unbegreiflich«
verstanden, sondern als Elemente eines Erkennens, das auf freie Teilnahme am Wirken des Erkannten aus ist – wie es sich erweist, dass
man einen guten Freund »kennt«, indem man teilnimmt an dessen Leben. Erkennen-Wollen ist so gesehen ein wesentlicher Teil zwischenmenschlicher Beziehungsarbeit, und in diesem Sinn kann die Pflege
mystischer Tradition im Katholizismus und in der Orthodoxie analog
als Annahme der Einladung Gottes zur gläubigen Beziehungsarbeit
verstanden werden. Zweifellos zielt sie damit auf Aspekte christlicher
Vorstellung von Gotteserkenntnis als Gott-initiierter teilnehmender
Erkenntnis, die in die Sendungsbewegung Gottes integriert.[47] In der

---

[44] *Ernstpeter Maurer*, Trinitätslehre, in: Glaube und Lernen 17, 2002/1, 11–23,
hier 14.
[45] Vgl. dazu die oben erwähnte »spirituelle« Lesart von Thomas von Aquin
durch Fergus Kerr, s.o. Anm. 17. Man darf hier wohl auch an die scholastische
intellectus-Lehre von Dietrich von Freiberg denken, mit der ebenfalls eine kontemplative Denkbewegung beschrieben wird, die zu Erkenntnis und durchaus nicht
zu deren Auflösung führen will; vgl. dazu *Kurt Flasch*, Einführung in die Philosophie des Mittelalters, Darmstadt 1987, 171–180.
[46] Vgl. *Sarah Coakley*, Re-thinking Gregory of Nyssa: Introduction – Gender,
Trinitarian Analogies, and the Pedagogy of *The Song*, in: Mod. Theol. 18, 2002/4,
431–443; hier bes. 441; in Kommunikation mit jüdischem Denken vgl. *Josef
Wohlmuth*, Trinitarische Aspekte des Gebetes, in: *Ulrich Willers* (Hg.), Beten:
Sprache des Glaubens – Seele des Gottesdienstes, Tübingen und Basel 2000, 83–
101 sowie *Krzysztof Lesniewski*, Erkenntnis in der Gottesbegegnung. Überlegungen zum Beitrag der apophatischen Dimension orthodoxer Theologie zur Ökumene heute, in: Ökum. Ru.schau 51, 2002/1, 42–54.
[47] In diesem Sinne verstehe ich auch die Rezeption mystischer Traditionen bei
Jürgen Moltmann, aus der Fülle seiner Äußerungen zu dem Thema vgl. hier: J.M.,

protestantischen Rede von der »Glaubenserkenntnis« mag dies nicht immer deutlich mithörbar sein – im Prinzip aber entspricht gerade die Vorstellung von teilnehmendem Erkennen dem protestantischerseits betonten Begriff von Glaube weniger als verstandesmäßigem Zustimmungsakt denn als Geist-geschenktem Vertrauen bzw. als Geist-motiviertem Bleiben im Bund Gottes.[48] Aus der Möglichkeit des Gewisswerdens der Nähe Gottes generell jedenfalls, die nicht-protestantische Traditionen spezifisch aus der kontemplativen Denkbewegung des Hineingezogenwerdens in die Gegenwart Gottes schöpfen können, lebt der christliche Glaube. Versteht man die Denkbewegung in die immanente Trinität in diesem Sinne als eine kontemplative, so kann auch ihre praktische Relevanz deutlich werden, wenn die Gläubigen eine Vision ihres eigenen menschlichen bzw. kirchlichen Lebens motiviert aus der Vision vom trinitarischen Leben Gottes wagen. (Überlegungen generellerer Art dazu stellt *Michael Meyer-Blanck* an in seinem Beitrag.) Orthodoxe Christen feiern Gott-Teilhabe und sozialethische Vision in der eucharistischen Gemeinschaft.[49] Der Sprachgewinn der Trinitätstheologie wird so weniger – wie wohl doch bei Karl Barth – als *Begründung* der Gottesrede benutzt denn als Kontemplation der Vergewisserung von Gottes Gegenwart.

6 Resümee: Die sprachlichen Dimensionen der Trinitätslehre

Wo stehen wir? Gäbe es nicht eine Reflexion des biblischen Zeugnisses, das uns ein differenziertes Beziehungshandeln Gottes zeigte, so wäre trinitarisches Reden von Gott unnötig. Von hier aus, von der ökonomischen Ebene, kreieren Gläubige eine neue Sprache über Gottes Wesen. Gern tun sie das offenbar in der Form der immanenten Trinität, die wie ein Spiegel der ökonomischen Trinität von Gottes Wesen in der Form einer Dreiheit spricht. Denkt man an die oberflächliche Unähnlichkeit von Urbild und abstraktem Abbild in der Kunst, so mag man fragen, ob ein solchermaßen strukturähnliches Konzept von immanenter Trinität zwingend notwendig ist. Ohne Frage aber eröffnet diese Struktur kreative Möglichkeiten der Gottesrede: Sie kann in Bildern eine Spannung aus Einheit und Vielfalt, individueller Persönlichkeit und Dreifaltigkeit entstehen lassen, die den

Theologie der mystischen Erfahrung. Zur Rekonstruktion der Mystik, in: *Udo Kern* (Hg.), Freiheit und Gelassenheit. Meister Eckhart heute, München und Mainz 1980, 127–145; zum teilnehmenden Erkennen hier 129f.
48   Zur Orientierung vgl. *Ulrike Link-Wieczorek*, Art. »Glaube«, in: Taschenlexikon Ökumene, Frankfurt/Paderborn 2003, 117–119.
49   *Ioannis Zizioulas*, Die Eucharistie in der neuzeitlichen orthodoxen Theologie, in: Die Anrufung des Heiligen Geistes im Abendmahl, Beiheft zur Ökumenischen Rundschau 31, 1977, 163–179.

Gläubigen in kontemplativen Erkenntnisereignissen die Lebendigkeit Gottes und die Verheißung seiner stetigen Sendungsbewegung vergewissert. Insofern ist es sinnvoll, das *Grundgerüst* des Trinitätsdogmas, die Spannung aus Einheit und Dreiheit, als *Sprachregel*, die *Füllung* als Rede von der immanenten Trinität als jeweils neu zu kreierenden *Sprachgewinn* zu bezeichnen. Die neue Sprache will zur vergewissernden Kontemplation des Credos von Gottes Lebendigkeit führen. Die Begründung und die inhaltliche Weisung dafür freilich hat schon aus der ökonomischen Ebene zu kommen.

Mit diesen Differenzierungen kann man auch dem Grundsatz der Alten Kirche gerecht zu werden versuchen, dass man über Gottes Wesen, seine Usia, eigentlich nicht beschreibend sprechen könne – die Grundeinsicht in die sog.»apophatischen Dimension« der Rede von Gott.[50] Für die Theologie heißt das vor allem, dass aus dem Reden von Gottes Wesen keine Schlussfolgerungen mehr gezogen werden können – sie bleiben als kontemplative, Illuminationen anregende Aussagen am Ende aller Sprache von Gott.[51] Das heißt, dass aus der Ebene der immanenten Trinität keine Ableitungen auf die ökonomische stattfinden sollen – auch darauf lief der Einspruch der Antitrinitarier bezüglich der Person Jesu heraus. Allenfalls wird das Ergebnis des Sprachgewinns, die neuen Bilder von seinem Wesen, Gott zugesprochen – im Gebet, im Gotteslob (Doxologie) oder auch in der Klage, wie Michael Welker vorschlägt.[52] Diese Funktion der Trinitätslehre zu verdeutlichen, bleibt eine ständig zu erfüllende Aufgabe in Theologie und Kirche.

---

[50]   Vgl. dazu z.B. *Adolf Martin Ritter* zur Trinitätstheologie der drei großen Kappadozier, insbesondere der Lehre des Basilius, zwischen Kerygma, das öffentlich verkündigt wird, und Dogma, über das man schweigt, zu unterscheiden: Die Usia und die Einheit Gottes gehörten zum Dogma, die drei Hypostasen hingegen zum Kerygma; A.M.R., Dogma und Lehre in der Alten Kirche, a.a.O. (s. Anm. 31), 204.

[51]   *Dietrich Ritschl*, Zur Logik der Theologie, a.a.O. (s. Anm. 4), 179 und passim.

[52]   *Michael Welker*, Gottes Ewigkeit, Gottes Zeitlichkeit und die Trinitätslehre. Prolegomena zum Verstehen trinitätstheologischer Metaphernkränze, in: *Reinhold Bernhardt / Ulrike Link-Wieczorek* (Hg.), Metapher und Wirklichkeit, Göttingen 1999, 179–193, hier 187, Anm. 15.

HANS-JOACHIM ECKSTEIN

Die Anfänge trinitarischer Rede von Gott im Neuen Testament[1]

Jürgen Moltmann zum 80. Geburtstag

Womit soll man Unvergleichliches vergleichen, und wie soll man Unbegreifliches auf den Begriff bringen? Wie kann man, »was kein Auge gesehen hat«, vor Augen stellen, »und was kein Ohr gehört hat«, zu Gehör bringen?[2] Es erscheint fast unglaublich, mit welcher Kreativität und Dynamik sich die im Christusgeschehen erschlossene »Weisheit« in Aufnahme und Abwandlung von Traditionen, in Verfremdung und Vertiefung vertrauter Begriffe zu Wort meldete – und dabei zugleich dem jüdischen Vorwurf der Anstößigkeit und dem hellenistischen Vorwurf der Torheit zu begegnen wusste: »Wir aber predigen den gekreuzigten Christus, den Juden ein Ärgernis (σκάνδαλον) und den Griechen eine Torheit (μωρία); denen aber, die berufen sind, Juden und Griechen, predigen wir Christus als Gottes Kraft und Gottes Weisheit (θεοῦ δύναμις καὶ θεοῦ σοφία 1Kor 1,23f)«.

I

Bedenkt man, dass zwischen der Kreuzigung Jesu um das Jahr 30 n.Chr. und dem ersten Aufenthalt des Paulus in Korinth um 50 n.Chr. gerade einmal 20 Jahre vergangen sind, muss die Geschwindigkeit der theologischen Entfaltung des »Wortes vom Kreuz« (ὁ λόγος ὁ τοῦ σταυροῦ) und der in Christus gekommenen und durch Gottes Geist offenbaren Weisheit Gottes als geradezu atemberaubend erscheinen (1Kor 1,18–2,16). Selbst wenn man die Abfassung des Johannesevangeliums mit seiner hohen und breit entfalteten Christologie um 100 n.Chr. spät datieren wollte, hätte die Entwicklung der Anfänge trinita-

---

[1] Überarbeitete Fassung eines Vortrags auf der Tagung der Gesellschaft für Evangelische Theologie im Februar 2005 in Erfurt mit dem Thema »Das biblische Bekenntnis zur Einzigkeit und Einheit Gottes und die Anfänge trinitarischer Rede von Gott«. – S. unter den Veröffentlichungen von Jürgen Moltmann zum Thema vor allem: *Jürgen Moltmann*, Der gekreuzigte Gott. Das Kreuz Christi als Grund und Kritik christlicher Theologie, Gütersloh [6]1993 (1972); *ders.*, Trinität und Reich Gottes. Zur Gotteslehre, Gütersloh [3]1994 (1980).

[2] 1Kor 2,9 in Aufnahme von Jes 64,3.

rischer Rede von Gott im Neuen Testament insgesamt gerade einmal den Zeitraum von 70 Jahren beansprucht.[3]

Zieht man zudem in Betracht, dass fast alle Verfasser der neutestamentlichen Schriften – vor allem aber und unbestreitbar der Heidenapostel Paulus selbst als Ἑβραῖος ἐξ Ἑβραίων[4] – geborene Juden waren,[5] dann fasziniert die Eindeutigkeit und Kühnheit, in der die erste Generation der christlichen – d.h. judenchristlichen – Theologen das biblische Bekenntnis zur Einzigkeit und Einheit Gottes mit ihrer analogielosen Christuserkenntnis zu verbinden vermochten. Der auferstandene Christus wird in den frühen Gemeinden als Kyrios, als »Herr«, bekannt (κύριος Ἰησοῦς [Χριστός] 1Kor 12,3; Röm 10,9f; Phil 2,9–11) und in Akklamation und Gebet angerufen (1Kor 1,2; 16,22; 2Kor 12,8).[6] Die »berufenen Heiligen« der Ekklesia Gottes können an jedem Ort gerade dadurch identifiziert werden, dass sie »den Namen unseres Herrn Jesus anrufen« (1Kor 1,2; vgl. Act 9,14.21; 22,16). Ihm gilt der von der aramäisch sprechenden Urgemeinde übernommene

---

[3]   S. grundlegend W. *Bousset*, Kyrios Christos. Geschichte des Christusglaubens von den Anfängen des Christentums bis Irenaeus, Göttingen [6]1967; O. *Cullmann*, Die Christologie des Neuen Testaments, Tübingen [5]1975; J.D.G. *Dunn*, Christology in the Making. A New Testament Inquiry into the Origins of the Doctrine of the Incarnation, London [2]1992; F. *Hahn*, Christologische Hoheitstitel. Ihre Geschichte im frühen Christentum, Göttingen [5]1995; M. *Hengel*, Der Sohn Gottes. Die Entstehung der Christologie und die jüdisch-hellenistische Religionsgeschichte, Tübingen [2]1977; L.W. *Hurtado*, Lord Jesus Christ. Devotion to Jesus in Earliest Christianity, Grand Rapids u.a. 2003; M. *Karrer*, Jesus Christus im Neuen Testament, NTD.GNT 11, Göttingen 1998; W. *Kramer*, Christos Kyrios Gottessohn. Untersuchungen zu Gebrauch und Bedeutung der christologischen Bezeichnungen bei Paulus und den vorpaulinischen Gemeinden, AThANT 44, Zürich 1963; P. *Pokorný*, Die Entstehung der Christologie. Voraussetzungen einer Theologie des Neuen Testaments, Stuttgart 1985; E. *Schweizer*, Art. Jesus Christus I, TRE 16 (1987), 671–726; K. *Wengst*, Christologische Formeln und Lieder des Urchristentums, StNT 7, Gütersloh [2]1973.

[4]   2Kor 11,22; Phil 3,5 (als am achten Tag beschnittener Jude von Geburt vom Stamme Benjamin war er also nicht nur Proselyt oder Gottesfürchtiger, sondern »Hebräer aus Hebräern«, der im Unterschied zu vielen Diasporajuden seine Stammesabkunft noch kannte und dessen Vorfahren aus Palästina stammten); vgl. Act 21,40; 22,2; 26,14.

[5]   Als *Heiden*christ wird überwiegend der Verfasser des Lukasevangeliums und der Apostelgeschichte identifiziert. Bei den Verfassern des Matthäus-, des Markus- oder des Johannesevangeliums können die Begründungen für eine heidenchristliche Zuordnung m.E. in keinem Fall überzeugen; zur aktuellen Diskussion der Verfasserfrage und der zeitlichen Datierung der neutestamentlichen Schriften s. U. *Schnelle*, Einleitung in das Neue Testament, 5., durchg. Aufl., Göttingen 2002, 240ff, 513ff.

[6]   S. 2Kor 12,8: ὑπὲρ τούτου τρὶς τὸν κύριον παρεκάλεσα ἵνα ... mit Bezug auf Christus in der Antwort V. 9.10. Von »unserem Herrn Jesus« erwartet er wie von »Gott, unserem Vater«, die Erhörung seiner Gebete: νυκτὸς καὶ ἡμέρας ὑπερεκπερισσοῦ δεόμενοι ... αὐτὸς δὲ ὁ θεὸς καὶ πατὴρ ἡμῶν καὶ ὁ κύριος ἡμῶν Ἰησοῦς κατευθύναι τὴν ὁδὸν ἡμῶν πρὸς ὑμᾶς (1 Thess 3,10f).

Gebetsruf »Maranatha«, »Unser Herr, komm!« (1Kor 16,22).[7] Mit hebr. אָדוֹן / aram. מָרֵא[8] / griech. (ὁ) κύριος[9] haben offensichtlich bereits die aramäisch sprechenden wie die griechisch sprechenden Judenchristen der ersten Generation den von Gott auferweckten Gekreuzigten[10] mit dem Titel benannt, der in den christlichen LXX-Handschriften und in den neutestamentlichen Schriften in Umschreibung des Gottesnamens Jahwe für Gott, den Vater (ὁ θεὸς καὶ πατὴρ ἡμῶν), gebraucht wurde.[11] Sind in den auf alttestamentliche Ausdrücke anspielenden Wendungen vom »Wort des Herrn« (1Thess 4,15; vgl. 2Thess 3,1) und vom »Tag des Herrn« (1Kor 5,5; 1Thess 5,2; vgl. 2Thess 2,2) mit Kyrios der Vater oder der Sohn gemeint? Letzteres bestätigt sich im Fall von 1Kor 1,8; 2Kor 1,14 bzw. Phil 1,6 aufgrund der eindeutigen Ergänzungen ἐν τῇ ἡμέρᾳ τοῦ κυρίου ἡμῶν Ἰησοῦ [Χριστοῦ] bzw. ἄχρι ἡμέρας

---

[7] Der Ruf μαραναθά ist mit Rücksicht auf Apk 22,20 (ἀμήν, ἔρχου κύριε Ἰησοῦ) wohl im Sinne von aram. *maran(a') ᵗᵃ'ta'* als Bitte: »Unser Herr, komm!« zu deuten. Vgl. zur neueren Diskussion *H.P. Rüger*, Art. Aramäisch II, TRE 3 (1978), 602–610, hier 607; *M. Hengel*, Der Sohn Gottes (s. Anm. 3), 120ff; *ders.*, Abba, Maranatha, Hosanna und die Anfänge der Christologie, in: *I.U. Dalferth / J. Fischer / H.-P. Großhans* (Hg.), Denkwürdiges Geheimnis. Beiträge zur Gotteslehre (FS E. Jüngel), Tübingen 2004, 145–183, hier: 161ff; *J.A. Fitzmyer*, Art. κύριος κτλ, EWNT 2 (1981), 811–820, hier 816f.

[8] Vgl. מָרַן »unser Herr« (mit Suff. 1. Pl.) für hebr. אֲדוֹנֵינוּ bzw. הָאָדוֹן.

[9] Zu absolut gebrauchtem und determiniertem ὁ κύριος zur Bezeichnung Jesu Christi s. z.B. 1Kor 4,5; 7,10.12; 9,14; 16,7; 2Kor 10,8; 13,10; Phil 4,5; 1Thess 3,12; 4,16.

[10] Zum κύριος-Titel in den formelhaften Auferweckungsaussagen, die zum ältesten Bestand des neutestamentlichen Auferstehungszeugnisses gehören, s. Röm 4,24: τὸν ἐγείραντα Ἰησοῦν *τὸν κύριον ἡμῶν* ἐκ νεκρῶν, Röm 10,9b: ὅτι ὁ θεὸς αὐτὸν [sc. *τὸν κύριον* Ἰησοῦν, V. 9a] ἤγειρεν ἐκ νεκρῶν, 1Kor 6,14: ὁ δὲ θεὸς καὶ *τὸν κύριον* ἤγειρεν und 2Kor 4,14: ὁ ἐγείρας *τὸν κύριον* Ἰησοῦν. Vgl. Hebr 13,20: ὁ δὲ θεὸς ... ἀναγαγὼν ἐκ νεκρῶν τὸν ποιμένα τῶν προβάτων ... *τὸν κύριον ἡμῶν* Ἰησοῦν, als Auferstehungsformel Lk 24,34: ὄντως ἠγέρθη ὁ κύριος καὶ ὤφθη Σίμωνι. S. zum Ganzen: *H.-J. Eckstein*, Die Wirklichkeit der Auferstehung Jesu. Lukas 24,34 als Beispiel früher formelhafter Zeugnisse, in: *Ders.*, Der aus Glauben Gerechte wird leben. Beiträge zur Theologie des Neuen Testaments, BVB 5, Münster 2003, 152–176, hier: 160–163 (= Die Wirklichkeit der Auferstehung, *H.-J. Eckstein / M. Welker* (Hg.), Neukirchen-Vluyn ²2004, 1–30; hier: 9–13).

[11] Weder ist die Benennung *Gottes* mit dem κύριος-Titel traditionsgeschichtlich auf das *außerpalästinisch*-hellenistische Judentum oder gar auf die *nichtjüdisch*-hellenistischen Gemeinden zu beschränken, noch lässt sich die Bezeichnung des *erhöhten Christus* als »Herr« (hebr. אָדוֹן / aram. מָרֵא) überlieferungsgeschichtlich den palästinisch-judenchristlichen Gemeinden absprechen; gegen die frühere These der religionsgeschichtlichen Schule z.B. bei *W. Bousset*, Kyrios Christos (s. Anm. 3), 77ff.83ff; *R. Bultmann*, Theologie des Neuen Testaments, 9. Aufl., durchg. u. erg. v. Otto Merk, Tübingen 1984, 54f.126ff; mit *M. Hengel*, Der Sohn Gottes (s. Anm. 3), 120ff (s. ebd. zur Literatur); *J.A. Fitzmyer*, Art. κύριος κτλ (s. Anm. 7), 816f.

Χριστοῦ Ἰησοῦ. Dass sich in 1Kor 2,8 die jüdische Gottesprädikation »Herr der Herrlichkeit« wirklich auf »Jesus Christus, den Gekreuzigten«, bezieht,[12] belegt der Kontext unausweichlich: In Verkennung der Weisheit Gottes haben die Herrscher dieser Welt den κύριος τῆς δόξης _gekreuzigt!_ Die eschatologische Huldigung gegenüber dem Kyrios, dem »sich alle Knie beugen« und den »alle Zungen bekennen sollen«, bezieht sich nach Jes 45,23f ausdrücklich auf Jahwe selbst, während sie nach dem Philipperhymnus »zur Ehre Gottes, des Vaters«, demjenigen gilt, dem Gott den Kyrios-Namen als »Namen über alle Namen« gegeben hat – dem erhöhten Jesus Christus: ἵνα ἐν τῷ ὀνόματι Ἰησοῦ πᾶν γόνυ κάμψῃ ... καὶ πᾶσα γλῶσσα ἐξομολογήσηται ὅτι κύριος Ἰησοῦς Χριστός (Phil 2,10f). – Nach Joel 3,5 soll derjenige am »Tag des Herrn« errettet werden, der den Namen Jahwes / des Kyrios anrufen wird. Dieses rettende Anrufen des »Herrn« konkretisiert sich nach Röm 10,8–17 darin, dass jemand mit seinem Munde bekennt κύριος Ἰησοῦς und in seinem Herzen glaubt, dass Gott ihn von den Toten auferweckt hat.[13] So wird die Akklamation »Herr ist Jesus« mit der im Prophetenzitat angesprochenen Anrufung Gottes identifiziert, und die Gottesbezeichnung »Herr aller« erscheint in eindeutig christologischem Kontext: ὁ γὰρ αὐτὸς κύριος πάντων, πλουτῶν εἰς πάντας τοὺς ἐπικαλουμένους αὐτόν (Röm 10,12).[14]

II

Wird mit alldem für die alttestamentlich-jüdische Gottesvorstellung bereits Unbegreifliches auf den Begriff gebracht und noch nicht Gesehenes vor Augen gestellt, so gilt dies umso mehr von den christologischen – und damit die Trinitätstheologie anstoßenden – Aussagen, die nicht erst bei dem in der Auferstehung erhöhten Kyrios Jesus einset-

---

[12] S. zum Ganzen _O. Hofius_, »Einer ist Gott – Einer ist Herr«. Erwägungen zu Struktur und Aussage des Bekenntnisses 1Kor 8,6, in: _Ders._, Paulusstudien II, WUNT 143, Tübingen 2002, 167–180, hier 179, und zu den Belegen der Gottesprädikation in der frühjüdischen Literatur ausführlich Anm. 49: grHen 22,14; 27,3.5; äthHen 22,14; 25,3.7; 27,3.5; 36,4; 40,3; 63,2; 75,3; 83,8; koptApocEl 19,11.

[13] S. zum Ganzen _H.-J. Eckstein_, »Nahe ist dir das Wort«. Exegetische Erwägungen zu Röm 10,8, in: Der aus Glauben Gerechte wird leben (s. Anm. 10), 55–72.

[14] In diesem Zusammenhang erstaunt es dann nicht, dass Paulus bei seinem paränetischen Hinweis auf das eschatologische Offenbarwerden im Gericht einmal von dem Richterstuhl _Gottes_ und einmal von dem Richterstuhl _Christi_ sprechen kann – Röm 14,10: πάντες γὰρ παραστησόμεθα τῷ βήματι τοῦ θεοῦ, 2Kor 5,10: ἡμᾶς φανερωθῆναι δεῖ ἔμπροσθεν τοῦ βήματος τοῦ Χριστοῦ.

zen, sondern bereits bei dem präexistenten Sohn Gottes.[15] In 1Kor 8,6 erinnert Paulus seine korinthische Gemeinde in Abgrenzung zu den »sogenannten Göttern«, zu den θεοὶ πολλοὶ καὶ κύριοι πολλοί (8,5),[16] an das Bekenntnis zur Einheit und Einzigkeit Gottes – εἷς ὁ θεός[17] – im Anschluss an das alttestamentlich-jüdische Grundbekenntnis, das Sch^{e}ma Jisrael aus Dt 6,4: ἄκουε Ισραηλ κύριος ὁ θεὸς ἡμῶν κύριος εἷς ἐστιν,»höre Israel, der Herr, unser Gott, ist *ein* Herr«. Obwohl es sich gar nicht um einen speziell *christo*-logischen, sondern um einen *theo*-logischen Kontext handelt[18] und ohne dass Paulus seiner um 50 n.Chr. gegründeten Gemeinde dies ausdrücklich erläutern oder näher begründen müsste, kann er das Bekenntnis zu dem εἷς θεός bereits »binitarisch« entfalten, indem er es auf »den *einen* Gott, den Vater« und »den *einen* Herrn, Jesus Christus« bezieht.

Mit seiner Auffächerung der theologischen Allmachtsaussage[19] und der differenzierenden Zuordnung der auf den einen und selben Gott bezogenen θεός- und κύριος-Prädikation bringt das Bekenntnis Unerhörtes zu Gehör. Traditionell wird der *eine* und *einzige* Gott, der Vater, als *Ursprung* (ἐξ οὗ) von allem und *Ziel* (εἰς αὐτόν) der ihn Anerkennenden bekannt: εἷς θεὸς ὁ πατὴρ ἐξ οὗ τὰ πάντα καὶ ἡμεῖς εἰς αὐτόν. Jüdisch gesehen völlig unkonventionell wird dieses Bekenntnis zu dem *einen* »Gott aller Götter und Herrn über alle Herren« (Dt 10,17) aber dann hinsichtlich des *Wirkens* Gottes (δι' οὗ) zugleich *christologisch* auf die Schöpfungsmittlerschaft und Erlösungsmittlerschaft Jesu Christi hin expliziert; durch den »*einen* Herrn, Jesus Christus« ist –

---

15 Zu den neutestamentlichen Belegen für die Präexistenz Christi insgesamt s. vor allem: Joh 1,1–3°; 8,58*; 16,28*; 17,5°.24°; 1Kor 8,6°; 2Kor 8,9*; Eph 1,3–14°; Phil 2,6f*; Kol 1,15–17°; Hebr 1,2f°; Apk 3,14° (° = vor Schöpfung; * = vor Inkarnation [wohl auch: Röm 8,3; Gal 4,4f als »Sendungsformeln«; 1Kor 10,3f]; Schöpfungsmittlerschaft).

16 S. zum Ganzen *O. Hofius*, »Einer ist Gott – Einer ist Herr« (s. Anm. 12), 167–180; *ders.*, Christus als Schöpfungsmittler und Erlösungsmittler. Das Bekenntnis 1 Kor 8,6 im Kontext der paulinischen Theologie, in: *Ders.*, Paulusstudien II (s. Anm. 12), 181–192; *J. Woyke*, Götter, ›Götzen‹, Götterbilder. Aspekte einer paulinischen ›Theologie der Religionen‹, BZNW 132, Berlin / New York 2005, 158–214.

17 In 1Kor 8,4 pronociert in negativer Formulierung: οἴδαμεν ὅτι ... οὐδεὶς θεὸς εἰ μὴ εἷς.

18 Vgl. *J. Woyke*, Götter, ›Götzen‹, Götterbilder (s. Anm. 16), 196ff.211ff.

19 Zur *theo*-logischen Allmachtsaussage vgl. Röm 11,36: ὅτι ἐξ αὐτοῦ καὶ δι' αὐτοῦ καὶ εἰς αὐτὸν τὰ πάντα (mit Bezug auf ὁ θεός [Röm 11,32.33] = κύριος [V. 34] als Subjekt). Zur speziell *christo*-logischen Entfaltung der Allmachtsformel s. den Christushymnus in Kol 1,15–18: ὅτι ἐν αὐτῷ ἐκτίσθη τὰ πάντα ... τὰ πάντα δι' αὐτοῦ καὶ εἰς αὐτὸν ἔκτισται ... καὶ αὐτός ἐστιν πρὸ πάντων καὶ τὰ πάντα ἐν αὐτῷ συνέστηκεν, womit zum Ausdruck kommt, dass es Gott »gefallen hat, dass die ganze Fülle in ihm wohne« Kol 1,19; vgl. Kol 2,9: ὅτι ἐν αὐτῷ κατοικεῖ πᾶν τὸ πλήρωμα τῆς θεότητος σωματικῶς.

nach der festen Überzeugung der Bekennenden (ἀλλ' ἡμῖν)[20] – alles geschaffen worden, und durch ihn sind sie selbst geworden –»freigekauft« (1Kor 6,20), von Sünden »abgewaschen«, »geheiligt« und »gerechtfertigt« (1Kor 6,11). Oder im Hinblick auf 2Kor 4,6; 5,17 formuliert: Durch den *einen* Kyrios, Jesus Christus, durch den der Vater die ganze Welt erschaffen hat, sind die Christen zur Erkenntnis der Herrlichkeit Gottes im Angesicht Jesu Christi neu erschaffen worden. Indem hier sowohl das alttestamentlich-jüdische Bekenntnis zur Einzigkeit und Einheit Gottes des Herrn wie selbstverständlich »binitarisch« auf Gott, den Vater, und Jesus Christus, den Herrn, hin entfaltet wird und indem dem Gekreuzigten und Auferstandenen sowohl die exklusive Erlösungsmittlerschaft als auch bereits die Schöpfungsmittlerschaft des Präexistenten zuerkannt wird, finden wir die entscheidenden Grundlagen für eine sogenannte »hohe Christologie« nicht etwa am Ende, sondern bereits am Anfang des neutestamentlichen Entstehensprozesses zu Beginn der fünfziger Jahre des 1. Jh. Erkennt man in 1Kor 8,6 wie in anderen christologischen Formeln ein bereits geprägtes Bekenntnis,[21] dann reichen die literarisch greifbaren Anfänge der trinitarischen Rede von Gott im Neuen Testament zumindest in die vierziger Jahre des 1. Jh. zurück.

Die Grundlage für die bekannten späteren Entfaltungen der Schöpfungsmittlerschaft Jesu Christi – im Christushymnus Kol 1,15–18, im Johannesprolog Joh 1,1–3 und im Proömium des Hebräerbriefs, Hebr 1,2f – sind in der »binitarischen« Entfaltung des Bekenntnisses εἰς ὁ θεός in 1Kor 8,6 in prägnantester und besonders prononcierter Form artikuliert. Dort wird Christus dann ausführlich als ὁ λόγος, »das Wort (Gottes)« (Joh 1,1f.14), und als τὸ φῶς, »das Licht (der Welt)« (Joh 1,4–9; vgl. 8,12), beschrieben werden, als μονογενὴς παρὰ πατρός, als »der Einziggeborene vom Vater« (Joh 1,14); als θεός »Gott« (Joh

---

[20]   Vgl. zu Bedeutung und Funktion des *Dativus iudicantis* O. *Hofius*, Christus als Schöpfungsmittler und Erlösungsmittler (s. Anm. 16), 181f.

[21]   Als geprägte Traditionsstücke bei Paulus gelten meist: 1Thess 1,9f (Missionsformel); 1Kor 11,23–25 (Abendmahlsparadosis/Einsetzungsworte, ausführlichste Jesus-Tradition bei Paulus); 1Kor 15,3–5 (mehrgliedriges Christusbekenntnis); Röm 1,3f (Gottessohnformel); Röm 3,25.26 (von Paulus erweiterte soteriologische Formel, Abgrenzung umstritten: nur V. 25a oder V. 25a–26a); Röm 4,24.25 (eingliedrige Auferweckungsformel im Partizipialstil [V. 24]; zweigliedrige Dahingabe-/Auferstehungsformel [V. 25]); Gal 1,4 (soteriologische Formel); Phil 2,6–11 (Christushymnus); zudem Bekenntnisse/Homologien: κύριος Ἰησοῦς Χριστός (1Kor 12,3; Röm 10,9); Glaubenssätze/Pistis-Formeln (Röm 10,9: πιστεύειν ὅτι, vgl. die Auferweckungsformeln mit ὅτι-Satz); Akklamationen: ἀββὰ ὁ πατήρ (stets aram./griech.: Röm 8,15; Gal 4,6; Mk 14,36); Gebetsrufe: μαραναθά, der gemäß Apk 22,20 (ἀμήν, ἔρχου κύριε Ἰησοῦ) als Bitte: »Unser Herr, komm!« zu deuten ist. Zu den Auferweckungsformeln und den Auferstehungsformeln s.o. Anm. 10 und *H.-J. Eckstein*, Der aus Glauben Gerechte wird leben (s. Anm. 10), 232–235.

1,2.18),[22] als μονογενὴς θεός »der einziggeborene Gott« bzw. »der Einziggeborene, Gott« (Joh 1,18),[23] als εἰκὼν τοῦ θεοῦ, als »Ebenbild Gottes« (Kol 1,15; vgl. 2Kor 4,4), als πρωτότοκος πάσης κτίσεως, als »Erstgeborener aller Schöpfung« (Kol 1,15), als ἀπαύγασμα τῆς δόξης καὶ χαρακτὴρ τῆς ὑποστάσεως αὐτοῦ, als »Abglanz seiner Herrlichkeit und Ausprägung / Abdruck seines Wesens« (Hebr 1,2). Während wir *überlieferungs*geschichtlich bei den ausgeführten Hymnen von einer *Weiterführung* des frühen, prägnanten Grundbekenntnisses 1Kor 8,6 sprechen mögen, haben wir es *traditions*geschichtlich gesehen bei den aufgeführten Prädikationen und Begriffsfeldern gerade umgekehrt mit den Denk- und Begriffs*voraussetzungen* der Ausführungen zu Schöpfungsmittlerschaft und Präexistenz des gekreuzigten Christus als der »Weisheit Gottes« (1Kor 1,24.30) zu tun.

III

Wenn wir danach fragen, wie Paulus selbst und andere Judenchristen neben und mit ihm unter der Voraussetzung ihres unaufgebbaren Bekenntnisses zur Einzigkeit und Einheit Gottes eine solche Christologie nachvollziehen, ja selbst kreativ entfalten und begrifflich ausformulieren konnten, werden wir mit einer isolierten *Begriffsgeschichte* einzelner »messianischer« Titel oder dem Versuch einer einseitigen *religionsgeschichtlichen Zuordnung* oder monokausalen Ableitung kaum zu einem befriedigenden Ergebnis gelangen. Zweifellos sind einerseits die begriffsgeschichtlichen Untersuchungen zum »Menschensohn«, zum »Messias / Christus«, zum »Kyrios«, zum »Gottesknecht« und vor allem zum »Sohn Gottes« in der alttestamentlichen, zwischentestamentarischen und frühjüdischen Literatur für die neutestamentliche Christologie von größter Bedeutung – und haben durch die deutlich erweiterte Quellenlage im letzten Jahrhundert nochmals an Dringlichkeit gewonnen.[24] Unbestreitbar auch haben andererseits alle Verfasser der

---

22 Vgl. das Bekenntnis des Thomas angesichts des Auferstandenen, Joh 20,28: ὁ κύριός μου καὶ ὁ θεός μου, und 1 Joh 5,20, in dem von »seinem Sohn, Jesus Christus«, bekannt wird: οὗτός ἐστιν ὁ ἀληθινὸς θεὸς καὶ ζωὴ αἰώνιος.
23 Von äußerer Bezeugung (𝔓⁶⁶ 𝔓⁷⁵ ℵ B C) und inneren Kriterien her kann die Lesart (ὁ) μονογενὴς θεός kaum angezweifelt werden; vgl. *B.M. Metzger*, A Textual Commentary on the Greek New Testament, Stuttgart ²1994, 169f.
24 S. die in Anm. 3 aufgeführten grundlegenden Werke und die klassischen Wörterbücher *G. Kittel / G. Friedrich* (Hg.), Theologisches Wörterbuch zum Neuen Testament, 10 Bde., Stuttgart 1933–1979 [Studienausgabe 1991]; *H. Balz / G. Schneider* (Hg.), Exegetisches Wörterbuch zum Neuen Testament, 3 Bde., 2., verb. Aufl., Stuttgart 1992; *L. Coenen / K. Haacker* (Hg.), Theologisches Begriffslexikon zum Neuen Testament, 3 Bde., neubearb. Ausg., Neukirchen-Vluyn 1997–2002; *W. Bauer / K. u. B. Aland*, Griechisch-deutsches Wörterbuch zu den Schriften des Neuen Testaments und der frühchristlichen Literatur, 6., völlig neu bearb.

neutestamentlichen Schriften nicht nur in der griechischen Sprache
geschrieben, sondern das Evangelium für Adressaten entfaltet, die – ob
als Juden- oder Heidenchristen, ob in Jerusalem, Syrien, Kleinasien,
Griechenland oder Rom – in jedem Fall von ihrer hellenistischen Umwelt geprägt waren und ihren Glauben in Auseinandersetzung mit philosophischen, religiösen und gesellschaftlichen Ansprüchen und Kontexten zu vertreten hatten.

Allerdings ist gegen Tendenzen der klassischen Religionsgeschichte
hervorzuheben, dass Judentum und Hellenismus zur Zeit des Neuen
Testaments und bereits seit dem 3. vorchristlichen Jahrhundert schon
längst keine religionsgeschichtlich unvermittelten und gegensätzlichen
Welten mehr bildeten, die sich nach dem Pendelschlag von aramäisch
sprechender Urgemeinde und hellenistisch-heidenchristlicher Kirche
erst auf eine frühkatholische bzw. spätneutestamentliche Vermittlung
einpendeln mussten.[25] Wie sehr es sich bei dem postulierten Gegensatz
von alttestamentlich-jüdischer Tradition und hellenistischer Sprache
und Kultur in hellenistischer Zeit um ein Kunstgebilde handelt, erhellen neben den Schriften des Paulus selbst vor allem die über den Hebräischen Kanon hinausgehenden Schriften der Septuaginta (LXX),
der Griechischen Bibel, die die nicht an Christus glaubenden Juden in
der Diaspora, die frühen griechisch sprechenden Judenchristen innerhalb und außerhalb Palästinas und die Heidenchristen miteinander ver-
banden. Es handelt sich schon vorchristlich viel eher um einen lebendigen Prozess der Begegnung und Auseinandersetzung, der Rezeption
und Abwehr.

Für die Entfaltung der neutestamentlichen Christologie und der Anfänge der trinitarischen Rede von Gott ergibt sich aus beiden Aspekten
die Konsequenz, dass die Sprach- und Vorstellungswelt, in der das
bisher Ungehörte – und großenteils auch Unerhörte – der in Christus
offenbarten Weisheit Gottes zu Gehör gebracht wird (1Kor 1,18–25),
gerade nicht als exklusiv und ausschließlich, sondern als denkbar umfassend und einschließend zu bestimmen ist. So lassen sich auf der tra-
ditionsgeschichtlichen Grundlage der *menschlichen* Repräsentanten
Gottes gegenüber Israel und der Repräsentanten Israels Gott gegenüber
an der Mose-Tradition, an der davidischen Gottessohnschaft, an den
Messias-Verheißungen, an der Gottes-Knecht-Tradition oder der Men-
schensohnerwartung in Anlehnung und Überbietung bestimmte Aspekte der Person, des Wirkens und des Geschickes Jesu Christi verdeutli-

---

Aufl., Berlin 1988; *H.G. Liddell / R. Scott*, A Greek-English Lexicon, Nachdr. d.
1940 vervollständigten 9. Aufl., Oxford 1996.
25   S. zum Ganzen *M. Hengel*, Der Sohn Gottes (s. Anm. 3), vor allem 12–17.32–
89; *ders.*, Judentum und Hellenismus. Studien zu ihrer Begegnung unter besonderer Berücksichtigung Palästinas bis zur Mitte des 2. Jh.s v.Chr., WUNT 10, 3.,
durchg. Aufl., Tübingen 1988, hier 565–570.

chen.[26] Aber in keiner dieser Überlieferungen finden wir eine der Christologie entsprechende *personale Präexistenz*, die *Schöpfungsmittlerschaft*, das *vorzeitliche Wohnen bei Gott* und die *Sendung auf die Erde* ausgesagt.

Umgekehrt lassen sich gerade diese in den christologischen Hymnen und Formeln zentralen Motive samt der aufgeführten spezifischen Begrifflichkeit (ὁ λόγος, τὸ φῶς, μονογενής, εἰκών, πρωτότοκος πάσης κτίσεως, ἀπαύγασμα, χαρακτήρ, ὑπόστασις) im Kontext alttestamentlicher *Weisheitstraditionen* zur Qualifizierung des Wortes und der Weisheit Gottes finden (s. Prov 8,22–31; Sir 24,3–10; Sap 7,22–30; vgl. Gen 1,3; Ps 33,6.9; 104,24; Prov 3,19f).[27] Durch den λόγος Gottes sind Himmel und Erde geschaffen (Ps 33 [32 LXX],6; vgl. V. 9: αὐτὸς εἶπεν καὶ ἐγενήθησαν, Gen 1,3: καὶ εἶπεν ὁ θεός γενηθήτω ... καὶ ἐγένετο ...). Gottes Weisheit war bereits bei der Erschaffung der Welt bei Gott (συμπαρήμην αὐτῷ ... ἤμην παρ᾽ αὐτῷ Prov 8,27.30), denn »Gott hat in Weisheit die Erde gegründet« (ὁ θεὸς τῇ σοφίᾳ ἐθεμελίωσεν τὴν γῆν Prov 3,19) und alles in Weisheit geschaffen (πάντα ἐν σοφίᾳ ἐποίησας Ps 104 [103 LXX], 24). Sie wurde bei ihm auf dem Schoß gehalten (Prov 8,30 MT;[28] vgl. Joh 1,18), sie gilt sogar als Beisitzerin, Mitthronende auf dem Thron Gottes (δός μοι τὴν τῶν σῶν θρόνων πάρεδρον σοφίαν Sap 9,4). Die Weisheit »wohnte« bei Gott in der Höhe (ἐγὼ ἐν ὑψηλοῖς κατεσκήνωσα Sir 24,4), bis er sie auf der Erde in Israel einwohnen und Eigentum / Erbbesitz nehmen ließ (καὶ εἶπεν ἐν Ιακωβ κατασκήνωσον καὶ ἐν Ισραηλ κατακληρονομήθητι Sir 24,8; vgl. Joh 1,10f.14). Von der Sophia Gottes kann gesagt werden, dass sie »einziggeboren« / »einzigartig« (μονογενές Sap 7,22; vgl. Joh 1,14.18) ist, »Hauch der Kraft Gottes« (ἀτμὶς ... τῆς τοῦ θεοῦ δυνάμεως Sap 7,25), »reiner Ausfluss / Ausströmung der Herrlichkeit des Allbeherrschers« (ἀπόρροια τῆς τοῦ παντοκράτορος δόξης εἰλικρινής Sap 7,25), »Abglanz des ewigen Lichts und makelloser Spiegel des Wirkens Gottes und Ebenbild seiner Güte« (ἀπαύγασμα γάρ ἐστιν φωτὸς ἀϊδίου καὶ ἔσοπτρον ἀκηλίδωτον τῆς τοῦ θεοῦ ἐνεργείας καὶ εἰκὼν τῆς ἀγαθότητος αὐτοῦ Sap 7,26; vgl. 2Kor 4,4.6); sie ist so herrlicher als die Sonne und verdient den Vorzug vor dem Licht (Sap 7,29; Joh 1,4ff; 8,12); »denn dieses übernimmt die Nacht, über die Weisheit

---

26 Zu dem Ansatz einer in dieser Weise differenzierenden und biblisch-theologisch reflektierenden Traditionsgeschichte s. grundlegend die Beiträge von *H. Gese*, Zur biblischen Theologie. Alttestamentliche Vorträge, 3., verb. Aufl., Tübingen 1989, darin vor allem: Das biblische Schriftverständnis, 9–30; Der Messias, 128–151; Der Johannesprolog, 152–201; *ders.*, Vom Sinai zum Zion. Alttestamentliche Beiträge zur biblischen Theologie, BEvTh 64, 3., duchg. Aufl., München 1990, darin vor allem: Erwägungen zur Einheit der biblischen Theologie, 11–30; Natus ex Virgine, 130–146.

27 Vgl. zum Ganzen *H. Gese*, Der Johannesprolog (s. Anm. 26), 173–190.

28 A.a.O., 177f.

aber trägt das Böse nicht den Sieg davon (τοῦτο μὲν γὰρ διαδέχεται νύξ, σοφίας δὲ οὐ κατισχύει κακία Sap 7,30; vgl. Joh 1,5).

Auf der Grundlage der Logos-Sophia-Tradition lassen sich ganz zweifellos viele der Aspekte der neutestamentlichen Christologie nachvollziehen, die Jesus Christus in Einheit mit Gott und aus seiner Gegenwart kommend, die ihn in Unterschiedenheit zu allen Menschen und zur Schöpfung insgesamt sehen. Aber hier stellt sich nun umgekehrt die grundlegende Frage: Wird die Weisheit Gottes – bei aller anschaulichen und ausmalenden Beschreibung – im alttestamentlich-jüdischen Kontext in der Weise als eigenständige »Person« gedacht, wie es vom Mensch gewordenen Logos, Jesus von Nazareth, vom Sohn Gottes im Gegenüber zu Gott, seinem Vater, vorausgesetzt wird? Die Antwort wird aus jüdischer Sicht und in Respekt vor dem zitierten Grundbekenntnis zur Einzigartigkeit und Einheit Gottes in Dt 6,4 wohl eindeutig »Nein!« lauten. Ob es um Gottes »Wort« oder Gottes »Weisheit« geht, ob es um Gottes »Namen« oder sein »Angesicht«, seine »Herrlichkeit« oder seine »Tora« geht, bei aller Hochschätzung und trotz aller hypostasierender oder metaphorischer Redeweise wird der Respekt vor dem »Eins-Sein« Gottes – unter Absehung der Christuserkenntnis – nicht von einer zweiten »Person« in Gott sprechen, nicht von einem zweiten personalen Wesen, das an Gottes eigenem Wesen und Wirken unmittelbar teilhätte.

Das Geheimnis der Anfänge trinitarischer Rede von Gott im Neuen Testament erschließt sich also nicht durch eine begriffsgeschichtlich enggeführte Ableitung einzelner Hoheitstitel oder eine isolierte religionsgeschichtliche Herleitung einzelner Motive, sondern allererst durch die Gesamtperspektive, wie sie sich vom Ende des Offenbarungs- und damit Traditionsprozesses her ergibt. Erst die Zusammenschau und Überblendung der zu Gott als Schöpfer zugehörigen *Weisheit Gottes* einerseits und der zur Schöpfung gehörenden *menschlichen Repräsentanten* Gottes andererseits lassen das Geheimnis der in Jesus Christus, dem Gekreuzigten, erschienenen Weisheit Gottes begrifflich erfassen. Denn Wort und Weisheit Gottes werden schon traditionell als zu Gott gehörig erkannt, aber *nicht* als eigene »Person«; und die menschlichen Repräsentanten Gottes in Israel werden als »Personen« wahrgenommen, aber gerade *nicht* als »Gott«. Dass Gott seinen einziggeborenen, himmlischen Sohn als Menschen auf die Erde sendet, um durch sein Wirken, Leiden und Auferstehen die Welt zu erlösen (Röm 8,3; Gal 4,4f; Joh 3,16; 1Joh 4,9), dass Gottes eigener Logos sterblicher Mensch – »Fleisch«! – wird (Joh 1,14; 1Joh 4,2), ist in dieser umfassenden Perspektive weder von der Logos-Sophia-Tradition an sich noch von einzelnen Verheißungen zum »Propheten«, zum »Gottesknecht«, zum »Davidssohn«, zum »Messias« oder auch zum »Menschensohn« isoliert abzuleiten.

Wer Jesus Christus ist und in welchem Verhältnis er zu dem einen und einzigen Gott steht, beantwortet sich für die neutestamentlichen Verfasser ganz offensichtlich nicht durch die Reduktion der Erkenntnis auf das in einzelnen »messianischen Texten« von »Mose und den Propheten« Gesagte, sondern umgekehrt gewinnt die – im breiten Spektrum der Überlieferung für sich gesehen mehrdeutige – Einzelaussage erst von der Christuserkenntnis her ihre christologische »Eindeutigkeit«. Oder um es mit dem – an die Decke vor dem Angesicht des Mose (Ex 34,33–35) anknüpfenden – Bild des Paulus in 2Kor 3,12ff zu sagen: Nicht das Lesen der Tora nimmt für sich genommen schon die christologische Decke von den Augen, sodass das Ärgernis der im Gekreuzigten offenbaren Weisheit Gottes aufgehoben wäre und das bisher Ungesehene sichtbar würde, sondern in Christus, der als das Ebenbild und die Weisheit Gottes dessen Herrlichkeit unverdeckt widerspiegelt und zur Erkenntnis erleuchtet (2Kor 4,4.6), wird die Decke des Nichterkennens beim Lesen der Schrift von den Augen genommen – ὅτι ἐν Χριστῷ καταργεῖται 2Kor 3,14).[29]

So entscheidet z.B. für die neutestamentliche Christologie nicht der Titel »Messias« / »Christus« darüber, wie Person und Wirken Jesu zutreffend zu bestimmen sind, sondern die Lehre Jesu und sein Weg durch Kreuz und Auferstehung erschließen, wie das Jünger-Bekenntnis: σὺ εἶ ὁ χριστός (Mk 8,29), angemessen zu interpretieren ist (ὅτι δεῖ τὸν υἱὸν τοῦ ἀνθρώπου πολλὰ παθεῖν καὶ ἀποδοκιμασθῆναι ... καὶ ἀποκτανθῆναι καὶ μετὰ τρεῖς ἡμέρας ἀναστῆναι Mk 8,31 im Kontext von Mk 8,27–10,45). – Nicht die »Davidssohn«-Tradition bestimmt darüber, wie der Kyrios-Titel in Hinsicht auf Christus zu begrenzen ist, sondern das Zeugnis der Schrift und des Evangeliums von Christus, dem »Herrn Davids«, verdeutlicht, inwieweit die Rede von Jesus als dem »Sohn Davids« ihre Berechtigung und wo sie ihre Grenze hat (αὐτὸς Δαυὶδ λέγει αὐτὸν κύριον, καὶ πόθεν αὐτοῦ ἐστιν υἱός; Mk 12,37; vgl. 12,35–37 in Aufnahme von Ps 110,1). – Nicht legen die alttestamentlichen und frühjüdischen »Menschensohn«-Traditionen und -Erwartungen für sich genommen fest, wie das Erscheinen Jesu Christi und seine Herrschaft zu entfalten sind, sondern Christus als der gegenwärtig wirkende, leidende und von Gott verherrlichte Menschen-

---

29 Vgl. zum Ganzen *H. Gese*, Erwägungen zur Einheit der biblischen Theologie (s. Anm. 26), 11–30, hier 29f: »Es wäre ein Leichtes zu zeigen, wie in bezug auf dies *eine* Geschehen alles zum Abschluß, zur Einheit, zu einer Interpretation gelangt, die aber auch alles vorher Ausgesagte im Wesen ›aufhebt‹. Die neutestamentliche Theologie, d.h. die Christologie, ist die Theologie des Alten Testaments, die das neutestamentliche Geschehen, d.i. das Einbrechen des Heils, die Realisierung des Eschaton, die Gegenwart Gottes beschreibt. Mit ihr nehmen die Zeugen der Auferstehung, die Apostel (und ihre Tradition) dieses Geschehen wahr. Das Neue Testament an sich ist unverständlich, das Alte Testament an sich ist mißverständlich.«

sohn offenbart, was Sinn und Zweck seines Erscheinens ist: ὁ υἱὸς τοῦ ἀνθρώπου οὐκ ἦλθεν διακονηθῆναι ἀλλὰ διακονῆσαι καὶ δοῦναι τὴν ψυχὴν αὐτοῦ λύτρον ἀντὶ πολλῶν (Mk 10,45).[30]

IV

Kommen wir nach diesen grundlegenden Beobachtungen nochmals auf die ältesten literarischen Zeugnisse zur Christologie des Neuen Testaments in den Paulusbriefen zurück, so kann es im weisheitlichen Kontext nicht mehr wundern, dass Paulus 1Kor 10,4 den Fels in der Wüste, von dem Israel Wasser zu trinken empfing, mit dem präexistenten Christus in Verbindung bringt: ἔπινον γὰρ ἐκ πνευματικῆς ἀκολουθούσης πέτρας, ἡ πέτρα δὲ ἦν ὁ Χριστός. Dementsprechend kann Philo, Det 115–118, den Fels mit der »Weisheit Gottes« und dem »göttlichen Wort« (λόγος θεῖος) verbinden und All 2,86 ausdrücklich formulieren: ἡ γὰρ ἀκρότομος πέτρα ἡ σοφία τοῦ θεοῦ ἐστιν. Auf dem weisheitlichen Hintergrund (Sap 9,9f.17; Sir 24,8) gewinnen auch die traditionellen Wendungen »Gott sandte seinen Sohn, damit ...« in Gal 4,4f (ἐξαπέστειλεν ὁ θεὸς τὸν υἱὸν αὐτοῦ γενόμενον ἐκ γυναικός ... ἵνα) und Röm 8,3f (ὁ θεὸς τὸν ἑαυτοῦ υἱὸν πέμψας ἐν ὁμοιώματι σαρκὸς ἁμαρτίας ... ἵνα) eine Eindeutigkeit hinsichtlich der Präexistenz des Gesandten bei Gott,[31] die mit dem Begriff der »Sendung« an sich noch nicht gegeben sein müsste: »Bei dir ist die Weisheit, die deine Werke kennt und zugegen war, als du die Welt erschufst ... (καὶ μετὰ σοῦ ἡ σοφία ... καὶ παροῦσα ὅτε ἐποίεις τὸν κόσμον). Sende sie [die σοφία] vom heiligen Himmel herab und schicke sie vom Thron deiner Herrlichkeit, dass sie ...« (ἐξαπόστειλον αὐτὴν ἐξ ἁγίων οὐρανῶν καὶ ἀπὸ θρόνου δόξης σου πέμψον αὐτήν ἵνα ... Sap 9,9f). Selbst der in Gal 4,4 und 6 vorausgesetzte Zusammenhang der Sendung des *Sohnes* und der anschließenden Sendung des *Geistes* seines Sohnes (ἐξαπέστειλεν ὁ θεὸς τὸ πνεῦμα τοῦ υἱοῦ αὐτοῦ εἰς τὰς καρδίας ἡμῶν Gal 4,6) findet in dem Nebeneinander der Sendung der *Weisheit* und des *Heiligen Geistes* in Sap 9,10 und 17 sein Vorbild: ... εἰ μὴ σὺ ἔδωκας σοφίαν καὶ ἔπεμψας τὸ ἅγιόν σου πνεῦμα ἀπὸ ὑψίστων.

---

[30] Vgl. O. *Hofius*, Ist Jesus der Messias? In: *Ders.* Neutestamentliche Studien, WUNT 132, Tübingen 2000, 108–134, hier 133: »Der Sinn des auf Jesus bezogenen ›Messias‹-Begriffs erschließt sich allererst im Lichte des apostolischen Christuszeugnisses; dagegen läßt sich das Persongeheimnis Jesu keineswegs angemessen von einem allgemeinen ›Messias‹-Begriff her erfassen, der – vielleicht sogar erst durch Kombination und Konstruktionen – aus bestimmten alttestamentlichen und frühjüdischen Traditionen gewonnen worden ist.«

[31] Wie dann später durch die Präexistenzaussagen des Kontextes unbestreitbar auch in Joh 3,16f; 1 Joh 4,9.

Dass Christus als der Präexistente und Schöpfungsmittler wie – nein, *als* die σοφία θεοῦ (1Kor 1,24.30) vor seiner Sendung und Menschwerdung bei Gott wohnte und an ihm, seinem Wesen und Wirken teilhatte (vgl. Prov 8,27.30; Sap 9,4.9), setzt auch der von Paulus in Phil 2,6–11 zitierte Christus-Hymnus voraus, der wiederum wie 1Kor 8,6 den Stand der christologischen Entwicklung zumindest der fünfziger, wahrscheinlicher der vierziger Jahre des 1. Jh. n.Chr. literarisch belegt. Die Knechtsgestalt, die Jesus Christus mit seiner Kenosis annahm (ἑαυτὸν ἐκένωσεν μορφὴν δούλου λαβών), ist die menschliche Gleichgestalt, das Erfundenwerden als ein Mensch (ἐν ὁμοιώματι ἀνθρώπων γενόμενος· καὶ σχήματι εὑρεθεὶς ὡς ἄνθρωπος Phil 2,7); und die Ausgangssituation, aus der heraus er kam und die er nicht wie einen Raub festklammerte, war seine »Gottesgestalt« (ὃς ἐν μορφῇ θεοῦ ὑπάρχων) und sein »Sein-wie-Gott« (τὸ εἶναι ἴσα θεῷ Phil 2,6).[32]

Mit all dem wird deutlich, dass die sogenannte »hohe Christologie«, wie sie sich dann unbestritten im Johannesevangelium deutlich zu Wort meldet, nicht etwa erst ein Spätprodukt neutestamentlicher theologischer Entwicklung ist, sondern bereits die ältesten literarischen Quellen und dort wiederum die als bereits bekannt und anerkannt vorausgesetzten Formeln, Bekenntnisse und Hymnen bestimmt. Dass Paulus diese frühen Zeugnisse der Anfänge trinitarischer Rede von Gott einerseits um ihrer soteriologischen Konsequenzen willen (Röm 8,3; 10,9ff; Gal 4,4f; 2Kor 4,4.6) und andererseits – fast wie beiläufig wirkend – in ethischen Zusammenhängen (1Kor 8,6; 10,4; 12,3; Phil 2,6–11) in Erinnerung ruft, nicht aber zum eigenen Thema der Auseinandersetzung macht, zeugt von einer überraschenden Selbstverständlichkeit der christologischen Voraussetzungen in den Gemeinden der Frühzeit. Umstritten ist nach 1Kor 15,12ff die Frage der »Auferstehung der Toten« (πῶς λέγουσιν ἐν ὑμῖν τινες ὅτι ἀνάστασις νεκρῶν οὐκ ἔστιν; 1Kor 15,12), das von Paulus selbst schon übernommene und der Gemeinde beim Gründungsbesuch bereits überlieferte[33] Be-

---

32 Auch in dem traditionellen hymnischen Abschnitt 1Tim 3,16 wird – unabhängig von der Frage, ob die Lesart ΟΣ oder ΘΕΟΣ als ursprünglich zu gelten hat – von der Inkarnation des Präexistenten ausgegangen: »Er ist erschienen im Fleisch«, ἐφανερώθη ἐν σαρκί (1Tim 3,16). Auffällig ist zudem die Rede von der »Rechtfertigung« Christi (ἐδικαιώθη ἐν πνεύματι, vgl. weisheitlich Lk 7,35: καὶ ἐδικαιώθη ἡ σοφία ...) und seine endgültige Aufnahme in die göttliche Herrlichkeit durch Gott (ἀνελήμφθη ἐν δόξῃ). Zur Bevorzugung der Textlesart ὅς s. *B.M. Metzger*, A Textual Commentary (s. Anm. 23), 573f (ΘΕΟΣ könnte durch das unbeabsichtigte Verlesen von ΟΣ in Θ̄Σ̄ als übliche Abkürzung des *nomen sacrum* entstanden sein oder auch durch bewusste Ergänzung eines Subjekts für die folgenden sechs Verben).

33 Wie bei der Abendmahlsparadosis in 1Kor 11,23ff kennzeichnet Paulus den Traditionsprozess auch hier mit den *termini technici* der verbindlichen Weitergabe von geprägter Überlieferung (»empfangen von« – »weitergeben an« / παραλαμβάνειν

kenntnis zu Sühnetod, Begräbnis, Auferstehung und Erscheinung
Christi (1 Kor 15,3–5) dient hingegen als konsensfähige Grundlage für
die Kontroverse. Strittig ist in 1 Kor 8–10 die Frage des angemessenen
Umgangs mit dem »Götzenopferfleisch«; um eine Gott gegenüber verantwortliche und den »schwachen Bruder« berücksichtigende Lösung
zu finden, rekurriert der Apostel auf das literarisch wohl älteste neutestamentliche Bekenntnis zur Schöpfungsmittlerschaft Christi und zur
»binitarischen« Entfaltung des Bekenntnisses zur Einheit Gottes (1 Kor
8,6). Seine Gemeinde in Philippi will der Apostel aus gegebenem Anlass zur Einmütigkeit und wechselseitigen demütigen Annahme ermahnen (Phil 2,1–5); um ihren Sinn wieder auf das zu richten, »was in
Jesus Christus« – d. h. aufgrund seiner Lebenshingabe und in seiner
Gemeinschaft – gilt, überliefert er der Nachwelt eines der schönsten
frühen Zeugnisse für die Präexistenz und Inkarnation Christi, für seinen Gehorsam bis zum Kreuzestod und für seine Erhöhung zu höchster
Würde und seine Einsetzung in die eschatologische Herrschaft durch
Gott (Phil 2,6–11).[34]

V

Blickt man im Wissen um die späteren dogmatischen Positionen bei
der Verhältnisbestimmung von Vater und Sohn auf die neutestamentlichen Anfänge der trinitarischen Rede von Gott zurück, so wird man
nach allem bisher Gesagten weder einen reinen *Modalismus* noch einen ontologischen *Subordinatianismus* vorbereitet oder sogar ausdrücklich vertreten sehen. Ganz fraglos gilt, dass alle Verfasser der
neutestamentlichen Schriften in ihrer Christologie uneingeschränkt um
das Herausstellen der Würde und Hoheit des von Gott auferweckten

---

ἀπό τινος – παραδιδόναι τινί 1 Kor 11,23; 15,[1–]3a; vgl. Abot 1,1 mit der Tradi-
onskette von Mose bis zu den Männern der Großen Synagoge).
[34]   Entsprechend dem frühen Schema des Philipper-Hymnus wird der Sohn Gottes dann im Johannesevangelium als der aus der Gegenwart beim Vater in die Welt
Gekommene, der aus dem Himmel Herabgestiegene und nach seiner Verherrlichung in Kreuz und Auferstehung zum Vater Zurückkehrende, Hinaufsteigende
beschrieben: Präexistenz und Kommen Christi: Joh 1,1–3°; 1,18; 6,62; 8,58;
16,28; 17,5°.24°; vgl. 3,13.31; 6,33.50f.58; 7,28f; 8,14.23.26.42; 10,36; 12,41;
13,3 (° = schon vor der Schöpfung; vor Inkarnation ›beim Vater‹; vom Vater / vom
Himmel ›herabgestiegen‹ [καταβαίνω], ›gekommen‹ [ἔρχεσθαι, ἐξ-]). – Die Verherrlichung (δοξάζειν/-σθῆναι) des Sohnes (in Kreuz und Auferstehung) 7,39; 8,54;
11,4; 12,16; 13,31f; 17,1.5.10 (unterscheide: ›Erhöhung‹ ans Kreuz 3,14–16; 8,28;
12,32.34; 18,32). – Die Rückkehr des Sohnes zum Vater: 3,13; 6,62; 7,33.(35*);
8,14; 8,21.22; 13,1.3.33.36; 14,2*.3*.4.5.12*.28*; 16,5.7*.10.17.28*; 17,13; 20,17
(ἀναβαίνω, μετα- / ὑπάγω / * = πορεύομαι πρὸς τὸν πατέρα).

und zu seiner Rechten erhöhten[35] Gekreuzigten bemüht sind.[36] Gerade
die Bezeichnung Jesu Christi als »Sohn Gottes« dient – weit über die
traditionsgeschichtliche Vorgabe des Begriffes selbst hinaus[37] –
durchgängig der Hervorhebung der Würde und Einzigartigkeit, der
einmaligen Zugehörigkeit zu Gott und der unvergleichlichen Teilhabe
an seinem Wesen und seiner Vollmacht – angefangen bei Paulus,[38]
über Markus[39] bis hin zum Johannesevangelium.[40]
Die durchgängige Betonung der Gottesnähe Christi erklärt sich schon
daraus, dass die uneingeschränkte Zugehörigkeit des Gottessohnes zu
Gott selbst als Voraussetzung und Garant der universalen und endgültigen Verbindlichkeit des durch ihn bewirkten Heils erkannt wird, dass
die *Soteriologie* also ganz in der *Christologie* gründet und die Christologie als verbindliche Entfaltung der *Theologie* gilt: »*Gott* war in Christus, die Welt mit sich selbst versöhnend ...« (2Kor 5,19) – »Wenn wir
mit *Gott* versöhnt sind durch den Tod *seines Sohnes* ...« (Röm 5,10) –
»Wenn *Gott* für uns ist, wer kann dann gegen uns sein? Welcher auch
seinen *eigenen Sohn* nicht verschont hat, sondern hat ihn für uns alle
dahin gegeben ...« (Röm 8,32) – »Wer will verdammen? Christus Jesus ist hier, der gestorben ist, ja vielmehr, der auch *auferweckt* ist, der
zur Rechten Gottes ist und uns vertritt.« (Röm 8,34). Die Hoffnung,
dass die in Christus Geretteten nichts mehr von der Liebe Gottes

---

[35] Wie bereits bei Paulus (Röm 8,34: Χριστὸς ['Ἰησοῦς] ὁ ἀποθανών, μᾶλλον δὲ
ἐγερθείς, ὃς καί ἐστιν ἐν δεξιᾷ τοῦ θεοῦ, vgl. 1Kor 15,25) wird das »Sitzen zur
Rechten Gottes« in der Paulusschule (Kol 3,1; Eph 1,20), dem Hebräerbrief (Hebr
1,3; 8,1; 10,12; 12,2) und in breiter Aufnahme von Ps 110,1 bei den Evangelisten
(Mk 12,36 par.; 14,62 par. [sek. Mk 16,19]; Act 2,24f) hervorgehoben. Vgl. neben
Ps 110,1 die Bezeichnung der Weisheit als Beisitzerin, Mitthronende auf dem
Thron Gottes in Sap 9,4 (δός μοι τὴν τῶν σῶν θρόνων πάρεδρον σοφίαν).
[36] Selbst im rein paränetischen Jakobusbrief, der keine ausgeführte Christologie
enthält, sondern überhaupt nur zweimal auf Jesus Christus zu sprechen kommt
(1,1; 2,1), wird dieser als »Herr der Herrlichkeit« (τοῦ κυρίου ἡμῶν Ἰησοῦ Χρῖ
στοῦ τῆς δόξης) qualifiziert (2,1).
[37] S. zum Ganzen *E. Schweizer*, Art. υἱός κτλ D, ThWNT 8, 364–395. Vgl. zur
Traditionsgeschichte des Begriffs vor allem: 2 Sam 7,12–16; Ps 2,7; 89,27ff;
110,1; 1 Chr 17,11ff; 28,6.
[38] Röm 1,3.4.9; 5,10; 8,3.29.32; 2Kor 1,19f; Gal 1,15f; 2,20; 4,4.6. Gerade bei
Paulus erscheint der Titel Sohn Gottes in dezidiert *soteriologischen* Zusammenhängen. S. *H.-J. Eckstein*, Verheißung und Gesetz. Eine exegetische Untersuchung
zu Gal 2,15–4,7, WUNT 86, Tübingen 1996, 74f.234ff.242ff; *M. Hengel*, Sohn
Gottes (s. Anm. 3), 18ff.
[39] Der Sohn Gottes / ὁ υἱὸς τοῦ θεοῦ: (Mk 1,1 *v.l.*); Mk 1,11 (*vox Dei*); 3,11;
5,7; 9,7 (*vox Dei*); 14,61f (»– des Hochgelobten«); 15,39; »Der Sohn« (ὁ υἱός):
12,6 »geliebter Sohn«; 13,32 – vgl. 8,38 (Der Menschensohn kommt »in der Herrlichkeit *seines Vaters*«).
[40] Der Sohn Gottes / ὁ υἱὸς τοῦ θεοῦ: Joh 1,34.49; 3,18; 5,25; 10,36; 11,4;
11,27; 20,31. »Der Sohn« / ὁ υἱός (18×): Joh 3,16.17.35.36a.b; 5,19b.c.20.21.22.
23a.b.26; 6,40; 8,35.36; 14,13; 17,1 (Vater-Sohn-Relation). »Der Einziggeborene«
(ὁ μονογενής) 1,14.18; 3,16.18.

scheiden kann (Röm 8,39), steht und fällt also mit der Gewissheit, dass
es die Glaubenden »in Christus Jesus« mit *Gott selbst* zu tun haben.
Könnte man in dieser nachdrücklichen Betonung der *Einheit* Jesu
Christi mit Gott, dem Vater, bei Paulus oder Johannes Ansätze zu einem soteriologisch motivierten »Modalismus« vermuten – also zu der
Auffassung, Jesus sei (nur) eine Erscheinung*weise* Gottes –, so verdeutlicht gerade die Rede von »Vater« und »Sohn« nicht nur die *We-*
sensgleichheit, sondern zugleich ihre »personale« *Unterschiedenheit*
und *Unverwechselbarkeit*. Speziell im Johannesevangelium entsprechen den unüberbietbaren Hoheitsaussagen Jesu eindeutige Differenzierungen, die den Unterschied von »Einheit« und »Identität« herausstellen. So ist genau darauf zu achten, dass Joh 1,1: καὶ θεὸς ἦν ὁ
λόγος, das Prädikat θεός – »Gott« – lautet und somit nicht nur θεῖος –
also »göttlich«. Aber auf der anderen Seite heißt es eben auch nicht
determiniert ὁ θεός. Durch Letzteres wäre im Kontext von Joh 1,1f die
Identität des Logos mit dem Vater ausgesagt. Der einziggeborene und
damit einzigartige Sohn ist *eines Wesens* mit dem Vater und von Anfang an bei ihm, er ist wie dieser θεός – »Gott« – und nicht nur in einem abgeleiteten oder weiteren Sinne θεῖος – »göttlich«. Aber der
Sohn ist *nicht* mit dem Vater *identisch*, der Logos ist *Gott*, aber nicht
Gott, *der Vater*, sondern der *Einziggeborene vom Vater*, der μονογενὴς
παρὰ πατρός (Joh 1,14) und als solcher der μονογενὴς *θεός* (Joh 1,18).
Den Aussagen zur Einheit und zum Einssein mit dem Vater (Joh 8,19;
10,15.30.38; 12,45; 14,7–11.20; 17,11.21–23) korrelieren gerade bei
Johannes die dezidierten Ausführungen über das Angewiesensein und
den Gehorsam des Sohnes gegenüber seinem Vater, der ihn gesandt
hat und ohne den er nichts tun und sagen kann oder will (Joh 3,34;
5,19.30; 6,38; 7,17.28; 8,28; 12,49; 14,10). Und wenn das Johannesevangelium in einmaliger Weise davon spricht, dass der *Sohn selbst*
die Vollmacht hat, »sein Leben dahinzugeben *und es wieder zu neh-*
men« (ἐξουσίαν ἔχω θεῖναι αὐτήν, καὶ ἐξουσίαν ἔχω πάλιν λαβεῖν
αὐτήν Joh 10,18),[41] beruht diese Teilhabe an dem Gott allein vorbehal-
tenen Recht und Vermögen, »das Leben in sich selbst zu haben«
(ὥσπερ γὰρ ὁ πατὴρ ἔχει ζωὴν ἐν ἑαυτῷ ... Joh 5,26) und Tote aufzu-
erwecken und lebendig zu machen (ὥσπερ γὰρ ὁ πατὴρ ἐγείρει τοὺς
νεκροὺς καὶ ζῳοποιεῖ οὕτως καὶ ὁ υἱὸς οὓς θέλει ζῳοποιεῖ Joh 5,21),
auf der liebenden Zuwendung des gebenden Vaters und dem gehorsa-
men Hören, Sehen und Empfangen des Sohnes (ὁ γὰρ πατὴρ φιλεῖ τὸν
υἱὸν καὶ πάντα δείκνυσιν αὐτῷ ἃ αὐτὸς ποιεῖ Joh 5,20; ... οὕτως καὶ
τῷ υἱῷ ἔδωκεν ζωὴν ἔχειν ἐν ἑαυτῷ 5,26; vgl. 5,19–30).
Von einem explizit vertretenen oder auch nur intendierten *Subordina-*
tianismus könnte man in diesem Fall wie überhaupt in der neutesta-

---

41 Vgl. Joh 2,19: λύσατε τὸν ναὸν τοῦτον καὶ ἐν τρισὶν ἡμέραις ἐγερῶ αὐτόν,
und 2,21: ἔλεγεν περὶ τοῦ ναοῦ τοῦ σώματος αὐτοῦ.

mentlichen Literatur nur dann sprechen, wenn man den Begriff vordergründig auf die grundsätzliche Unverwechselbarkeit von »Vater« und »Sohn« und auf die Unterordnung und den Gehorsam des Sohnes gegenüber dem Vater beziehen wollte. Versteht man aber darunter im dogmatisch spezifischen Sinne die *wesentliche* Unterordnung des »göttlichen« Sohnes unter den einen und einzigen Gott und die *wesentliche* Unterschiedenheit des »geschaffenen« – nicht aus Gott »gezeugten« – Logos von Gott als Ewigem, so ist er sowohl für Paulus und die Paulusschule wie für den Hebräerbrief und das Corpus Johanneum entschieden abzulehnen. Wenn diese Eindeutigkeit in den synoptischen Evangelien und in der Apostelgeschichte des Lukas vermisst werden sollte, mag das einerseits daran liegen, dass die christologische Reflexion – aber das gilt auch für die soteriologische – nicht überall zu einer solchen Einheitlichkeit und Abgeschlossenheit gelangt ist wie etwa bei Paulus und Johannes. Es mag aber teilweise auch an einer Verkennung der Erzählstruktur der Evangelien liegen, die – in narrativer Kunst und pädagogischer Absicht – aus der Perspektive der abschließenden Erkenntnis die Anfänge noch einmal neu aufschließen und die sich aus der österlichen Bestätigung durch die himmlische Welt des vorösterlichen Zweifels und Nichtverstehens der irdischen Welt erinnern.

VI

Bei der Frage nach dem Beginn der Gottessohnschaft Jesu gilt es hinsichtlich des neutestamentlichen Zeugnisses und vor allem in der Darstellung der Evangelien zwischen der Perspektive der *ratio cognoscendi* und der *ratio essendi* zu differenzieren. Die Frage nach dem Beginn der *Erkennbarkeit* der Gottessohnschaft ist eine andere als die Frage nach dem Anfang seines *Seins* bei Gott und seiner Teilhabe am *Wesen* des Vaters; und die Frage nach der endgültigen Übertragung der eschatologischen Gottesherrschaft auf den Sohn ist wiederum eine andere als die nach dem Beginn seines Sohn-Seins.

Fragen wir zunächst nach der Eröffnung der Christus*erkenntnis* und somit nach dem *Erkenntnisgrund* der Gottessohnschaft, so lautet die Antwort nach dem einhelligen Zeugnis des Neuen Testaments, dass die Geburtsstunde der umfassenden menschlichen Christuserkenntnis in den Erscheinungen des gekreuzigten und auferstandenen Herrn zu sehen ist. Nicht nur für den vorigen Christusverfolger Paulus[42] bedeutete die Erscheinung des Auferstandenen die Offenbarung seiner *Gottessohnschaft* (ὅτε δὲ εὐδόκησεν [ὁ θεὸς] ... ἀποκαλύψαι τὸν υἱὸν

---

[42] Der sich in 1Kor 15,8 als zeitlich (ἔσχατον) und hinsichtlich seiner persönlichen Würde (ἐλάχιστος 15,9) letzter Zeuge in die traditionelle Liste derer einträgt, denen der Auferstandene erschienen ist (1Kor 15,5–7, nach Kephas und den Zwölfen, nach den 500 Brüdern, nach Jakobus und allen Aposteln).

αὐτοῦ ἐν ἐμοί Gal 1,15) und das Widerspiegeln der Herrlichkeit Gottes im Angesicht Christi die Erkenntnis seines Wesens als εἰκὼν τοῦ θεοῦ (2Kor 4,4.6). Wer Christus als den Auferstandenen sieht, *er*kennt und *an*erkennt ihn als *Kyrios* (1Kor 9,1: οὐχὶ Ἰησοῦν τὸν κύριον ἡμῶν ἑόρακα; Phil 3,8: ... τὸ ὑπερέχον τῆς γνώσεως Χριστοῦ Ἰησοῦ τοῦ κυρίου μου), und wer durch den Gekreuzigten berufen wird, erkennt und verkündet ihn als »Gottes Kraft« und »Gottes Weisheit« in Person (ἡμεῖς δὲ κηρύσσομεν Χριστὸν ἐσταυρωμένον ... Χριστὸν θεοῦ δύναμιν καὶ θεοῦ σοφίαν 1Kor 1,23f).

Nach dem ältesten Evangelium, das den späteren formal wie inhaltlich als Vorlage diente, ist das Geheimnis der Person und des Wirkens Jesu nicht nur »jenen draußen« (οἱ ἔξω) – seinen Gegnern, seiner Familie und seiner Heimatstadt – verborgen,[43] sondern bis zu Kreuz und Auferstehung verkennen ihn sogar seine eigenen Jünger, was nach dem Evangelisten Markus angesichts der evidenten Vollmachtserweise Jesu als Blindheit gegenüber dem Evidenten, als »Verstockung« und »Verhärtung der Herzen« zu verstehen ist (gemäß Jes 6,9f / Mk 4,11f und Jer 5,21 / Mk 8,17f).[44] Dementsprechend kann über das Persongeheimnis Jesu erst nach seiner Auferstehung angemessen gesprochen werden (Mk 8,30; 9,9; 9,30f). Bis hin zum vierten Evangelium – in dem die Offenbarung der Vollmacht des Gottessohnes in Reden und Handeln bereits für das irdische Wirken Jesu in unüberbietbarer Deutlichkeit dargestellt wird – gilt, dass die Jünger Jesus erst nach seiner Verherrlichung in Kreuz und Auferstehung umfassend verstehen,[45] während sie zuvor von mangelndem Verstehen oder Missverstehen bestimmt sind.[46]

Hinsichtlich des *Erkenntnisgrundes* wäre die Frage nach Beginn und Grundlage der Gottessohnschaft zutreffend mit den Erscheinungen des von Gott auferweckten Gekreuzigten beantwortet. Von der Auferste-

---

[43] Pharisäer und Schriftgelehrte Mk 3,5f (vgl. 2,6f.16; 3,2ff); »die Seinen« (οἱ παρ᾽ αὐτοῦ), seine Mutter und seine Geschwister 3,20f.31; »jene draußen« (οἱ ἔξω) Mk 4,11f (vgl. Jes 6,9f); »seine Vaterstadt«, »seine Verwandten«, »sein Haus« (πατρίς, οἱ συγγενεῖς, ἡ οἰκία V. 4) Mk 6,1–6a. Vgl. zum Ganzen *H.-J. Eckstein*, Glaube und Sehen. Markus 10,46–52 als Schlüsseltest des Markusevangeliums, in: Ders., Der aus Glauben Gerechte wird leben (s. Anm. 10), 81–100; 228–231; hier 96–100.

[44] Vgl. zur Verkennung der Offenbarung Gottes in seinem Sohn bei seinen Jüngern (οἱ μαθηταὶ αὐτοῦ): 6,52; 7,18; 8,17.18 (Jer 5,21).21; 8,32f; 9,6.19.32 (vgl. 14,18f; 14,27ff.37ff.50ff.66ff). S. als Kontrast zu Unverständnis und Blindheit die beiden – die Jüngerbelehrung rahmenden – Blindenheilungen 8,22–26 und 10,46–52).

[45] Vgl. Joh 2,22*; (8,28°); 12,16*.32f; 14,20°; 16,4*.23.25; 20,9 (mit Hilfe des Parakleten: Joh 14,26*; 16,7.12f) (* = »erinnern«; ° = »erkennen«).

[46] Vgl. das vorherige Missverstehen bzw. mangelnde Verstehen der Jünger: Joh 4,32f; 6,5ff; 9,1ff; 11,12.23ff; 12,16; 13,8ff.27ff; 13,36–38; 14,5ff; 16,12.29–32; 20,9 [21,18f.22f]; s. Joh 16,12: ἔτι πολλὰ ἔχω ὑμῖν λέγειν, ἀλλ᾽ οὐ δύνασθε βαστάζειν ἄρτι.

hungserkenntnis her wird rückblickend erschlossen, was bereits zuvor offenbar und wirklich war, aber aufgrund subjektiver Verblendung und Blindheit noch nicht wahrgenommen wurde. Die dramatische Spannung speziell des Markusevangeliums erwächst gerade aus der chronologischen Gegenläufigkeit der *ratio essendi* und der *ratio cognoscendi* des Persongeheimnisses Jesu von Nazareth und des Anbruchs der Gottesherrschaft. Denn der *Seinsgrund* des Christusbekenntnisses liegt nach allen Evangelien nicht erst im Kerygma der Gemeinde oder im Osterglauben, sondern in dem vollmächtigen Wirken des von Gott seit Anfang bestätigten Gottessohnes (Mk 1,11; 9,7 durch die *vox Dei*), mit dem die Königsherrschaft Gottes bereits zu seiner irdischen Lebenszeit wirksam angebrochen ist (Mk 1,15; vgl. Mt 12,28 par. Lk 11,20).[47] So spricht der römische Centurio unter dem Kreuz angesichts des sterbenden Jesus: »Dieser Mensch war in Wahrheit Gottes Sohn!« (Mk 15,39).

Auch bei traditionellen Formulierungen wie Röm 1,3.4 und Act 2,36, denen man in isolierter und literarkritisch reduzierter Form den Gedanken einer erst mit der Auferstehung verbundenen »Adoption« Jesu zum Gottessohn und Messias zuschreiben könnte, lässt der Überlieferungskontext keine Zweifel aufkommen. Wie Paulus sich die »Einsetzung zum Sohn Gottes in Kraft (τοῦ ὁρισθέντος υἱοῦ θεοῦ ἐν δυνάμει) nach dem Geist der Heiligkeit aus / seit der Auferstehung von den Toten (ἐξ ἀναστάσεως νεκρῶν)« vorstellt, ergibt sich aus dem oben beschriebenen Gesamtzusammenhang seiner Christologie:[48] Es geht um die definitive Einsetzung des Sohnes in die eschatologische – d.h. sich »machtvoll«,[49] herrlich und wirksam erweisende – Herrschaft durch Gott und die damit verbundene Übertragung des »Namens über alle Namen« durch den Vater auf den Kyrios Jesus Christus. Dass diese Verherrlichung und Erhöhung des Sohnes durch den Vater für Paulus gerade nicht im »adoptianischen« Sinne als die Erhöhung und Apo-

---

47 Vgl. im Einzelnen *H.-J. Eckstein*, Glaube und Sehen (s. Anm. 43), 96ff.

48 Den vergegenwärtigt er selbst bereits durch seine spezifische Einleitung der traditionellen zweigliedrigen Formel mit περὶ τοῦ υἱοῦ αὐτοῦ τοῦ γενομένου ... in Röm 1,3a: »von *seinem Sohn*, der nach dem Fleisch – d.h. hinsichtlich seiner menschlichen Natur – aus dem Geschlecht Davids hervorgegangen ist ...« σάρξ / »Fleisch« ist in dieser traditionellen Formulierung wie in Röm 9,5 (ἐξ ὧν ὁ Χριστὸς τὸ κατὰ σάρκα) nicht pejorativ gemeint, sondern bezeichnet die menschliche Natur, die irdische Herkunft (vgl. auf Menschen bezogen auch Röm 4,1; 9,3.8; 11,14). Zum Dual »Fleisch« / »Geist« im christologischen Zusammenhang s. auch 1Tim 3,16: ὃς ἐφανερώθη ἐν σαρκί, ἐδικαιώθη ἐν πνεύματι.

49 S. zu der präpositionalen Bestimmung ἐν δυνάμει / »mächtig«, »machtvoll« – die die eschatologische Wirklichkeit und offensichtliche Realität hervorhebt – Mk 9,1: ἕως ἂν ἴδωσιν τὴν βασιλείαν τοῦ θεοῦ ἐληλυθυῖαν ἐν δυνάμει. Vgl. zur Kennzeichnung der machtvollen zukünftigen Erscheinung des Menschensohns die präpositionalen Bestimmungen: μετὰ δυνάμεως πολλῆς καὶ δόξης / »mit viel Kraft und Herrlichkeit« (Mk 13,26) oder ἐν δόξῃ / »in Herrlichkeit« (Mk 8,38; 10,37).

theose eines kreatürlichen Menschen zum göttlichen Wesen oder zum Gott-Sein mit der Auferweckung verstanden wird, zeigen die oben bezeichneten Aussagen zur Präexistenz und Schöpfungsmittlerschaft, zur Kenosis dessen, der zuvor in göttlicher Gestalt war, und zur Sendung des präexistenten Gottessohnes in die Welt (1Kor 8,6; 10,3f; 2Kor 8,9; Phil 2,6f; vgl. Röm 8,3; Gal 4,4). Gerade am Philipperhymnus, Phil 2,6–11, wird deutlich, dass der durch seine Erhöhung zum Kyrios über alles Eingesetzte nach Paulus und seiner Tradition der Mensch gewordene und sich im Gehorsam bis zum Tode am Kreuz erniedrigende *Präexistente* ist. Oder um es im Anschluss an 2Kor 8,9 zu formulieren: Der, der die Gemeinde durch seine Armut reich gemacht hat, ist der, der aus Gnade um ihretwillen arm geworden ist, obwohl er selbst zuvor reich war (δι' ὑμᾶς ἐπτώχευσεν πλούσιος ὤν).

VII

Vom Kontext der Apostelgeschichte und des Lukasevangeliums her bleibt auch nicht offen, wie Lukas selbst die Auferweckungsaussagen in der Petrusrede Act 2,36 (2,34f in Aufnahme von Ps 110,1) und in der Paulusrede Act 13,30ff (13,33 in Aufnahme von Ps 2,7) verstanden wissen will. Geht er doch in seiner Darstellung[50] nicht nur wie Markus von der Evidenz der Gottessohnschaft Jesu seit Beginn seines öffentlichen Wirkens aus (Lk 3,21ff; 4,1ff; 4,21), sondern betont die Einzigartigkeit dieses »Davidssohns«, der nach himmlischem Zeugnis »Sohn Gottes« (Lk 1,32f.35), »Retter« und »Christus, der Kyrios«, (Lk 2,11.26) *von Geburt an* ist, bereits mit der Voranstellung der Geburts- und Kindheitsgeschichte Jesu. Wenn Petrus nach Lukas in Act 2,36 dem ganzen Haus Israel als gewiss kundgibt, ὅτι καὶ κύριον αὐτὸν καὶ χριστὸν ἐποίησεν ὁ θεός, τοῦτον τὸν Ἰησοῦν ὃν ὑμεῖς ἐσταυρώσατε,[51] dann gilt diese Aussage im Sinne des eschatologischen Herrschaftsauftrages für den nunmehr zur Rechten Gottes, des Herrn, sitzenden Christus und Herrn – gemäß der vorangehenden Aufnahme von Ps 110,1 in Act 2,34: εἶπεν [ὁ] κύριος τῷ κυρίῳ μου· κάθου ἐκ δεξιῶν μου, ἕως ἂν θῶ τοὺς ἐχθρούς σου ὑποπόδιον τῶν ποδῶν σου. Und wenn Paulus im pisidischen Antiochien sich mit Bezug auf die Auferweckung Jesu

---

[50]   Entsprechendes gilt auch für die matthäische Darstellung im Anschluss an die Vorgeschichte in Mt 1 und 2, speziell Mt 1,20–24.

[51]   Mit dem hier vorliegenden, bei Lukas beliebten »Kontrastschema« wird der Ton gerade auf den »Erkenntnisaspekt« der Auferweckung Jesu durch Gott gelegt. Den, den Menschen zu Unrecht verworfen und getötet haben, hat Gott bestätigt und rehabilitiert, indem er ihn von den Toten auferweckt und ihn vor der Welt als den »Kyrios und Christus« (Act 2,36), als den »Fürsten und Retter« (Act 5,31) als den »Fürsten des Lebens« (τὸν δὲ ἀρχηγὸν τῆς ζωῆς Act 3,15) dargestellt und erwiesen hat. S. zum »Kontrastschema«: Act 2,23f; 3,15; 4,10; 5,30; 10,39f; 13,28–30.

durch Gott (Act 13,30.33.34) ausdrücklich auf die Zusage Gottes gegenüber dem davidischen König in Ps 2,7 bezieht: υἱός μου εἶ σύ, ἐγὼ σήμερον γεγέννηκά σε, dann stellt das »Heute« der Auferweckungsstunde für ihn keinen Gegensatz zu dem »Heute« der Geburt Jesu, seiner Verkündigung des Evangeliums und seiner heilbringenden Einkehr bei Sündern dar (Lk 2,11; 4,21; 19,5.9, vgl. 23,43).

Wie wir bereits zur Traditionsgeschichte der Christologie insgesamt erkannten, wird das wahre Verständnis von Christus bei den neutestamentlichen Verfassern nicht von einzelnen alttestamentlich-jüdischen Überlieferungen her begrenzt, sondern umgekehrt wird der Reichtum der Tradition gerade von der Vollendung des Offenbarungsprozesses in Christus her – und speziell bei Lukas mit der Erschließung der Schrift durch den Auferstandenen selbst (Lk 24,25–27 und Lk 24,44–47) – verstanden: οὐχὶ ἡ καρδία ἡμῶν καιομένη ἦν [ἐν ἡμῖν] ... ὡς διήνοιγεν ἡμῖν τὰς γραφάς; (Lk 24,32). Nicht das traditionelle Verständnis des »Davidssohns« (einschließlich der Schriftworte Ps 2,7 und Ps 110,1) oder des »Propheten« (Lk 24,19) legt fest, inwieweit Jesus Christus als Gottessohn und Herr zu verstehen ist,[52] sondern der in der Auferweckung durch Gott bestätigte Gottessohn belehrt seine Jünger darüber, wie alles das, was über ihn in der Schrift geschrieben steht – einschließlich seines Leidens und seiner Auferstehung am dritten Tage – vom Ende her »auszulegen« und »zu erklären« ist: διερμήνευσεν αὐτοῖς ἐν πάσαις ταῖς γραφαῖς τὰ περὶ ἑαυτοῦ (Lk 24,27). In Hinsicht auf diesen vom irdischen und auferstandenen Herrn erschlossenen Sinn der Schrift gilt das göttliche δεῖ – die Notwendigkeit und göttliche Bestimmung – ihrer Erfüllung: ὅτι δεῖ πληρωθῆναι πάντα τὰ γεγραμμένα ἐν τῷ νόμῳ Μωϋσέως καὶ τοῖς προφήταις καὶ ψαλμοῖς περὶ ἐμοῦ (Lk 24,44).

Während der menschliche Nachkomme Davids von Geburt Davidide ist und gemäß Ps 2,7 am Tag seiner Inthronisation von Gott zum »Sohn Gottes« und Repräsentanten seiner Herrschaft in Israel adoptiert und eingesetzt wird, gilt von Jesus Christus in Aufnahme und einzigartiger Überbietung umgekehrt, dass er gemäß Lk 1,32f.35 »Sohn Gottes« *von Geburt* ist und in die Linie der »Davididen« erst und nur durch die *Adoption* seines Ziehvaters Joseph, den durch Stammbaum erwiesenen Davididen, aufgenommen wird.[53] Denn beide Varianten des Stammbaums Jesu (Lk 3,23–38; Mt 1,1–17) laufen bekanntlich

---

52 S. zu der die historischen Vorgaben »aufhebenden« Überbietung der »Davidssohnschaft« vor allem auch Lk 20,41–44 (par. Mk 12,37–37) mit V. 44: Δαυὶδ οὖν κύριον αὐτὸν καλεῖ, καὶ πῶς αὐτοῦ υἱός ἐστιν; und aus der angesprochenen Petrusrede Act 2,29–36 die Gegenüberstellung des – gemäß der »prophetischen Verheißung« des Davidspsalms (Ps 16,8–11 / Act 2,25–28; vgl. 2,30f) – *auferstandenen* Christus und des bis zu diesem Tage *im Grab befindlichen* »Patriarchen David« (2,29).

53 Vgl. *H. Gese*, Natus ex Virgine (s. Anm. 26), 130–146, hier 134.

nicht in direkter Linie auf die leibliche Mutter Jesu zu, sondern enden über die männliche Linie bei Joseph, dem Adoptivvater Jesu, durch dessen Annahme an Kindes statt[54] er die Rechte eines leiblichen Nachkommen erhielt: Καὶ αὐτὸς ἦν Ἰησοῦς ἀρχόμενος ὡσεὶ ἐτῶν τριάκοντα, ὢν υἱός, ὡς ἐνομίζετο, Ἰωσὴφ τοῦ Ἠλί (Lk 3,23).[55]

VIII

Die Adoption und Apotheose eines gewöhnlichen Menschen zum Sohn Gottes ist auch bei Markus im Zusammenhang der Taufe (Mk 1,9–11) nicht vorausgesetzt.[56] So nimmt er – im Unterschied zu Lukas in Act 13,33 (vgl. Hebr 1,5; 5,5) – nicht einmal den Wortlaut von Ps 2,7 auf (υἱός μου εἶ σύ ἐγὼ σήμερον γεγέννηκά σε), sondern formuliert in Anlehnung an das erste Gottesknechtslied: σὺ εἶ ὁ υἱός μου ὁ ἀγαπητός, ἐν σοὶ εὐδόκησα (Jes 42,1)[57]. Mit einer überraschenden, wenn auch – viele Jahre nach den bei Paulus zitierten Traditionsstü-

---

54 ὡς ἐνομίζετο / »er wurde gehalten« im rechtlich verbindlichen Sinne.
55 Vgl. dementsprechend auf »Joseph, den Mann der Maria«, zulaufend Mt 1,16: Ἰακὼβ δὲ ἐγέννησεν τὸν Ἰωσὴφ τὸν ἄνδρα Μαρίας, ἐξ ἧς ἐγεννήθη Ἰησοῦς ὁ λεγόμενος χριστός.
56 Vgl. dagegen exemplarisch die Position Ph. Vielhauers, Geschichte der urchristlichen Literatur. Einleitung in das Neue Testament, die Apokryphen und die Apostolischen Väter, Nachdr. d. 2. Aufl. v. 1978, Berlin 1985, 343–345, der im Anschluss an ein altägyptisches Thronritual die Geschichte Jesu nach dem Markusevangelium als »Inthronisationsvorgang« in drei Akten deuten will: Mk 1,11 die »Adoption«, Mk 9,7 die »Proklamation« und Mk 15,39 die »Akklamation« (a.a.O., 344). »Jesus wird bei der Taufe zum Sohn Gottes adoptiert; er wird bei der Verklärung himmlischen und irdischen Wesen in seiner Würde präsentiert und proklamiert; dem Gekreuzigten wird die Weltherrschaft übertragen« (a.a.O., 344f). Während Lukas sogar die ursprünglich auf die Adoption des Davididen bezogene Formulierung von Ps 2,7 (»heute habe ich dich gezeugt«) in Act 13,33 nicht etwa auf eine Apotheose und Adoption des Menschen Jesus bezieht, sondern auf die Herrschaftsübernahme des schon bei seiner Geburt als Sohn Gottes bezeichneten Auferstandenen (vgl. so auch Act 2,36 und Röm 1,3.4 im jeweiligen Kontext), deutet Ph. Vielhauer sogar die Jes 42,1 entlehnte Formulierung »Du bist mein geliebter Sohn, an dir habe ich Wohlgefallen« in Mk 1,11 (so wörtlich auch Lk 3,22) auf die – von der Übertragung der Weltherrschaft ausdrücklich unterschiedene (!) – Adoption Jesu zum Sohn Gottes.
57 S. zum Fortgang des Gottesknechtsliedes Jes 42,1 LXX (ἔδωκα τὸ πνεῦμά μου ἐπ' αὐτόν κρίσιν τοῖς ἔθνεσιν ἐξοίσει) das mit der vox Dei verbundene Herabsteigen des Geistes auf den Gottessohn (Mk 1,10) und die Hinwendung Jesu zu den ἔθνη / »Heiden« nach Mk 13,10 (εἰς πάντα τὰ ἔθνη πρῶτον δεῖ κηρυχθῆναι τὸ εὐαγγέλιον, vgl. Mk 7,24ff.31ff; 15,39 u.ö.). S. zur an Gen 22,2 erinnernden Formulierung ὁ υἱός μου ὁ ἀγαπητός neben Mk 12,6 (ἔτι ἕνα εἶχεν υἱὸν ἀγαπητόν· ἀπέστειλεν αὐτὸν ...) vor allem das Zitat von Jes 42,1–4 in Mt 12,17–21: ἰδοὺ ὁ παῖς μου ὃν ᾑρέτισα, ὁ ἀγαπητός μου εἰς ὃν εὐδόκησεν ἡ ψυχή μου ... (neben Mt 3,17 par. Mk 1,11).

cken – nicht unerklärlichen Selbstverständlichkeit kann er bereits in seinem Prolog, Mk 1,2, das Zitat aus Mal 3,1 von der 1. in die 2. Pers. Sg. wenden (ἰδοὺ ἀποστέλλω τὸν ἄγγελόν μου πρὸ προσώπου σου, ὃς κατασκευάσει τὴν ὁδόν σου). So werden die Aussagen über das »Kommen *Gottes*« (Mal 3,1f; Jes 40,3ff) auf das Kommen *Jesu* bezogen, und dieser erscheint als *der Kyrios*, dessen Weg Johannes der Täufer als Bote bereiten soll (Mk 1,3 / Jes 40,3:»In der Wüste bereitet den Weg Jahwes ...«). Damit wird aber in Mk 1,2 wie auch in der messianisch-christologischen Kernstelle Mk 12,35–37 in Aufnahme von Ps 110,1 (Δαυὶδ εἶπεν ἐν τῷ πνεύματι τῷ ἁγίῳ· εἶπεν κύριος τῷ κυρίῳ *μου*) nicht nur vorausgesetzt, dass Gott zur Zeit eines David, Jesaja oder Maleachi bereits *über* den später kommenden »Jesus von Nazareth in Galiläa« (Mk 1,9) spricht, sondern auch, dass er ihn als den himmlischen Präexistenten und den Herrn über David unmittelbar *anspricht*:»Es sprach der Herr zu meinem Herrn ...«[58] Unter dieser Voraussetzung gewinnen auch die – im Johannesevangelium dann bestimmend werdenden – Wendungen von der *Sendung* des geliebten Sohnes (Mk 12,6), vom *Gekommensein* Jesu als des Menschensohns (Mk 2,17; 10,45: καὶ γὰρ ὁ υἱὸς τοῦ ἀνθρώπου οὐκ ἦλθεν διακονηθῆναι ἀλλὰ ...), und vom *Hingehen* des Menschensohns (Mk 14,21: ὁ μὲν υἱὸς τοῦ ἀνθρώπου ὑπάγει) einen eindeutigen Sinn.[59]
So können wir zusammenfassend sagen, dass auf der Ebene der literarischen Überlieferung des Neuen Testaments die Auferstehung Jesu Christi sehr wohl gemäß der *ratio cognoscendi* als Ausgangspunkt der rückwirkenden Erkenntnis der Gottessohnschaft beschrieben wird, nicht aber gemäß der *ratio essendi* als Beginn und Begründung des Sohnesverhältnisses Jesu zu seinem himmlischen Vater. Gewiss kann verschiedentlich die Übertragung der eschatologischen Herrschaft vom Vater auf den Sohn mit dessen Auferstehung verbunden werden, nicht aber der Beginn der wesentlichen Zugehörigkeit des Sohnes zum Vater. Einen programmatischen *Adoptianismus* im Sinne der Annahme eines gewöhnlichen Menschen Jesus von Nazareth an Sohnes statt in der Auferweckung durch Gott vertritt kein neutestamentlicher Verfasser.[60] Vielmehr erscheint von der Erkenntnis des Auferstandenen her rückwirkend das Kreuz Jesu in einem völlig neuen Licht; und angesichts der Kreuzigung des von Gott bestätigten Gottessohnes wird das

---

58 S. zum Ganzen *H.-J. Eckstein*, Glaube und Sehen (s. Anm. 43), 95ff.
59 S. Phil 2,6–11 und die Sendungsaussagen Röm 8,3; Gal 4,4f; Joh 3,16; 1Joh 4,9 (vgl. 4,10.14).
60 Da sowohl Paulus als auch Lukas (wie alle Evangelisten) die Gottessohnschaft bereits für den Gekreuzigten voraussetzen, könnte man eine mit der Auferweckung Jesu verbundene *adoptianische* Christologie, nach der der Mensch Jesus allererst aufgrund der Auferstehung als Sohn Gottes angenommen wird, nur hypothetisch für eine Vorstufe der Formulierungen von Röm 1,3.4 (bei zusätzlicher Streichung von ἐν δυνάμει V. 4) oder Act 2,32.36 postulieren.

gesamte öffentliche Verkündigen und Wirken des irdischen Jesus von Anfang – d.h. von seiner Taufe – an erst umfassend verstanden. Mehr aber noch als das vollmächtige Wirken des »geliebten Sohnes«, zu dem sich Gott, der Vater, schon bei der Taufe (Mk 1,11) und auf dem Berg der Verklärung (Mk 9,7) ausdrücklich bekannt hat, erschließt die Auferstehungserkenntnis das *Persongeheimnis* Jesu Christi, der als der einzigartige Sohn Gottes seit seiner irdischen Geburt, ja darüber hinaus seit seiner Präexistenz, seiner Schöpfungsmittlerschaft und seinem Bei-Gott-Sein vor Grundlegung der Welt erkannt wird. Fragt man nach dem *Erkenntnisgrund* der Gottessohnschaft, dann bildet die Auferweckung des Gekreuzigten durch Gott den *Beginn*; fragt man nach dem *Realgrund*, dann bildet die Auferstehung Jesu Christi als Konsequenz und Wirkung der Beziehung Gottes zu seinem Sohn die Bestätigung und Vollendung.

IX

Kommen wir zum Abschluss unserer Untersuchung der Anfänge trinitarischer Rede von Gott im Neuen Testament noch auf die Aussagen über den »Heiligen Geist« zu sprechen, so stoßen wir aus ganz verschiedenen Gründen auf eine gewisse Zurückhaltung. Dabei ist der vielleicht naheliegende Gedanke, dass in neutestamentlicher Zeit eben noch nicht von einem pneumatologischen Bewusstsein oder einer trinitätstheologischen Perspektive gesprochen werden kann, eher irreführend. Es hat vielmehr den Anschein, dass die Pneumatologie im Verhältnis zur Christologie weniger Anlass zu Widerspruch, Auseinandersetzung und Verteidigung gibt. Während hinsichtlich des Bekenntnisses zu dem gekreuzigten und auferstandenen Jesus von Nazareth als dem Christus und Sohn Gottes, als dem im Fleisch erschienen Logos Gottes, vor allem von jüdischer und heidnischer Seite (1Kor 1,18 – 2,16), aber schon zu neutestamentlicher Zeit auch von Gegnern innerhalb der Gemeinde (1Joh 2,22; 4,2f; 2Joh 1,7; vgl. Joh 1,14) grundsätzliche Anfragen und Anfeindungen laut werden, bietet die Rede von der Existenz und dem Wirken des »Geistes Gottes« zumindest im jüdischen wie im christlichen Kontext an sich noch wenig Anstoß.[61] Sicherlich ist zu klären, in welcher Weise und in welchen Gaben sich Gottes Geist in der Gemeinde wirksam erweist (vgl. 1Kor 12–14); und gewiss ist umstritten, welches Bekenntnis oder welche Akklamation sich auf den Heiligen Geist beziehen kann (1Kor 12,3; 1Joh 4,2f) – aber bei Letzterem handelt es sich gerade wieder um die *theologische* und *christologische* Frage, ob *Gottes* Geist seinerseits zu dem Ἀνάθεμα

---

[61]　S. grundlegend E. *Schweizer*, Art. πνεῦμα κτλ E, ThWNT 6 (1959), 394–453; J. *Kremer*, Art. πνεῦμα, EWNT 3 (²1992), 279–291.

Ἰησοῦς oder zu dem heilsentscheidenden Bekenntnis Κύριος Ἰησοῦς (1Kor 12,3) bzw. Ἰησοῦς Χριστὸς ἐν σαρκὶ ἐληλυθώς (1Joh 4,2) inspiriert.

Auf der Grundlage der alttestamentlich-jüdischen Tradition kann nur fraglich sein, ob der seit Pfingsten unter den *Jüngern Jesu* wirksame Geist (Act 2,1–42) wirklich mit dem in Joel 3,1–5 zugesagten Geist *Gottes*[62] identisch ist, ob der gekreuzigte Jesus als der von Gott Auferweckte und Erhöhte wirklich den verheißenen heiligen Geist vom Vater empfangen und über seinen Jüngern ausgegossen hat (Act 2,33: τῇ δεξιᾷ οὖν τοῦ θεοῦ ὑψωθείς, τήν τε ἐπαγγελίαν τοῦ πνεύματος τοῦ ἁγίου λαβὼν παρὰ τοῦ πατρός, ἐξέχεεν τοῦτο, vgl. Lk 24,49, Act 1,4f).[63] Oder, um es mit Paulus zu formulieren: Ist der »Geist Christi« wirklich mit dem »Geist Gottes« identisch (Röm 8,9b: πνεῦμα θεοῦ / 8,9c: πνεῦμα Χριστοῦ)? Kann man sagen, dass *Gott* den *Geist* seines *Sohnes* in unsere Herzen gesandt hat (Gal 4,6: ἐξαπέστειλεν ὁ θεός τὸ πνεῦμα τοῦ υἱοῦ αὐτοῦ εἰς τὰς καρδίας ἡμῶν)? Ist die Einwohnung des *Geistes* Gottes (Röm 8,9: πνεῦμα θεοῦ οἰκεῖ ἐν ὑμῖν, vgl. 8,11; 1Kor 3,16) als Einwohnung *Christi* (Röm 8,10: Χριστὸς ἐν ὑμῖν, vgl. Gal 2,20; 3,14) zu verstehen? Kurzum, kann man wirklich formulieren: ὁ δὲ κύριος τὸ πνεῦμά ἐστιν (2Kor 3,17), und damit den *Leben schaffenden Geist* des *lebendigen Gottes* (πνεῦμα θεοῦ ζῶντος 2Kor 3,3, τὸ δὲ πνεῦμα ζῳοποιεῖ 3,6)[64] so unabdingbar und exklusiv mit dem *Kyrios Jesus Christus* verbinden?[65]

Für Judenchristen jedenfalls hat die Rede von »Gottes Geist« hinsichtlich des Bekenntnisses zur Einzigkeit und Einheit Gottes auf den ersten Blick weniger traditionsgeschichtliche Herausforderungen geboten als das Bekenntnis zu dem Mensch gewordenen Sohn Gottes und dem Fleisch gewordenen Logos, der als der gekreuzigte und von Gott auferweckte Jesus von Nazareth unweigerlich als eine zweite Person im

---

[62] Vgl. die prophetischen Heilsworte, in denen explizit die Verleihung des Geistes Gottes angekündigt wird: Hes 36,27; 37,14; 39,29; Jes 32,15; 44,3; 59,21; Sach 12,10; s. zum Ganzen R. *Albertz* / C. *Westermann*, Art. רוח, THAT 2 (1976), 726–753, hier 751f.

[63] So wird auch im Johannesevangelium neben der Sendung des Parakleten durch den *Vater* (Joh 14,16f.26) zugleich die Sendung und Zueignung des παράκλητος / des πνεῦμα ἅγιον durch den *Sohn* hervorgehoben: ὁ παράκλητος ὃν ἐγὼ πέμψω ὑμῖν παρὰ τοῦ πατρός Joh 15,26, πέμψω αὐτὸν πρὸς ὑμᾶς Joh 16,7, und unter Aufnahme des Schöpfungsmotivs aus Gen 2,7 (vgl. Joh 1,3) heißt es Joh 20,22 vom Auferstandenen: ἐνεφύσησεν καὶ λέγει αὐτοῖς· λάβετε πνεῦμα ἅγιον.

[64] S. zur Verknüpfung von 2Kor 3,6 und 17 auch die Bezeichnung des auferstandenen Christus in 1Kor 15,45 als πνεῦμα ζῳοποιοῦν, als »lebendigmachender, Leben schaffender Geist«, durch die ihm wiederum die eschatologische Neuschöpfung Gottes zugeordnet wird (vgl. 1Kor 8,6;2 Kor 5,17).

[65] S. zur christologischen Zuordnung des Kyrios-Titels in 2Kor 3,17 den unmittelbaren Kontext 2Kor 3,14.16: ὅτι ἐν *Χριστῷ* καταργεῖται … ἐὰν ἐπιστρέψῃ πρὸς *κύριον*, περιαιρεῖται τὸ κάλυμμα, vgl. 3,3.4; 4,5.

Gegenüber zum Vater verstanden wird. Die Gefahr, neben Gott, dem
Vater, gegen das Bekenntnis zur Einheit Gottes missverständlicher-
weise einen zweiten oder gar dritten Gott zu denken, legt sich traditionsgeschichtlich in der Pneumatologie noch weniger nahe, da Gottes
Geist – wie seine Weisheit, sein Wort oder sein Name – schon alttes-
tamentlich-jüdisch in personifizierender Rede ohne die Gefahr einer
die Einheit bedrohenden Verselbstständigung gedacht werden kann.

X

Umgekehrt ergibt sich in der frühchristlichen Pneumatologie deshalb
auch nicht die Gefahr, den Geist Gottes nach Art einer Substanz oder
als ein Gott selbst untergeordnetes Wesen zu denken. Der Geist Gottes
existiert wie Gottes Wort und Weisheit selbstredend schon vor Pfingsten[66] und auch vor der Schöpfung bei Gott, er bedarf so wenig wie der
präexistente Sohn Gottes einer göttlichen Adoption oder Apotheose, da
er wohl in Menschen wohnt, aber selbstverständlich kein Mensch ist.
Gilt schon von dem Mensch gewordenen Logos Gottes, Jesus Christus,
dass er nicht nur θεῖος / »göttlich«, sondern im vollen Sinne θεός /
»Gott« ist – sowenig er auch als ὁ θεός, d.h. als mit »Gott, dem Vater«,
identisch verstanden wird (Joh 1,1f) –, so kann dies umso leichter von
Gottes eigenem πνεῦμα gesagt und bekannt werden. Wer es mit Gottes
Geist zu tun hat, der hat es mit Gott selbst zu tun (Act 5,3.4).
Ungeachtet der noch folgenden Erwägungen kann für die neutestamentliche Pneumatologie somit auf jeden Fall festgehalten werden:
Der Heilige Geist ist *die Gestalt der persönlichen und wirksamen Gegenwart Gottes* – d.h. des Vaters und des Sohnes – bei den Gläubigen
in der Welt. Durch seinen Geist wirkt der Vater persönlich den Glauben,[67] die besonderen Gaben,[68] Gottessohnschaft und Gotteserkenntnis, Freiheit und Gerechtigkeit und die Frucht des Geistes wie Liebe,
Freude, Friede, Geduld ...[69] In seinem Geist wohnt Jesus Christus als
der Sohn Gottes mitten in seiner Gemeinde und in den einzelnen Gläubigen[70] und bezeugt ihnen ihre Zugehörigkeit zu Gott.[71] So erkennen
und erfahren die Gläubigen Gott durch seine Gegenwart im Geist, ob-

---

66 In Joh 7,39 (οὔπω γὰρ ἦν πνεῦμα, ὅτι Ἰησοῦς οὐδέπω ἐδοξάσθη) ist nicht etwa
von der *Nichtexistenz* des Geistes Gottes vor der Verherrlichung Jesu die Rede,
sondern von dem Ausstehen seines Daseins bei den Menschen (s. Joh 16,7; 20,22.
Zu εἰμί in der Bedeutung »dasein«, »vorhanden sein« vgl. auch Act 19,2: ἀλλ᾿ οὐδ᾿
εἰ πνεῦμα ἅγιον ἔστιν ἠκούσαμεν).
67 1Kor 2,4–16; vgl. 1Thess 2,13; Kol 2,12.
68 1Kor 12–14; Röm 12,4–8.
69 Röm 5,5; 7,6; 8,2.4.15; 14,17; 1Kor 2,6–16; Gal 5,22f.
70 Röm 8,9f; vgl. Joh 14,16–20.23.28.
71 Röm 8,15f.

wohl sie Christus – anders als die Jünger vor Pfingsten – nicht unmittelbar sehen und »begreifen« können.

Wenn wir auch hinsichtlich der Pneumatologie von »Anfängen trinitarischer Rede von Gott im Neuen Testament« ausgehen, lassen sich dafür vor allem drei Gesichtspunkte geltend machen. Zunächst ist ganz offensichtlich, dass die Rede von Gottes Pneuma in den neutestamentlichen Schriften – gerade im Vergleich zu anderen traditionellen theologischen Begriffen wie ὄνομα, δύναμις, σοφία, δικαιοσύνη oder λόγος θεοῦ – eine auffällige *Dominanz* und *Selbstständigkeit* gewinnt. Während die anderen genannten Größen theologisch bzw. speziell christologisch zugeordnet werden, wird der Geist Gottes bzw. der Geist Christi in personifizierender Redeweise neben Gott, dem Vater, und dem Herrn, Jesus Christus, gesondert genannt – sei es in »triadischen Formeln« oder in argumentativen bzw. erzählerischen Textzusammenhängen.[72]

Auffällig ist zweitens, dass zumindest im Johannesevangelium wie in den Paulusbriefen in einer derart differenzierten – die Einheit Gottes wie die Unterschiedenheit von Vater, Sohn und Heiligem Geist voraussetzenden – Weise vom Heiligen Geist mit personhaften Begriffen und Merkmalen gesprochen wird, dass die spätere dogmatische Reflexion sich auf eine breite Textbasis beziehen konnte. Dafür stehen einerseits die Abschiedsreden Joh 14–16 mit den Parakletsprüchen 14,16f; 14,26; 15,26f; 16,7b–11; 16,13–15, nach denen der Geist als »Beistand«, »Anwalt« und »Tröster« Jesus nach seinem Hingehen zum Vater bei den Jüngern auf der Erde persönlich vertritt,[73] andererseits die pneumatologischen Ausführungen des Paulus speziell in Röm 8 oder in 1Kor 12. Man betrachte nur die reflektierte Argumentation in Röm 8,1f.9–11, in dem das schöpferische Lebendigmachen Gottes durch seinen »Geist des Lebens in Christus Jesus« in einer differenzierten Einheit und einheitlichen Unterschiedenheit von auferweckendem Gott, von diesem auferwecktem Christus und von dem – zugleich Gott, dem Vater, wie Christus zugeordneten (8,9) – Geist entfaltet wird. Könnte man das Zeugnis des göttlichen Geistes gegenüber dem menschlichen Geist noch traditionell erklären wollen (Röm 8,16), so trägt die Rede von dem Geist der Gotteskindschaft, der die Glaubenden »Abba, lieber Vater« rufen lässt (Röm 8,15; vgl. Gal 4,6), der die

---

72 Zur gemeinsamen Nennung von Vater, Sohn und Heiligem Geist im Neuen Testament s. die triadischen Formulierungen Mt 28,19 (»trinitarische Formel«); Röm 8,9–11.15f; 1Kor 12,4–6; 2Kor 13,13; Eph 4,4–6; vgl. Mt 3,16f par.; Lk 4,18f.21; Joh 14,16–18.23.26; 15,26f; 16,7b–11.13–15; 20,21f; Act 1,4.8; Röm 1,4; 14,17f; 15,16.30; 2Kor 1,21f; Gal 4,6; Eph 1,17; 2,18–21; 3,14–17; Tit 3,4–6; 1Petr 1,2; Hebr 9,14; Judas 20f.

73 S. zur Überlieferungsgeschichte und zum forensischen Kontext der Parakletsprüche vor allem Mk 13,9–13; Mt 10,19.20; Lk 12,11f. Vgl. zum Ganzen *F. Porsch*, Art. παράκλητος, EWNT 3 (²1992), 64–67.

von sich aus zum Beten Unfähigen im Gebet gegenüber Gott angemessen vertritt (Röm 8,26f: ... ὁ δὲ ἐραυνῶν τὰς καρδίας οἶδεν τί τὸ φρόνημα τοῦ πνεύματος, ὅτι κατὰ θεὸν ἐντυγχάνει ὑπὲρ ἁγίων)[74] solch personale Züge, dass eine rein bildhafte oder hypostasierende Deutung schon Probleme bereiten könnte. Aber auch in dem Doppelwerk des Lukas, der sowohl für das Wirken des irdischen Jesus[75] wie vor allem für die Zeit der Gemeinde nach Pfingsten[76] zentral von dem Wirken des Geistes spricht, finden sich in pneumatologischen Zusammenhängen ausgesprochen personhafte Wendungen.[77]

Drittens sind für die spätere Entfaltung der trinitarischen Rede von Gott – wie zuvor im Zusammenhang der Christologie – die *geprägten Wendungen* und *traditionellen Formeln* von besonderer Bedeutung. Sie gehören chronologisch – zumal in den Paulusbriefen der fünfziger Jahre des 1. Jh. n.Chr. – zu den ältesten literarischen Zeugnissen frühchristlicher Theologie und bieten vor allem in liturgischer, aber auch in argumentativer Verwendung einen Einblick in die Vorstellungen und Traditionen, die als allgemein anerkannt und grundlegend akzeptiert gelten konnten. Dies ist gerade im Hinblick auf die Wurzeln der trinitarischen Rede von Gott aufschlussreich, da sie offensichtlich im gottesdienstlichen Leben und in der katechetischen Belehrung zu suchen sind und nicht etwa im Bereich der abstrakten Spekulation.

So wird in der triadischen Wendung 1Kor 12,4–6 angesichts der Vielzahl und Verschiedenheit der Geistesgaben von Paulus an die *Einzigkeit* und *Einheit* Gottes in seiner *dreifachen Gestalt* als »Geist«, als »Herr« und als »Gott« – d.h. Gott, der Vater – erinnert: τὸ δὲ αὐτὸ πνεῦμα ... καὶ ὁ αὐτὸς κύριος ... ὁ δὲ αὐτὸς θεὸς ὁ ἐνεργῶν τὰ πάντα ἐν πᾶσιν. In der Ermahnung zur Einheit des Geistes (σπουδάζοντες τηρεῖν τὴν ἑνότητα τοῦ πνεύματος Eph 4,3) kann auf dieser Grundlage auch der spätere Epheserbrief in einer Kette von Motiven die Trias: ἓν πνεῦμα ... εἷς κύριος ... εἷς θεὸς καὶ πατὴρ πάντων, ὁ ἐπὶ πάντων καὶ διὰ πάντων καὶ ἐν πᾶσιν (Eph 4,4–6) vergegenwärtigen und damit – analog zur binitarischen Entfaltung des Schᵉma von Dt 6,4f in 1Kor 8,6 – gerade die *Einzigkeit* Gottes *dreifach* entfalten. Mit einer Einverständnis voraussetzenden Selbstverständlichkeit kann Paulus seinen abschließenden Segenswunsch in 2Kor 13,13 triadisch ausführen, in-

---

[74] Das fürbittende Eintreten für die Heiligen vor *Gott* (ἐντυγχάνειν ὑπὲρ ἁγίων / ἡμῶν) wird also nach Röm 8,27.34 sowohl vom in den Herzen wohnenden *Geist* als auch vom zur Rechten Gottes sitzenden *Christus* wahrgenommen.
[75] Vgl. Lk 3,22 par. Mk 1,10; Lk 4,1.14.18 (Jes 61,1 LXX); vgl. Lk 1,35; 3,16; 12,10.
[76] Vgl. Lk 24,49; Act 1,4f.8; 2,1ff.38; 4,8.31; 6,5.10; 8,15ff; 9,17f; 10,44ff; 11,15; 19,2ff u.ö.
[77] S. die auf den Heiligen Geist bezogenen personhaften Wendungen in Lk 12,12 (»er lehrt«); Act 5,32 (»er ist Zeuge«); 8,29 (»er spricht«; vgl. 10,19; 13,2); 13,4 (»er sendet aus«); 15,28 (»er beschließt«); 16,7 (»der Geist Jesu lässt etwas nicht zu«); 20,28 (»er setzt ein«).

dem er seiner Gemeinde die χάρις τοῦ *κυρίου Ἰησοῦ Χριστοῦ*, die ἀγάπη τοῦ *θεοῦ* und die κοινωνία τοῦ *ἁγίου πνεύματος*[78] wirksam zuspricht. Umgekehrt wird in 1Petr 1,2 die Adressatenangabe im Präskript triadisch ergänzt mit:»auserwählt … nach dem Vorherwissen *Gottes, des Vaters*, in der Heiligung des *Geistes*, zum Gehorsam und zur Besprengung mit dem Blut *Jesu Christi*«. Von der Fülle der Erwähnungen von Gott als Vater, Jesus Christus als Kyrios und dem Pneuma Gottes bzw. Christi war oben bereits ausführlich die Rede (Röm 5,1–5; 8,9–11.15–17.26f.31–34; 2Kor 1,21f; Gal 4,6 u.v.m.). Dabei braucht es nicht zu wundern, dass in den neutestamentlichen Schriften in triadischen oder »binitarischen« Wendungen in der Regel nicht zugleich in einem Satz explizit vom *Vater* und vom *Sohn* gesprochen wird, da die Bezeichnungen (ὁ) θεός für Gott, den Vater, und (ὁ) *κύριος* für Jesus Christus, den Sohn Gottes, in zwei- oder dreigliedrigen Formeln (dann einheitlich mit πνεῦμα) als unmissverständlich gelten. Kontextbedingt kann aber sehr wohl entweder auf die Sohnschaft Christi oder auf die Vaterschaft Gottes hingewiesen werden: ἐξαπέστειλεν ὁ θεὸς τὸ *πνεῦμα* τοῦ *υἱοῦ αὐτοῦ* … Gal 4,6 (mit anschließendem Abba-Ruf!) und κατὰ πρόγνωσιν *θεοῦ πατρὸς* ἐν ἁγιασμῷ *πνεύματος* εἰς ὑπακοὴν καὶ ῥαντισμὸν αἵματος *Ἰησοῦ Χριστοῦ* 1Petr 1,2.

Die Dreiheit πατήρ, υἱός und πνεῦμα kommt dann erstmalig in der Taufformel von Mt 28,19 zur Geltung, die in ihrer historischen wie theologischen Bedeutung kaum hoch genug eingeschätzt werden kann: βαπτίζοντες αὐτοὺς εἰς τὸ ὄνομα τοῦ *πατρὸς* καὶ τοῦ *υἱοῦ* καὶ τοῦ *ἁγίου πνεύματος*.[79] Hier wird der Täufling dem *einzigen* und *einen* Gott in der Unterschiedenheit von Vater, Sohn und Heiligem Geist übereignet. Und mit der Hervorhebung des auszurufenden *Namens* – nicht nur des Vaters und des Sohnes, sondern ausdrücklich auch – des *Heiligen Geistes*, wird die Anrufung des dreieinigen Gottes vorausgesetzt, die in dem späteren Nizänischen Glaubensbekenntnis zu der pneumatologischen Explikation führt:»Wir glauben an den heiligen Geist, … der mit dem Vater und dem Sohn angebetet und verherrlicht wird«.

---

78 Ob man den *Genitivus* analog zu den beiden vorangehenden als *subiektivus* oder nach sonstigem paulinischen Gebrauch von κοινωνία mit Gen. (1Kor 1,9; 10,16; Phil 3,10) als *obiectivus* versteht, sachlich geht es jedenfalls zunächst um die vom Geist gewährte und gewirkte Teilhabe an der Gemeinschaft mit dem Geist.
79 Die Ursprünglichkeit dieser triadischen Taufformel in Mt 28,19 ist aufgrund ihrer einhelligen Bezeugung und durch die Parallele in Didache 7,1.3 (εἰς [τὸ] ὄνομα τοῦ πατρὸς καὶ τοῦ υἱοῦ καὶ τοῦ ἁγίου πνεύματος) kaum anzufechten.

Susanne Plietzsch

Das innergöttliche Gespräch in der rabbinischen Schriftauslegung

1 Ein Stück biblische Theologie: Gott ist inkonsequent und sensibel

In der Hebräischen Bibel findet sich bekanntlich vielfach die Vorstellung, dass der eine Gott nicht statisch und unveränderlich in seiner Haltung zur Welt und zu Israel sei, sondern dass er in der Lage sei, sein Handeln gegebenenfalls zu revidieren. Gott wird durchaus als inkonsequent dargestellt – zu unserem Glück (dies könnte die »Konsequenz« oder Kontinuität sein, die hinter dieser »Inkonsequenz« steckt). Das bekannteste Beispiel dafür ist die Noahgeschichte: Zuerst erschafft Gott die Menschen, dann ärgert er sich über sie und will sie vernichten, und zum Schluss fällt die Vernichtung gerade so aus, dass die menschliche Geschichte ihren Anfang nehmen kann. Gott wird hier als einer beschrieben, der in sich selbst gegensätzliche Interessen in Übereinstimmung bringen muss. Ein weiteres Beispiel für eine solche göttliche Flexibilität und Selbstkorrektur findet sich in 1Sam 15 und erscheint auf den ersten Blick recht unbequem und wenig erbaulich: Zuerst lässt Gott den Schaul König werden, dann bereut er es wieder, denn Schaul hatte Mitleid mit einem der schlimmsten Feinde Israels, mit Agag, dem König der Amalekiter, und liess diesen am Leben. Deshalb übertrug Gott die Königswürde an David. Schaul, so bringt diese Geschichte zum Ausdruck, war wohl zu Anfang die richtige Person für das Königsamt, später aber nicht mehr. Wir könnten fragen: Warum hat Gott dann nicht gleich David zum König gemacht?
Wir können aber auch ein wenig Abstand nehmen und diese Frage anders und genereller stellen. Nicht: Warum hat Gott das getan und jenes nicht getan?, sondern: Von was für einem Gott sprechen die Menschen, die uns die genannten Stoffe und Texte überliefern? Warum sprechen sie von einem Gott, der es bereut, dass er die Menschen geschaffen hat? Wer so etwas sagt, sieht sich selbst und die Gesellschaft, in der er oder sie lebt, recht kritisch. Aber wer dann fortsetzt, dass Gott die Schöpfung gleichzeitig vernichtete und neu begründete, bringt bei aller Illusionslosigkeit doch Hoffnung zum Ausdruck. Gott ist »inkonsequent-konsequent«, bei aller Inkonsequenz lässt sich doch ein roter Faden erkennen bzw. wollen die Überliefernden doch von einem roten

Faden sprechen. Irgendwie geht es vielleicht doch weiter – oder, religiös gesprochen: Gott reagiert und kommuniziert.
Aus diesen beiden biblischen Beispielen, den Geschichten von Schaul und Noach, können wir heraushören, dass unsere Tradierenden, wenn sie vom Handeln Gottes sprachen, gleichzeitig immer auch menschliches soziales und politisches Handeln meinten. Was in den erwähnten Geschichten von Schaul und Noach geschah, wird als »Konsequenz« des Handelns der beiden Protagonisten präsentiert. Es scheint fast, als ob »Gott« hier ein Geschehen ist, in das die Handlungsweise der Menschen mit hineingehört. Die Überlieferer sprachen von einem Gott, der mit einem unendlich feinen Sensorium auf das reagierte, was Menschen getan hatten. Schaul hatte sich disqualifiziert, er hätte die Hinrichtung des Agag veranlassen müssen, da gab es – so die biblische Erzählung und ihre rabbinische Interpretation – nichts daran zu deuten. Bekanntlich wird ja Haman, der Prototyp der Feinde Israels, im Buch Ester als Nachfahre Agags vorgestellt (Est 3,1); die rabbinischen Exegeten erklären das so, dass Agag nach seiner Begnadigung durch Schaul und bevor der Prophet Schmuel ihn doch noch in Stücke zerriss, Gelegenheit hatte, Nachkommen zu zeugen.[1]
Vielleicht sind diese Geschichten nur ein Vorwand, um von einem roten Faden zu sprechen, der sich (nach der Ansicht dieser Überlieferer und Exegeten) durch die Geschichte zieht oder ziehen müsste und der unter der chaotischen und konfusen Oberfläche erkennbar sein müsste. Schaul hat zwar einen ungeheuren Fehler gemacht, aber nur deshalb konnte sich die Estergeschichte ereignen. Das heißt: Diese Überlieferer und Exegeten sind auf der Suche nach Sinn. Sie konstruieren auf eigene Verantwortung ein System, das Sinnhaftigkeit zum Ausdruck bringt, sie finden Metaphern, die trösten und motivieren. Gott ist hier nicht besonders triumphal, sondern eher sensibel. Er oder sie spürt sofort, was geschieht und reagiert – so wie wir das auch tun. Diese Vorstellung eines fühlenden und reagierenden Gottes – fast könnte man denken, dass hier von einem offenen System die Rede ist – zieht sich durch alle Traditionen, die sich auf die Hebräische Bibel beziehen.

---

1 Vgl. Targum Scheni zu Ester 4,13: »... sondern erinnere dich, dass du von den Söhnen Sauls, des Königs von Israel, abstammst; denn es wurde dem König Israels gesagt, dass er die Erinnerung an das Haus Amalek unter dem Himmel auslöschen solle, aber er erbarmte sich über Agag, ihren König, und ließ ihn bei sich weilen. In eben dieser Nacht wurde seine Frau von ihm schwanger, und Haman erstand aus seiner Nachkommenschaft, und er wollte alle Juden kaufen und sie ausrotten. Weil sich dein Vater über Agag, ihren König, erbarmt hat, brachte es ihn zu Fall« (*Beate Ego*, Targum Scheni zu Ester. Übersetzung, Kommentar und theologische Deutung, Tübingen 1996, 106).

2 Rabbinisches Denken: Gerechtigkeit und Barmherzigkeit im Gespräch

In der rabbinischen Literatur ist diese Vorstellung eines reagierenden und reflektierenden Gottes oft in die Form eines inneren Dialogs, eines innergöttlichen Gesprächs gekleidet. Die Verfasser der Talmudim und Midraschim gehen in der Darstellung solcher innergöttlicher Reflexionsprozesse sehr viel stärker ins Detail, als es die Bibel tut. In der Hebräischen Bibel haben wir sehr einfache und kompakte Formulierungen – es reute Gott (z.B. Gen 6,6), Gott besann sich, Gott erbarmte sich. Die rabbinischen Texte, die sich weniger als Narrativ denn als ein System von einander kommentierenden Lehraussagen und einzelnen, aufeinander bezogenen Geschichten präsentieren, sind sehr viel ausführlicher in ihrer Darstellung der Überlegungen und Befindlichkeiten Gottes. Zwei Beispiele sollen dies verdeutlichen.

a) »Wenn ich siege, verliere ich«

Das erste Beispiel stammt aus der Homiliensammlung Pesikta Rabbati (PesR).[2] »Pesikta Rabbati« könnte man etwa mit »große Perikopenordnung« übersetzen. Diese Textsammlung enthält predigtartige Auslegungen zu den Festen und Festsabbaten im jüdischen Jahreskreis. In einer Auslegung zum Neujahrsfest (Kap. 40) wird der Vers Jes 42,21 erwähnt: *Dem HERRN hat es gefallen, um seiner Gerechtigkeit willen, die Tora groß und herrlich zu machen.* Darauf folgt die implizite Frage, was das denn bedeute »*um seiner Gerechtigkeit willen ...*« – warum steht das da, es hätte doch ausgereicht zu sagen: »*Dem HERRN hat es gefallen*«? Die Antwort lautet: »*um seiner Gerechtigkeit willen*« bedeutet, »dass es ihm gefällt, seine Geschöpfe zu rechtfertigen«. Es ist also nicht so – das lesen die Rabbinen aus dem Vers Jes 42,2 heraus –, dass Gott einfach nur tun würde, was ihm gefällt, sondern dass er bei seinem Tun auch seine Geschöpfe ins Recht setzen wolle. Um dies zu unterstreichen, inszeniert PesR im Anschluss an das Prophetenzitat ein Selbstgespräch Gottes:

Dem HERRN hat es gefallen um seiner Gerechtigkeit willen (Jes 42,21) – das bedeutet, dass es ihm gefällt, seine Geschöpfe zu rechtfertigen. Warum gefällt es ihm, seine Geschöpfe zu rechtfertigen?

Rabbi Jehuda bar Nachmani sagte im Namen des Resch Laqisch:
»Es sagte der Heilige, der gesegnet ist: Wenn ich siege, erleide ich Verluste, wenn ich (aber) besiegt werde, habe ich Gewinn. Ich habe die Generation der Flut besiegt und Verlust erlitten, denn ich verlor die ganze Volksmenge, denn es ist ge-

---

[2] PesR gilt als ein zusammengesetztes Werk; vgl. *Günter Stemberger*, Einleitung in Talmud und Midrasch, München, 1992, 294–297. Der Abschnitt, aus dem der zitierte Text stammt, wird von einigen Autoren um 400 u.Z. datiert, vgl. ebd., 296.

sagt (Gen 7,23): *Und er löschte alles Bestehende aus.* Ebenso mit der Generation des Turmbaus, ebenso mit den Sodomitern, aber bei der Tat mit dem Kalb besiegte mich Mose, denn es ist gesagt (Ex 32,11): *Warum, HERR, entbrennt dein Zorn?* – und ich gewann diese ganze Volksmenge.«[3]

Die Verfasser dieses Textes lassen Gott in einem Selbstgespräch sich darüber klar werden, dass es ihm nichts nützt, über die Geschöpfe Recht zu behalten und sie ins Unrecht zu setzen. Sie lassen Gott »bemerken«, dass sogar die Umkehrung dessen richtig sein könnte – wenn die Schöpfung bestehen bleiben soll, sollte Gott daran Interesse haben, Unrecht zu haben! Das klingt paradox: Gott, der gerade zu Neujahr zu Gericht über die gesamte Schöpfung sitzt (es handelt sich ja um eine Predigt zu Rosch Haschana) wird hier als einer dargestellt, der darüber reflektiert, dass es nicht befriedigend ist, allein und immer Recht zu haben. Die Verfasser dieses Textes präsentieren Gott als einen, der die Selbstverantwortung seiner Geschöpfe, ihr Eintreten für ihre eigene Existenz, will: Mose, so sagt er sich, hat sich nach der Sache mit dem goldenen Kalb für Israel eingesetzt, hat »mich« besiegt und damit dafür gesorgt, dass Israel bestehen blieb – und damit in indirekt meinem ureigensten Interesse gehandelt.

Was tun die Verfasser eines solchen Textes, einer solchen Predigt zu Rosch Haschana? Sie stellen ihren Hörerinnen und Hörern einen Gott vor Augen, in dessen Überlegungsprozess man sich einklinken kann, der sich überzeugen lassen will durch die Ernsthaftigkeit der Umkehr, wie sie an den Tagen zwischen Rosch Haschana und Jom Kippur durch Fasten und Gebet und durch die Übung von Wohltätigkeit und Mitmenschlichkeit zum Ausdruck kommt. Durch die ihnen eigene subtile und subversive Schriftauslegung weisen die Autoren dieses Textes ihr Publikum darauf hin, dass vom Rechthaben allein nicht einmal Gott etwas hat. Gerade Gott, der doch das Projekt Schöpfung einmal in Angriff genommen hat, hat überhaupt nichts davon, allein Recht zu haben. Seine Gerechtigkeit – und das sagen hier die Rabbinen des 5. Jahrhunderts (und nicht etwa die Reformatoren des 16. und 17. Jahrhunderts) – besteht vielmehr darin, seine Geschöpfe zu rechtfertigen. Das setzt ihn ins Recht, indem es die Schöpfung bestätigt; indirekt wird die Metapher von Eltern, die letztlich bestätigt werden, wenn ihre Kinder ihren eigenen und für sie passenden Weg finden, angewendet. Es scheint fast so, als ob hier eine Totalität ins Wanken gerät und gekippt wird – die Totalität eines triumphalen Gottes. Da es bei einem Sieg immer auch Besiegte gibt, deren Anliegen, wenn nicht gar deren Existenz negiert wird, kommt diese Option für Gott auf Dauer nicht in Frage. Die Verfasser dieser Neujahrspredigt führen uns also keine absolute und vom Handeln der Menschen unabhängige Autorität vor Au-

---

3 Übersetzung von der Verf., nach der Ausgabe Meir Friedman [Wien 1880], Nachdruck Tel Aviv 1963, 166b.

gen, sondern einen Gott, der sich selbst in Beziehung sieht, und das heisst, dass er oder sie auch vom Fortbestand und vom Gelingen dieser Beziehung abhängig ist.

b) Den Menschen erschaffen – oder nicht?

Sehr häufig findet sich in der rabbinischen Schriftauslegung das Motiv, dass die Gerechtigkeit und die Barmherzigkeit Gottes einander »eigentlich« ausschließen würden. Die somit entstehende Spannung wird dann dadurch aufgelöst, dass die Auslegenden von einem Sieg der Barmherzigkeit über die Gerechtigkeit sprechen. Genesis Rabba (GenR) 8,4,[4] eine Auslegung zu Gen 1,26 (*lasst uns einen Menschen machen nach unserem Abbild und unserer Gestalt*) gibt eine Auseinandersetzung zwischen diesen beiden Eigenschaften oder Aspekten Gottes im rabbinischen Denken wieder.

Lasst uns einen Menschen machen nach unserem Abbild und unserer Gestalt (Gen 1,26).
Es sagte Rabbi Berekhja:
Zu der Stunde, da der Heilige, der gesegnet ist, sich anschickte, den Menschen zu erschaffen, sah er Gerechte und Übeltäter aus ihm entstehen. Er sprach:»Wenn ich ihn erschaffe, werden Übeltäter aus ihm entstehen, aber wenn ich ihn nicht erschaffe, wie sollen dann Gerechte aus ihm entstehen?« Was tat der Heilige, der gesegnet ist? Er entfernte den Weg der Übeltäter aus seinem Gesichtskreis, verband sich mit dem Aspekt der Barmherzigkeit und erschuf ihn. Das ist es, was geschrieben steht (Ps 1,6): *Denn der HERR kennt den Weg der Gerechten, aber der Weg der Übeltäter vergeht.* Er verlor ihn[5] (den Weg der Übeltäter) aus seinem Gesichtskreis, verband sich mit dem Aspekt seiner Barmherzigkeit und erschuf ihn (den Menschen).

Rabbi Chanina sagte nicht so, sondern:
Zu der Stunde, da er sich anschickte, den Menschen zu erschaffen, beriet er sich mit den Dienstengeln und sagte zu ihnen: *Lasst uns einen Menschen machen nach unserem Abbild und unserer Gestalt.* Sie sprachen zu ihm:»Dieser Mensch, was wird sein Wesen sein?« Er sprach zu ihnen:»Gerechte werden aus ihm erstehen«; das ist es, was geschrieben steht (Ps 1,6): *Denn der HERR kennt den Weg der Gerechten* – der HERR hat den Weg der Gerechten den Dienstengeln kundgetan. *Aber der Weg der Übeltäter vergeht* – er hat ihn vor ihnen verborgen. Er offenbarte ihnen, dass Gerechte aus ihm erstehen würden, und offenbarte ihnen nicht, dass Übeltäter aus ihm erstehen würden, denn wenn er ihnen offenbart hätte, dass Übeltäter aus ihm erstehen würden, hätte die Gerechtigkeit nicht zugegeben, dass er (der Mensch) erschaffen würde.[6]

---

[4] GenR wurde vermutlich in der ersten Hälfte des 5. Jh. u.Z. endredigiert; vgl. *Stemberger*, Einleitung (wie Anm. 2), 275.
[5] Der Midraschtext verwendet hier ein Wortspiel: אבד bedeutet im Qal »vergehen«, im Piel »verlieren«.
[6] Übersetzung von der Verf., nach der Ausgabe des Midrasch Rabba von Moshe Arie Mirkin, Tel Aviv [2]1956–1967. Vgl. dazu auch *Susanne Plietzsch*, Kontexte der Freiheit, Stuttgart 2005, 39f.

Gott findet sich in dieser Auslegung scheinbar in einem Zwiespalt wieder. Die Erschaffung des Menschen wird gute und schlechte Folgen haben – es wird gute und schlechte Menschen geben, Gerechte und Übeltäter. Ähnlich wie im erstgenannten Text ergibt sich auch hier die Problemstellung aus der Beziehungshaftigkeit Gottes. Die Menschen sind nicht einfach irgendwelche Geschöpfe, sondern sie sind in seinem Ebenbild geschaffen und damit mit der Freiheit zur Entscheidung begabt. Zugleich aber sind sie, sind wir, durch unsere historische Existenz begrenzt und nicht unbedingt bereit, weiter zu sehen als unsere eigenen Interessen reichen (wodurch wir leicht zu »Ungerechten« werden): Aufgrund dessen hat – in unserer Auslegung – Gott, Allmacht und Allwissenheit hin oder her, ein Problem: Wenn er Gerechte will, muss er Ungerechte in Kauf nehmen, wenn er aber die Ungerechten nicht riskiert, bekommt er sicher keine Gerechten! Die Auslegung läuft darauf hinaus, dass es kein rational nachvollziehbares Argument gibt, das die Erschaffung des Menschen rechtfertigen würde. Was böse und ungerechte Menschen tun, kann man einfach niemandem zumuten! Da aber die Menschen doch erschaffen worden sind, kann es nur so gewesen sein, dass Gott mit sich zu Rate gegangen ist und beschlossen hat, diesen gewichtigen Gedanken zu ignorieren. Die Erschaffung des Menschen wird also hier als das Ergebnis eines innergöttlichen Gedanken- und Gefühlsprozesses dargestellt. Gott ist ein Risiko eingegangen, und es liegt an den Hörerinnen und Hörern dieser Auslegungen, ob Gott damit Erfolg haben oder scheitern wird. Auch hier kommt wieder ein bereits angesprochener Gedanke zum Ausdruck: Für das, was Gott tut und was Gott ist, ist das, was wir Menschen tun, keineswegs unbedeutend.

Es ist erstaunlich, wie stark Gott im rabbinischen Denken ein Gott im Prozess ist und wie stark die rabbinischen Gelehrten sich, die Menschen, als in diesen Prozess involviert dachten. Gott ist dabei, zu reagieren und sich etwas auszudenken, und es ist möglich, dabei mitzuwirken: Zwischen Rosch Haschana und Jom Kippur soll Israel das ausdrücklich tun – es soll Gott überzeugen, dass die Menschen nicht so schlecht sind, wie es manchmal den Anschein hat. Die Engel hingegen hatten mit ihrer Intervention keinen Erfolg; trotz ihres Einspruchs wurde der Mensch erschaffen.[7] Das Motiv des Siegs der göttlichen Barmherzigkeit über die göttliche Gerechtigkeit findet sich oft in der rabbinischen Literatur. Nicht nur in Zusammenhang mit der Schöpfung, auch vom Exodus sagen die Rabbinen, dass die Gerechtigkeit es »normalerweise« nicht zugegeben hätte, dass Israel aus Ägypten befreit worden wäre, da es sich in keiner Weise von der ägyptischen Be-

---

7 In GenR 8,6 findet sich die Aussage, dass die Engel Gottes Entscheidung später verstanden und deshalb Ps 8 anstimmten: *HERR, unser Herrscher, wie herrlich ist dein Name auf der ganzen Erde!* (Jedes Wort dieses Psalmverses kann hier doppelt gedeutet werden.)

völkerung unterschied. Nur weil Gott sich durch den Schwur an Abraham selbst gebunden hatte, konnte die objektive Stimme der Gerechtigkeit in den Hintergrund treten und Israel befreit werden.[8]

3 Gott und die Welt verstehen

a) Das soziale Umfeld des rabbinischen Gottes

Ein Gott, der hin und her überlegt, ein Gott, der seine Entscheidungen begründen muss und kann (oder der zumindest eine gute Ausrede braucht), überzeugt nicht unbedingt als absoluter Herrscher. Wie schon oft gesagt: Die rabbinischen Gelehrten führen uns keinen triumphierenden, sondern einen kommunizierenden Gott vor Augen. Dieser Gott, der, wie Jacob Neusner sagt, in Wahrheit ein Rabbi ist (d.h. von den rabbinischen Gelehrten als einer der ihren vor Augen geführt wird),[9] spiegelt aber möglicherweise die Situation der jüdischen Gemeinschaft im römischen Reich des 4. und 5. Jahrhundert wider. Der Althistoriker Karl Leo Noethlichs bezeichnet die Minderheitenpolitik des römischen Staates gegenüber dem Judentum als »repressive Toleranz«.[10] Damit ist insbesondere für die Zeit der christlichen Kaiser gemeint, dass das Judentum als kollektives Phänomen zwar geduldet wurde, Jüdinnen und Juden als Individuen jedoch einem System von Einschränkungen unterworfen waren, die personenrechtlichen Einschränkungen also die korporationsrechtlichen überwogen.[11] Auf dem Gebiet des Personenrechts ist vor allem das Verbot, nichtjüdische Sklaven zu haben, zu nennen. Es basierte auf dem Prinzip, dass es als anstößig verstanden werden sollte, wenn Juden Macht über Nichtjuden ausübten. Insbesondere galt auch das Verbot jeglichen Übertritts zum Judentum.[12] All dies sollte die Mitglieder der jüdischen Gemeinschaft der christlichen Mehrheitsgesellschaft in einem inferioren Status erscheinen lassen und einer möglichen Attraktivität des Judentums oder gar einer Expansion der Gemeinde von vornherein einen Riegel vorschieben. Dennoch bestand auch unter den christlichen Kaisern der Gedanke der grundsätzlichen Existenzberechtigung der jüdischen Religion im römischen Reich unverändert fort.[13] Zumindest theoretisch

---

[8] Diese Aussage findet sich in LevR 23,2; vgl. *Plietzsch*, Kontexte (wie Anm. 6), 48 (Anm. 16).

[9] Z.B. *Jacob Neusner*, The Way of Torah, Belmont 1988, 81–82; *ders.*, Das pharisäische und talmudische Judentum, Tübingen 1984, 207.

[10] *Karl Leo Noethlichs*, Das Judentum und der römische Staat. Minderheitenpolitik im antiken Rom, Darmstadt 1996, 140.

[11] Ebd., 117.

[12] Ebd., 100–117.

[13] Ebd., 117.

galt auf korporationsrechtlichem Gebiet kontinuierlich der Rechts-
grundsatz, dass Synagogengebäude und Gemeindeeigentum unverletz-
lich sein sollten – wenngleich die häufige Einschärfung dieser Vor-
schrift eher darauf hinweist, dass es hier immer wieder Verstöße gab,
und wenngleich der Neubau bzw. die bauliche Verbesserung und Ver-
schönerung von Synagogen verboten waren und mit der Konsequenz,
dass das Gebäude zur Kirche umgewidmet wurde, geahndet wurden.[14]
Noethlichs schreibt, dass bei aller Repressivität dieser Vorschriften
diese doch nie so weit gingen, dass die Ausübung der jüdischen Religion gänzlich unmöglich geworden wäre, da das römische Rechtsver-
ständnis ein Bewusstsein für den Wert althergebrachter Sitten ein-
schloss.[15] Es ist denkbar, dass es genau diese zwiespältige Situation
war – Existenzberechtigung, aber in einem inferioren Status –, die diese sehr spezielle und hintergründige (wenn auch nicht völlige) Macht-
losigkeit Gottes, diesen scheinbar kompletten Verzicht auf systematischen Triumphalismus hervorgebracht haben. »Die Dinge sind nicht,
wie sie scheinen – things are not what they seem«[16] formuliert Neusner gewissermaßen als Motto des rabbinischen Midrasch, der rabbinischen Schriftdeutung: Es scheint zwar so, sagen die Rabbinen, dass
Israel im Abstieg begriffen ist und über kurz oder lang von der Bild-
fläche verschwinden wird, es scheint so, dass Gottes Projekt Israel gescheitert ist – aber es ist nicht so, und es kann und wird alles auch wieder anders werden. Neusner versteht die Kompilation der einzelnen
Midraschwerke zu Beginn des 4. Jh. als Reaktion auf die Etablierung
einer kirchlichen und christologischen Schriftdeutung, welche die Kirche als »neues Israel« darstellte.[17] Während die entstehende christliche
Orthodoxie ihre theologischen Begriffe in der von der Mehrheit ge-
sprochenen Sprache, im Griechischen bzw. Lateinischen, prägte, zog
sich die rabbinische Bewegung auf das Hebräische zurück und etab-
lierte unter Rückgriff auf bekannte und im Umlauf befindliche Gedanken und Auslegungsgewohnheiten ein hochkompliziertes und differenziertes System der Schriftdeutung, das sich nur »Insidern« (oder Leuten, die bereit sind, diese Position nachzuvollziehen) mit großem Auf-
wand erschloss und erschließt.

b) Göttliche Vermittlungsinstanzen

Der Judaist und Religionswissenschaftler Daniel Boyarin bezeichnet
u.a. wegen dieses Insidertums die rabbinische Bewegung mit dem At-

---

14 Ebd., 108f.
15 Ebd., 116, 140.
16 *Jacob Neusner*, What is Midrash? [1987], Atlanta 1994, 45.
17 Ebd., 44–51.

tribut »nativist«[18] und meint damit eine offensive Bezugnahme auf die eigene Herkunft. Während das frühe, vorrabbinische Judentum in seiner theologischen Ausrichtung keineswegs festgeschrieben war, präsentierte sich die rabbinische Bewegung, Boyarin zufolge, als eine Gemeinschaft »frei von Hellenismus«.[19] Boyarin fragt allerdings, ob das rabbinisch geprägte Judentum nicht ebenso vom Hellenismus geprägt war wie andere zeitgenössische jüdische Strömungen auch, allein schon insofern, dass es eine *geistige Option* unter anderen darstellte, eine Option, die freilich die Oberhand behalten sollte. Boyarin versteht Judentum und Christentum nicht als Mutter- und Tochterreligion in einer genealogischen Abfolge, sondern sieht sie auf einer Ebene, als Geschwister bzw. als Zwillinge.[20] Er hält sogar dafür, dass bis zur Entstehung und Etablierung der rabbinischen Textualität, also bis zur Redaktion der Mischna am Ende des zweiten Jahrhunderts, Judentum und Christentum eben wegen der Vielfalt des vorrabbinischen Judentums keineswegs strikt voneinander unterschieden und abgegrenzt werden konnten, und vertritt die These, dass eine Grenze zwischen zwei Religionen, die »Judentum« und »Christentum« genannt wurden, erst durch die im zweiten und dritten Jahrhundert entwickelten Häresiologien gezogen wurde.[21] Vorher, so Boyarin, waren die Übergänge fließend und gab es »auf dem Boden« keine Grenzen. Boyarin nimmt dabei eine Beobachtung aus der Sprachwissenschaft auf: Wo es keine politischen Grenzen gibt, kann es zwischen zwei benachbarten Sprachregionen fließende Übergänge geben, während Bewohnerinnen und Bewohner entfernt liegender Ortschaften, obwohl sie nicht definitionsgemäß eine andere Sprache sprechen, einander nicht mehr ohne weiteres verstehen. Dies überträgt Boyarin auf die religiöse und theologische »Sprache«: Was am einen Ende einer Skala »Gottes Wort« war, konnte am anderen Ende ein personifizierter »Gottessohn« sein – mit allen Abstufungen dazwischen. Irgendwann wurde es dann nötig, sich von der jeweils anderen Ausprägung zu distanzieren, weil man die inneren Zusammenhänge und Verbundenheiten nicht mehr nachvollziehen konnte. Boyarin formulierte den provokativen Satz: »Christentum und Judentum wurden erfunden, um der Tatsache Sinn zu geben, dass es Christen und Juden gab«,[22] und vertritt die These, dass als Instrumente, die eine Trennung ermöglichten bzw. nachträglich legitimier-

---

18 *Daniel Boyarin*, Border Lines. The Partition of Judaeo-Christianity, Philadelphia 2004, 18.
19 Ebd.
20 Vgl. *Daniel Boyarin*, Als Christen noch Juden waren. Überlegungen zu den jüdisch-christlichen Ursprüngen, in KuI 2/2001, 112–129 (= Wiedergabe des Einführungskapitels von Daniel Boyarin, Dying for God. Martyrdom and the Making of Christianity and Judaism, Stanford 1999 durch Wolfgang Stegemann).
21 *Boyarin*, Border Lines (wie Anm. 18), 29, passim.
22 Ebd., 21.

ten, die verschiedenen Häresiologien fungierten: So wurden Juden zu denen, denen vorgeworfen wurde, dass sie den »nomos« über den »logos« stellten, und Christen zu denen, denen vorgeworfen wurde, dass sie mehrere Gottheiten bekennen würden.[23] Boyarin versteht die Entstehung von Judentum und Christentum nicht als »Auseinandergehen der Wege« (wie es James Dunn beschreibt[24]), sondern als Teilung eines Gebietes, das vorher keine Grenzen kannte. Es geht seiner Ansicht nach bei der Ausprägung dieser beiden voneinander verschiedenen Religionen weniger um voneinander verschiedene Inhalte – das Entstehen von Judentum und Christentum ist nicht das Ergebnis theologischer Diskussionen – als um die Zuschreibung von abgrenzbaren Identitäten. Als Metapher dafür, dass innerhalb dieser Abgrenzungsprozesse unter der theologischen Oberfläche in Wahrheit Identität »verkauft« wurde, führt Boyarin eine Anekdote an, die wahrscheinlich aus jedem Grenzgebiet bekannt ist:

»Über dreißig Jahre hinweg fuhr ein Mann jeden Tag eine Schubkarre voll Sand über die Grenze von Tijuana. Der Zollbeamte durchwühlte jeden Morgen den Sand, konnte aber keine Schmuggelware darin entdecken. Dennoch war er sich sicher, es mit einem Schmuggler zu tun zu haben. Am Tag, bevor der Zollbeamte in den Ruhestand trat, bat er den Schmuggler, ihm doch zu sagen, was er geschmuggelt hätte und wie: »Schubkarren – ich habe natürlich Schubkarren geschmuggelt.«[25]

Es kommt also weniger auf den »Sand« an als auf die »Schubkarren«. Was auf den einzelnen Karren ist, ist Sand, der jeweils unterschiedlich beschaffen sein mag, den Schmugglerinnen und Schmugglern kommt es aber in Wahrheit auf das Gefährt, die Identität, an. Als ein wichtiges Feld, auf dem die jüdisch-christlichen Ab- und Ausgrenzungen stattfanden, benennt Boyarin die frühjüdische Logostheologie, ein Feld, auf dem er auch die Ursprünge der christlichen Trinitätslehre sieht. Er zeigt, dass die Vorstellung einer göttlichen Vermittlungsinstanz im frühen Judentum gang und gäbe war.[26] Die Präsenz des einen und einzigen Gottes ist wohl doch mehr, als sich Menschen zu allen Zeiten vorstellen können – zumal dies auch wieder auf die eingangs angesprochene Suche nach Sinn verweist: Wenn Gott ständig erreichbar wäre, müsste uns ebenso ständig und gleichbleibend die Sinnhaftigkeit unserer Existenz und unserer Situation bewusst sein. Insofern könnte es sein, dass Monotheismus grundsätzlich auf »Abschwächung« angewiesen ist, auf die Vermittlung der Begegnung zwischen Gott und

---

[23]   Ebd., 146f.
[24]   *James D.G. Dunn*, The Partings of the Ways: Between Christianity and Judaism and their Significance for the Character of Christianity, London 1996.
[25]   *Boyarin*, Border Lines (wie Anm. 18), 1.
[26]   Ebd., 113–127.

der menschlichen Person.[27] So sind auch die im frühen Judentum bekannten göttlichen Vermittlungsinstanzen direkt oder indirekt auf
sprachliche Kommunikation bezogen: der *logos*, Gottes Wort bzw.
seine Sinnhaftigkeit, das palästinische Äquivalent zum Logos, das
memra (von der Wurzel אמר/sagen), vielleicht die Tatsache bzw. die
Vorstellung, dass Gott überhaupt spricht und sich überhaupt mitteilt,
die Weisheit, *sophia* oder *chochmah*, auch wieder die Nachvollzieh-
barkeit und Sinnhaftigkeit des göttlichen Wirkens.[28] All diesen mehr
oder weniger personifiziert gedachten Instanzen wurde Mitwirkung bei
der Schöpfung zugesprochen. Boyarin schreibt, dass diese Vermittlungsinstanzen keinesfalls den Monotheismus in Frage stellten; ich
würde die Überlegung hinzufügen, dass sie den Monotheismus sogar
verstärken konnten, indem sie die Kommunikation Gottes mit den
Menschen besonders hervorhoben und betonten: Gott *und* seine Kommunikation, Gott *und* seine Hinwendung zu den Menschen.[29]
Die rabbinische Bewegung hat nun als einzige Vermittlungsinstanz die
Tora zugelassen und sie ebenfalls als Schöpfungsmittlerin festgeschrieben. Als Beispiel dafür soll hier ein Abschnitt aus dem ersten
Kapitel des Midraschs Genesis Rabba (GenR 1,1) stehen, in dem der
erste Vers der Hebräischen Bibel kommentiert wird:

Am Anfang schuf Gott Himmel und Erde (Gen 1,1).
Die Tora spricht: Ich war das Werkzeug der Kunst des Heiligen, der
gesegnet ist. Wie es in der Welt üblich ist: Ein König von Fleisch und
Blut baut einen Palast – er baut ihn nicht nach seinen eigenen Meinung, sondern nach der Meinung eines Künstlers. Auch der Künstler
baut ihn nicht nach seiner eigenen Meinung, sondern er hat Pergament-
rollen und Tafeln, um zu wissen, wie er die Zimmer und die Türen
macht. So war es auch beim Heiligen, der gesegnet ist – er blickte in
die Tora und erschuf die Welt. Die Tora sprach: *Am Anfang* (bereschit) *schuf Gott* – es gibt (in der Schrift) kein *reschit*, das nicht Tora
bedeuten würde, das ist es, was du sagst (Prov 8,22): *Der HERR hat
mich begründet im Anfang seines Weges.*
Die Frage, die hier implizit gestellt wird, ist, warum der erste Vers des
Pentateuch, der nicht leicht zu übersetzen ist, so lautet, wie er lautet:

---

27   Dieser Ansicht widerspricht Boyarin jedoch, vgl. Anm. 35.
28   Ebd.
29   Als (hypothetisches) Beispiel für diese »Vervielfältigung« Gottes durch seine
Kommunikation in der rabbinischen Schriftauslegung möchte ich den Beginn des
Midraschs Sifra (Auslegung des Buches Levitikus) anführen. Im Kommentar des
Verses Lev 1,1 (*und er rief Mose an und Gott sprach zu ihm*) wird gefragt, warum
dort zwei Termini der Kommunikation stünden. Die Auslegung stellt daraufhin
heraus, dass Gott, bevor er seine inhaltliche Rede an Mose richtet, ihn erst einmal
inhaltsfrei »anruft« als Ausdruck der Zuneigung. Die rabbinischen Ausleger erkennen also hier eine inhaltsfreie Kommunikation – sozusagen ein »Sagen« unabhängig vom »Gesagten«.

bereschit bara elohim ... Was bedeutet »reschit«? Noch mehr als die zeitliche Vorgängigkeit meint »reschit« die Priorität, die Relevanz, das Einsetzen eines Prozesses, als ob man sagen würde: »Erstens« schuf Gott den Himmel und die Erde ... und zweitens? Und dann diese seltsame Präposition »be« ohne einen Artikel dazu: »An einem Anfang«, »an einem Beginn« schuf Gott? Man könnte es grundsätzlich aber auch instrumental lesen: Mit einem Anfang, mit etwas, was ein erstes ist, schuf Gott ... So lesen die Verfasser dieser Auslegung: Mit »reschit« schuf Gott, und was ist »reschit«? Die Auslegenden wissen es schon: »reschit« ist immer die Tora ist, wofür sie Spr 8,22 anführen können: *Der HERR hat mich begründet im Anfang seines Weges.* Aus dem Ursprungskontext des Verses wird jedoch klar, dass hier nicht explizit die Tora, sondern die Weisheit, die *chochmah,* gemeint ist: *Der HERR hat mich begründet im Anfang seines Weges, noch vor seinen Werken, von jeher war ich ausgegossen, von Beginn an, seit den Uranfängen der Erde.* Gerade dieser Vers ist die Schlüsselstelle, auf der die Auslegung beruht: Auf wen oder was *hat mich begründet im Anfang seines Weges* zutrifft, ist Schöpfungsmittlerin, ist wesentlich an der Schöpfung beteiligt – und was die rabbinischen Gelehrten hier tun, ist, dass sie die Tora an diese Stelle setzen. Unmissverständlich wird hier ein Zirkelschluss inszeniert: Da die Tora von allen Uranfängen an da war, ist klar, dass sie die Weisheit ist, von der unser Kontext im Sprüchebuch spricht. Es ist klar, dass die Tora es ist, die den Vers Gen 1,1 selbst spricht – sie hebt ja gerade an –, aber die Bedeutung dessen, dass hier die Tora selbst spricht, geht noch weiter; sie sagt: »Mit mir, die ich Anfang genannt werde, schuf Gott ...«. Damit wird inszeniert, dass die Tora und die Schöpfung gleichzeitig einsetzen und ins Bewusstsein treten – wie der heilige Text, die Tora, mit der Schöpfung beginnt, beginnt umgekehrt auch die Schöpfung mit der Tora. In einer schillernden Weise wird die Tora hier Gott unter-, aber auch übergeordnet. Einerseits heißt es: Ich war (nur) das Werkzeug – wie jeder, der ein Haus bauen will, selbst ein König, eben einen Sachverständigen zu Rate ziehen muss. Aber gerade in dieser scheinbaren Unterordnung wird die Bedeutung der Tora ins Unermessliche gesteigert: Gott, König und Architekt zugleich, blickt in die Tora und erschafft die Welt. In diesem Bild besteht die Tora unabhängig von Gott und getrennt von Gott. Diese ungeheure Unabhängigkeit wird dann über das Sprüche-Zitat wieder auf Gott zurückgeführt, fast relativiert, indem die Tora (in Gestalt der Weisheit) als seit jeher von Gott begründet bezeichnet wird.
Gott und seine Vermittlungsinstanzen: Was waren die Intentionen der rabbinischen Gelehrten, das göttliche »Vermittlungspersonal« – fast könnte man sagen: die wechselnden »freien Mitarbeiter und Mitarbeiterinnen« Logos, Sophia und andere – zu »entlassen«? Es ging ihnen darum, die Grenzen Israels neu abzustecken und sie für eine Situation, in der Israel Minderheit in einem multikulturellen Umfeld sein würde,

neu zu formulieren. Es ging der rabbinischen Bewegung darum, eine ethische und physisch spürbare kulturell-religiöse Komponente beizubehalten – im Unterschied zu anderen Bewegungen, die in ihrer Situation eine eher spirituelle Fassung des jüdischen Monotheismus praktizierten und etablierten.[30] Die rabbinischen Gelehrten etablierten die Tora als einzige Instanz, über die man und frau im Judentum Gott näher kommen kann. Und Tora ist im engeren Sinn der Konsonantentext des Pentateuch, aber in einem weiteren Sinn die Gesamtheit der kanonischen Texte und ihrer richtigen spirituellen und praxisbezogenen Deutung, wobei kultische und ethisch-soziale Elemente eine Einheit bilden.[31]

Der Text und die dazugehörige (von der rabbinischen Bewegung systematisierte und festgeschriebene) Lebensweise – das ist es, was im rabbinisch geprägten Judentum Gott oder Gotteserkenntnis vermittelt. Ich frage mich deshalb, ob das von Boyarin gebrauchte Attribut »nativist« ganz zutrifft, soll doch über diese offensiv-festgeschriebene kulturelle Praxis eine universale Dimension ausgedrückt werden. Die Tatsache, dass hier die kollektive kulturell-religiöse Alltagspraxis (zusammen mit dem Textstudium) im Zentrum steht, spiegelt möglicherweise das vitale Angegriffensein der jüdischen Gemeinschaft im römischen Reich wider, die Kontrolle, die über ihre Entwicklung ausgeübt wurde. Von einem bloßen Beharren auf kulturellen Gegebenheiten kann dabei keine Rede sein, wurden doch Elemente der Tradition neu reflektiert und systematisiert und vor allem im halachischen Midrasch noch einmal auf die Hebräische Bibel zurück bezogen. Vielleicht kann man auf der rabbinischen Seite – experimentell – ebenfalls von einem »dreifaltigen Geschehen« sprechen, analog zur christlichen Trinität: *Gott, die Tora und Israel*, die der Welt bei allem Chaos und aller Konfusion eine Kontinuität, einen roten Faden sichtbar machen wollen. Von außen gesehen ist diese Lösung ziemlich bescheiden und alles andere als triumphal: »Gott« wird – in einem noch stärkeren Maß als in den biblischen Erzählungen – Sensibilität, Flexibilität, Hintergründigkeit und Beziehungshaftigkeit zugeschrieben. Gott wird sehr menschlich und steigt sehr tief hinab. Als Beispiel dafür möchte ich eine Passage aus dem babylonischen Talmud anführen, in der diese Verschiebung der Hierarchien in fast skurriler Weise zum Ausdruck kommt: Im Talmudtraktat Berachot 7a (Segenssprüche) findet sich der

---

30 Boyarin äußert sich oftmals dazu, dass die rabbinische Bewegung sich geweigert habe, eine »Religion« zu werden, d.h. die jüdische Identität von einer bestimmten Überzeugung abhängig zu machen; vgl. *Border Lines*, 10–11; vgl. *ders.*, The Christian Invention of Judaism: The Theodosian Empire and the Rabbinic Refusal of Religion, in: Representations 85 (Winter 2004), 21–57, passim.

31 Vgl. *Jacob Neusner*, The Doctrine of Torah, in: *ders. / Alan J. Avery-Peck*, The Blackwell Companion to Judaism, Oxford 2000, 193–211.

Gedanke, dass Gott selbst beten würde, und zwar darum, dass seine Barmherzigkeit seine Gerechtigkeit übertreffen möge:
Rabbi Jochanan sprach im Namen des Rabbi Josse: Woher, dass der Heilige, der gesegnet ist, betet?
Es ist gesagt (Jes 56,7): *Und ich werde sie zum Berg meines Heiligtums bringen und werde sie in meinem Bethaus* (wörtlich: im Haus meines Gebets) *erfreuen*. »Ihres Gebets« ist dort nicht gesagt, sondern *meines Gebets*, von daher, dass der Heilige, der gesegnet ist, betet.
Was betet er? Rabbi Sutra ben Tovia sagte im Namen von Raw: »Möge es mein Wille sein, dass mein Erbarmen meinen Zorn besiege, dass mein Erbarmen sich über meine (sonstigen) Eigenschaften wälze, dass ich mit meinen Kindern nach der Eigenschaft der Barmherzigkeit verfahre und innerhalb der Rechtslinie bleibe (d.h. die rechtlichen Möglichkeiten nicht ganz ausschöpfe).«[32]
Dieses Beispiel rabbinischer Rhetorik mutet befremdlich an, wird doch die anthropomorphe Rede von Gott selten so weit getrieben. Gott selbst betet? Gott hat auf seinem heiligen Berg sein persönliches Bethaus, in dem er sich selbst ermahnt, barmherzig zu sein und sich nicht vom Zorn, sondern vom Erbarmen überwältigen zu lassen – und von alledem hätten wir nichts gewusst, wenn nicht in Jes 56,7 stehen würde *beit tefillati* und nicht »beit tefillatam« oder etwas ähnliches ... ? Das bedeutet: Die rabbinischen Gelehrten nehmen den Jesajavers als »metasprachlichen« Anknüpfungspunkt, um von etwas zu sprechen, von dem sie sowieso überzeugt sind[33] – von einem Gott, der alles andere als ein unhinterfragbarer Herrscher ist. Gott hat, so sagt es dieser Text, nicht einmal über sich selbst die volle Kontrolle, er muss sich selbst gut zureden und immer wieder selbst ermahnen.
An diese Passage im Traktat Berachot schließt sich folgende Episode an, die in dieser, für Theologinnen und Theologen jeglicher Provenienz schon recht verkehrten Szenerie noch ein weiteres Mal die Perspektiven verschiebt. Das innergöttliche Gebet oder Selbstgespräch wird zu einer verborgen-offenen Kommunikation Gottes mit einem Rabbi, hier mit dem berühmten Rabbi Jischmael ben Elischa, der noch zu Zeiten des zweiten Tempels lebte und das Amt des Hohepriesters

---

32   Übersetzung von der Verf., nach dem Text in der zweisprachigen Ausgabe des Babylonischen Talmud von Lazarus Goldschmidt, Berlin/Wien 1925.
33   Vom Midrasch als »Beweisverfahren« spricht *Arnold M. Goldberg*; vgl. *ders.*, Die funktionale Form Midrasch (1982), in: Rabbinische Texte als Gegenstand der Auslegung, Tübingen 1999, 199–229, 229: »Die verbreitete Annahme, dass Midrasch ›irgendwie‹ Kommentar der Heiligen Schrift sei und daß er dazu diente, alles, was man für gut und richtig hielt, zu beweisen, kann nun präzisiert werden: Im Midrasch kommen ausschließlich metasprachliche Mitteilungen über den Gegenstand ›Offenbarungsschrift‹ vor. Insofern kann man Midrasch auch Kommentar nennen oder auch ein Beweisverfahren.«

bekleidete[34] und an einem Jom Kippur ins Allerheiligste ging, um dort das Ritual des Rauchopfers auszuführen:

Es wird gelehrt:
Rabbi Jischmael sagte: Einmal ging ich ins Allerinnerste (des Tempels), um zu räuchern, da sah ich Akatriel-Jah,[35] den HERRN Zebaot, *auf dem hohen und erhabenen Thron sitzen* (Jes 6,1), und er sprach zu mir: »Jischmael, mein Sohn, segne mich!« Ich sprach zu ihm: »Möge es dein Wille sein, dass dein Erbarmen deinen Zorn besiege, dass dein Erbarmen sich über deine (sonstigen) Eigenschaften wälze, dass du mit deinen Kindern nach der Eigenschaft der Barmherzigkeit verfahrest und innerhalb der Rechtslinie bleibst.« Da nickte er mir mit dem Kopf zu. Das lehrt uns, dass der Segen eines gewöhnlichen Menschen nicht gering in deinen Augen sei.

Es war für die rabbinischen Gelehrten nicht absehbar, wie die Gemeinschaft Israel die Herausforderungen der Diaspora und der Existenz als Minderheit unter einer christlichen Mehrheit bewältigen würde – bzw. sie hielten dafür, dass Israel nur mit der von den Rabbinen vermittelten (und vereinheitlichten) Theologie und Lebensweise bestehen bleiben könnte. Auf dieser Grundlage konnten sie sich dafür entscheiden, die aktuelle Situation so darzustellen, dass, auch gegen den Augenschein, Sinnhaftigkeit und Zukunft hinter allem steckte. Gott ist für die rabbinischen Gelehrten eine Instanz, von der behauptet wird, dass sie in segensreicher Weise, zum Guten Israels und der Menschheit, agiere, diese dabei jedoch nicht außen vor lasse, sondern gleichsam in ein offenes Selbstgespräch mit hineinziehe.

---

[34] Vgl. *Stemberger*, Einleitung (wie Anm. 2), 80.
[35] Zur Diskussion über die Funktion von göttlichen Wesen in einem »binitarischen« Sinn bzw. Engelwesen vgl. *Daniel Boyarin*, The Gospel of the Memra: Jewish Binitarism and the Gospel of John, in: Harvard Theological Review 94/3 (2001), 243–284, 247f.; vgl. auch *Daniel Abrams*, From Divine Shape to Angelic Being: The Career of Akatriel in Jewish Literature, in: Journal of Religion (1996), 43–63. »Ist« hier Akatriel der eine Gott oder nicht? Der vorliegenden Formulierung zufolge könnte dies intendiert sein, da beide Bezeichnungen anscheinend auf nur eine Gestalt angewendet werden, für die zusätzlich noch Jes 6,1 in Anspruch genommen wird. Es wäre jedoch auch nicht befriedigend, die Bezeichnung »Akatriel« hier lediglich als »buffer for divine transcendence« zu verstehen (vgl. *Raymond E. Brown*, The Gospel according to John, New York 1966, Bd. 1, 524, zitiert bei *Boyarin*, ebd., 255, der Browns Position widerspricht). Überzeugender scheint es deshalb, in der Zusammenführung beider Bezeichnungen den impliziten Verweis auf eine zurückliegende Tradition zu sehen, in der Akatriel als einem eigenständigen Wesen noch mehr Bedeutung zukam.

PETER OCHS

Dreifaltigkeit und Judentum[*]

Dem Nicaeno-Constantinopolitanum zufolge glauben die Christen an
»Gott den Vater«, »an den einen Herrn Jesus Christus, Gottes eingeborenen Sohn ..., eines Wesens mit dem Vater« und »an den Heiligen
Geist ..., der aus dem Vater und dem Sohn hervorgeht.«[1] Der Dreifal-
tigkeitsglaube war bis in die Gegenwart hinein nicht einfach nur ein
Unterschied, sondern darüber hinaus Anlass für ein tiefes Misstrauen
zwischen Judentum und Christentum. Für die christliche Patristik war
diese Lehre der Inbegriff dessen, was dem Judentum fehlte: nämlich
vor allem die Überzeugung, dass die zweite göttliche Person in Jesus
von Nazaret Mensch geworden ist. Für das rabbinische Judentum dagegen war sie der Inbegriff dessen, was dem Christentum verloren gegangen war: nämlich die Möglichkeit, das Göttliche und das Kreatürli-
che in all seinen Ausprägungen scharf voneinander zu trennen. Die
jüdischen (und auch die muslimischen) Philosophen des Mittelalters
betrachteten den Dreifaltigkeitsglauben als Götzendienst – Schituf (he-
bräisch) oder Schirk (arabisch) –, als »Assoziationismus«, der die Unendlichkeit Gottes einschränkt und seine Gottheit mit dem geschöpflichen Sein in Verbindung bringt. Und die auf Ausgleich und Verständigung bedachten liberalen Juden und Christen der Moderne vermieden
es schließlich ganz, im Zusammenhang mit dem Judentum von Gesetz
und auserwähltem Volk und im Zusammenhang mit dem Christentum
von Menschwerdung und Dreifaltigkeit zu sprechen – diese Begriffe
galten nunmehr als Relikte aus einer weniger aufgeklärten Phase des
religiösen Denkens.
Heutzutage jedoch – nach der Shoah und dem Ende des philosophischen Imperialismus der Moderne – müssen Unterschiede kein Hindernis mehr sein. Das, was zwei Menschen voneinander unterscheidet,
wird zur Bereicherung, sobald diese Menschen zueinander in Beziehung treten: Unterschiedlichkeit ist die Basis von Beziehungen. Das,

---

[*] Aus dem Englischen übersetzt von Gabriele Stein. Erstveröffentlichung in:
Concilium 39, 2003, 433–441.
[1] Zur Thematik und Gliederung dieses Aufsatzes bin ich durch einen kurzen ein-
führenden Artikel zum Stichwort »Dreifaltigkeit« angeregt worden, den ich für das
Blackwell Dictionary of Jewish-Christian Relations verfasst habe (hg. von E.
Kessler und N. Wenborn, London 2001).

was die Menschen von Gott unterscheidet, wird zum Inbegriff der Unterschiedlichkeit, zum Unterschied schlechthin, und befähigt uns zu werden, was wir noch nicht sind. In der Theologie verändert sich durch diese neue Sichtweise auch die jüdisch-christliche Diskussion über die Dreifaltigkeitslehre. Drei zentrale Merkmale dieser Veränderung sollen im Folgenden erläutert werden:

I Das Ende der Entweder-Oder-Logik

Das Ende der Moderne ist auch das Ende der Entweder-Oder-Logik in den jüdisch-christlichen Beziehungen, also das Ende einer Logik, in der diese beiden Religionen sich entweder gegenseitig ausschließen oder die eine sich der anderen angleicht. Wir wollen die christlichen und jüdischen Theologen, die diese neuen Formen des jüdisch-christlichen Dialogs praktizieren, mit einem Begriff, den die Schüler von George Lindbeck und Hans Frei geprägt haben, als »postliberale Theologen« bezeichnen. Sie sind im eigentlichen Sinne »postmodern«, weil sie das Erbe einer in ihren Augen zu Ende gegangenen Epoche der jüdischen und der christlichen Theologie angetreten haben. Doch anders als viele selbst ernannte »Postmodernisten« sind sie darüber hinaus auch postsäkularistisch, denn die Shoah bezeichnet das Ende des säkularistischen Traums, Gott zu entmachten und durch die eigenen Schöpfungen der Menschheit zu ersetzen.

Dennoch war die Moderne für die Postliberalen nicht nur von säkularistischen Bestrebungen, sondern auch von einem unseligen Streit zweier Parteien geprägt, die wir hier einmal »Assimilationisten« und »Exklusivisten« nennen wollen. Jeder dieser beiden Gruppierungen gehörten sowohl säkularistisch als auch religiös eingestellte Juden und Christen an. Die säkularistischen waren ebenso wie die religiösen Assimilationisten (angefangen bei den Neologen bis hin zu den Kantianern und ihren Schülern) der Ansicht, dass alle Glaubenskriege ein Ende fänden, wenn die Angehörigen sämtlicher Religionen sich auf einen gemeinsamen Glauben an eine Anzahl rationaler und ethischer Grundsätze einigen könnten. Unter den Exklusivisten gab es zwei Hauptströmungen: die säkularistischen Nationalisten, die davon überzeugt waren, dass nur ein einziges auserwähltes Volk das absolute Recht besaß, sich dieser Welt mit Belieben zu erfreuen, und die religiösen Exklusivisten, die mit übertrieben orthodoxen Vorstellungen auf die modernen Assimilationisten reagierten und die Ansicht vertraten, dass Gott nur einer bestimmten Konfession die Gunst gewähren würde, die Bedeutung des Diesseits zu begreifen und im Jenseits Erlösung zu finden.

Postliberale Theologen sehen in all diesen Formen des Assimilationismus und des Exklusivismus eine ähnliche Logik am Werk: die

Entweder-Oder-Logik allen menschlichen Wollens und Denkens. So glauben die Assimilationisten, dass von Menschen geschaffene gedankliche Konstruktionen alle menschlichen Unterschiede überbrücken können, die säkularistischen Nationalisten verheißen einer begrenzten Anzahl von Personen absolute Vorrechte, und die religiösen Exklusivisten verkünden nicht so sehr den Willen Gottes als vielmehr den Willen bestimmter Gruppierungen und religiöser Führer. Die christlichen postliberalen Theologen stellen die Autorität der Bergpredigt oder des Glaubensbekenntnisses ebenso wenig in Frage wie die jüdischen postliberalen Theologen die Autorität dessen, was am Sinai geschehen ist. Doch beide vertreten die Auffassung, dass nur die Schriftgelehrten und religiösen Führer der jeweiligen Gemeinschaft die Schrift auslegen und aus ihr Richtlinien für das Alltagsleben gewinnen können. Diese Auslegungen, die der Tradition ebenso verpflichtet sind wie den aktuellen Bedürfnissen der betreffenden Gemeinschaft (*traditio* oder *ressourcement* einerseits und *aggiornamento* andererseits), sind natürlich niemals frei von den Einflüssen des begrenzten menschlichen Willens. Selbst wenn sie den göttlichen Willen wiedergeben, sprechen sie eine an eine besondere Situation gebundene menschliche Sprache. Folglich stellen die religiösen Exklusivisten, wenn sie die Autorität dieser Auslegungen auf andere Gemeinschaften oder andere Zeiten und Orte ausdehnen wollen, ihren Willen über den Willen Gottes und begehen damit die Sünde der Anmaßung.

Der zum Götzen erhobene menschliche Wille steht also nach Ansicht der postliberalen Theologen hinter jedem der genannten Fälle. Die Assimilationisten mögen zwar den Wunsch haben, aller menschlichen Unterschiedlichkeit ein Ende zu setzen, doch dieser Wunsch ist menschlich und begrenzt, und begrenzte menschliche Wünsche bringen immer wieder neue Unterschiede hervor. Die religiösen Exklusivisten mögen zwar auf den Unterschied zwischen dem göttlichen und dem menschlichen Willen pochen, doch mit ihrem Dogmatismus dienen sie gerade nicht dem Willen Gottes, sondern dem der Menschen.

Die postliberale Alternative ist kein postmoderner Skeptizismus, der die Theologie relativiert oder einen radikal apophatischen Standpunkt vertritt. Es geht im Gegenteil darum, wieder – wie in den Zeiten vor dem Beginn der Moderne – darauf zu vertrauen, dass wir Gott erkennen können, weil wir von ihm erkannt worden sind. Nach postliberaler Überzeugung sind wir von Gott erkannt, weil wir durch Gottes Wort und nach Gottes Bild erschaffen sind und unsere Rationalität daher für die Vertrautheit mit dem Schöpfer prädisponiert ist. Darüber hinaus sind wir von Gott erkannt, weil Gottes offenbartes Wort zu uns gekommen ist und uns mit ebenjener Vertrautheit, für die wir geschaffen sind, beschenkt hat. Und schließlich sind wir von Gott erkannt, weil Gottes offenbartes Wort uns nicht nur für das Ende der Zeiten die vollständige Vertrautheit mit Gott verheißen hat, sondern uns außerdem als Erlöser auf unserem Weg in eben diese Endzeit begleitet. Diese prämoderne und postliberale Überzeugung wird von jüdischen ebenso wie von christlichen Theologen vertreten. Auf jüdischer Seite ist sie in Franz Rosenzweigs Lehre von der Schöpfung, der Offenbarung und der Erlösung[2] vorweggenommen worden und findet sich auch schon viel früher im klassischen rabbinischen Verständnis von der Tora als dem Wort Gottes, das bei der Schöpfung zugegen war, das auf den Sinai herabkam und das den Namen Gottes verkündet, der »bei uns sein wird (in unserem Leiden)« bis zum Ende der Tage – *asher ehyeh imach (b'tsarah ...)*.[3] Auf christlicher Seite ist diese Überzeugung natürlich in den frühen Glaubensbekenntnissen und im Neuen Testament formuliert, wo Jesus Christus als das fleischgewordene Wort Gottes des Schöpfergottes dargestellt wird, das gekommen ist, um die Menschheit zu erlösen. Mit anderen Worten: Der postliberale christliche Glaube sieht in der Dreifaltigkeitslehre unsere Fähigkeit bestätigt, theologisch zu denken, eine Fähigkeit, die wir besitzen, weil wir von Gott erkannt sind. Und der postliberale jüdische Glaube bestätigt die rabbinische Auffassung von der Tora als dem Wort, durch das Gott uns erkennt und durch das wir unsererseits fähig sind, Gott zu erkennen.

Die postliberale Wende hat die von christlichen und jüdischen Theologen praktizierten Methoden der Schriftauslegung verändert und dabei überraschende Parallelen zutage gebracht. Gleichzeitig jedoch bestätigt diese Wende zwei unterschiedliche Traditionen der Offenbarung: die der Tora, des Bundes und Landes Israel auf der einen und die des dreieinigen Gottes auf der anderen Seite. Sollte man nicht denken, dass dadurch die Kluft zwischen postliberalen Juden und Christen ironischerweise wieder größer wird? In der Entweder-Oder-Logik der Moderne würden sich die beiden Wahrheiten – die Wahrheit Christi und die der Tora – tatsächlich gegenseitig ausschließen. Doch die Logik des Postliberalismus ist eine ganz andere: Man könnte sie die »Logik der Beziehungen« nennen. Obwohl sich die formalen Eigenschaften dieser Logik in philosophischen Begriffen beschreiben lassen, ist sie nicht *ab initio* eine philosophische Konstruktion, und sie verdankt ihre

---

2   Vgl. die drei Kapitel des zweiten Bandes von Franz Rosenzweig *Der Stern der Erlösung*, Den Haag 1976.

3   »Mose sagte zu Gott: ›Wer bin ich, dass ich [...]?‹. Er sprach: ›Ich werde mit dir sein (*ehyeh imach*); das soll dir zum Zeichen sein, dass ich es war, der dich gesandt hat‹« (vgl. Ex 3,13). Michael Fishbane weist auf die Lesart dieses Namens in Ps 91,15 hin: »Ich bin bei ihm (Israel!) In der Not [oder im Leiden]«, ›*imo 'anoki betzarah*‹. In *Exodus Rabbah* (XXX.24) bieten die rabbinischen Exegeten folgenden Kommentar: »Bald kommt von mir das Heil« (Jes 56,1). Warum? »[Selbst] wenn du (Israel) es nicht verdienst, werde ich (das Heil) um Meiner Selbst willen vollenden [...], immer, wenn du in Not bist, bin ich bei dir, denn es heißt: ›*imo 'anoki betzarah*‹.« M. Fishbane, *Extra-Biblical Exegesis: The Sense of Not Reading in Rabbinic Midrash*, in: P. Ochs (Hg.), The Return to Scripture in Judaism and Christianity, Mahwah/NJ 1993, 182.183.

Entstehung weder dem Willen des Menschen noch einer universellen Sprache. Sie geht vielmehr unter verschiedenen Namen aus unterschiedlichen Gemeinschaften und unterschiedlichen Sprachen des Glaubens und der religiösen Praxis hervor.

Für das Judentum erwächst diese Logik aus der Logik der Tora und der Begrifflichkeit des zwischen Gott und Israel geschlossenen Bundes. Für das Christentum erwächst sie aus der Logik der Menschwerdung, die sich in der Lehre von der Dreifaltigkeit manifestiert. Für das postliberale Denken sind diese beiden logischen Systeme nicht identisch. Sie unterscheiden sich voneinander, doch nicht in dem Sinne, dass sie sich gegenseitig ausschließen, dass also, wenn das eine wahr ist, das andere nicht wahr sein kann. Sie unterscheiden sich vielmehr so, wie sich alle Geschöpfe auf Erden voneinander unterscheiden und dennoch durch ihre je unterschiedliche Existenz den Einen Schöpfergott verherrlichen. Nach Auffassung der postliberalen Theologen zeugt jede Logik nicht nur von der Einheit Gottes, sondern auch von der dem Wirken des Gotteswortes innewohnenden triadischen Struktur oder Beziehung.

II Die Deutung der Dreifaltigkeit als Beziehung in der postliberalen christlichen Theologie

Die Entweder-Oder-Logik der Vergangenheit wollte die im Judentum herrschenden nicht-christologischen Vorstellungen vom göttlichen Leben – Gott ist entweder einer und nicht drei, oder drei und nicht (nur) einer – durch die klassische Dreifaltigkeitslehre überwinden. Die Kirchenväter und die katholischen Theologen des Mittelalters argumentierten so: Wenn es in Christus einen Neuen Bund gegeben hat, dann muss er den Alten Bund mit dem Volk Israel abgelöst haben. Nach der Shoah waren die liberalen christlichen Theologen dann bemüht, sich von diesem Supersessionismus zu distanzieren. Sie folgten derselben Logik, versuchten jedoch das Gegenteil zu beweisen: Gerade weil die Dreifaltigkeitslehre mit dem Fortbestehen des Alten Bundes unvereinbar sei, könne sie von den Christen nicht länger guten Gewissens aufrechterhalten werden. Der Legalismus und Sepraratismus des rabbinischen Judentums sei zwar ein Irrtum, doch der Ausschließlichkeitsanspruch des trinitarischen Christentums sei nicht weniger falsch. Die postliberale Theologie bietet dagegen eine dritte Alternative. Sie besagt, dass es ohne die Lehre von der Dreifaltigkeit kein Christentum geben kann, dass aber die supersessionistische Deutung der Glaubensbekenntnisse ein Missverständnis ist, weil sie sich auf begrenzte philosophische Konstruktionen stützt. Eines der Ziele des postliberalen Christentums besteht daher darin, die Dreifaltigkeitslehre von diesen philosophischen »Einsprengseln« zu reinigen.

Eine der umfassendsten Darstellungen dieser Sichtweise stammt von dem lutherischen Theologen Robert Jenson. Er vertritt die These, *dass man die Dreifaltigkeitslehre missdeutet, wenn man die Personen des dreieinigen Gottes mit der in der griechischen Philosophie beheimateten Vorstellung vom »zeitlosen Sein« identifiziert.* »Sein«, so schreibt er, »ist keine biblische Vorstellung«, sondern ein philosophischer Begriff, der den Menschen Antwort geben soll auf die Frage: »Was meinen wir, wenn wir sagen: ›X ist‹?« – also im Grunde auf die Frage: »Was wissen wir?«[4] In diesem Sinne als Sein aufgefasst, wäre der dreieinige Gott und jede seiner Personen einzeln und für sich genommen erkennbar, und das nizänische Glaubensbekenntnis würde präzise und unabänderlich festlegen, wie jede Person erkennbar ist. Das würde bedeuten, dass die Juden, die an dieser Erkenntnis nicht teilhaben, nicht in der Lage sind, Gott so zu erkennen, wie Gott »ist«. In diesem Zusammenhang gibt Jenson zu bedenken, *dass die kappadokischen Theologen wie beispielsweise Gregor von Nyssa* sehr darauf geachtet haben, die trinitarische Theologie vor dieser philosophischen Versuchung zu bewahren. Nach ihrer Auffassung *meint der Begriff des zeitlosen Seins ein beziehungsloses Sein,* während Gott sich in unendlichen Beziehungen an seine Geschöpfe und an sich selbst verschenkt. Die Lehre von der Dreifaltigkeit besteht in der Entdeckung, dass Gott in einer unendlichen Beziehung der drei Personen untereinander lebt, und diese Entdeckung formuliert Jenson in Anlehnung an Tertullian neu als die drei *personae dramatis* oder die drei »Identitäten« Gottes. In diesen Identitäten bleibt Israel lebendig, denn die Schrift erzählt von den Beziehungen Gottes, und im Mittelpunkt dieser Erzählungen steht Seine ewige Treue zu Israel.
Der dreieinige Gott wird daher in erster Linie als der bezeichnet, »der Jesus dem Tod entriss, nachdem er zuvor Israel der ägyptischen Gefangenschaft entrissen hatte [...] Man denkt gemeinhin, dass die kirchliche Dreifaltigkeitslehre vom Gottesbild Israels abweiche. Genau das Gegenteil ist der Fall [...] Die Dreifaltigkeitslehre ist lediglich eine Auslegung des jüdischen Glaubens im Hinblick darauf, dass Gott einen seiner Diener vor der allgemeinen Auferstehung vom Tode erweckt hat.«[5] Jenson sieht also nur dann in der Dreifaltigkeitslehre ein Hindernis für postliberale Juden und Christen, wenn man Gott und die drei Personen Gottes mit dem lediglich für die griechische Philosophie (und damit rein für ein menschliches System) gültigen Begriff des Seins als zeitloser Substanz identifiziert. Eine solche Identifikation aber ist nicht notwendig.
Dem methodistischen Theologen Kendall Soulen zufolge sollte der von Jenson nicht aus der Philosophie, sondern aus der Schrift zurück-

---

[4]   Robert W. Jenson, *Systematic Theology*, Bd. I: The Triune God, New York und Oxford 1997, 207ff.
[5]   Ebd., 63.

gewonnene Name Gottes die Christen auch dazu befähigen, jenen Namen neu zu entdecken, den Gott sich in seiner Beziehung zu Israel selbst gegeben hat: das Tetragrammaton JHWH aus Exodus 3. Weil JHWH der Name Gottes des Vaters ist, zu dem Jesus betet »Geheiligt werde dein Name«, muss JHWH auch der Name sein, mit dem Jesus sich selbst (Mt 28,18) und den Geist (Röm 1,14; Apg 5,9) bezeichnet. Wenn dem so ist, so Soulens Schlussfolgerung, dann ist JHWH der Name des einen, den die Christen »den Vater, den Sohn und den Heiligen Geist nennen«.[6] *Soulen warnt demnach ebenso wie Jenson vor der modernen Versuchung, sich zugunsten einer wesensbestimmenden ontologischen Lesart des nizänischen Glaubensbekenntnisses von der Schrift zu entfernen.* Er schreibt beispielsweise, dass die Formel »Der Vater und der Sohn und der Heilige Geist« als ein Taufname »für den liturgischen Gebrauch bestimmt« ist und auf »der eigenen Selbstbezeichnung Jesu und seiner Anrede Gottes« basiert.[7]

Ist es »gut für die Juden«, wenn christliche Theologen Nicaea in einer Weise interpretieren, die den Alten Bund anerkennt und Aspekte der jüdischen Theologie wieder entdeckt? Der lutherische Theologe George Lindbeck beantwortet diese Frage mit ja und begründet dies wie folgt: Die prämoderne Kirche identifiziert sich mit Israel und versucht damit einerseits, Israel zu ehren, andererseits jedoch als Gottes auserwähltes Volk seine Nachfolge anzutreten. Um sich von dieser Nachfolge-Theologie zu lösen und die Eigenständigkeit des Volkes Israel zu wahren, wandten sich die modernen Christen daraufhin gegen eine Identifikation der Kirche mit Israel. Im Zuge dieser Entwicklung geriet jedoch der Bund mit Israel zunehmend in Vergessenheit, während der durch Jesus geschlossene Bund immer stärker in den Mittelpunkt rückte. Lindbeck kommt daher zu dem Schluss, dass die gegenwärtige Epoche den Christen das theologische Handwerkszeug zur Verfügung stellt, das sie benötigen, um sich die jüdische Bundestheologie »anzueignen, sie aber nicht zu enteignen«.[8] Dass dies gelingen kann, haben Jenson, Soulen und Lindbeck bewiesen, als sie die jüdische Theologie in ihre eigene trinitarische Theologie mit einbezogen.

---

[6] R. Kendall Soulen, *Hallowed by Thy Name! The Tetragrammaton and the Name of the Trinity* (MS; Augsberg/WI, Sommer 2001) und ders., *The God of Israel and Christian Theology*, Minneapolis 1996.

[7] Ebd., 16.

[8] George Lindbeck, *Confession and Community: An Israel-like View of the Church*, in: G. Lindbeck, The Church in a Postliberal Age, hg. von James J. Buckley, Grand Rapids/MI 2003, 8. Vgl. auch G. Lindbeck, *What of the Future? A Christian Response,* in: Tikva Frymer-Kensky u.a., Christianity in Jewish Terms, Boulder / CO 2000, 357–366.

III   Ein Platz für Beziehung und Anderssein – die jüdischen Vorstel-
      lungen vom göttlichen Wesen

Obwohl die Dreifaltigkeitslehre natürlich außerhalb des jüdischen
Glaubens liegt, haben die postliberalen jüdischen Theologen eines aus
der Shoah gelernt: dass das, was Christen glauben, Konsequenzen hat
für das Leben, das Juden führen. Sie haben zum Beispiel gelernt, dass
für die Juden *weder* die assimilationistische *noch* die exklusivistische
Lesart des nizänischen Glaubensbekenntnisses gut ist. Die exklusivistische Lesart besagt, dass der dreieinige Gott seinem Wesen nach
»zeitloses Sein« ist, wobei die Vorstellungen, die die Kirche mit diesem Begriff verbindet, so eindeutig und unabänderlich sind, dass diese
Lehre dem jüdischen Monotheismus ausdrücklich widerspricht. Die
Geschichte hat gezeigt, dass diese Lesart die Christen dazu bringen
kann, dem Volk Israel nicht nur seinen Glauben, sondern sogar seine
Existenzberechtigung abzusprechen. Die assimilationistische Lesart
besagt, dass Christen den Glauben an den dreifaltigen Gott zugunsten
des jüdischen Monotheismus aufgeben sollen. Die postliberalen Juden
haben gelernt, dass diese Alternative für die Juden *ebenfalls* schlecht
ist. Sie ist schlecht, weil sie die Heilige Schrift als Grundlegung des
christlichen Glaubens in Frage stellt und damit allem, was das Neue
und das Alte Testament (oder die jüdische Bibel) in der Welt von Gott
bezeugen, seine Glaubwürdigkeit nimmt. Daher ist die postliberale
christliche Lesart des Nicaeno-Constantinopolitanums für die Juden in
doppeltem Sinne gut, weil es die Christen in ihrem Glauben an den
Gott Israels bestärkt und gleichzeitig die Gültigkeit des zwischen Gott
und Israel geschlossenen Bundes anerkennt.
Von diesen Vorteilen einmal abgesehen ist die postliberale christliche
Lesart des Nicaeno-Constantinopolitanums ganz unerwartet zum Gegenstand einer fruchtbaren theologischen Diskussion zwischen Juden
und Christen geworden. Der Wissenschaftler und Kabbalistik-Experte
Elliot Wolfson vertritt den Standpunkt, dass eine Dreifaltigkeitslehre,
die Gott nicht als wesenhaftes Sein, sondern eher als Beziehung beschreibt, eine gewisse Analogie zu der kabbalistischen Vorstellung von
den verschiedenen Identitäten Gottes aufweist.[9] So sprechen etwa die

---

[9]   Vgl. z.B. Elliot Wolfson, *Abraham Abulafia – Kabbalist and Prophet*, Los An-
geles 2000, 131, Anm. 101: »Abulafia selbst vertritt die Idee, dass der einzige
Name Gottes eine dreifaltige Einheit bezeichnet, das heißt, dass die Einheit Gottes
in den drei Aspekten der Weisheit (*hokmah*), des Verstehens (*binah*) und des
Wissens (*da'at*) ausgedrückt wird.« Er zitiert Abulafia: »Es bleiben drei *Sefiroth*,
und sie belehren uns über das Wesen Gottes (*yeshut shel shem*), das ein dreifalti-
ges Wesen ist (*yeshut meshulash*).« Dann fügt er hinzu: »In diesem Zusammenhang ist darauf hinzuweisen, dass Abner von Burgos die drei Aspekte *hokmah*,
binah und *da'at* zur christlichen Dreifaltigkeit in Beziehung setzt (vgl. I. Baer, *The
Kabbalistic Doctrine in the Christological Teaching of Abner of Burgos*, in: Tarbiz
27, 1958, 280–284, in hebräischer Sprache). Doch ebenso muss man bedenken,

Kabbalisten häufig von den zehn *Sefiroth* oder Hypostasen des göttlichen Namens als von drei Dreiergruppen. Schüler des jüdischen Philosophen Franz Rosenzweig schreiben, um ein weiteres Beispiel zu nennen, über die »triadischen« Beziehungen, durch die Gott mit seinen Geschöpfen und vor allem mit der Menschheit kommuniziert; Vorbild hierfür ist die triadische Beziehung zwischen Gott, Gottes Wort (der Tora) und Gottes Ansprechpartner (Israel).[10] Und jüdische Schüler des Philosophen Emmanuel Levinas, um ein letztes Beispiel zu nennen, vertreten die Auffassung, dass wir Menschen uns selbst nur als »Geisel« im Angesicht des Anderen erkennen können: des anderen Menschen, aber auch des Anderen im Sinne der kenotischen göttlichen Gegenwart. Postliberale christliche Schüler von Levinas wie etwa David Ford deuten dieses Angesicht des Anderen als das Angesicht Christi, doch sie tun dies in einer Weise, die die jüdischen Levinasianer zu einem freundschaftlichen Dialog einlädt.[11]

Angesichts all dieser Strömungen im neueren jüdischen Denken bin ich der Überzeugung, dass beispielsweise die von Augustinus eingeführte und von dem Semiotiker Charles Peirce vervollständigte Logik der triadischen Zeichenrelationen heute sowohl für die christliche Philosophie von der Dreifaltigkeit als auch für die jüdische Philosophie von Gottes gsprochenem Wort wichtige Anregungen bietet.[12] Für Ro-

dass Abulafia mit seiner Darstellung eine Alternative zur Dreifaltigkeitslehre bieten und »die christliche Lehre in eine antichristliche Polemik« umwandeln will, vgl. Gershom Sholem, *The Kabbalah of Sefer ha Temunah and Abraham Abulafia*, hg. von Ben Shlomo, Jerusalem 1965 (in hebräischer Sprache), 129 und 184–186.

[10] Man denke etwa an die triadische Struktur von Rosenzweigs *Der Stern der Erlösung*. Philo, der sein biblisches Judentum in die Begrifflichkeit der hellenistischen Philosophie kleidet, sagt, dass Gott, um uns sein Wort zu schenken (mit dem griechischen *logos* ist sowohl das Wort als auch der Gedanke gemeint), das Wort zeugen muss. In Philos Verständnis des Judentums heißt »zeugen« soviel wie Sprache hervorbringen, denken und logisch folgern. In der Sprache der Rabbiner ist ein logischer Grundsatz ein *binyan av* (oder *em*), »eine Vater- (oder Mutter-) Konstruktion«, sodass man die Anwendung eines solchen Grundsatzes oder die Folgen, die sich aus ihm ergeben, als seine »Kinder« oder seine »Nachkommenschaft« bezeichnen könnte. Damit befinden wir uns zwar nicht an der Quelle der trinitarischen Sprache überhaupt, aber diese Kombination aus Philos Theologie und rabbinischer Logik ist vielleicht eine Brücke für die jüdischen Denker, wenn es darum geht, in christlichen Begriffen über trinitarische Vorstellungen nachzudenken und zu diskutieren.

[11] Vgl. David F. Ford, *Self and Salvation*, Cambridge 1999. Ford ist von Ingolf Dalferths »grammatischem« Ansatz beeinflusst, demzufolge alle Theologie »im Angesicht Gottes, Christi« (170) ausgesprochen werden sollte und Nicaea eher eine Grammatik oder Regel des Lesens, Interpretierens und Praktizierens darstellt als eine substantialistische philosophische Ontologie. Für Ford macht die Grammatik dieser Theologie es für Christen möglich, sowohl Christus als auch das Volk Israel anzunehmen, ohne sich selbst zu widersprechen.

[12] Vgl. Peter Ochs, *Peirce, Pragmatism, and the Logic of Scripture*, Cambridge 1998.

senzweig liegen dem jüdischen Denken nicht die Gedankenkonstruktionen der griechisch-europäischen Philosophie zugrunde, sondern das Sprachdenken, das wir im Gespräch miteinander praktizieren und letztlich nur von Gott lernen können, dessen Sprache (*dibbur*) alle Dinge dieser Welt (*d'varim*) erschafft und uns die Gesetze (oder Worte, *dibburim*) unseres Lebens offenbart. Für Peirce zeigt sich Gottes Liebe in den Sprachzeichen, durch die Gott die Welt ins Leben ruft und uns Seinen Erlöser sendet. Von Gottes Liebe gelenkt zu werden bedeutet, von der Logik seines erlösenden Wortes gelenkt zu werden. Peirce nennt diese Logik »semiotisch« und sagt, dass sie die Art und Weise kennzeichnet, in der das Wort Gottes als triadische Beziehung unter uns lebt: uns erschafft, uns von Leid erlöst und uns frei macht für die Gemeinschaft miteinander und für die Teilhabe am göttlichen Leben. Diese Parallelen zwischen der triadischen Philosophie von Rosenzweig und von Peirce legen den Gedanken nahe, dass Juden und Christen in der Frage, wie Gottes Wort unter uns lebt und von uns aufgenommen wird, noch viel voneinander lernen können.

BERTOLD KLAPPERT

Geheiligt werde Dein NAME! – Dein Torawille werde getan!

Erwägungen zu einer gesamtbiblischen Trinitätslehre in israeltheologischer Perspektive

Jürgen Moltmann, dem Lehrer, zum 80. Geburtstag

Einleitung: Das 1. Gebot als theologisches Axiom

Die Barmer Theologische Erklärung Art. I »Jesus Christus ... das eine Wort Gottes« wird oft nicht christologisch-*theozentrisch* verstanden, sondern *christomonistisch* missverstanden. Sie wird darüber hinaus, weil ihr nur neutestamentliche und leider keine alttestamentlichen Stellen vorangestellt sind, oftmals ohne das Alte Testament und damit abstrakt verstanden.

Karl Barth hat in seinem Kopenhagener Vortrag vom März 1933, seiner ersten öffentlichen theologischen Stellungnahme nach der NS-Machtübernahme in Deutschland, »das erste Gebot als theologisches Axiom« thematisiert und die Christologie grundlegend als Auslegung des 1. Gebotes verstanden: »Wir könnten es [gemeint ist das erste Gebot von Ex 20,2] gewiß auch an andern Stellen hören. Wir könnten auch das Wort Joh 1,14: ›Das Wort ward Fleisch ...‹, wir könnten auch das Wort II. Kor 5,19: ›Gott war in Christus ...‹ als das theologische Axiom angeben, weil alle diese Worte uns grundsätzlich nichts anderes zu hören geben als das 1. Gebot und weil im ersten Gebot nichts anderes gesagt ist, als was alle jene Worte an ihrem Ort und in ihrer Weise auch sagen«.[1]

Barths Hinweis soll uns im Folgenden Leitlinie und Kriterium sein, speziell die Christologie des Neuen Testaments als Auslegung des 1. Gebotes zu verstehen, wenn und insofern Jesus Christus als das *eine* Wort Gottes das Wort des *einen Gottes*, des Gottes Israels, ist.

I Die Unaussprechlichkeit des NAMENs des Gottes Israels

Dietrich Bonhoeffer schreibt am 5.12.1943 an *Eberhard Bethge* aus der Tegeler Zelle zur Heiligung des NAMENs des Gottes Israels, des Vaters Jesu Christi: »Ich spüre übrigens immer mehr, wie alttestamentlich ich denke und empfinde; so habe ich in den vergangenen Monaten

---

[1] *K. Barth*, Das erste Gebot als theologisches Axiom, in: Theologische Fragen und Antworten, GV III, Zürich 1957, 127–143, 129.

auch vielmehr das A.T. als das N.T. gelesen. Nur wenn man die Un-
aussprechlichkeit des Namens Gottes kennt, darf man auch einmal den
Namen Jesus Christus aussprechen«.[2]

Bonhoeffer ergänzt in seiner Dekalogauslegung vom Juni/Juli 1944:
»Es ist Mißbrauch, über Gott zu sprechen, ohne sich seiner lebendigen
Gegenwart in seinem Namen [!] bewusst zu sein ... Der Gefahr solchen
Mißbrauches des Namens Gottes begegneten die Israeliten durch das
Verbot, diesen Namen überhaupt auszusprechen. Wir können von der
Ehrfurcht, die sich in dieser Regel bekundet, nur lernen«.[3] Und Bonhoeffer präzisiert im Blick auf das Vater-Unser weiter: »Es ist gewiß
besser, den Namen Gottes nicht auszusprechen, als ihn zu einem
menschlichen Wort herabzuwürdigen ... Das kann nur geschehen,
wenn wir täglich beten, wie uns Jesus Christus gelehrt hat: ›Dein Name werde geheiligt!‹«.[4]

Bonhoeffer tritt damit einer *antijüdischen Tradition* entgegen, die bis
heute behauptet, das Verschweigen des NAMENs Gottes im synagogalen Judentum sei Ausdruck des fernen Gottes im Unterschied zu dem
nahen Gott des Christentums, den man vertraulich mit seinem NAMEN,
ja sogar mit Abba, anreden dürfe!

I.1 JHWH vergibt dir deine Sünden (Mk 2,10)

a) Das Neue Testament hält sich mit dem Judentum an die Heiligung
des NAMENs Gottes durch sein Nichtaussprechen. Auch die Umschreibung des NAMENs Gottes durch das sog. *passivum divinum*
»Dir sind deine Sünden vergeben« gehört hier hin. *Joachim Jeremias*
hat dies zu Recht als ein wichtiges Kriterium der ipsissima vox Jesu
herausgestellt:[5] Das passivum divinum in der Logien- und Erzähltradi-
tion des Neuen Testaments muss als Konkretisierung der Heiligung
des Namens Gottes und also als Auslegung des 1. Gebotes durch Jesus
selber verstanden werden.

b) Im Gegensatz dazu ist die Überlieferung von der *Heilung des Ge-
lähmten* (Mk 2,1–12) immer wieder als Beweis dafür angeführt worden, dass Jesus sich im Zuspruch der Sündenvergebung an den Ge-
lähmten göttliches Recht und göttliche Vollmacht angemaßt bzw. beansprucht hat. Die in sadduzäischer Tradition argumentierenden Schriftgelehrten verweisen auf das Shema (Dt 6,4): »Er lästert (Gott), denn
wer kann Sünden vergeben außer e i n e m , G o t t ?« (Mk 2,7). Christliche Exegese hat im Umkehrschluss aus dem Vorwurf der Gegner,

---

2   *D. Bonhoeffer*, Widerstand und Ergebung, hg. von *E. Bethge*, WEN, München
1970, 175.

3   *D. Bonhoeffer*, Die erste Tafel der zehn Worte (1944), in: *E. Bethge* (Hg.), Ges.
Schriften Bd. IV, München 1961, 608.

4   Ebd.

5   *J. Jeremias*, Neutestamentliche Theologie Bd. I, Göttingen 1971, § 3.

Jesus lästere Gott, indem er sich Gott gleichmache (Mk 2,7) – wie übrigens auch aus Joh 5,18; 10,33; 19,7 – gefolgert, Jesus habe in der Tat diese göttliche Vollmacht, Sünden zu vergeben w i e Gott und a l s Gott zu Recht praktiziert, weil er selber Gott sei.[6] Demgegenüber hat *Otto Betz* in einer erhellenden Exegese zum »Lieblingspsalm Jesu« nicht nur die Einheitlichkeit der Überlieferung von Mk 2,1–12 anhand von Ps 103,3 »der dir alle deine Sünden vergibt und heilet alle deine Gebrechen« herausgearbeitet, sondern auch den *Mittlercharakter* Jesu als des Messias-Menschensohnes herausgestellt: »Der Menschensohn [Jesus handelt] als Mittler des göttlichen Erbarmens«.[7]

Auf die Anklage der sadduzäischen Schriftgelehrten, die die Sühne und Vergebung durch den *einen* Gott auf den *einen* Tempel konzentrieren möchten und ausschließlich durch den Mund der Priester angezeigt verstehen, antwortet Jesus mit der Vergebung und Heilung durch JHWH. Jeremias verweist auf Mk 2,5 und Lk 7,47f als »Belege dafür, daß Jesus die Vergebung Gottes zusprach. Man beachte, daß das Passiv ... das Handeln Gottes umschreibt: *Gott* ist also der Vergebende!«[8]

c) Jesus, dessen übermenschliches Wissen (Mk 2,5.8) – wie Betz gezeigt hat[9] – ein indirekter Hinweis auf den messianisch interpretierten Text von Jes 11,3: »Er wird nicht richten nach dem, was seine Augen sehen« ist, begründet den Zuspruch der Sündenvergebung im NAMEN des Gottes Israels mit seinem vollmächtigen Handeln als messianischer Menschensohn: »Der Menschensohn hat die Rechtsmacht, Sünden zu vergeben – d.h. die Sündenvergebung JHWHs zu vermitteln – schon hier auf Erden« (Mk 2,10). In diesem Vollmachtshandeln des Menschensohnes vollzieht Jesus das vergebende und heilende Handeln des Gottes Israels, von dem Ps 103,3 erzählt und dichtet.

Auch nach *Wolfgang Schrage* ist »bei Jesus der theozentrische Grundzug nicht zu übersehen ..., ist die von Jesus herbeigeführte Gottesherrschaft mit der Anerkenntnis der Einzigkeit Gottes eng verknüpft und viele seiner Worte und Taten lassen sich geradezu als Explikation des 1. Gebotes verstehen (Mt 6,24 par Lk 16,13 [›ihr könnt nicht dem einzigen Gott dienen und dem Mammon‹]) ... Ein illustratives Beispiel für die Verbindung von einmaliger exousia Jesu und der Gott allein zustehenden Prärogative ist die Praxis seiner in Mk 2,5 bezeugten Sündenvergebung. Einerseits wagt Jesus es, sie unkonditional zuzusprechen,

---

6   *O. Hofius*, Vergebungszuspruch und Vollmachtsfrage, in: »Wenn nicht jetzt, wann dann?«, FS H.-J. Kraus zum 60. Geburtstag, Neukirchen-Vluyn 1983, 115–127.

7   *O. Betz*, Jesu Lieblingspsalm, in: *ders.*, Jesus. Der Messias Israels, WUNT Bd. 42, Tübingen 1987, 185–201, 197.

8   *J. Jeremias* (Anm. 10), 116. *J.M. Schmidt*, dem ich für eine kritische Durchsicht Beiträge zu danken habe, verweist mich für Mk 2,5 auf Lev 4,20–26.31.35.

9   *O. Betz*, Wie verstehen wir das Neue Testament?, Wuppertal 1981, 19, 43, 95.

andererseits zeigt das *passivum divinum* aphientai, dass letztlich allein Gott selbst vergeben kann«.[10]
Ich füge den weiterführenden Beobachtungen von Betz und Schrage hinzu: Die Überlieferung von Mk 2,1–12 endet nicht zufällig – dem Lobpsalm »Lobe [den] HERRN meine Seele« (Ps 103,1.22) entsprechend – mit dem Hinweis, dass »alle [dem] Gott [Israels] die Ehre, den Lobpreis gaben« (Mk 2,12). Der messianische Menschensohn dient mit seinem die Vergebung und Heilung JHWHs vermittelnden Handeln der Ehre und dem Lobpreis des NAMENs Gottes, dient also als Mittler dem 1. Gebot: der Heiligung des NAMENs des Gottes Israels.

I.2 Die Gottespräsenz im Kommen des Messias Jesus (Mt 11,5)

Die Überlieferung von Mt 28,16–20 erzählt von dem österlichen Kommen des Menschensohnes. Das *proskynein* in Mt 28,17 taucht im Mt-Ev insgesamt achtmal auf, nicht zufällig zu Beginn und am Ende des Evangeliums. Luther hat bei der Übersetzung geschwankt: Er übersetzt *proskynein* – der altkirchlichen Tradition von Maria als der »Gottesgebärerin«, der *theotokos*,[11] folgend – in Mt 2,2.8.11 mit »anbeten«. Demgegenüber gibt Luther dasselbe griechische Verb in Mt 28,17 mit »huldigen« bzw. »vor ihm niederfallen« wieder. Und so tun es die revidierten Übersetzungen der Lutherbibel bis heute! Auch unser Liedgut[12] folgt der dogmatischen Auslegungstradition der Vulgata, die sowohl Mt 2,2.8.11 als auch Mt 28,17 mit *adorare*, d.h. anbeten, übersetzt.[13]
Dass der Gott Israels in seinem Messias Jesus selber kommt, bezeugt die Überlieferung von der *Täuferfrage* (Mt 11,2–6): Der gefangene Johannes der Täufer sieht »die Werke des Messias« und richtet angesichts der Unerlöstheit Israels und der Welt die messianische Frage »Bist du der Kommende?« an Jesus, der seinerseits mit dem Hinweis auf den erst fragmentarischen Anbruch der umfassenden Verheißung von Jes 35,5f antwortet: »[einige] Blinde sehen, [einige] Lahme gehen ...« (Mt 11,5).
Julius Schniewind hat in seiner Exegese der Stelle zu Recht auf Jes 35,5f als »eine schon im Judentum messianisch verstandene Stelle«,

---

10 W. *Schrage*, Unterwegs zur Einheit und Einzigkeit Gottes, BThSt 48, Neukirchen-Vluyn 2002, 127f.
11 A.M. *Ritter*, Handbuch der Dogmen- und Theologiegeschichte Bd. I, hg. von C. *Andresen*, Göttingen 1982, ²1999, 247f.
12 EG 45,2: »O lasset uns anbeten ... den König!«; EG 52,1: »Und wir beteten es an«.
13 Die Zürcher Bibel übersetzt in Mt 2 mit »huldigen« und in Mt 28,17 gleichsinnig mit »sich vor ihm niederwerfen«, versteht also *proskynein* nicht im Sinne der Anbetung. Die Elberfelder Bibel übersetzt in Mt 2 mit »ihm zu huldigen«, bietet aber alternativ »ihn anzubeten« an, während sie davon abweichend für *proskynein* in Mt 28,17 alternativlos übersetzt: »sie warfen sich (vor ihm) nieder«.

die in Mt 11,5 anklingt, hingewiesen. Und er hat Mt 11,5 im Blick auf Jes 35,4 deshalb so interpretiert:»G o t t selbst kommt und hilft/rettet euch«.[14] Schniewind wollte damit betont zum Ausdruck bringen: *In dem Kommenden, in dem Messias Jesus, der kommt, kommt der Gott Israels und rettet. In dem Messias Jesus vollzieht sich das rettende Kommen des Gottes Israels selbst.*
In seiner letzten Fassung der Eschatologie »Das Kommen Gottes« sagt *Jürgen Moltmann* deshalb zu Recht zur Verheißung vom Kommen Gottes nach Jes 35:»Der *Gott der Hoffnung* ist selbst der *kommende Gott* (Jes 35,4; 40,5). ... Es ist folgerichtig, daß nicht nur Gott selbst als ›der Kommende‹ erfahren wurde, sondern auch die Hoffnungsträger, die sein Kommen vermitteln und die Menschen auf seine Parusie vorbereiten, diesen Titel bekommen: der Messias, der Menschensohn«.[15] Das unterstreicht *die theozentrische Fundierung aller messianisch-christologischen Hoffnung*:»Der kommende Gott ist älter als die verschiedenen Messias- und Menschensohnerwartungen. Diese leben von der Hoffnung auf ihn«.[16]

I.3 Huldigung, nicht Anbetung des Menschensohnes (Mt 28,16–20)

Wir kommen auf die Überlieferung von Mt 28,16–20, *der österlichen Ankunft des kommenden Menschensohnes* Jesus vor seinen Jüngern zurück. *Ferdinand Hahn* folgt in seiner materialreichen Meditation der altkirchlichen Übersetzungstradition von *proskynein* und spricht von der »Anbetung« Jesu durch die Jünger.[17] Demgegenüber möchte ich im Anschluss an andere Übersetzungstraditionen mit *Georg Eichholz* im Blick auf die in Mt 28,16–20 erzählte »Proklamation des Menschensohnes in der Völkerwelt« zwar von *Huldigung und Proskynese*, aber *nicht von der Anbetung* der Jünger im Gegenüber zu Jesus, dem messianischen Menschensohn, reden.[18]
Analoges spiegelt sich auch in dem lukanischen *Abschiedsbericht* (Lk 24,50ff): Jesus, der verheißene Messias seines Volkes Israel und der Völker, segnet die Jünger – priesterlich seine Hände erhebend – mit dem aaronitischen Segen (Num 6,22–27), indem er den NAMEN des

---

14 *J. Schniewind*, Das Evangelium nach Matthäus, NTD Bd. 2, Göttingen 1936, [9]1960, 139; vgl. auch Schniewinds entsprechende Formel in seiner Antwort an *Rudolf Bultmann*: Jesus ist als der Christus Israels »der, in dem [der] Gott [Israels] in einmaliger Gegenwärtigkeit handelt«; zit. bei Schrage (Anm. 116), 138f.
15 *J. Moltmann*, Das Kommen Gottes, Gütersloh 1995, 41.
16 Ebd.
17 *F. Hahn*, Mt 28,16–20, in: hören und fragen, hg. von *A. Falkenroth*, Bd. 3/2, Neukirchen-Vluyn 1975, 15–28, 22. Auch *U. Luz*, Das Evangelium nach Matthäus (Mt 26–28), EKK I/4, Neukirchen-Vluyn 2002, übersetzt *proskynein* mit huldigen, interpretiert aber dann: »Bei Jesus schließt diese Haltung Anbetung ein«, 438.
18 *G. Eichholz*, Meditation zu Mt 28,16–20, in: *ders.* (Hg.), Herr tue meine Lippen auf, Bd. III, Wuppertal 1964, 282–284.

Gottes Israels segnend auf die Jünger legt (Lk 24,50). Von diesen wird nicht behauptet, dass sie daraufhin »ihn anbeten« (Luther-Überset-zung), sondern: Diese huldigen ihm (Lk 24,52), kehren daraufhin nach Jerusalem zurück und »waren allezeit im Tempel, indem sie Gott priesen«, d.h. ihn anbeteten (Lk 24,53).

Im messianischen Menschensohn ereignet sich also das Kommen des Gottes Israels. Deshalb *huldigt* man dem Messias-Menschensohn, *aber man betet nicht ihn, sondern den Gott Israels an.* Der verheißene messianische Menschensohn Jesus ist das Kommen des Gottes Israels zu seinem Volk und mit Israel zu den Völkern.[19]

I.4 Der NAME Gottes und der Name Jesu Christi

Wie wir bereits zu Mt 28,18 gesehen haben, ist *der Name des Messias Jesus* untrennbar mit dem *NAMEN des Gottes Israels* verbunden. Dennoch dürfen beide nicht einfach identifiziert werden, sondern müssen wechselseitig »unvermischt und ungetrennt« aufeinander bezogen werden. Freilich mit dem asymmetrischen Akzent, dass der Name Jesu und sein Kommen dem NAMEN des Gottes Israels und Seinem Kommen dient und nicht umgekehrt.[20]

Da das Kommen des *einen* Gottes in seinem *einen* Messias geschieht, bedeutet dies für die Perspektive Israels und der Urgemeinde eine unauflösliche Einheit, wenn auch nicht Identität, zwischen dem Gott Israels und seinem Messias. Von daher sind die Gott-Prädikationen für den Messias bzw. das Haus Davids im Alten Testament verständlich.[21]

Von daher sind auch die neutestamentlichen Aussagen zu verstehen.[22] Wichtig ist dabei, dass im Neuen Testament die folgende von *Hans Conzelmann* formulierte Grenze überall eingehalten wird: Es wird »nur Gott, nie der kyrios Jesus angebetet«.[23]

---

[19]   Mt 28,18 handelt von einer Selbstaussage des auferweckten und erhöhten Christus: »Mir ist alle Gewalt gegeben im Himmel und auf Erden«. Das ist zunächst – wie auch *H.-J. Kraus* gezeigt hat – eine Anspielung auf Dan 7: »JHWH gibt dem ›Menschensohn‹ Macht, er überträgt auf ihn königliche und richterliche Vollmacht« (*Kraus*, Christologie, in: *E. Brocke / J. Seim* [Hg.], Gottes Augapfel, Neukirchen-Vluyn 1986, 1–23, 18).

[20]   Vgl. *A. Ruck-Schröder*, Der Name Gottes und der Name Jesu, WMANT 80, Neukirchen-Vluyn 1999.

[21]   Vgl. Jes 9,7: der erwartete König ist *El gibbor* = »Gottheld«; Jes 7,14: der erwartete Herrscher heißt »El mit uns«; Sach 12,8: das Haus Davids ist »wie Elohim«; Ps 45,7 redet den König an: »Dein Thron, o Gott«.

[22]   Ob man freilich mit *H. Conzelmann* so weit gehen soll, dass bei Paulus der Kyrios-Titel »gerade dazu (dient), Jesus und seine Stellung von Gott zu unterscheiden (1Kor 8,6)« (zit. nach *Schrage* [Anm. 16], 169), mag dahingestellt sein. Er dient jedenfalls entscheidend dazu, den messianischen Marana-Kyrios als Vermittler und Repräsentanten der kommenden Herrschaft des ADONAI-KYRIOS zu verstehen.

[23]   *H. Conzelmann*, Christus im Gottesdienst der neutestamentlichen. Zeit, in: *ders.*, Theologie als Schriftauslegung, BevTh 65, München 1974, 120–130, 126;

Wo diese Grenze in der Anbetung Jesu überschritten wird, liegt ein eindeutig dogmatisches Denken vor, das sich weder auf das Alte Testament noch auf das Neue Testament berufen kann.[24]

II   Die Trinitätslehre als Auslegung des NAMENs des Gottes Israels

Beginnen wir mit der grundsätzlichen Stellungnahme von Schalom Ben Chorin zum jüdischen Monotheismus und zur christlichen Trinitätslehre aus dem Jahre 1961:[25]
»Israel bekannte und bekennt – und solange ein Jude noch Atem in sich hat, wird er bekennen: ›Höre Israel, der Herr, unser Gott ist Einer‹. Wie sollte da der Sohn mit dem Vater in diese Einheit gesetzt und gar noch durch eine dritte Person, den Heiligen Geist, komplettiert werden? Das ist ... eine Vorstellung, die das hebräische Glaubensdenken nicht vollziehen kann und nicht vollziehen will, denn die wahre Einzighaftigkeit und Einheit Gottes, das Unantastbare ›ächad‹ würde dadurch in einem für uns unvorstellbaren Sakrileg verletzt. Es besteht aber auch, theologisch gesehen, für uns keinerlei innere Notwendigkeit, einer trinitarischen Ausweitung des Einheitsbegriffes entgegenzukommen, da diese nur eine Verminderung des reinen Monotheismus bedeuten würde«.

II.1 Die Heiligung des NAMENs Gottes als Kriterium der Trinitätslehre

Was bedeutet im Zusammenhang dieser jüdischen Stellungnahme der trinitarisch-doxologische Schluss (»Ehre sei dem Vater und dem Sohn und dem Heiligen Geist ...«), wie wir ihn aus unserer Liturgie kennen und z.T. am Ende der Psalmen beten? Bedeutet er eine Verchristlichung der Psalmen? Meint also diese trinitarische Unterschrift, dass wir die Psalmen erst taufen müssen, um sie überhaupt beten zu können, wie O. Hofius meint? Darüber ist in vielen Gemeinden und Synoden ein heftiger Streit entstanden. E.L. Ehrlich hat öfters die Frage ge-

---

zit. auch von *Schrage* (Anm. 16), 144. *Conzelmann* hat sich auch zu Recht gegen die gängige Identifizierung des Messiastitels Kyrios mit KYRIOS als der Übersetzung des NAMENs des Gottes Israels gewandt, in: *ders.*, Grundriß der Theologie des Neuen Testaments, München 1967, 102f.
24   Zur altkirchlichen Gebetstradition »an den Vater durch den Sohn im Heiligen Geist« vgl. die lehrreiche Arbeit von *H. Scholl*, Der Dienst des Gebetes nach Johannes Calvin, Zürich 1968, mit einem Anhang von Calvin-Gebeten, 271–380. Vgl. weiter *K. Barth*, Gebete, München 1967, 23–25, die sich ausschließlich an Gott und nicht an Jesus Christus richten: »Lieber Vater durch Jesus Christus, unseren Herrn ... Dein Name sei gelobt.«
25   *Sch. Ben Chorin*, Jüdische Fragen an Jesus Christus, Sonntagsblatt vom 15.1.1961, 21.

stellt, von woher die Heidenchristen eigentlich das Recht haben, die Psalmen *auch* zu beten, die ursprünglich die Gebete des Volkes Israel waren und des Judentums bis heute sind?

Nun hat sich seit dem Rheinischen Synodalbeschluss von 1980 und den Folgebeschlüssen in vielen Landeskirchen die Situation grundlegend verändert. Was bedeutet es, wenn wir die bleibende Erwählung des jüdischen Volkes als Volk Gottes bekennen und erkennen, dass wir als Kirche durch Jesus Christus an dem ungekündigten Bund Gottes mit Israel teilhaben und teilnehmen dürfen (RSB 4,4)? Was bedeutet es, dass wir am Schluss unserer Gottesdienste den aaronitischen Segen – in der Nachfolge des seine Jünger segnenden Messias Jesus (Lk 24,50) – mit der Synagoge mitsprechen und darin zum Ausdruck bringen, »daß wir als von demselben Gott durch den aaronitischen Segen Ausgezeichnete im Alltag der Welt leben« (RSB 4,8)? Damit stellt sich auch die christliche Gemeinde unter den Segen des Gottes Israels: Der NAME segne dich ... (Num 6,22–27). Welche Beziehung hat die Trinitätslehre der Kirche zu dem NAMEN des Gottes Israels? Und was bedeutet es, dass der aaronitische Segen häufig am Trinitatisfest gepredigt wird?

Was bedeutet es weiter, dass Jesus im »Vater Unser« uns den NAMEN des Gottes Israels heiligen lehrt: »Dein NAME werde geheiligt ...!«?

Was bedeutet es, wenn wir mit Matthias Jorissens Wiedergabe von Ps 66 singen: »Jauchzt alle Lande Gott zu Ehren, rühmt seines NAMENs Herrlichkeit« (EG 279,1)? Anders gefragt: Könnten die trinitarische Doxologie und die Trinitätslehre, weit entfernt davon, eine Verchristlichung der Psalmen und des aaronitischen Segens darzustellen, vielmehr eine *Rechenschaftsablage* darüber sein, warum auch wir als Glieder des ökumenischen Gottesvolkes aus allen Völkern die Psalmen *mit*-beten, warum auch wir als ChristenInnen aus den Völkern unter den aaronitischen Segen und also unter den Segen des NAMENs des Gottes Israels gestellt sind?

Würde die Trinitätslehre diese *Rechenschaftsablage* über die Teilnahme der ChristInnen aus den Völkern an dem Beten Israels und an dem aaronitischen Segen Israels zum Ausdruck bringen, wäre sie sogar unverzichtbar und theologisch wie liturgisch notwendig.

Aber wie müsste eine Trinitätslehre, die die synodalen Beschlüsse seit 1980 ernstnimmt, aussehen, wenn sie keine liturgische Vereinnahmung und Verchristlichung der Traditionen Israels, sondern die Teilhabe und Zuordnung des ökumenischen Gottesvolkes aus allen Völkern zur NAMENsoffenbarung des Gottes Israels zum Ausdruck brächte? Anders formuliert: Wie müsste die Trinitätslehre neu formuliert werden, und von welcher Fassung der trinitarischen Tradition müssten wir uns verabschieden, um zu einer *gesamtbiblischen Trinitätslehre*, die unsere Zuordnung zu Israel durch Jesus Christus bekennt, zurückzufinden?

Ich antworte: Eine solche Trinitätslehre müsste die NAMENtlichkeit des Gottes Israels nicht beseitigen, sondern ins Zentrum stellen und damit das »Vater-Unser« zum Kriterium jeglicher doxologischer Trinitätslehre machen. Eine solche Trinitätslehre müsste gegenüber jedem tritheistischen Missverständnis eine Auslegung des 1. Gebotes sein und die Vater-Anrede des Gottes Israels als Auslegung seines NAMENs verstehen und bekennen: »Vater unser ... Dein NAME werde geheiligt!«. Eine solche Trinitätslehre würde im Dialog mit dem Judentum dialogfähig und im Hinblick auf den Gottesdienst liturgisch relevant werden.

Damit stelle ich die folgende *These* an den Anfang:

Die Trinitätslehre ist – muss wieder werden – eine Auslegung des NAMENs des Gottes Israels. Von daher muss sie durch und durch alttestamentlich orientiert sein. Sie erzählt und rühmt im Kern die NAMENsoffenbarung des kommenden Gottes und sieht diese NAMENsoffenbarung des Gottes Israels in drei zentralen Ereignissen konzentriert: (1) in dem Kommen Gottes zu Israel, (2) im Kommen Gottes im Messias Jesus und (3) im Kommen des Gottes Israels in seinem Geist seit Pfingsten auch zu den Völkern. Die Trinitätslehre als Auslegung und nicht als Beseitigung des NAMENs Gottes erzählt und preist doxologisch die *Israel-, die Messias- und die Geistgegenwart JHWHs*. Über dieser Geschichte der Israel-, Messias- und Geistgegenwart Gottes preist und lobt sie den NAMEN des Gottes Israels durch den messianischen Sohn Gottes in der Macht des Geistes der Heiligkeit.

In diese Geschichte und Gegenwart bekennt sich die Kirche aus den Völkern seit Pfingsten einbezogen und hineingenommen. Denn Pfingsten bedeutet nicht nur die Ausgießung des Geistes der Heiligkeit auf alles Fleisch (Joel 3,1–5), sondern auch die durch den Messias Jesus bleibend bestätigte Zions-Orientierung des Geistes JHWHs. Das bezeugt die Petrus-Predigt zu Pfingsten nach Acta 2,17: »Und es wird geschehen ›in den letzten Tagen‹ (Jes 2,2), da will ich ›meinen Geist ausgießen auf alles Fleisch‹ (Joel 3,1–5)«. Die Ausgießung des Geistes auf alles Fleisch schließt in ihrer Zionsorientierung (Jes 2,2) immer auch die Tora-Orientierung des Geistes JHWHs ein. Denn Schawuoth-Pfingsten ist das Fest der Gabe der Tora, und der Geist von Pfingsten ist der nach Ez 36,25f und Jer 31,31–33 verheißene Geist JHWHs, in dessen Macht auch wir Heidenchristen die Tora aus dem neuen Herzen heraus tun können. Das Wunder der Hinzuerwählung und Mitteilhabe der HeidenchristenInnen an den Gnadengaben Israels ist Acta 10,45 festgehalten: »Sie konnten es nicht fassen, daß die Gabe des Heiligen Geistes auch (!) über die Heiden ausgegossen war«.

Ansätze zu einer alttestamentlichen Grundlegung der Trinitätslehre und ihrer israeltheologischen Orientierung liegen bereits vor (K. Barth,

D. Ritschl,[26] H.-J. Kraus). Sie sollen im Folgenden aufgegriffen und weitergeführt werden.

II.2 Die Trinitätslehre der Alten Kirche und die Tradition des metaphysischen Gottesbegriffs

Die Trinitätslehre der Alten Kirche ist der eindrückliche Versuch eines Dialoges mit der metaphysisch-philosophischen Tradition der Antike.[27] Er intendiert die Übersetzung der biblischen Traditionen über den Gott Israels und Seinen Logos in die Sprache der neuplatonischen Metaphysik. Als solche Übersetzung steht sie in der Tradition der Hebräischen Bibel, des Kanons der Synagoge, in welchem bereits in Abgrenzung gegenüber Baal ein langwieriger und umfassender positiver Dialog mit den Elohim-Traditionen der Umwelt Israels stattgefunden hat, freilich mit dem Ergebnis, dass Elohim zum Prädikat des NAMENs des Gottes Israels gemacht worden ist (vgl. Gen 14,18–22).[28]

Das positive Ergebnis dieses notwendigen Dialoges biblischer Traditionen mit der antiken Metaphysik kann man zunächst als *Biblisierung und Personalisierung des metaphysischen Seins-Begriffs* bezeichnen. Entgegen einer beliebten und gängigen Diskreditierung der Septuaginta-Übersetzung von Ex 3,14 mit »egoo eimi ho oon« gilt es zu sehen, dass die Personalisierung des Seinsbegriffs »ICH bin d e r Seiende« der neuplatonischen Metaphysik fremd ist und den Rahmen der antiken Metaphysik sprengt. Analoges ist von der »Biblisierung und Personalisierung des Logosbegriffs« (W. Kinzig) zu sagen.

Abschließendes theologisches Dokument dieses – zugleich aus liturgischen Quellen gespeisten – umfassenden Dialoges mit der antiken Metaphysik ist das Glaubensbekenntnis des II. Ökumenischen Konzils von Konstantinopel (381), das sog. Nizäno-Constantinopolitanum (NC).

Entgegen einer in evangelischen Kreisen beliebten pauschalen Kritik hat Chr. Dohmen[29] in dem Band »Nur die halbe Wahrheit? Für die Einheit der ganzen Bibel« zu Recht auf die gesamtbiblischen Traditionen, die das NC aus dem Jahre 381 bestimmen, aufmerksam gemacht:

---

[26] *D. Ritschl,* Zur Logik der Theologie, München 1984, 159–240: »Die lebendige Aktivität Gottes ..., der tröstende und heilende Gott, der Befreiung und neue Schöpfung schafft, ist (1) in Israel, (2) im Kommen von Jesus und (3) in der Sendung des Geistes zu finden, wovon die Trinitätslehre handelt« (180). »Es geht um die Partizipation am Vater durch den Sohn im Geist« (182).

[27] *D. Neuhaus,* Ist das trinitarische und christologische Dogma der Alten Kirche antijudaistisch?, in: FS D. Schellong zum 65. Geburtstag, Frankfurt 1993, 257–272.

[28] *W. Zimmerli,* Abraham und Melchisedek, in: FS L. Rost zum 70. Geburtstag, BZAW 105, Berlin (1967), 255–264.

[29] *Chr. Dohmen / Fr. Mußner,* Nur die halbe Wahrheit?, Freiburg 1993.

Zum 1. Artikel: »Wir glauben an den *einen* Gott« heißt es: »Die das Glaubensbekenntnis eröffnende Aussage über Gott Vater erhält ihr prägnantes Profil durch die Zentralaussage des Alten Testaments vom *einen* und *einzigen* Gott, dem monotheistischen Bekenntnis, das *die* Voraussetzung und Ermöglichung jedweden trinitarischen Redens von Gott ist«.[30]

Zum 2. Artikel verweist Dohmen auf das an 1Kor 15,3 orientierte »gemäß der Schrift« im NC und sieht darin nicht den Rückverweis auf nur *eine* Schriftstelle, sondern »die deutlichste Fundierung des christlichen Bekenntnisses im Alten Testament zum Ausdruck« gebracht.[31]

Zur Interpretation des 3. Artikels »Wir glauben an den Heiligen Geist« durch den Relativsatz »der gesprochen hat durch die Propheten« verweist Dohmen auf die ganze kanonische Prophetie der vorderen und hinteren Propheten und also auf den »Begriff Propheten im alttestamentlichen und jüdischen Sinn«.[32]

Ich erwähne weiter – die im Unterschied zum Apostolikum, das ›das ewige Leben‹ bekennt – im NC aufgenommene jüdische Hoffnungstradition vom »Leben der kommenden Welt« als Abschluss des 3. Artikels.

Nachdem diese *Biblisierung* und damit Personalisierung des Gottes- und Logosbegriffes – wenn auch nur an wenigen Beispielen – im NC von 381 gesehen ist, wird man aber umgekehrt auch von einer nicht zu übersehenden *Ontologisierung* der Bibel zu sprechen haben. Ich nenne ohne Anspruch auf Vollständigkeit die folgenden Punkte:

a) Über der trinitarischen Fassung des Gottesbegriffs geht der NAME JHWH, der NAME des Gottes Israels verloren. Die innertrinitarischen Relationen von »Vater, Sohn und Geist« beherrschen nun das Feld im Osten wie im Westen der Alten Kirche. Ex 3,14 »Ich bin der Seiende« wird nunmehr als Zielaussage der Selbstoffenbarung Gottes vor Mose verstanden, nicht aber Ex 3,15, die Selbstvorstellung des Gottes Abrahams, Isaaks und Jakobs bei Seinem *NAMEN*: »JHWH, der Gott eurer Väter ... hat mich zu euch gesandt«.

Dieser *Eliminierung der Selbstvorstellung Gottes bei seinem NAMEN* durch die trinitarischen Bezeichnungen »Vater, Sohn und Geist« (inneralttestamentlich würde dem die unmögliche Ersetzung des Tetragramms durch Elohim entsprechen!) geht die höchst problematische Identifizierung der messianischen *ho-kyrios*-Aussagen des Neuen Testaments mit den ADONAI-KYRIOS-Aussagen des Alten Testaments parallel.[33]

---

[30]   A.a.O., 71.
[31]   Ebd.
[32]   A.a.O., 72.
[33]   Zur Kritik an dieser gängigen Identifizierung vgl. *H. Conzelmann*, Grundriß der Theologie des Neuen Testaments, München 1967, 102f.

b) Der Eliminierung des NAMENs des Gottes Israels, also der Ersetzung des NAMENs durch trinitarische Bezeichnungen, entspricht eine andere Substitution: *die Ersetzung des bleibend erwählten Judentums als Volk Gottes durch die heidenchristliche Kirche als das neue Volk Gottes*, als das »dritte Geschlecht« (tertium genus) jenseits von Judentum und Heidentum. Seit dem zweiten Jahrhundert hat sich die Kirche vom Judentum getrennt. Deshalb formuliert W. Kinzig in seinem Vortrag zur Entwicklung der Trinitätslehre der Alten Kirche bis zum NC von 381: »Den Anstoß zur Ausbildung der Trinitätslehre gibt nicht die Auseinandersetzung mit dem Judentum (die Trennung vom Judentum ist bereits im ausgehenden zweiten Jahrhundert i.w. abgeschlossen), sondern a) die durch die unklaren Aussagen der Schrift aufgeworfenen Probleme in der Verbindung mit b) der Herausforderung durch die zeitgenössische Philosophie, d.h. vor allem den Neuplatonismus ... Trinitarisches Reden von Gott hat keine gezielt antijüdische Spitze«.[34]

Dennoch ist dieses Fehlen einer gezielt (!) antijüdischen Spitze nicht nur als eine Judentumsvergessenheit, sondern parallel zur Ersetzung des NAMENs JHWH durch den Namen Jesus Christus als explizit antijudaistisch zu verstehen.

K. Barth hat seit 1933 formuliert: »Das Wort wurde – nicht ›Fleisch‹, Mensch ... in irgend einer Allgemeinheit, sondern jüdisches Fleisch. Die ganze Inkarnations ... lehre (ich ergänze: und auch die Trinitätslehre) wurde abstrakt, billig und bedeutungslos in dem Maß, als man das für eine beiläufige und zufällige Bestimmung zu halten begann. Das ntl. Zeugnis vom Christus Jesus, dem Gottessohn, steht auf dem Boden des Alten Testament (ich ergänze: und in den Traditionen des zwischentestamentlichen Judentums) und ist von diesem nicht zu lösen«.[35]

Eine notwendige Reformulierung der Trinitätslehre wird also nicht durch eine Anreicherung der traditionellen Trinitätslehre mit alttestamentlichen und jüdischen Traditionen, sondern nur durch *eine gesamtbiblische Neuorientierung an der triadischen Lebendigkeit des sich in seiner Israel-, Messias- und Geistgegenwart auslegenden NAMENs des einen Gottes Israels* zu erreichen sein.

II.3 Jüdische Stimmen zur Trinitätslehre

Die bereits zitierte Stellungnahme von Sh. Ben Chorin aus dem Jahre 1961 war und ist nicht die einzige jüdische Stellungnahme zur Trinitätslehre.

---

34 *W. Kinzig*, Handout zum Referat in Düsseldorf am 12.3.1999, 4f.
35 *K. Barth*, KD IV 1, Zürich 1953, 181f.

Ihr war bereits im Jahre 1956 eine Stellungnahme von L. Baeck in seinem Aufsatz »Judentum, Christentum und Islam« vorausgegangen. Nachdem Baeck das Unterscheidende, ja Trennende zwischen Christentum und Judentum herausgestellt hat, kommt er zum Schluss seines Aufsatzes auf das Judentum und Christentum Einende zu sprechen: Es sind die Juden und Christen gemeinsame Bibel, die Hebräische Bibel, sodann der Juden und Christen gemeinsame aaronitische Segen, durch welchen Juden und Christen, die Christen mit den Juden unter den Segen des NAMENs des Gottes Israels gestellt sind. Zuletzt, nach Nennung der gemeinsamen messianischen Hoffnung und der gemeinsamen Tora, erwähnt Baeck auch das gemeinsame Bekenntnis zur Einheit Gottes: »Und dann (einen sich Judentum und Christentum) in der Einheit Gottes. Die Kirche lehrt die Dreieinigkeit, den trinitarischen Glauben, aber sie betont doch immer zugleich die Einheit in der Dreieinigkeit. Mit dem Judentum fühlt die Kirche sich verbunden im Gegensatz zum Heidentum«.[36] Baecks Einladung und Aufforderung, *die Lehre von der Trinität als Auslegung der Einheit und Einzigkeit des Gottes Israels und also als Auslegung des 1. Gebotes* zu verstehen, weist in weite, von uns bisher noch kaum beschrittene Horizonte.

In eine ähnlich ermutigenden Richtung weist auch das Dokument »Dabru emet – redet Wahrheit«. Dieses ist zwar eher als kritische Anfrage denn als Bestätigung traditioneller Trinitätslehre zu verstehen. Diese jüdische Herausforderung zum Dialog mit den Christen formuliert dann aber doch mit Blick auf das trinitarische Bekenntnis der christlichen Kirche in These 1 zustimmend: »Juden und Christen beten den gleichen Gott an ... Auch die Christen beten den Gott Abrahams, Isaaks und Jakobs, den Schöpfer von Himmel und Erde an«. Dazu wird in These 6 in trinitarischer Hinsicht ergänzend gesagt: »Christen kennen und dienen Gott durch Jesus Christus und die christliche [erg. trinitarische] Tradition«.[37]

II.4 Die alttestamentliche und neutestamentliche Wurzel der Trinitätslehre

a) Im Unterschied zu G. von Rad, demzufolge im Gegensatz zum Neuen Testament mit seiner Christusoffenbarung das Alte Testament einer alles bestimmenden Mitte ermangelt, hat W. Zimmerli durch sein umfangreiches Werk hindurch, verdichtet in seinem »Grundriß der alt-

---

36 *L. Baeck,* Judentum, Christentum und Islam (1956), Neuabdruck in Bd. IV der Leo-Baeck-Werkausgabe, hg. von *A.H. Friedlander* und *B. Klappert,* Gütersloh 2001, 470–487, 483.
37 Dabru Emet (Redet Wahrheit). Ein jüdische Stellungnahme zu Christen und Christentum, in: EvTh 4/2001, 61. Jg., 334f.

testamentlichen Theologie«,[38] beharrlich die Frage nach der Mitte
schon des Alten Testaments gestellt und diese im Unterschied zu
W. Eichrodt, der sie im Bundesgedanken fand, im JHWH-NAMEN
gefunden: § 1 Der offenbare Name. In diesem NAMEN, der sich besonders im Exodusgeschehen konkretisiert, zeigt sich die Mitte der
alttestamentlichen Gottesoffenbarung.
Die nähere Explikation der Namenskundgabe »ICH bin JHWH« durch
das »ICH bin, der ICH bin« (Ex 3,14) ist Zimmerli zufolge nicht der
Versuch einer ontologisch-metaphysischen Übersetzung und Einord-
nung des JHWH-NAMENs in einen vorgängigen Seinsbegriff, wie ihn
Zimmerli bereits in der ontologisierenden Übersetzung der Septuaginta
angebahnt sieht. Zimmerlis Vorordnung der NAMENsoffenbarung (§
1) nicht nur vor die Exodustradition (§ 2), sondern auch vor die Bun-
desformel (§§ 5f) hat dabei die Funktion eines systematisch höchst re-
levanten Hinweises: So sehr nämlich der Gott Israels in seiner un-
kündbaren Treuebeziehung zu seinem Bundesvolk Israel steht, so sehr
begründet dieser im NAMEN sich offenbarende JHWH diese Beziehung aus seiner Freiheit.
In seinem Aufsatz »Das Wort des göttlichen Selbsterweises« hat Zimmerli darüber hinaus eine formgeschichtlich höchst bemerkenswerte
Beobachtung gemacht. In der prophetischen Tradition, insbesondere
dann im Buch des Propheten Ez, stoßen wir immer wieder auf folgende dreigliedrige Formulierung: 1. So spricht JHWH; 2. ICH werde das
und das geschichtlich tun; 3. dann werdet ihr erkennen: ICH bin
JHWH.[39]
Wichtig ist dabei, dass der NAME JHWH (1. Element) sich in konkreten Ereignissen der Geschichte ankündigt, auslegt und offenbart (2.
Element). Wichtig ist erst recht, dass der NAME im Erweiswort nicht
in die Objektstellung gerät (etwa: ihr werdet JHWH erkennen), sondern bis in den Erkenntnisvorgang hinein Subjekt bleibt (3. Element):
»Ihr werdet erkennen: ICH bin JHWH«. Der Gott Israels wird auch im
Erkenntnisvorgang des Menschen nicht zu einem dem menschlichen
Erkenntnisvermögen zuhandenen Objekt, sondern bleibt – die Möglichkeit einer pneumatologischen Entfaltung in der späteren Trinitätslehre kündigt sich hier bereits an – bis in den Erkenntnisvorgang hinein das bestimmende Subjekt: nicht als ein Es, auch nicht nur als ein
Du, sondern als der NAME, der diese Erkenntnis schenkt und ermöglicht.
Würde man Barths Hinweis auf die alttestamentliche Wurzel der Trinitätslehre aus KD I 1 § 8,2 wirklich aufnehmen, so müsste man sie um

---

[38] W. *Zimmerli*, Grundriß der alttestamentlichen Theologie, Stuttgart/Berlin/
Köln 1972, [6]1989.
[39] W. *Zimmerli*, Das Wort des göttlichen Selbsterweises, in: ThBü 19 (1963),
München, 120–132. Vgl. 1Kön 20,28; Ez 16,59–62; 22,19–22; 25,1–7; 34,23–31;
37,21–28.

diese fundamentale Erkenntnis Zimmerlis erweitern: Die NAMENt-lichkeit des Gottes Israels regiert nicht nur sein Offenbarungs- und Ge-schichtshandeln, sondern bleibt auch bis in den menschlichen Erkennt-nisvorgang hinein bestimmend und leitend.

b) Leider hat Zimmerli diese formgeschichtliche Erkenntnis zum Er-weiswort im Alten Testament nicht für das Verstehen auch des Neuen Testaments fruchtbar gemacht. Im Gegenteil! In seinem Vortrag »Das Alte Testament als Teil der christlichen Bibel«[40] aus dem Jahre 1980, zu dem ich meinen verehrten Lehrer seinerzeit nach Wuppertal einge-laden hatte, erläuterte er die christliche im Unterschied zur jüdisch-synagogalen Lesart der Hebräischen Bibel an der unterschiedlichen Stellung des JHWH-NAMENs.

Seine erstaunliche, jedoch dogmatisch-traditionelle These lautet: »In unserer christlichen Bibel ist der Jahwename völlig (!) verschwunden. Im Halleluja ist noch ein letzter Rest dieses Eigennamens erhalten«. Die problematische, von Conzelmann kritisierte These von der angeb-lich im Neuen Testament erfolgten Identifizierung des JHWH-KYRIOS mit dem messianischen Marana-Kyrios Jesus voraussetzend, fährt Zimmerli fort: »Durch die neue Weisung, welche die christliche Gemeinde von ihrem König (Jesus Christus) erfährt, ist ein Vorgang der Überblendung (!) geschehen. Der alttestamentliche ›Jahwe‹ wird durch die Aussage von dem Herrn, der in Jesus Christus handelt, über-blendet. Ein neuer Eigenname ist an die Stelle des alttestamentlichen Eigennamens getreten«.[41] Während in den alttestamentlichen Psalm-Gebeten der JHWH-Name die zentrale Rolle spielt (Ps 79,9), gilt für das Neue Testament: »Das Gebet soll nun ›im Namen Jesu Christi‹ geschehen«.[42] Als wenn das ein Gegensatz wäre! Denn das Gebet im Namen Jesu ist für ChristenInnen fundamental und unbestritten. Aber die von Zimmerli daraus gezogene Konsequenz stimmt exegetisch und theologisch nicht. Denn das Gebet im Namen Jesu richtet sich an den Gott Israels, unsern Vater, und hat die Bitte um die Heiligung des NAMENs dieses Gottes zum Ziel (Mt 6,9). Jesus, der verheißene Mes-sias seines Volkes Israel und der Völker, kommt im Namen ADONAIs (Mk 11,9) und nicht als ADONAI. Seine Erhöhung durch den Gott Is-raels dient der »Ehre Gottes des Vaters« (Phil 2,11). Und das H a l l e -l u - J A insbesondere in unseren Oster- und Pfingstliedern (EG 100ff, 125) ist kein »letzter Rest«, wie Zimmerli meint, sondern – theolo-gisch höchst bedeutsam[43] – die Auslegung des 3. Elements der von Zimmerli entfalteten Erweisformel, dass JHWH über allen Taten, auch

---

40 *W. Zimmerli*, Das Alte Testament als Teil der christlichen Bibel, Wuppertal 1980 (unveröffentlicht).
41 A.a.O., 7f (Typoskript).
42 A.a.O., 8 (Typoskript).
43 *P. von der Osten-Sacken*, Passahfest und Osterfeier, in: »Vor Ort« – Prakti-sche Theologie in der Erprobung, FS P.C. Bloth, Bovenden 1991, 113–145.

über seinen Taten in, durch und an dem Messias Jesus, seinem messianischen Sohn, auf die Erkenntnis und Verherrlichung seines NAMENs
zielt. So tritt der neue Eigenname, der messianische Name »Jesus-
Immanuel«, nicht an die Stelle des alttestamentlichen Tetragramms,
sondern das Tetragramm verbindet sich mit ihm unlöslich, bleibt aber
dennoch von ihm unterschieden.

c) Die Ersetzung des NAMENs des Gottes Israels und damit auch des
Volkes Israel durch den Namen Jesus Christus im Neuen Testament
vertritt auch Zimmerlis Göttinger Kollege, der Alttestamentler R.
Smend: »An die Stelle (!) der beiden Namen Jahwe und Israel ist im
Neuen Testament der Name Jesus Christus getreten. ... Er ist das Ziel,
aber auch das Ende, das Ende, aber auch das Ziel des Wege Jahwes
mit Israel und Israels mit Jahwe«.[44] Dass gerade Jesus Christus zur
Heiligung des NAMENs des Gottes Israels (Mt 6,9) aufruft und durch
die Erwählung der zwölf Jünger sich bleibend zu ganz Israel gesandt
weiß, in bleibender Treue sich Israel verbündet und damit die Bundes-
treue Gottes zu seinem Volk Israel spiegelt und vermittelt, ist hier vergessen oder verdrängt.

*Die These von Zimmerli und Smend ist aber auch die antijudaistische
Grundthese beinahe aller christlichen Dogmatiken bis in die Gegenwart hinein*: Nach W. Joest, dem Verfasser einer der besten an Luther
und der Reformation wie auch an Barmen Art. I orientierten Dogmatik,
tritt an die Stelle des NAMENs des Gottes Israels im Alten Testament
im Neuen Testament die trinitarische Bezeichnung »Gott der Vater«,
»Gott der Sohn« und »Gott der Heilige Geist«. Entsprechend tritt an
die Stelle der Erwählung des Volkes Israel im Dienste der Völker der
sog. »Gemeinschaftswille Gottes mit der ganzen Menschheit«.[45] Die
daraus folgende Konsequenz ist so schlüssig wie problematisch: Das
Judentum zählt fortan zu den »nichtchristlichen Religionen«, wie auch
die nach demselben systematischen Denkmuster argumentierende
EKD-Studie »Christlicher Glaube und nichtchristliche Religionen«
(EKD-Texte 77, 2003) in erschreckender Weise dokumentiert.

III   Geheiligt werde Dein NAME (Mt 6,9)

III.1   Die Identität Gottes und der Gottes-NAME

In seiner »Theologie der einen Bibel« (1996)[46] zeichnet der amerikani-
sche Alttestamentler *Br. Childs* den Weg von dem alttestamentlichen
Verständnis von Gott bis hin zur trinitarischen Theologie der Alten
Kirche nach. Dabei unterscheidet er das alttestamentliche, das jüdisch-

---

44   *R. Smend*, Die Mitte des Alten Testaments, ThSt 101, 1970, 58.
45   *W. Joest*, Dogmatik Bd. I, ²1978, und Dogmatik Bd. II, ³1993.
46   *Br. Childs*, Bd. II, Kap. 6/I, Freiburg/Basel/Wien.

zwischentestamentliche, das neutestamentliche, das gesamtbiblische und schließlich das dogmatische Reden von dem *einen* Gott Israels in seiner *trinitarischen* Lebendigkeit.

Kommt man von den zentralen Erkenntnissen, die Childs anhand der Hebräischen Bibel, im frühen Judentum und im Neuen Testament aufzeigt, her, so überraschen die folgenden Thesen von Childs im Blick auf das Neue Testament, die durch dieses in keiner Weise bestätigt werden können. Nur auf zwei Sachverhalte kann hier kritisch hingewiesen werden.

Childs meint zunächst: »Im Neuen Testament erscheint der alttestamentliche Gottesname Jahwe nicht«.[47] Das stimmt aber nicht, denn die Septuaginta gibt das Tetragramm durch artikelloses KYRIOS wieder, worauf Childs selber hinweist. Weiter muss darauf hingewiesen werden, dass das passivum divinum und andere Umschreibungen des JHWH-NAMENs bei Jesus und im Neuen Testament der Praxis des damaligen Judentums entsprechen und also auf die durchgehende Präsenz des NAMENs des Gottes Israels auch im Neuen Testament hinweisen.

Childs meint sodann: »Und dann nimmt Jesus die Titel Gottes für sich selber an, durch explizite Bezugnahme auf das Alte Testament«.[48] Das hat aber weder Jesus selber getan, noch tut es das Neue Testament: In Hebr 1,8 wird Jesus – anders als Childs will – nicht mit dem JHWH-THEOS, sondern mit dem messianischen Theos von Psalm 45,7f identifiziert. Und Jesus ist nach Phil 2,9ff derjenige, den JHWH, der Gott Israels, nicht nur über alles Maß erhöht hat (Ps 110,1), sondern dem er auch *den* (nicht Seinen eigenen!) messianischen Herren-NAMEN, der über alle Namen ist, gegeben hat (vgl. Acta 4,12).

Und diese Gabe hat zum Ziel, dass im (nicht: *vor* dem, wie Childs will) Namen Jesu sich anbetend beugen sollen alle Knie, was nach Jes 45,23 und Ps 22,24ff – worauf der Hymnus anspielt – allein vor und im Gegenüber zu JHWH geschieht und geschehen kann. Und schließlich: Wenn alle Zungen bekennen, dass Jesus der messianische Kyrios, der messianische Herr aller Herren ist, dann geschieht dies wiederum »zur Ehre Gottes, des Vaters« Jesu Christi (Phil 2,11) und d.h. zur Heiligung des NAMENs des Gottes Israels.

Mit solchen höchst problematischen Identifikationen der messianischen Hoheitstitel Jesu (*ho kyrios* nach Ps 110,1b; *ho theos* nach Ps 45,7f; Jes 9,5; Sach 12,8) mit den JHWH-ADONAI-Aussagen des Alten und Neuen Testaments begibt sich aber Childs leider der Möglichkeit, seine richtigen Ausführungen über das Zugleich von Transzendenz und Immanenz des Gottes Israels im Alten Testament für das Verständnis des Neuen Testaments und für die spätere Entwicklung

---

47 A.a.O, II, 32.
48 A.a.O., II, 29.

der Trinitätslehre fruchtbar zu machen. Childs begibt sich damit weiter der Möglichkeit, die Aussagen von der Einwohnung des Gottes Israels in seinem Volk Israel[49] und im Messias Jesus, seinem messianischen Sohn (Joh 1,14b), als Sachkriterium für die spätere Trinitätslehre geltend zu machen. Die spätere Trinitätslehre ist nämlich danach zu befragen, ob sie den NAMEN des Gottes Israels verschweigt oder sogar beseitigt und ob sie die Lebendigkeit des Gottes Israels in seiner Transzendenz und Immanenz, in seiner Wirklichkeit und in seinem Kommen zur Sprache zu bringen vermag.

Die triadischen Formeln im Neuen Testament (z.B. 2Kor13,13; Mt 28,19), die Childs zu Recht als »die Wurzeln für die spätere christliche Reflexion« der Trinitätslehre nennt,[50] unterscheiden den auf den Gott Israels bezogenen ADONAI-KYRIOS vom messianischen *ho Kyrios* Jesus Christus, sie unterscheiden also den ADONAI-NAMEN von dem Namen Jesu Christi. Zugleich beziehen sie beide eng auf einander, um die Gegenwart und das Kommen des ADONAI-KYRIOS im messianischen *ho Kyrios* Jesus Christus zu verkündigen. In der matthäischen Taufformel (Mt 28,19) sind der NAME des Vaters (JHWH) und der messianische Name des Sohnes (Mt 1,21.23) und der Name des Geistes (der Geist der Heiligkeit; Röm 1,4; Mt 3,16) zu unterscheiden und im Wirken des einen Gottes Israels eng aufeinander zu beziehen. Erst dadurch kann deutlich werden, was Childs als Fazit formuliert: »Das Ringen der Kirche und die Dreieinigkeit war kein Kampf gegen das Alte Testament, sondern vielmehr ein Kampf für das Alte Testament, für den einen ewigen Bund Gottes, sowohl in Einheit als auch in Verschiedenheit«.[51]

III.2   Das Tetragramm und der »trinitarische Name Gottes«

Der amerikanische Systematiker R. Kendall Soulen hat durch seinen Aufsatz »Der trinitarische Name Gottes in seinem Verhältnis zum Tetragramm«[52] die Diskussion um die Neubesinnung der Trinitätslehre entscheidend weitergeführt. Er möchte in der Trinitätslehre weder das Tetragramm verlieren oder durch die Abba-Anrede ersetzen, noch möchte er durch das trinitarische Bekenntnis »Gottes Bund mit dem jüdischen Volk« als »aufgekündigt, überholt oder nichtig« erklärt verstehen.[53]

---

[49]   M. *Wyschogrod,* Der eine Gott Abrahams und die Einheit des Gottes der jüdischen Philosophie, in: *C. Thoma / M. Wyschogrod,* Das Reden vom einen Gott bei Juden und Christen, Frankfurt a.M. 1984.
[50]   *Childs,* a.a.O., II, 30.
[51]   A.a.O, II, 43.
[52]   EvTh 5/2004, 327–347.
[53]   A.a.O., 328.

Er will vielmehr den Versuch machen, »den Namen Gottes wirklich trinitarisch zu verstehen«.[54] Er tut es in theologischer, christologischer und pneumatologischer Perspektive. Dabei teilt Soulen ausdrücklich meinen früheren Versuch, »die Trinität als Auslegung des NAMENs darzustellen, und zwar im Sinne einer (fortschreitenden) Heilsökonomie, um so eine substitionstheologisch ausgearbeitete Trinitätslehre zu vermeiden« und so »dem Missverständnis entgegenzutreten, die bundesgeschichtliche Form der Auslegung des NAMENs könne der Vergangenheit angehören«.[55]

Was Soulen dann selber »darüber hinaus unterstreichen (möchte), dass der NAME im Neuen Testament so ausgelegt wird, dass alle drei Formen – die bundesgeschichtliche, die messianische und die pneumatologische – als unentbehrliches Zeugnis des Evangeliums auftreten, und zwar so, dass sie nicht nur voneinander unterschieden, sondern auch aufeinander bezogen sind«,[56] war und ist auch meine Intention.

Im Unterschied zu Soulen möchte ich aber nicht von einem »trinitarischen Namen Gottes« sprechen und diesen »in seinem Verhältnis zum Tetragramm« verstehen und bestimmen. Ich spreche im Hinblick auf das Tetragramm von dem einen NAMEN des Gottes Israels, der sich in den drei trinitarischen Bezeichnungen oder Bei-Namen »Vater, Sohn und Geist« auslegt. Wie Elohim Bei-Name des einen NAMENs JHWH im Alten Testament ist, so sind Vater, Sohn und Geist Bei-Namen ein und desselben NAMENs des Gottes Israels im Neuen Testament.

Das wird nicht zuletzt in Mt 28,18f deutlich: Dort erscheint die trinitarische Formel (Mt 28,19), die Jesus, der auferweckte Menschensohn, selber spricht und damit verbindlich macht, erst *nach* der Selbstvorstellung Jesu: »mir ist (von JHWH) gegeben alle Rechtsmacht« (Mt 28,18). Letztere aber verweist mit dem passivum divinum zunächst auf das Tetragramm, wie Soulen selber richtig zeigt. Damit legt Jesus, der messianische Menschensohn, in der trinitarischen Formel und also durch die trinitarischen Bei-Namen (der Name des Vaters, der messianische Name des Sohnes und der Name des Geistes der Heiligkeit) das Tetragramm selber aus.

Dabei macht Mt 28,19f weiter deutlich, dass der eine NAME des Gottes Israels nicht nur durch die trinitarischen Bei-Namen »Vater, Sohn und Geist« ausgelegt wird (Mt 28,19), sondern auch *toratheologisch* die Einweisung in die Tora des einen Gottes Israels bedeutet: »und lehret sie halten alles, was ich euch befohlen habe« (Mt 28,20). Diese Weisung Jesu stellt einen Rekurs auf die Bergpredigt dar, in welcher Jesus den NAMEN und die Tora des Gottes Israels nicht etwa aufgehoben, sondern vielmehr ausgelegt und aktualisiert hat. In Mt 28 darf

54   A.a.O., 329.
55   A.a.O., 330.
56   Ebd.

deshalb die toratheologische Weisung als Auslegung des NAMENs des einen Gottes Israels über den trinitarischen Bei-Namen nicht übersehen werden.

Auch die von Soulen zu Recht betonte zentrale christologische Version und Perspektive der Trinitätslehre ist und bleibt Auslegung des einen NAMENs des Gottes Israels. Entsprechend gilt, »dass die pneumatologische Flexion [bzw. Perspektive] die anderen beiden Flexionsarten nicht ignoriert oder an ihnen vorbeigeht, sondern als deren großer Ausleger und Erklärer aus ihnen hervorgeht«.[57]

Gerade in Mt 28,18 zeigt der durch das passivum divinum in verhüllter Weise umschriebene NAME des einen Gottes, dass die Bei-Namen »Vater, Sohn und Geist« die Selbstauslegung des einen handelnden NAMENs in seinen verschiedenen Kommens- und Dabeiseins- und Handlungsweisen sind. Der NAME JHWH und die Bei-Namen (nomina) »der Vater, der Sohn und der Geist« sollten deshalb unterschieden und letztere nicht mit Soulen als »trinitarischer Name Gottes« bezeichnet werden. Deshalb sollte auch nicht übersehen werden, dass das grundlegende Bekenntnis der Hebräischen Bibel zu »JHWH Elohim« der Rahmen auch für die christologische und die pneumatologische Variation des NAMENs des Gottes Israels im Neuen Testament ist. Auch die pneumatologische Variante kontextualisiert und aktualisiert, was JHWH-Elohim in Abgrenzung von den Ba'alim und in Beziehung zu dem einen NAMEN des Gottes Israels und Vaters Jesu Christi bedeutet.

Von dem Gesagten her ergibt sich die Frage nach der Legitimität der *Anbetung* nicht des Vaters, aber des Sohnes und des Geistes der Heiligkeit. Soulen sagt im Zusammenhang mit der theologischen Flexion bzw. der bundesgeschichtlichen Form des Öfteren und zu Recht, dass »das Neue Testament eine erstaunliche Fülle umschreibender Ausdrücke (gebraucht), um den Einen zu benennen, zu dem Jesus betet: den Gott Israels«.[58] Oder: Das Tetragramm »spricht durch umschreibende Ausdrücke, um den Einen beim Namen zu nennen, zu dem Jesus betet: das Tetragramm, den Heiligen Israels«.[59] Über entsprechende altkirchliche Bekenntnisse, die nicht nur von der Anbetung des Vaters, sondern auch des Sohnes und des Heiligen Geistes reden, spricht Soulen dagegen nicht: weder im Zusammenhang der Entfaltung der christologischen noch im Zusammenhang der Entfaltung der pneumatologischen Flexion bzw. Variation. Dies tut aber das Glaubensbekenntnis von Nizäa-Konstantinopel (381) wie folgt: »Wir glauben an den Heiligen Geist …, der mit dem Vater und dem Sohn zugleich *angebetet* und verherrlicht wird«.

---

[57] A.a.O., 344.
[58] A.a.O., 336.
[59] A.a.O., 335.

Hier wird das griechische Verb *proskynein*, das in Beziehung auf den NAMEN des Gottes Israels sowohl huldigen als auch anbeten bedeutet, im Blick auf den Sohn und den Geist nicht nur als huldigen, sondern auch als »anbeten« verstanden und übersetzt. Darf aber angesichts der zentralen und tragenden Bedeutung der theologischen und bundesgeschichtlichen Version und d.h. der Heiligung des göttlichen NAMENs, dem »Anbetung, Ehre, Preis und Ruhm« gehört, die Anbetung auch auf den Sohn und den Geist übertragen werden? Das war die Frage des Eustathius von Sebaste, der auf die Problematik der Übertragung der Anbetung des Gottes Israels und Vaters Jesu Christi auch auf den Sohn und den Geist aufmerksam machte und deshalb für die ältere Doxologieform plädierte: »Durch welchen (Christus) DIR (dem Vater) der Lobpreis [ich ergänze: und die Anbetung] im Heiligen Geist zuteil wird«.[60]

Auf diese Frage geben Soulens Ausführungen keine Antwort. Dies ist aber eine zentrale Frage, die im Dialog mit dem Judentum nicht umgangen werden kann. Michael Wyschogrod, dessen Aufsätze Soulen soeben in verdienstvoller Weise herausgegeben hat,[61] hat sie in einem Seminar mit Clemens Thoma über »Das Reden von dem einen Gott bei Juden und Christen« als Testfrage so gestellt: »Ich erinnere mich an den Moment, da ich fragte, ob die Christen in Situationen der Not zu Jesus oder zu Gott beten. Ich meine, daß ich keine klare Antwort darauf erhielt, aber ich weiß, daß meine Frage ernstgenommen wurde«.[62]

Ich schlage deshalb vor, zwischen der *Anbetung* des einen Gottes, zu dem Jesus und auch die urchristliche Gemeinde in der Erfüllung des 1. Gebotes und des Shema Jisrael gebetet haben (Mk 12,28–34), und der *Anrufung* Jesu Christi (*marana tha*; 1Kor 1,2) und des Geistes (*veni creator spiritus*) zu unterscheiden. Und ich halte diese Unterscheidung für theologisch notwendig und liturgisch wesentlich. In dieser Unterscheidung dokumentiert sich erneut, dass nicht nur die christologische (der Vater, der Sohn und der Heilige Geist), sondern auch die pneumatologische Version (die Gottheit als Quelle und Grund allen Lebens und Seins usw.) im strengen Sinn Bei-Namen sind, die die Fülle und Konkretheit und Zukunftsoffenheit JHWHs, des einen NAMENs des Gottes Israels, auslegen. Und das in deutlicher Abgrenzung gegenüber allem paganen Baalismus, wie Soulen zu Recht betont: »Die Propheten hatten erkannt, daß das Wort *Elohim* Möglichkeiten in sich schloß, die *Ba'al* nicht besaß«.[63]

---

60   *A.M. Ritter* (s. Anm. 11), 198.
61   *M. Wyschogrod*, Abraham's Promise, Michigan 2004.
62   *C. Thoma / M. Wyschogrod* (Anm. 49), 13.
63   EvTh 5/2004, 345.

III.3   Thesen zur Wiedergewinnung einer gesamtbiblischen Trinitäts-
        lehre

Einige *Thesen* zu einer fälligen Reformulierung der Trinitätslehre in
alttestamentlicher und neutestamentlicher Perspektive sollen das bisher
Gesagte zusammenfassen:
1. Die Trinitätslehre ist theologisch unverzichtbar, nicht nur weil sie
eine in der Alten Kirche erkämpfte Biblisierung und Personalisierung
der metaphysischen Seinslehre im Dialog vor allem mit dem Neuplatonismus darstellt, sondern entscheidend, weil sie *alttestamentliche und
neutestamentliche Wurzeln* hat und aus diesen Wurzeln heraus verstanden und neu formuliert werden muss. Deshalb ist nach der *vielfältigen* Lebendigkeit des Gottes Israels in seiner NAMENsoffenbarung
im Alten Testament und nach der *dreifältigen* Lebendigkeit des Gottes
Israels in seiner NAMENsoffenbarung im Neuen Testament zu fragen:
nach der Israel-, der Messias- und der Geistesgegenwart JHWHs.
2. Sofern die altkirchliche Trinitätslehre der dialogische Versuch ist,
den biblischen Gottes-NAMEN in die griechisch-hellenistische Metaphysik zu übersetzen, ist sie theologisch zu würdigen. Sofern die altkirchliche Trinitätslehre in diesem notwendigen Übersetzungsversuch
sich zugleich in der Vertikalen der griechischen Metaphysik verfangen
hat, ist sie aus der Gefangenschaft der metaphysischen Seins-Lehre zu
befreien. Kennzeichen der »babylonischen Gefangenschaft« der Trinitätslehre ist allemal *die Preisgabe des NAMENs Gottes wie auch die
Israel- und Judentumsvergessenheit.* Auch heutige Trinitätslehren sind
an diesen Kriterien zu messen.
3. *Das Verhältnis der verheißungsgeschichtlichen zur immanenten
Trinitätslehre darf nicht umgekehrt werden.* Dogmen sind, wie L. Vischer gesagt hat, »Ankunftspunkte des Denkens«, sie können aber
nicht zu Ausgangspunkten theologischen Nachdenkens gemacht werden. Die Israel-, Messias- und Geistgegenwart JHWHs in seiner im
Alten und Neuen Testament erzählten Geschichte des kommenden
Reiches Gottes ist der bleibende Ausgangspunkt der Trinitätslehre und
ihr bleibendes Kriterium. Der NAME des Gottes Israels übergreift
deshalb auch die trinitarischen Bezeichnungen von Gott dem »Vater«,
seinem messianischen »Sohn« und dem »Geist der Heiligkeit« und
kann durch diese nicht ersetzt werden. So wie der Gott Israels als der
Gott des Bundes in Israel, im Christus Jesus und in Seinem Geist handelt, so ist er auch der beziehungsreiche Gott »zuvor in sich selbst« (K.
Barth).
4. Die Trinitätslehre der Kirche, die in der Liturgie und Doxologie, im
Gebet und in der Anbetung des Vaters durch den Sohn im Heiligen
Geist eine wichtige Rolle spielt, will zugleich gesamtbiblisch *erzählt*
werden. Denn Gottes Lebendigkeit und Wirklichkeit sind in seinem
Kommen Ereignis. Wie der Gott Israels in seiner NAMENsoffenba-

rung, so ist auch der Christus Jesus als der verheißene Messias seines Volkes Israel immer der Kommende (1Kor 16,22). Deshalb sind die NAMENs- und *Erwählungsgegenwart* Gottes im Alten Testament und die *Messiasgegenwart* im Christus Jesus, schließlich die *Geistgegenwart* des NAMENs Gottes zu Pfingsten im Neuen Testament zu unterscheiden u n d aufeinander zu beziehen.

5. Die Rede von den drei Kommens- und Selbstvergegenwärtigungsweisen des einen Gottes Israels und seines NAMENs darf *nicht modalistisch* missverstanden werden als drei Erscheinungsweisen eines dahinter verborgen bleibenden Gottes. Denn der Gott Israels kommt in seiner NAMENsoffenbarung, und er kommt zunächst zu seinem Volk Israel, dem er sich als *Vater* offenbart. Er kommt sodann im Messias Jesus, seinem messianischen Sohn, wobei er sich als Vater dieses messianischen *Sohnes* in der Mitte Israels zu erkennen gibt. Das Kommen des Gottes Israels geschieht schließlich im *Geist* der Heiligkeit (Röm 1,4), wodurch der NAME im Innersten der Menschen Israels und der Völker wohnen und die Menschen zum Tempel seines Geistes machen will.

6. Eine Reformulierung der Trinitätslehre muss sich an den drei für HeidenchristInnen nicht beliebigen, zentralen Verdichtungspunkten der Geschichte des Gottes Israels mit seinem Volk Israel und den Völkern orientieren: an der Israelgegenwart Gottes, an seiner in Christus Jesus gegebenen Messiasgegenwart und an der zu Pfingsten geschenkten Geist-Gegenwart. Die trinitarische Doxologie am Schluss der Psalmen wäre in diesem Verständnis die notwendige heidenchristliche Rechenschaftsablage darüber, warum wir die Psalmen mit dem synagogalen Israel-Judentum mitbeten, ohne sie zu verchristlichen. Deshalb hat die Trinitätslehre dem besonderen Akzent Rechnung zu tragen, dass sie von unserer, der Heidenchristen, durch Pfingsten eröffneten Mitteilhabe an der Erwählung des Volkes Israel erzählt und darüber den NAMEN des Gottes Israels trinitarisch preist.

7. Eine reformulierte Trinitätslehre wacht darüber, dass *der NAME des Gottes Israels nie in einen Begriff übersetzt* oder zum zuhandenen Objekt gemacht wird. Denn dass der Gott Israels sich in seinem NAMEN offenbart, diesen NAMEN in seinem Volk Israel zuerst und sodann in seinem Messias Jesus in Fülle (Joh 3,35) wohnen lässt und in seinem Geist bis in den Erkenntnisvorgang hinein namentliches Subjekt bleibt, ist im Bekenntnis zur triadischen Lebendigkeit Gottes (Mt 28,19) bleibend festgehalten.

8. Die Wiedergewinnung der NAMENtlichkeit des Gottes Israels für eine reformulierte Trinitätslehre ist auch im Hinblick auf die feministisch-theologischen Anfragen an deren patriarchalen Charakter von Bedeutung: Der NAME des Gottes Israels und nicht etwa das patriarchalische Gottesbild in seinen einseitig männlichen Bezeichnungen der Trinität (»d e r Vater, d e r Sohn, d e r Hl. Geist«) sollte die Trinitäts-

lehre in allen ihren Dimensionen bestimmen. Der NAME des Gottes Israels kann die Tradition des patriarchalen Vater-Gottes innerhalb der Trinitätslehre wirksam durchbrechen.[64]
Dabei sollte die androzentrische Tradition der Trinitätslehre nicht einfach durch weibliche Dimensionen des Gottesbildes ergänzt und angereichert werden, weil die androzentrische Tradition auf diese Weise nicht wirklich gebrochen, sondern vielmehr noch verstärkt werden könnte. Die mögliche Einführung weiblicher Metaphern (die »Tochter Weisheit«, die »Geistin«) erfährt ihre Grenze in der Nichtauswechselbarkeit des NAMENs JHWH.

9. Trinitätstheologische Entwürfe der Gegenwart entwickeln das trinitarische Gottesverständnis gerne und vorwiegend im Zusammenhang einer Theologie des Kreuzes und der Auferweckung. Demgegenüber gilt festzuhalten, dass nur von der Israel-, Messias- und Geistgegenwart des NAMENs des Gottes Israels her – und d.h. keinesfalls ohne sie – auch der Kreuzestod und die Auferweckung Jesu Christi, d.h. das Urteil des *Vaters* über das Leiden seines *Sohnes* in der Macht Seines *Geistes*, in ihrer trinitarischen Dimension verstanden werden können.

10. Eine Trinitätslehre dürfen wir nicht mehr formulieren, ohne zugleich auf die *toratheologischen*, d.h. die praktisch-ethischen Konsequenzen hinzuweisen, die sich für das Verhältnis der Christen zu den Juden und für das Zusammenwirken der Christen mit den Juden als Zeugen Gottes vor der Welt und vor den Völkern ergeben. Die Taufe auf den NAMEN des Vaters und den Namen des Sohnes und den Namen des Heiligen Geistes *und* die Taufparänese als Einweisung in die Weisungen des Gottes Israels in der Auslegung Jesu Christi gehören nach Mt 28,19f zusammen.

11. Die Trinitätslehre gehört wesentlich in den Zusammenhang der eschatologisch-messianischen Hoffnung: Gegenüber einer vorwiegend ontologischen und protologischen Fassung der Trinitätslehre in der christlichen Tradition seit der Alten Kirche sollte mit J. Moltmann die *eschatologische Perspektive* der Trinitätslehre wieder stärker in das Zentrum von Verkündigung, Liturgie und Theologie treten. Denn auch die Trinitätslehre ist denkerisch »unterwegs zur Einheit und Einzigkeit Gottes« (W. Schrage). Und sie hat die erhoffte eschatologische Einheit und Einzigkeit Gottes nicht primär als Aussage über das innertrinitarische »Wesen Gottes« zu entfalten. Vielmehr – so versteht es das jüdi-

---

64 Zur Wiedergabe des Tetragramms, d.h. des Eigennamens Gottes, mit »Herr« bemerkt *J. Ebach*, Streiten mit Gott, Hiob, Teil 1, Neukirchen-Vluyn 1995, 9, in hilfreicher Weise Folgendes: »Diese Wiedergabe enthält Richtiges, ist aber aus mehreren Gründen problematisch. Sie läßt (1.) nicht erkennen, daß es sich beim Tetragramm (Jhwh) um einen *Eigennamen* handelt. Sie ersetzt den Namen (2.) durch eine Herrschaftsbezeichnung und verabsolutiert damit *eine* Bedeutung Gottes. Sie schreibt (3.) die Männlichkeit Gottes eindeutiger und einliniger fest, als es die Bibel selbst tut«.

sche Gebetbuch und die jüdische Tradition – »sehen wir ... aus der Ne-
beneinander-Stellung von Dtn 6,4 und Sach 14,9, daß das Problem der
Einheit Gottes es tatsächlich mit dem Verhältnis Israels und der Völker
zum Gott Israels (einerseits) und mit dem Verhältnis Israels und der
Völker zueinander (andererseits) zu tun hat«.[65]
Dann, wenn der Sohn dem Vater die Herrschaft zurückgibt und darin
seine Sohnschaft vollendet und nicht beendet, wird der Gott Israels
durch seinen messianischen Sohn im Heiligen Geist »alles in allem
sein« (1 Kor 15,28). »Und JHWH wird König sein über die ganze Erde;
an diesem Tage wird JHWH *einer* sein und sein Name wird *Einer*
sein« (Sach 14,9). Und JHWH wird in *Einheit* dann sein, wenn die
Völker zusammen mit Israel und Israel zusammen mit den Völkern
vereint und verbunden gemeinsam den einen NAMEN, den Gott Israels in seiner vollendeten Einheit und Einzigkeit, loben werden (Röm
15,7–13).
12. In dem Kommen des Gottes Israels zu Israel und im Messias Jesus
mit Israel zur *Welt der Völker* greift Gott in seinem *erwählenden, versöhnenden* und *erlösenden Handeln* über sein eigenes Volk Israel hinaus. Deshalb erscheint der Ansatz zu einem trinitarischen Reden von
Gott, das später bis zum Nicaenum-Constantinopolitanum (381) weiterentwickelt worden ist, im Neuen Testament nicht zufällig im Zusammenhang mit Mt 28,19 und d.h. im Kontext des Missionsbefehls.
In der dort belegten triadischen Taufformel haben wir es »mit einem
der Ursprünge der nachher bald so wichtig gewordenen trinitarischen
Theologie zu tun, in welchem diese, was später [in der stark neuplan-
tonisch-ontologisierenden Sprache der altkirchlichen ökumenischen
Bekenntnisse] unkenntlich wurde, sehr schlicht ein Stück *Missions-
theologie* gewesen (ist). Kein Gebilde frei schwebender Entfaltung des
Gottesbegriffs also, sondern ein dem Übergang der Heilsbotschaft von
Israel zu den Völkern folgendes, ... jedenfalls ihn bejahendes und er-
klärendes trinitarisches Bekenntnis, das gerade im Zusammenhang mit
der *Heiden-Taufe* ... seinen Inhalt und seine Form empfangen und also
im Kontext des Missionsbefehls des Auferstandenen: ›Machet zu Jüngern alle *Heiden!*‹ seinen angemessenen Ort gefunden hat«.[66] Auch
das von Luther 1524 weitergedichtete Pfingstlied von 1480 hält fest,
dass eine Wurzel der Trinitätslehre die sich auf die Völkerwelt bezie-
hende Missionsweisung von Mt 28,19 ist, »aus Heiden ein Volk für
seinen NAMEN zu gewinnen« (Apg 14,15): »Komm, Heiliger Geist ...
Durch deines Lichtes Glanz zum Glauben du versammelt hast das
Volk aus aller Welt Zungen« (eg 125,1).

---

65   *C. Thoma / M. Wyschogrod* (Anm. 49), 42f.
66   *K. Barth*, Das christliche Leben (KD IV 4), Zürich 1967, 110.

MICHAEL WELKER

Der erhaltende, rettende und erhebende Gott

Zu einer biblisch orientierten Trinitätslehre

Wer im Jahr 2005 über Gott, Gottes Lebendigkeit und Gottes Wirken in der Welt nachdenkt, kann über den 26. Dezember 2004 nicht hinwegsehen. Die Theodizeefrage mit dem in ihr liegenden Seufzen, Klagen, Anklagen, Fluchen, mit dem Zweifel an Gott oder der Verzweiflung über ihn ist nur allzu gegenwärtig, wenn nicht sogar die aggressive Empörung oder kalte Gleichgültigkeit gegenüber einer vermeintlichen religiösen Illusion:»He's got the whole world in His hand!«»Lobe den Herren, der alles so herrlich regieret!« – Das kann doch nicht Ihr Ernst sein!

Gottes Allmacht und die Güte der Schöpfung sind durch die Massivität des menschlichen Leidens und durch die gewaltige Zerstörung von Natur und Kultur wieder zu einem allgemein bewegenden Problem geworden. Weit über 170.000 Menschen, so wird geschätzt, mussten sterben, unter ihnen zahllose Kinder. Warum wurden sie aus dem Spiel am Strand, aus der Ferienfröhlichkeit jäh in den Tod gerissen? Warum wurden Millionen Menschen so große Schmerzen zugefügt, unvorstellbares individuelles Leiden, verheerende Existenzvernichtung, lebenslange Traumata? Warum wurden nicht nur Bilderbuchstrände, Urlaubsparadiese und Traumreiseziele, sondern auch Tausende von armen und ärmsten Hütten, Dörfern und Ortschaften einfach verwüstet und ausgelöscht? Wie konnte Gott das zulassen?

Das ungeheure Maß der Zerstörung und das Ausmaß des Leidens, von der überraschenden Todesflut ausgelöst, ließen diese Frage weltweit laut werden. Sie ließen eine Frage laut werden, die erstaunlicherweise in unseren normalen Lebensvollzügen meist nur leise mitschwingt. Jeder verheerende Tornado, jedes krebskranke Kind, jede tödlich verlaufende Sepsis, jedes als überraschend und zu früh empfundene Sterben, jede vernichtete Ernte ist aber im Prinzip Anlass genug, diese Frage laut werden zu lassen. In der distanzierten Sprache Kants formuliert, lautet sie: Lässt sich»die Weisheit des Welturhebers gegen die Anklage (verteidigen), welche die Vernunft aus dem Zweckwidrigen in der Welt gegen jene erhebt«?[1] Ist Gott ohnmächtig gegenüber dem als sinnlos empfundenen Leiden und Sterben? Wenn ja, verdient diese In-

---

[1] *I. Kant*, Über das Misslingen aller philosophischen Versuche in der Theodicee (1791), Akad. Ausg. VIII, 255.

stanz dann überhaupt den Namen »Gott«? Gibt es dann noch so etwas wie eine »Weisheit des Welturhebers« und damit überhaupt einen Gott? Oder setzt Gott das als sinnlos empfundene Leiden und Sterben ein, um die Welt zu regieren? Benutzt Gott den Schmerz, das Grauen und die Zerstörung, um die Geschicke und die Geschichte zu lenken? Wenn dem aber so wäre, wie könnten wir dann Gott und Güte, Gott und Liebe, Gott und Barmherzigkeit fest verbinden? Wie könnten wir Gott wirklich vertrauen, Gott anbeten und verherrlichen? Hätte Gott dann nicht einen Januskopf, der auch eine geradezu teuflische Fratze zeigte? Wird die Welt, wenn überhaupt, von einem jansköpfigen Demiurgen gelenkt?

Diese Variante der Theodizeefrage wird noch bohrender, wenn wir nicht, wie es normalerweise geschieht, die unvermeidbare Zerstörungskraft allen physischen Lebens verdrängen. Leben lebt unabdingbar auf Kosten von anderem Leben. Auch der Vegetarier kann nicht darauf verzichten, Pflanzen zu vernichten, um sich am Leben zu erhalten. Leben, physisches Leben jedenfalls, ist unvermeidlich Raub. Alfred North Whitehead hat hierin die letzte Grundlage des moralischen Fragens und die Triebkraft der Religion gesehen: Die Wechselwirkungen mit der Umgebung nehmen »im Falle lebender Gesellschaften ... die Form der Räuberei an. ... Leben ist Räuberei. ... Der Räuber muß sich rechtfertigen.«[2] Wir züchten und schlachten Tiere, wir mähen die Kornfelder, wir beschneiden nicht nur Pflanzen, Hecken und Bäume, wir schneiden sie ab, fällen sie, wir roden und verbrennen. Wir kämpfen gegen sogenanntes Unkraut und gegen Schädlinge. Wir beuten Bergwerke und Ölfelder aus, um die Rohstoffe zu verbrennen und Energien zu gewinnen, die wir zum Leben brauchen oder zu brauchen meinen. Leben ist von einem beständigen Zerstörungsprozess nicht nur begleitet, sondern geradezu getragen.

Wer dieses Problem nicht notorisch verdrängen will, muss romantische Vorstellungen von der universalen Güte der Schöpfung und naive, nicht sorgfältig qualifizierte Gleichsetzungen von »Leben« und »Heil« überprüfen. Wohl ist die Schöpfung voll von Schönheit, Harmonie, Ordnung und Wohlordnung. Wohl gibt es lebensfreundliches und lebensförderliches Leben in Fülle. Aber es gibt auch die andere Seite der Schöpfung und des Lebens. Routinemäßig zerstört Leben anderes Leben, um sich auf dessen Kosten zu erhalten. Routinemäßig vernichten Geschöpfe andere Geschöpfe. Und zu diesen als unvermeidbar and sinnhaft hingenommenen, meist aber verdrängten Zerstörungsprozessen treten dann die kleinen, großen und manchmal riesengroßen Katastrophen, in denen wir eine sinnlose Zerstörungskraft in unser Leben,

---

[2] *A.N. Whitehead*, Prozeß und Realität. Entwurf einer Kosmologie, Suhrkamp: Frankfurt 1979, 204f; vgl. *ders.*, Wie entsteht Religion?, Suhrkamp 1985, 67: »Religion ist das Verlangen nach Rechtfertigung.«

in die Welt hereinbrechen sehen bzw. als Teil der Schöpfung anerkennen müssen.
Was heißt das für die Erkenntnis der Schöpfung, und was heißt das für
die Theodizeefrage? Die nüchterne Wahrnehmung der wirklichen Verfassung der Schöpfung nötigt uns dazu, falsche pauschale Vorstellungen und Urteile über die Unschuld und Güte der Schöpfung und auch
falsche Vorstellungen von Gottes Allmacht zu korrigieren.[3] Wir leben
nicht im Paradies. Wir leben in einer Welt, in der physisches und moralisches Übel breiten Raum einnimmt. Erschreckend machte die To-
deswelle deutlich, was alle Menschen in ihrem Leben in kleineren Dimensionen immer wieder erfahren müssen und was wir doch immer
wieder erfolgreich ausblenden: Wir leben nicht einmal in einem per-
fekten Uhrwerk, das ein großer göttlicher Mechaniker so eingerichtet
hat, wie es besser nicht sein könnte.
Ich werde im Folgenden zunächst auf die tiefe Ambivalenz und letzte
Trostlosigkeit einer Wahrnehmung von Schöpfer und Schöpfung aufmerksam machen, die sich nur auf die Hervorbringung, Erhaltung und
Bewahrung der natürlichen Welt konzentriert. Zweitens wird zu bedenken sein, was es heißt, dass Gott sich erhaltend und rettend, schöpferisch und neuschöpferisch der Welt im gekreuzigten, auferstandenen
und erhöhten Christus und durch ihn zu erkennen gibt. Drittens müssen
wir versuchen, die Kraft des Heiligen Geistes in der Schöpfung und
die die Schöpfung erhebende Teilgabe am göttlichen Leben zu erfassen. Mit diesem theologischen Erkundungs- und Gedankengang werden wir an eine Wahrnehmung des lebendigen Gottes und des göttlichen Wirkens in der Schöpfung heranführen, die trinitätstheologisch
verstanden und entfaltet werden kann. Nicht das Interesse an einem
theologischen Glasperlenspiel ist dabei leitend. Die Trinitätslehre soll
vielmehr helfen, den langen Atem des Glaubens zu verstehen und zu
bewahren inmitten der Erfahrungen zerstörerischer Sinnlosigkeit und
»Zweckwidrigkeit« in dieser Welt.

I   Gott als Schöpfer und Erhalter der Welt: die Ambivalenz und letzte
    Trostlosigkeit einer »natürlichen« Schöpfungstheologie

Lesen wir aufmerksam die biblischen Schöpfungsgeschichten, so müssen wir erkennen, dass Gott dem Himmel, den Gestirnen, der Erde und
den Menschen teilgibt an den schöpferischen Kräften und Mächten.[4] In
abgestufter Weise erhalten sie Anteil an den schöpferischen Aktivitä-

---

3   Siehe dazu auch das erhellende Buch von *Bernd Janowski*, Konfliktgespräche
mit Gott. Eine Anthropologie der Psalmen, Neukirchener Verlag: Neukirchen-
Vluyn 2003.
4   Vgl. *M. Welker*, Schöpfung und Wirklichkeit, Neukirchener: Neukirchen-Vluyn
1995, Kap. 1.

ten. Dieselben Verben, die für das göttliche Schaffen verwendet werden, werden im priesterschriftlichen Schöpfungsbericht (Gen 1) auch für die Kokreativität der Geschöpfe gebraucht. Der Schöpfungsbericht denkt nicht, wie eine weitverbreitete Religiosität und Theologie, in schlichten Eins-zu-eins Strukturen: Gott und Schöpfung, Gott und Welt, Gott und Mensch. Er denkt in Eins-zu-viele Strukturen: Gott und das Licht, der Himmel, die Erde, Pflanzen, Gestirne, Vögel, Fische, Landtiere und die Menschen.

In unterschiedlicher Weise haben ausgewählte Geschöpfe an der Gestaltung der Schöpfung Anteil. Die Himmel scheiden, die Gestirne regieren die Zeiten und Festtage, die Erde bringt Geschöpfe hervor, die Menschen sind zum berühmt-berüchtigten Herrschaftsauftrag bestimmt. Dieser Herrschaftsauftrag soll durch die Würdigung der Menschen, die Imago Dei, das Bild Gottes, zu spiegeln, zum Wohl der Schöpfung wahrgenommen werden. In diesem Eins-zu-viele Verhältnis hat kein Geschöpf die Macht, an Gottes Stelle zu treten. Deshalb fürchtet das biblische Denken auch nicht die Verwechslung von Gott und Geschöpf, eine notorische und durchaus nachvollziehbare Sorge im Rahmen des etwas engstirnigen – aber leider weit verbreiteten – religiösen und theologischen Eins-zu-eins Denkens.

Obwohl die Geschöpfe in nur abgestufter Weise an der schöpferischen Macht Gottes partizipieren, ist ihre Macht doch beträchtlich. Mit dieser Macht werden geschöpfliche Freiheit und Eigenwirken – nicht nur auf Seiten der Menschen, möglich, sondern auch geschöpfliche Selbstgefährdung und Selbstzerstörung. Gott verhält sich zu dieser geschöpflichen Eigenmacht nicht wie ein gigantischer Zauberer, der nach Belieben die Naturgesetze überrollt. Die theologisch beliebte Rede von Gott als der »alles bestimmenden Wirklichkeit«[5] ist zu primitiv, um das Verhältnis von Gott und Gottes Schöpfung angemessen zu erfassen. Gott lässt geschöpfliches Eigenwirken – und zwar auch stetiges und machtvolles Eigenwirken – zu, nicht nur im Blick auf die Menschen.

Die kokreativen Schöpfungsinstanzen und Schöpfungsbereiche werden nach dem Zeugnis des priesterschriftlichen Schöpfungsberichts von Gott mehrfach als »gut« angesehen: »Und Gott sah, dass es gut war« (Gen 1,4.10.12.18). Die Schöpfungswerke insgesamt werden von Gott sogar als »sehr gut« beurteilt (Gen 1,31): »Gott sah alles an, was er gemacht hatte, es war sehr gut.« »Gut« und »sehr gut« – das heißt im biblischen Denken: dem Leben zuträglich bzw. im hohen Maße dem Leben förderlich. Damit ist aber nicht etwa die Differenz zwischen der von Gott als »gut« und »sehr gut« angesehenen Schöpfung und der Herrlichkeit Gottes aufgehoben. Selbst der mit der Imago Dei verbundene sogenannte Herrschaftsauftrag Gen 1,28 spricht deutlich Erobe-

---

5 *R. Bultmann*, Welchen Sinn hat es, von Gott zu reden?, GuV I, [6]1966, 26–37, 26: »Denn wo überhaupt der Gedanke ›Gott‹ gedacht ist, besagt er, daß Gott der Allmächtige, d.h. die Alles bestimmende Wirklichkeit sei.«

rer- und Sklavenhaltersprache. Wohl wird der Herrschaftsauftrag durch die Bestimmung der Menschen, die Imago Dei zu spiegeln (Gen 1,27), balanciert und qualifiziert. Altorientalische Königsideologie steht hier im Hintergrund. Die Menschen sollen in aller machtvollen Wahrnehmung ihrer Selbsterhaltungs- und Reproduktionsinteressen den anderen Geschöpfen Gerechtigkeit und Erbarmen zuteil werden lassen.[6] Dennoch bleibt es bei einem spannungsgeladenen Verhältnis zwischen den Menschen und den Mitgeschöpfen: Die sehr gute Schöpfung ist nicht das Paradies. Sie ist nicht nur auf das erhaltende, sondern auch auf das rettende Wirken Gottes angewiesen, wenn die destruktiven Elemente nicht überhand nehmen sollen. Gott aber kann nach biblischem Zeugnis sein Angesicht abwenden und die Menschen und die Geschöpfe geradezu »dahingeben« an die der Schöpfung eben auch innewohnenden Kräfte der Selbstgefährdung und Selbstzerstörung.

Diese innere Verfassung der Schöpfung ist der harte Kern der Ambivalenz und letzten Trostlosigkeit allen sogenannten »natürlichen religiösen Ahnvermögens«[7] und aller Schöpfungstheologien und Gotteslehren, die nur auf Gottes die Schöpfung erhaltendes Wirken setzen.

Calvin hat dies scharfsinnig gesehen und die damit verbundenen Probleme mit großer Klarheit am Beginn seiner Institutio dargestellt. Er würdigt und kritisiert das religiöse Ahnvermögen, das von der unmittelbaren Selbst- und Umgebungswahrnehmung aus Gott und Gottes Wirken zu erfassen sucht. Einerseits stellt er lapidar fest: »Daß der menschliche Geist durch natürliches Ahnvermögen eine Art Empfindung für die Gottheit besitzt, steht für uns außer allem Streit.«[8] Andererseits betont er, dass die »Empfindung für die Gottheit durch natürliches Ahnvermögen« im menschlichen Geist von *äußerster Vagheit* ist. Die Empfindung der Gottheit oder das Empfinden »um die Gottheit« oder »für die Gottheit«[9] ist keineswegs klar und deutlich. Wenn wir – wie Calvin es gelegentlich tut – diese Empfindung »Wissen um Gott« nennen, müssen wir mit ihm sofort hinzufügen, dass dieses Wissen um Gott »eitel und flüchtig«[10] ist. Es handelt sich nicht um ein spezifisches Wissen um einen spezifischen Gott, es handelt sich eben *lediglich* um ein »*Empfinden* für die Gottheit«.

Dieses vage, eitle und flüchtige Wissen, dieses instinktive Empfinden ist trotz seiner zu Geringschätzung, Herabsetzung oder Vergleichgülti-

---

[6]   Vgl. *Welker*, Schöpfung und Wirklichkeit, Kap. 5.

[7]   Eine treffende Warnung vor der weit verbreiteten Gleichsetzung von »natürlichem religiösem Ahnvermögen« mit »natürlicher Theologie« hat *Wolfhart Pannenberg* ausgesprochen: Systematische Theologie, Band 1, Vandenhoeck: Göttingen 1988, 83ff.

[8]   *Johannes Calvin*, Unterricht in der christlichen Religion. Institutio Christianae Religionis. Nach der letzten Ausgabe übersetzt und bearbeitet von *Otto Weber*, Neukirchener Verlag: Neukirchen-Vluyn ³1988, (zit. Institutio) I,3,1.

[9]   Institutio, I,3,1 und I,3,3.

[10] Institutio, I,3,3.

gung provozierenden Verfassung, trotz seiner Vagheit *außerordentlich mächtig*. Es ist machtvoll in seiner verlockenden und in seiner quälenden Präsenz. Es ist zuzeiten vielversprechend, ermutigend, dann wieder schmerzlich, peinigend. Es ist manchmal hocherregt, manchmal dumpf. Das nichtspezifische Wissen um die Gottheit – wie immer es je auf uns wirkt – ist unausweichlich da. *Es ist ein vages Wissen von einer vagen Macht, die uns nicht klar fixierbar und dennoch unabweisbar umgibt.* Psalm 139 spricht diese Macht an, wenn er formuliert: »Du umschließt mich von allen Seiten und legst deine Hand auf mich« (Ps 139,5). In der Weise der Klage heißt es Hiob 19,6 und 8: »Erkennt doch, dass Gott mich niederdrückt, da er sein Netz rings um mich warf ... meinen Weg hat er versperrt, ich kann nicht weiter ...«
Eindringlich malt Calvin aus, wie das natürliches Empfinden Gottes den Menschen als Gewissensangst umtreiben kann.[11] Die Empfindlichkeit und die rastlose Aktivität unseres Bewusstseins zeigen an, dass wir alle auf eine Weise in eine Wirklichkeit verstrickt sind, die wir nicht angemessen kontrollieren können. Wir sind in eine Wirklichkeit verstrickt, mit der wir kämpfen müssen oder kämpfen zu müssen meinen, weil sie uns uneinholbar umgibt und beständig herausfordert. Noch die für das moderne Bewusstsein so charakteristischen Grundsignaturen Todesfurcht und Bewegungsdrang[12] bringen die rastlose Auseinandersetzung mit dieser vagen Macht zum Ausdruck, die uns nicht klar fixierbar und dennoch unabweisbar umgibt.
Die natürliche Empfindung der Gottheit erschließt uns nicht ein irgendwie wohlgeordnetes Ganzes, einen Fixpunkt, ein Zentrum oder eine sonstwie klar konturierte Instanz. Ihm erschließt sich schon gar nicht eine transzendente Person, etwa ein großes religiös zu erfahrendes »Du«. Der Inhalt des religiösen Ahnvermögens begegnet uns nicht in klaren Formen und Figuren unserer tradierten Frömmigkeiten und Theologien. Das natürliche Empfinden der Gottheit zerstört vielmehr diese Formen und Figuren. Es bezieht sich auf eine vage, in ihrer ubiquitären Vagheit und vermeintlichen Allgegenwart ambivalente Macht um uns her. Psalm 139,7ff hält die Erfahrung dieser Macht fest – allerdings in der Gewissheit, dass sie nicht einer auch für Gott selbst undurchdringlichen letzten Unklarheit und Dunkelheit ausgeliefert ist: »Wohin könnte ich fliehen vor deinem Geist? Wohin mich vor deinem Angesicht flüchten? Stiege ich hinauf in den Himmel, so bist du dort; bettete ich mich in der Unterwelt, bist du zugegen. Nähme ich die Flügel des Morgenrots und ließe mich nieder am äußersten Meer, auch

---

11 Institutio, ebd. Zur Domestizierung dieser Unruhe im modernen subjektivistischen Glauben s. Vf., Subjektivistischer Glaube als religiöse Falle, EvTh 64/3 2004, 239–248.
12 Siehe dazu *D. Henrich*, Die Grundstruktur der modernen Philosophie, in: *H. Ebeling*, Subjektivität und Selbsterhaltung. Beiträge zur Diagnose der Moderne, Suhrkamp: Frankfurt 1976, 97ff.

dort würde deine Hand mich ergreifen und deine Rechte mich fassen. Würde ich sagen: Finsternis soll mich bedecken, statt Licht soll Nacht mich umgeben; auch die Finsternis wäre für dich nicht finster ...« Calvin beschreibt aber auch Faktoren, die dieser Macht und diesem Empfinden des Eingeschlossenseins, diesem Gefühl, unausweichlich umgeben zu sein, gewisse *Grade von Klarheit* zu geben scheinen. Besonders Kapitel 5 des ersten Buchs der Institutio befasst sich mit einigen dieser relativen Klärungen der als übermächtig empfundenen Umgebung: die »schöne Ordnung der Welt«, wie Calvin sagt; die Strukturen der Natur, die Ordnung unseres Körpers, die Zugänglichkeit der Wirklichkeit durch unser Wissen usw. Alle diese Faktoren *verweisen* auf Gottes Macht und Göttlichkeit. Sie verweisen auf eine ihre eigenen Strukturen, Formen, Komplexitäten in bestimmter Weise übersteigende Macht. Im Verweis auf eine ihre eigene Unausgeschöpftheit noch überbietende Macht legt die Schöpfung Zeugnis ab für den Schöpfer! Und eben dies habe Paulus vor Augen, wenn er Röm 1,20 formuliert: »Seit Erschaffung der Welt wird Gottes *unsichtbare Wirklichkeit* an den Werken der Schöpfung wahrgenommen, seine ewige Macht und Gottheit.«

Doch Calvin weist schonungslos darauf hin: Auf dieser Basis können die Menschen niemals zwischen ihren Phantasien und Einbildungen und der wahren Erfahrung Gottes unterscheiden! Wohl pflegen einige Menschen ihrem Aberglauben eine fromme Beschönigung zu geben: Wenn es denn um Religion und Frömmigkeit gehe, so könne die Präsenz der Gottheit doch nicht länger quälend, dann könne auch die menschliche Erfahrung nicht länger völlig unzulänglich sein! Mit vernichtender Nüchternheit stellt Calvin solche frommen Illusionen bloß: »Sie bilden sich nämlich ein, es sei schon genug, wenn der Mensch sich *irgendwie* um die Religion bemühe, auch wenn dieses Bemühen noch so unsinnig sei. Dabei bedenken sie nicht, daß die wahre Religion dem Willen und Wink Gottes als einer unwandelbaren Richtschnur angemessen sein muß ...«[13]

Das Empfinden der Gottheit durch natürliches Ahnvermögen, dem menschlichen Geist eigen, bleibt vage oder – wie Calvin sagt – ein »eitles und flüchtiges« Wissen. Bald loben wir die mathematische Erschließbarkeit der Welt als ein Anzeichen dafür, dass ein schöpferischer Geist in ihr am Werk sein müsse, bald folgen wir den agnostischen Kosmologen in ihrem Urteil: Je länger ich mich mit dem Universum beschäftigte, desto sinnloser kam es mir vor.[14] Bald loben wir die Wohlordnungen und Schönheiten der Welt, bald klagen wir über die Brutalität des »Fressens und Gefressenwerdens«. Wie kommen wir über diese Situation hinaus, wie können wir Gottes Weltregierung oh-

---

13   Institutio, I,4,3.
14   Vgl. *John Polkinghorne / Michael Welker*, An den lebendigen Gott glauben. Ein Gespräch, Gütersloher Verlag: Gütersloh 2005, Kap. 1 und 2.

ne diese Ambivalenz und die notorischen Verdrängungsversuche erkennen, wie können wir die wahre Richtschnur »des Willens und Winks Gottes« finden?

II Die Selbstoffenbarung des rettenden Gottes im gekreuzigten und auferstandenen Christus

Dass Gott sich in Jesus Christus geoffenbart hat, ist das zentrale Bekenntnis des christlichen Glaubens. Dieses Bekenntnis ist nicht leicht in die theologische Erkenntnis einzuholen. Dass Gott »es für gut gehalten hat, in seiner ganzen Fülle in Christus Wohnung zu nehmen, um durch ihn alles zu versöhnen«, dass Gott »alles im Himmel und auf Erden zu Christus führen wollte, der Frieden gestiftet hat am Kreuz durch sein Blut«, wie der Kolosserbrief (Kol 1,19f) sagt, das wagen nicht viele Theologen und Theologinnen argumentativ zu vertreten. In extremen Notsituationen aber, wenn der religiöse Theismus einmal wieder gründlich politisch und ideologisch korrumpiert worden ist, flieht bedeutende Theologie geradezu zu Christus, zur Erkenntnis Gottes in der Menschheit Christi und unter das Kreuz. »*Jesus Christus ...* ist das eine Wort Gottes, das wir zu hören, dem wir im Leben und im Sterben zu vertrauen und zu gehorchen haben«, sagt bekanntlich die erste These der Barmer Theologischen Erklärung. Luther hatte in der berühmten Heidelberger Disputation von 1518 – wohl im Anschluss an die radikale Aussage des Paulus 1Kor 2,2: »Denn ich hatte beschlossen, unter euch nichts zu wissen als allein Christus, und zwar den Gekreuzigten« – noch zugespitzter formuliert: »Gott kann nur in Kreuz und Leiden gefunden werden.«[15]
Gott will in der Menschheit Christi und am Kreuz erkannt werden – und zwar in seiner ganzen Fülle. In der Auslegung des zweiten Glaubensartikel im Großen Katechismus betont Luther, wohl mit Bezug auf den Kolosserbrief, dass Gott sich in Christus »ganz und gar ausgeschüttet hat und nichts behalten, das er nicht uns gegeben ...«[16] In seinem ganzen Werk warnt Luther davor, an Christus, seiner Menschheit und seinem Leiden und Sterben am Kreuz vorbei Gotteserkenntnis zu suchen. »Wer da will heilsam über Gott denken oder spekulieren, der setze alles andre hintan gegen die Menschheit Christi ... Und das ist die einzige und alleinige Weise, Gott zu erkennen, von der die Sentenzenlehrer weit gewichen sind, die an der Menschheit Christi vorbei in die absoluten Spekulationen von der Gottheit sich eingeschlichen haben.«[17]

[15] Ausgewählte Werke I, Kaiser: München 1953, 134 (WA 1, 362).
[16] BSLK, 651.
[17] Gutachten über Joh 6,37-40 an Spalatin vom 12.11.1519, WA Briefe 1, 327ff Nr. 145.

Jeden Versuch, andere theologische Erkenntniswege zu finden, um die, wie gern formuliert worden ist, »christologische Engführung« oder die »christozentrische Engführung« zu vermeiden, bezeichnet Luther als »Sturz in den ewigen Abgrund«. Er warnt davor, Joh 14,6 zu ignorieren: »Ich bin der Weg, die Wahrheit und das Leben, niemand kommt zum Vater denn durch mich.«: »Hörst du, es ist absoluta sententia, daß niemand zum Vater komme, außer durch Christus. In diesem Wege übe dich, und du wirst bald ein tieferer Theologus sein als die Scholastiker. Die kennen diese Tür und diesen Weg nicht, und nicht allein dies, sondern sie schließen ihn sich zu mit ihrem elenden Dünkel als das sind die Listen ihrer Spekulationen.«[18]

Vier Jahre vor seinem Tod, in der Schrift »Von den letzten Worten Davids« von 1542, schreibt Luther zu 2Sam 23,1–7: »Ja, Jesus Nazarenus, am Kreuz für uns gestorben, ist der Gott, der in dem Ersten Gebot spricht: ›Ich, der Herr, bin dein Gott!‹«[19] Er sagt damit nicht: Der Gekreuzigte ist der Schöpfer. Er sagt vielmehr: Der Gekreuzigte ist der Gott, der uns auch im ersten Gebot gegenübertritt und anspricht. Luther denkt hier trinitätstheologisch, bewegt sich zumindest in die Richtung auf eine tiefe trinitätstheologische Erkenntnis und Aussage hin. Doch wie kommen wir von den schöpfungstheologischen Überlegungen, von den Beobachtungen zu den dunklen Seiten der Schöpfung, zu den Grenzen des abstrakten Omnipotenzdenkens und zu den Ambivalenzen der natürlichen Religiosität, wie kommen wir von dort aus zu einem trinitätstheologischen Erkenntniszugang zu Gott? Betreten wir mit der Konzentration auf den Menschen Jesus Christus und auf den Gekreuzigten nicht einfach eine andere Welt, völlig andere Erfahrungsbereiche? Ist die Forderung, im Menschen Jesus und in Kreuz und Leiden Gott zu erkennen, nicht eine unzumutbare Zumutung? Warum wird Gott in der Inkarnation und in Kreuz und Leiden nicht gerade völlig unkenntlich?

Einem Impuls Jürgen Moltmanns folgend, werde ich einen Weg zu beschreiben suchen, auf dem wir in biblischer Orientierung eine Trinitätstheologie entfalten könnten, die nicht in den »absoluten Spekulationen der Scholastiker«, aber auch nicht in abstrakten klassischen, modernen oder nachmodernen trinitätstheologischen Denkfiguren hängen bleibt. Denn wer wollte bestreiten, dass nicht auch im Rahmen von christologisch-trinitätstheologischen Denkoperationen die Menschheit Christi und die Gegenwart des Gekreuzigten bis zur Unkenntlichkeit verblassen können?!

In seinem Buch »Der gekreuzigte Gott«[20] hatte Moltmann unter der Überschrift »Der Weg Jesu zum Kreuz« drei Konfliktebenen unter-

---

18   Ebd.
19   Von den letzten Worten Davids, 1542, WA 54, 28ff, 67.
20   *Jürgen Moltmann*, Der gekreuzigte Gott. Das Kreuz Christi als Grund und Kritik christlicher Theologie, Kaiser: München 1972, vgl. zum Folgenden 121ff.

schieden, auf denen das Kreuzesgeschehen wahrgenommen werden muss, Konfliktebenen, die miteinander in Beziehung stehen: »Die Geschichte Jesu, die zu seiner Kreuzigung führte, war ... eine *theologische Geschichte* und durch den Streit zwischen Gott und den Göttern, nämlich zwischen dem Gott, den Jesus als seinen Vater verkündigte, und dem Gott des Gesetzes, wie ihn die Gesetzeshüter verstanden, und den politischen Göttern der römischen Besatzungsmacht beherrscht.«[21] Moltmann entfaltet die drei Konfliktdimensionen unter den Überschriften: »*Jesus und das Gesetz: der ›Gotteslästerer‹*«; »*Jesus und die Gewalt: der ›Aufrührer‹*« und »*Jesus und Gott: der ›Gottverlassene‹*«.[22] Moltmann konzentriert sein Denken vor allem auf die dritte Dimension, um »den theologischen Prozeß zwischen Gott und Gott (zu) erkennen. Das Kreuz des Sohnes trennt Gott von Gott bis zur völligen Feindschaft und Differenz. Die Auferweckung des gottverlassenen Sohnes verbindet Gott mit Gott zur innigsten Gemeinschaft.«[23] Mit diesem Denkansatz möchte Moltmann die beiden Traditionen in der christlichen Theologie zusammenführen, die »diesem ›Aufruhr‹ im christlichen Gottesbegriff nachgedacht haben: die Entwicklung der *Trinitätslehre* und die Ausbildung der *Kreuzestheologie*.«[24]
Die folgenden Überlegungen werden Moltmanns wichtige Erkenntnis, dass Jesus in einem mehrdimensionalen religiösen und politischen Machtkonflikt gelebt und gewirkt hat und dass er in den entsprechenden komplexen Machtkämpfen ans Kreuz gebracht wird, aufgreifen. In diesem Licht soll das Kreuz als eine Offenbarung der Mächte und Gewalten dieser Welt in ihrem höchsten Triumph und in ihrer tiefsten Trennung von Gott wahrgenommen werden. Der auferstandene Christus ist auch der Gekreuzigte. Nur als der auferstandene Gekreuzigte erweist er seine weltverändernde Kraft. Mit Recht haben die meisten christlichen Kirchen das Kreuz in ihr Zentrum gestellt. Viele Theologen, die die Theologie des Kreuzes und den gekreuzigten Christus ernst nehmen wollten, haben allerdings vor allem Gottes Leiden und die Offenbarung von Gottes Leidenschaft für die Menschen am Kreuz hervorgehoben. Gott erniedrigt sich so weit in das menschliche Leben hinein, dass er in Christus sogar den Tod auf sich nimmt. Deshalb erkennen wir diesen Gott als den menschenfreundlichen Gott, der, wie immer wieder gesagt wurde, »uns näher kommt, als wir uns selbst nahe zu kommen vermögen«. Doch damit ist nach meinem Urteil das, was am Kreuz Christi offenbar wird, noch nicht hinreichend erfasst.

---

21 Ebd., 120.
22 Vgl. ebd., 121ff; 129ff; 138ff.
23 Ebd., 145.
24 Ebd., 146. Vgl. dazu auch: *ders.*, Trinität und Reich Gottes. Zur Gotteslehre, Kaiser: München 1980, 91ff und *ders.*, Der Weg Jesu Christi. Christologie in messianischen Dimensionen, Kaiser: München 1989, 181ff.

Weiterführend ist Moltmanns Erkenntnis, dass Jesus Christus auch als der politische Aufrührer hingerichtet und dass er als der Gotteslästerer, der dem Tempelkult und der Toraauslegung widerspricht, ans Kreuz gebracht wird. Diese Erkenntnis muss weiter verfolgt und radikalisiert werden: Jesus Christus wird im Namen der Politik und im Namen der Religion verurteilt. Er wird im Namen von zweierlei Recht, dem jüdischen und dem römischen Recht, hingerichtet. Auch die öffentliche Meinung ist gegen ihn. »Da schrien sie alle, kreuzige ihn!« (Mk 15,13f par) Die Juden und die Heiden, die Juden und die Römer, die Inländer und die Ausländer sind sich einig. Alle Mächte wirken hier zusammen. Alle weltlichen Immunsysteme versagen.

Die wechselseitigen Kontrollen von Religion, Politik, Recht und Moral fallen im Kreuzesgeschehen aus. Die kritischen Spannungen zwischen den Weltanschauungen und Religionen greifen nicht mehr. Die Konflikte zwischen Besatzern und Besetzten, Weltmacht und unterdrücktem Volk werden überspielt. Selbst die Jünger verraten Jesus, verlassen ihn und fliehen, wie die Abendmahlsparadosis, die Getsemanigeschichte und die »Nacht des Verrats« deutlich machen.[25] Jesus Christus, der den Menschen die Botschaft vom kommenden Reich Gottes brachte, der ihnen die Kräfte der Heilung, die Kräfte der Zuwendung zu den Kindern und den Schwachen, zu den Ausgestoßenen und den Kranken, zu den Notleidenden und Besessenen zuwendete und vermittelte, dieser Jesus Christus wird von den »Mächten und Gewalten«, wie Paulus formuliert, verurteilt, und zwar einmütig. Die »guten Mächte« Religion, Recht, Politik, öffentliche Moral und Meinung, sie alle wirken gegen die Gegenwart Gottes in Jesus Christus zusammen. In diesem Licht, genauer: in dieser Nacht der Not und des Todes erfasst, offenbart das Kreuz die Verlorenheit der Welt. Es offenbart, wie die biblischen Texte sagen, die Welt »unter der Macht der Sünde«. Es offenbart die »Nacht der Gottverlassenheit«, nicht nur für Jesus selbst – sondern auch für die ganze Welt. Das Kreuz offenbart diese Not und Gefahr in der Todesstunde Jesu, aber auch als eine beständig Bedrohung für alle Zeit.

Aus dieser Nacht der Gottverlassenheit befreit die Auferstehung. Gottes Werk allein, nicht Menschenwerk bringt die Rettung. Die wahre Macht, die rettende Kraft, die Lebensnotwendigkeit der Auferstehung wird erst vor dem Hintergrund des Kreuzes offenbar. Dass *Gott und Gott allein* handelt und den Menschen die Rettung bringt, wird angesichts der grauenhaften Möglichkeit und Wirklichkeit erkennbar, dass sich die Menschheit auch mit guten Absichten und besten Ordnungen todsicher ins Verderben bringen kann. Selbst das gute Gesetz Gottes kann von den Menschen, die unter die Macht der Sünde geraten sind,

---

25 S. dazu Vf., Was geht vor beim Abendmahl?, Quell: Stuttgart ²1999, Gütersloher Verlagshaus: Gütersloh 2004, erweitert um ein Register und ein Nachwort zur päpstlichen Enzyklika Ecclesia de Eucharistia.

völlig korrumpiert und missbraucht werden. Perversionen von Religion, Recht, Politik und öffentlicher Meinung können dann triumphieren. Es ist deshalb wichtig zu erkennen, dass Gott aus der totalen Verlorenheit gerettet hat und rettet. Es ist wichtig zu erkennen, wie Gott rettet: nämlich auf eine machtvoll-unscheinbare Weise, nicht durch einen großen Paukenschlag. So beeindruckend das Auferstehungsbild des Isenheimer Altars und die Kyrios-Christologien, die konsequent »senkrecht von oben« denken, sein mögen: Die Auferstehungszeugnisse der biblischen Überlieferungen sprechen eine andere Sprache.

Der Auferstandene ist nicht einfach der wiederbelebte vorösterliche Jesus. Obwohl einige wenige Auferstehungszeugnisse eine Verwechslung von Auferstehung und Wiederbelebung nahezulegen scheinen, ist der biblische Befund ganz klar: Proskynese, niederfallende Anbetung, angesichts einer Theophanie, einer Gottesoffenbarung – und Zweifel zugleich, davon berichten die Texte.[26] Jesu Auferstehung ist eine Wirklichkeit, die einerseits Züge des Sinnfälligen aufweist, die andererseits aber den Charakter der Erscheinung behält. Die Emmausgeschichte ist besonders aufschlussreich: Die Augen der Jünger werden gehalten, sodass sie den Auferstandenen nicht erkennen. Beim Ritus des Brotbrechens werden ihnen ihre Augen geöffnet. Aber im nächsten Vers schon heißt es: »Und er verschwand vor ihren Augen«. Statt sich nun über einen Spuk zu beklagen, erinnern sich die Jünger einer zweiten Evidenzerfahrung, die ihnen aber zunächst noch nicht zur Offenbarung geworden war: »Brannte nicht das Herz uns in der Brust, als er unterwegs mit uns redete und uns den Sinn der Schrift erschloss?« (Lk 24,30ff)

An der Anrede, am Brotbrechen, am Friedensgruß, am Erschließen der Schrift und an anderen Zeichen erkennen die Zeuginnen und Zeugen den Auferstandenen, aber auch an Lichterscheinungen, die einer Verwechslung von Auferstehung und physischer Wiederbelebung direkt widersprechen. Wichtig ist, dass eine *Vielzahl* von *verschiedenen* Evidenzerfahrungen der Christusbegegnung die Gewissheit auslöst: Jesus Christus ist und bleibt und wird unter uns leibhaftig gegenwärtig! Demgegenüber zeigen die Geschichten vom leeren Grab, dass nur eine einzige, wenn auch spektakuläre Offenbarung durch himmlische Boten für sich genommen noch keinen Glauben findet. Vielmehr bleibt es bei Furcht, Schrecken und Schweigen (Mk), der Glaube an einen Leichendiebstahl greift um sich, oder entsprechende Gerüchte, zu Propagandazwecken genutzt, werden verbreitet (Joh und Mt). Nach Lk werden die Grabesvisionen als »Geschwätz von Frauen« abgetan.

---

26 Siehe dazu *Hans-Joachim Eckstein / Michael Welker* (Hg.), Die Wirklichkeit der Auferstehung, Neukirchener: Neukirchen-Vluyn [2]2004, bes. 91–103; *Ted Peters / Robert Russell / Michael Welker* (Hg.), Resurrection: Theological and Scientific Assessments, Eerdmans: Grand Rapids [2]2005.

Die Gewissheit, Christus ist auferstanden, besagt allerdings nicht: Er ist jetzt so gegenwärtig, wie der vorösterliche Jesus gegenwärtig war. Vielmehr wird nun *die ganze Fülle seiner Person und seines Lebens* »im Geist und im Glauben« gegenwärtig. Für ein naturalistisches und szientistisches Denken ist diese Gegenwart »im Geist und im Glauben« schwer nachvollziehbar.[27] Deshalb fixiert es sich immer wieder – nicht nur im Streit der Bult- und Lüdemänner und der Fundamentalisten – auf das Für und Wider der physischen Wiederbelebung. Doch die ganze Fülle der Person und des Lebens Christi bringt sich demgegenüber im Geist, im Glauben und im *kanonischen Gedächtnis* der Gemeinschaft der Zeuginnen und Zeugen zur Geltung. Der biblisch bezeugte Reichtum der Person und des Wirkens Jesu darf dabei gerade nicht verdrängt werden. Das ganze menschliche Leben Jesu und seine Wirk- und Ausstrahlungskräfte sind mit dem Auferstandenen und Erhöhten gegenwärtig und wirksam.

Die Kräfte der Liebe, die Kräfte der Vergebung, die Kräfte der Heilung, die Kräfte der Zuwendung zu den Kindern, zu den Schwachen, den Ausgestoßenen, den Kranken, den Notleidenden werden uns mit der Gegenwart des Auferstandenen vermittelt. Aber auch die Kräfte der Auseinandersetzung mit den sogenannten »Mächten und Gewalten« gewinnen in seiner Gegenwart Gestalt, etwa mit politischen und mit religiösen Mächten im Fragen nach und Einfordern von Gerechtigkeit und in der Suche nach Wahrheit. Die Person und das Leben Jesu Christi setzen normative und kulturelle Erneuerungen und viele andere schöpferische Impulse frei. Auf oft verborgene, aber doch unaufhaltsame Weise greift die Herrschaft Christi unter den Bedingungen dieser Welt um sich und gewinnt sie Raum.

In vielen – auch kleinen – Zeichen der Liebe, der Heilung, der Vergebung, der Zuwendung, der Annahme, der Suche nach Gerechtigkeit und Wahrheit verwirklicht sich die Gegenwart des auferstandenen Christus unter uns. Auf diese oft unscheinbare Weise sind er und das Reich Gottes »im Kommen«. Neben diesem Kommen, um das wir im Vaterunser bitten, bieten die biblischen Überlieferungen aber auch Visionen vom endgültigen Kommen des Menschensohns. Es handelt sich dabei um Visionen, und zwar *notwendig* um Visionen. Denn der Auferstandene und Erhöhte kommt nicht nur im Jahr 2007 oder 3049; er kommt nicht nur nach Deutschland oder nach Nordamerika, nach Lateinamerika oder nach China oder in sonst eine Weltgegend. Der Auferstandene und Erhöhte kommt *in alle Zeiten und Weltgegenden*. Er richtet, wie das Glaubensbekenntnis sagt, *die Lebenden und die Toten*. Das aber ist eine Vision, die alle nur natürlichen Vorstellungen notgedrungen übersteigt. Es ist dies aber eine wichtige und heilsame Vision,

---

[27] Siehe dazu *John Polkinghorne / Michael Welker* (Hg.), The End of the World and the Ends of God: Theology and Science on Eschatology, Trinity Press: Harrisburg 2000.

die sich allen expliziten und impliziten Egoismen bestimmter Zeiten, Kulturen und Epochen entgegenstellt. Der Auferstandene und Erhöhte kommt als der Richter und Retter *aller* Zeiten und Weltgegenden. Hätten wir nur diese Vision des vom Himmel kommenden Menschensohnes mit seinen Engeln, so wären wir arm dran. Eine *tröstende* Vision wird diese Rede vom kommenden Christus deshalb, weil der, der da kommt, nicht erst am Ende aller Tage und aller Zeiten offenbar werden wird, sondern weil er als der Gekreuzigte und Auferstandene *schon jetzt* unter uns ist und weil der Gekreuzigte und Auferstandene derjenige ist, der sich im historischen vorösterlichen Jesus, in seinem Leben und Wirken offenbart hat. Wir dürfen deshalb die Erinnerung an den historischen Jesus, die Vergegenwärtigung des Gekreuzigten und Auferstandenen und die Erwartung seines Kommens nicht auseinanderreißen. Der schöpferische und rettende Gott ist hier gegenwärtig, umgibt und trägt uns in seinem Ja zum Leben gegen die Mächte von Sünde und Tod.

Wenn wir uns diese in und durch Christus geführte Auseinandersetzung Gottes mit den Mächten und Gewalten am Kreuz und die Macht des Lebens des Auferstandenen unter uns deutlich gemacht haben, so entsteht einerseits die Frage: Wie werden diese Kräfte in all ihrer Unscheinbarkeit der Schöpfung zuteil? Andererseits müssen wir vor dem Hintergrund der großen schöpfungstheologischen Dimensionen fragen: Bessert Gott in Christus nicht nur in einer fast hilflos und homöopathisch wirkenden Weise in dem nach, was von den Eigenmächten der Welt und der Menschen an Unheil und Schaden angerichtet wird bzw. angerichtet worden ist? Ist das Leben und Wirken Jesu Christi nicht zu klein, um überzeugend das schöpferische und neuschöpferische Wirken Gottes prägend zum Ausdruck zu bringen? Erst auf diesem Niveau des Fragens erreichen wir die Ebene der zu entfaltenden Trinitätstheologie.

III   Die Erhaltung, Rettung und Erhebung der Schöpfung in der Kraft des Heiligen Geistes

Wir haben Fragezeichen gesetzt hinter den abstrakten Theismus der »Alles bestimmenden Wirklichkeit« und hinter eine unqualifizierte Betonung der »Güte der Schöpfung«. Wir haben die radikale Offenbarung der Welt unter der Macht der Sünde am Kreuz und die barmherzige und oft unscheinbare neuschöpferische Kraft der Gegenwart des Auferstandenen bedacht. Wenn wir nun verdeutlichen wollen, in welcher Weise diese Gegenwart des Auferstandenen die Schöpfung neuschöpferisch durchdringt, so müssen wir auch auf dem Gebiet der Lehre von Heiligen Geist einige Vorurteile beseitigen.

Der Heilige Geist ist eine belebende und lebendig machende Macht. Das heißt gerade nicht, dass – wie manche Pneumatologien behauptet haben – der Heilige Geist schlechthin alles verursacht und dass dieser Geist in gleicher Weise überall am Werk ist. Sowohl der abstrakte Individualismus als auch der abstrakte Universalismus sind für die Lehre vom Heiligen Geist wie für die Theologie überhaupt tödlich. Eine der wenigen biblischen Aussagen, die einen abstrakten Universalismus des Geistwirkens zu vertreten scheinen, findet sich Weisheit 1,7: »Der Geist des Herrn erfüllt den Erdkreis, und er, der alles zusammenhält, kennt jeden Laut«. Dass diese Aussage aber nicht im Sinne einer abstrakten und unqualifizierten Allgegenwart des Geistes gefasst werden darf, wird zwei Verse vorher in demselben Kapitel ganz deutlich: »Denn der Heilige Geist, der Lehrmeister, flieht vor der Falschheit. Er entfernt sich von unverständigen Gedanken und wird verscheucht, wenn Unrecht naht.« (Weish 1,5) Die beschwörenden Aussagen in neutestamentlichen Texten, die Menschen sollten den Heiligen Geist nicht dämpfen, sie sollten ihn nicht vertreiben, sie sollten ihn nicht löschen, sie sollten ihn nicht betrüben[28] – sie wären unverständlich, wenn wir eine ubiquitär flächendeckende Gegenwart des Geistes in jeder Raum-Zeit-Stelle des Universums voraussetzen dürften. Das gestaltete, das Gottes Willen entsprechende Leben, das von Gott bejahte geschöpfliche Leben wird vom Heiligen Geist »zusammengehalten«. Zieht Gott aber seinen Geist zurück, so wird das Geschöpfliche zu Staub und muss vergehen (vgl. Hiob 34,14f; Ps 104,29f).

Der Heilige Geist durchdringt und belebt die Schöpfung mit dem in Christus offenbar gewordenen Leben und dem in ihm erkennbar gewordenen Heilswillen Gottes. Er bestätigt damit die Absichten des Gesetzes, der Tora, den in Gottes Gesetz offenbarten Heilswillen. Gerechtigkeit, Schutz der Schwachen und wahre, universale Gotteserkenntnis – dies verwirklichen der Geist Gottes und der gemäß den messianischen Verheißungen kommende Geistträger. Hierin liegt eine starke Kontinuität zwischen den jüdischen und den christlichen Glaubenstraditionen. Die Diskontinuität ist auf christlicher Seite durch die Behauptung markiert, das Gesetz sei letztlich ohnmächtig gegenüber der Sünde; die radikale Verdunkelung der Tora- und Gotteserkenntnis werde am Kreuz offenbar, aber der rettende Messias sei in Jesus Christus schon gekommen. Auf jüdischer Seite wird das Christuszeugnis als höchst fragwürdig angesehen werden müssen angesichts des von sog. »christlichen Gesellschaften und Staaten« ausgehenden Imperialismus, Kolonialismus, ökologischen Brutalismus und angesichts der abgründigen Grausamkeiten der Schoah im Land der Reformation und der an Christus und der Schrift orientierten Erneuerung des christlichen Glaubens. Ist der Realismus der Tora mit ihrer Orientierung am Zu-

---

28 1Thess 5,19; Eph 4,30.

sammenwirken von Gerechtigkeit, Barmherzigkeit und Gottes- bzw. Wahrheitserkenntnis nicht vorzugswürdig gegenüber einer Theologie des Gekreuzigten und Auferstandenen, die so tief korrumpiert werden konnte?

Die Konzentration auf das Wirken des Heiligen Geistes kann im Blick auf diese Frage Gesprächs- und Begegnungsmöglichkeiten erschließen und unterschiedene, aber doch analoge Differenzierungen im Gottesverständnis freilegen lassen, die auf Seiten der christlichen Theologie zur Trinitätstheologie führen. Dabei sind Schrifttreue und Schriftnähe der Pneumatologie wichtig, wenn der Dialog gelingen soll. Das Bemühen um Schrifttreue nötigt dazu, den leichtfertigen Gebrauch des Omniquantors in der Lehre vom Heiligen Geist zu problematisieren. Der Geist Gottes, der den Erdkreis erfüllt, der alles zusammenhält und jeden Laut kennt« – dieser Geist »flieht vor der Falschheit, entfernt sich von unverständigen Gedanken und wird verscheucht, wenn Unrecht naht.« Damit stehen wir vor dem Problem, die lebendige Macht und die besondere Personalität des Heiligen Geistes zu erfassen und zu bedenken.

Der Heilige Geist ist nach biblischem Zeugnis weder eine flächendeckend überall präsente und wirksame Macht, analog den Naturgesetzen, noch ist er eine personale Instanz im Sinne einer selbstbezüglichen Persönlichkeit. Nicht zuletzt die Verwechslung des Geistes Gottes mit dem selbstbezüglichen Geist der Metaphysik des Aristoteles oder der Philosophie Hegels hat zu einer lange anhaltenden pneumatologischen Sprachlosigkeit geführt.[29] Die Konzeption des Geistes in der abendländischen Denktradition und in den Zeugnissen der biblischen Überlieferungen konnten letztlich nicht zusammengebracht werden. Sie waren strukturell unterschieden. Wohl wird in neutestamentlichen Zeugnissen der Heilige Geist als »Lehrer« bezeichnet, der den Menschen die Wahrheit Gottes erschließt bzw. erschließen lässt (vgl. 1Kor 2,12; 2Thess 2,13; Joh 14,17; 1Joh 5,7; 2Tim 2,14 u.ö.). Doch dabei wird der Geist »nicht aus sich selbst heraus reden, sondern euch sagen, was er hört, und euch verkündigen, was kommen wird« (Joh 16,13). Johannes fährt fort: »Er wird mich – Jesus Christus – verherrlichen; denn er wird von dem, was mein ist, nehmen und es euch verkünden.« (Joh 16,14) Diese vertrauensvolle Beziehung Jesu auf die ihn verherrlichende Macht des Geistes ist aber deshalb möglich, weil »alles, was der Vater hat, mein ist. Darum habe ich gesagt, er nimmt von dem, was mein ist, und wird es euch verkünden.« (Joh 16,15)

Der Heilige Geist zeugt nicht von sich, spricht nicht aus eigener Autorität (vgl. Joh 15,26), und er verkündigt keine Privatbotschaft und vermittelt keinen Besitz Jesu Christi, den dieser nicht mit dem Schöp-

---

29 Siehe dazu *Michael Welker*, Gottes Geist. Theologie des Heiligen Geistes, Neukirchener: Neukirchen-Vluyn 1992; ³2005.

fer teilte. Die schöpferische Macht des Geistes und seine Teilhabe an der Macht des Schöpfers wird von den biblischen Texten durch die Figur der »Geistausgießung« und mit der Rede vom »Erfülltsein« durch den Geist zum Ausdruck gebracht. Der Heilige Geist wird über die Menschen und die Geschöpfen vom Himmel her »ausgegossen«. So wie der Regen vom Himmel her eine ganze Landschaft erneuert, erfrischt und zu gemeinsamem Leben aufblühen und fruchtbar werden lässt, so erneuert der Geist Gottes komplexe Lebensverhältnisse. Die »Klassiker« unter den Zeugnissen für das Geistwirken in der Weise der Ausgießung sind Joel 3 und die Pfingstgeschichte, Apg 2, in der die Joel-Verheißung ausführlich zitiert wird: Auf Männer und Frauen, Alte und Junge, Knechte und Mägde wird Gottes Geist ausgegossen.[30] Wie auch in anderen biblischen Aussagen über das Wirken des Geistes Gottes fällt in Joels Verheißung die Gleichstellung von Frauen und Männern auf. Für patriarchale Gesellschaften ist dies sensationell. Ebenso sensationell nicht nur für antike Gesellschaften ist die Gleichstellung von alten und jungen Menschen. Schließlich wird mit der Geistausgießung die Gleichstellung von sogenannten freien Menschen und von Knechten und Mägden – damals waren das wohl Sklavinnen und Sklaven – ausdrücklich hervorgehoben. Und zwar in einer Sklavenhaltergesellschaft, wie die meisten antiken Gesellschaften es waren. Typische Unfreiheiten und Spannungen, die uns auch heute noch immer wieder bewegen, werden hier ausdrücklich hervorgehoben. Die Spannung zwischen Frauen und Männern, die Spannung zwischen alten und jungen Menschen und die Spannung zwischen freien und unfreien Menschen, zwischen sozial und politisch besser oder schlechter gestellten Menschen. Die Ausgießung des Geistes bringt alle diese Menschen in ein neues lebendiges Gemeinschaftsverhältnis vor Gott und untereinander, das Gleichheit und Wahrnehmung der Differenzen verbindet.

Erkennen wir, dass die Geistausgießung nicht homogenisiert, so können wir die Personalität des Geistes inmitten seiner weit ausgreifenden schöpferischen Macht erfassen. Wohl ist der Heilige Geist nicht selbstbezüglich, wohl zeugt er nicht von sich selbst. Damit fehlt ihm ein Grundzug dessen, was die abendländische Kultur mit Personalität verbindet. Aber der Geist Gottes ist kontextsensibel und begegnungssensibel. John Polkinghorne hat vorgeschlagen, gerade darin seine Personalität zu erkennen und zu würdigen.[31] Die mit der Kontextsensibilität und Begegnungssensibilität des Geistes verbundene Polyphonie des Geistwirkens und die Polyphonie des Zusammenwirkens der vom

---

[30] Vgl. zum Folgenden im Detail *M. Welker*, Gottes Geist, bes. Kap. 5.
[31] *John Polkinghorne*, Faith in the Living God. A Dialogue, SPCK: London und Fortress: Philadelphia 2001, 71ff, s.a. 97; jetzt in: *John Polkinghorne / Michael Welker*, An den lebendigen Gott glauben. Ein Gespräch, Gütersloher: Gütersloh 2005.

Geist Begabten wird aber leicht übersehen. Sie wird leicht durch die vielen »Einheit« beschwörenden Aussagen ausgeblendet, die dazu auffordern, dass die Glaubenden »in dem einen Geist feststehen und einmütig für den Glauben an das Evangelium kämpfen sollten« (Phil 1,27) und dass sie durch den »einen Geist in einen Leib getauft« worden sind (1Kor 12,13). Allein der Leib Christi ist, wie Paulus immer wieder betont, ein differenzierter Leib mit verschiedenen Gliedern und Gaben, die kreativ zusammenwirken sollen. Und 1Kor 12,11 betont ausdrücklich, dass der eine Geist »einem jeden seine besondere Gabe zuteile, wie er will.« Dies könnte mit der Aussage Joh 3,34 kompatibel sein, dass Gott »den Geist ohne Maß gebe«, auf jeden Fall mit der Erkenntnis, die Paulus 2Kor 3,17 ausspricht: »Wo der Geist des Herrn ist, da ist Freiheit.«

Die Macht der Ausgießung, die Kontextsensibilität und die damit verbundene Freiheit schaffende und stärkende Personalität des Geistes bedingen die große Tiefe seiner Wirksamkeit. Der Geist durchdringt nicht nur die Tiefen der Gottheit (1Kor 2,10), sondern setzt auch Kräfte frei, die stärker sind als menschliches Erkennen und menschliche Sprachfähigkeit und Weisheit: (z.B. 1Thess 1,5; 1Kor 2,4; Röm 8,26f; 15,19). Andererseits gibt der Geist den von ihm erfüllten Menschen nach 1Kor 2,15 eine tief greifende Erkenntniskraft: »Der geisterfüllte Mensch urteilt über alles, ihn aber vermag niemand zu beurteilen.« In und mit dieser Macht des Geistes gibt der dreieinige Gott der Schöpfung seinen Heilswillen zu verstehen, vermittelt er den Geschöpfen die Teilhabe am göttlichen Leben, das die Christinnen und Christen als in Jesus Christus geoffenbart bekennen. In und mit dieser Macht des Geistes gibt der dreieinige Gott den Geschöpfen Anteil am göttlichen Leben. In einer Wendung, die zwischen dem Bezug auf die Herrschaft des Geistes und der Herrschaft Christi zu oszillieren scheint, formuliert Paulus 2Kor 3,18: »Durch den Geist des Herrn werden wir in sein eigenes Bild verwandelt, von Herrlichkeit zu Herrlichkeit.«

Die Verwandlung der »seufzenden Schöpfung« in das Bild Gottes durch die Ausgießung des Geistes und des Erfülltwerdens der Schöpfung durch den Geist, damit steht uns die komplexe Beziehung des dreieinigen Gottes zu Menschen und Welt vor Augen. Das Wirken des Geistes wird von den biblischen Überlieferungen durchgängig mit »Freude und Frieden« assoziiert,[32] d.h. mit Beziehungsgeflechten, in denen die einzelnen Glieder der Glaubensgemeinschaft und Schöpfungsgemeinschaft nicht nur erhalten und affirmiert werden. Es werden vielmehr Beziehungsgeflechte geschaffen, in denen sie erhoben und geheiligt und zugleich versöhnt werden mit den Personen, Kreaturen und Kräften, die ihre Existenz bedrängten und bedrohten. Diffe-

---

32   Vgl. 1Thess 1,6; Gal 5,16ff; Röm 8,6; 14,17; 15,13; Eph 4,3.

renzen werden in fruchtbare Kontraste transformiert, konfliktträchtige Differenzen in schöpferische Differenzen verwandelt.

In all seiner Macht, immer wieder neu einen – mit Luthers Worten – »fahrenden Platzregen des Evangeliums« auslösen zu können, bleibt der Geist sensibel für die von ihm überkommenen und erfüllten Geschöpfe und respektiert und stärkt ihre Freiheit. Er begegnet den Menschen in der beharrlichen Bemühung, sie immer wieder neu dazu zu bringen, nach wirklicher Gerechtigkeit zu fragen, effiziente Barmherzigkeit zu praktizieren und beharrlich nach der Wahrheit zu suchen und darin Gott zu dienen. Er begegnet den Christenmenschen in der sanften und barmherzigen Gegenwart des auferstandenen und erhöhten Christus, der sie in der Angefochtenheit und Unscheinbarkeit seiner wahrhaftigen Nachfolge zu »Gliedern der neuen Schöpfung« werden lassen will. Nur die Konzentration auf das Wirken des dreieinigen Gottes lässt Gottes Heilswillen und den Weg erkennen, den Geschöpfen an der Wirklichkeit der Auferstehung und am ewigen Leben Anteil zu geben.

MICHAEL MEYER-BLANCK

Die Aktualität trinitarischer Rede von Gott für die Praktische Theologie[1]

Der Titel des mir gestellten Vortragsthemas hat eine doppelte Voraussetzung. Zum einen ist damit angenommen, dass Praktische Theologie eine Theorie der Rede von *Gott* ist und nicht lediglich eine deskriptiv vorgehende Theorie der Religion, oder doch mindestens, dass die Rede von *Gott* das Interesse der praktisch-theologischen Theoriebildung findet. Und zum anderen ist angenommen, dass nicht *allgemein* die Rede von Gott, sondern die *kirchliche* Rede von Gott, also im Rahmen der trinitarischen Selbstvergewisserung, das Thema der Praktischen Theologie ist.

Beides ist keineswegs selbstverständlich, da die Praktische Theologie in den letzten Jahrzehnten verstärkt daran gearbeitet hat, die Religion außerhalb der Kirche in den Blick zu bekommen. Die christliche Religion des Einzelnen und der Gesellschaft (Rössler 1992) folgte nie direkt der Kirche, den Formulierungen der Bekenntnisse und ihrer Ausleger. Nur hat man daran lange Zeit nicht gedacht.

Die Gottesvorstellungen von Nicht-Theologen wurden auch in der Praktischen Theologie erst mit dem Programm der »Religiösen Volkskunde« zu Beginn (Grethlein/Meyer-Blanck 1999, 24–34) und dann am Ende des 20. Jahrhunderts, u.a. mit den EKD-Studien seit 1984, zum Thema. Die Ergebnisse lassen sich stark verkürzend, aber doch nicht falsch, auf den folgenden Nenner bringen: Der christliche Glaube der Mehrheit der Kirchenmitglieder expliziert allgemein die Frage nach Gott, aber so gut wie nicht die Fragen nach der Christologie oder der Trinität. Das gilt jedenfalls für die Semantik, für das von Menschen sprechend oder schreibend selbst zum Ausdruck Gebrachte.[2]

---

[1] Vortrag bei der Tagung der »Gesellschaft für Evangelische Theologie« in Erfurt am 23.2.2005. Der Vortragsstil ist beibehalten und der Text nur an wenigen Stellen durch Fußnoten ergänzt worden.

[2] Das heißt, dass man in weiterführenden Auswertungen wahrscheinlich durchaus Spuren der spezifisch christlichen Weise, von Gott zu reden, finden würde, insofern in den Interviews von der Menschlichkeit und Beziehungshaftigkeit Gottes her gedacht wird. Derlei existentielle Tiefenstrukturen im Verständnis Gottes dürften – wenn auch forschungspraktisch schwieriger auszumachen – für das tatsächlich gegebene Gottesverständnis der Kirchenmitglieder von mindestens so großer Bedeutung sein wie bestimmte Ausdrucksformen der Tradition.

Daraus ergibt sich für das kirchliche Handeln im Hinblick auf das trinitarische Reden die Grundfrage, ob es sich primär um ein *Bildungs-
problem* im Hinblick auf die Mehrzahl der Christen handelt oder um
ein *Verstehensproblem* der Theologie. Im ersten Falle wäre zu fragen,
wie die trinitarische Grundstruktur des christlichen Glaubens so elementar verständlich gemacht werden kann, dass sie Menschen zum
Bereich eigener Erfahrung werden kann. Im zweiten Falle wäre zu fragen, ob es Entsprechungen zur Erfahrung des lebendigen Gottes in
ganz anderen Ausdrucksformen als in den geläufigen Bekenntnissätzen
gibt, also eine implizite Trinitätslehre, die aber auf der Ebene der Aus-
drucksgestalt von der professionellen Theologie nicht richtig erkannt
wird. Die beiden Fragen sind jedoch keine einander ausschließenden
Alternativen. Denn je genauer die Wahrnehmung des christlichen
Glaubens im Alltag ist, desto erfolgreicher können kirchliche Bil-
dungsbemühungen sein. Und je mehr die christlichen Bildungsbemü-
hungen über die allgemeine Gottesfrage hinaus den biblischen Gott in
seiner Lebendigkeit, in den Kategorien von Bewegung und Beziehung
erschließen, desto stärker werden Menschen die Trinitätslehre nicht als
Spekulation, sondern als Lebensbewegung des Glaubens für sich erfahren und dann auch zur Sprache bringen können.

Die Praktische Theologie als Hermeneutik christlicher Praxis wird also
auch bei der trinitarischen Rede von Gott in der Doppelbewegung,
vom Verstehen der Praxis des Glaubens hin zur Theologie und umgekehrt, verfahren. Geschieht diese Denkbewegung dann auch im Rahmen der akademischen Disziplin Praktische Theologie, dann ist es angemessen, das Thema in vier Punkten zu bearbeiten: Nach einem Blick
auf die trinitarischen Redeformen in der kirchlichen Praxis und in der
praktisch-theologischen Theoriebildung (1 und 2) wende ich mich den
Herausforderungen der Trinitätstheologie für die kirchliche Praxis, u.a.
für die Bildung zu (3) und frage schließlich nach den Herausforderungen der Praxis für eine aktuell anschlussfähige Trinitätstheologie (4).
Da die beiden ersten Aspekte lediglich deskriptiv und damit für die
Vortragsform weniger interessant sind, behandle ich diese knapper.

1 Trinitätstheologisches in der kirchlichen Praxis

Die Trinitätstheologie als die Konzentration christlicher Gotteserfahrung begegnet in der liturgischen Praxis an Punkten der Intensivierung
von Erfahrung. Diese Intensivierung ist vor allem die Liturgie, für die
Gemeinde im Wochenrhythmus, für viele Kirchenmitglieder aber auch
im Jahres- oder Lebensrhythmus. Das Trinitatisfest ist bekanntlich
nicht der Höhepunkt des Kirchenjahres, sondern eher eine Gewohnheit
aufgrund der Perikopenordnung. Die trinitarischen Formulierungen in
Gloria-Patri-Strophen von Chorälen, im Gloria Patri selbst, im Credo

und in Einsegnungsformeln jedoch sind die Art und Weise, in der die Trinitätstheologie noch allgemein vertraut ist. Man schätze das nicht gering! Denn eine neue Untersuchung über die Dreieinigkeit Gottes im Kirchenlied der Gegenwart (Ansgar Franz, Bochum) hat gezeigt, dass die Trinität aus dem neuen geistlichen Lied immer mehr verschwindet, wobei es sich übrigens um eine ökumenische Entwicklung handelt (die meisten katholischen und evangelischen neuen Liederbücher enthalten mehrheitlich identische Lieder, Ansgar Franz spricht von einer »Top 24«). Die in den von Franz untersuchten 10 Liedsammlungen am häufigsten begegnenden Lieder (insgesamt handelt es sich um 1371 verschiedene Stücke) sind an dem Thema oder dem Motiv der Dreieinheit Gottes nicht interessiert. Franz stellt fest, dass die wenigen Lieder mit trinitarischem Bezug (etwa 1 Prozent) die »Existenz in erster Linie dem Umstand verdanken, dass auch das Neue geistliche Lied sog. Credo-Lieder zum Messproprium beizusteuern hat«, und er fügt karikierend hinzu, hier würden »drei Schubladen geöffnet, mit theologischen Floskeln gefüllt und wieder fest verschlossen, damit keine Beunruhigung der Gemeinde eintritt.« Jochen Kleppers »Nun sich das Herz von allem löste« (EG 532) hingegen nimmt er als positives Beispiel explizit von dieser Kritik aus.

Die *hymnologisch-liturgische Form der Trinitätstheologie* bringt grundsätzlich ein Problem mit sich, das mit Formeln stets verbunden ist: Formeln führen Gemeinde wie Liturgen leicht zu einer Automatisierung statt zu einem aktuell verstehenden Nachvollzug. Denn Formeln können nur etwas verdichten, was selbst an anderer Stelle lebendig ist. Ein weiterer Nachteil besteht darin, dass sich in den additiven Formeln ein tritheistisches Missverständnis nahe zu legen scheint, wie es etwa im Hinblick auf das Gloria Patri im Zusammenhang der Entstehung des »Ev. Gottesdienstbuches« problematisiert wurde. Das ist liturgietheologisch eine schwierige Frage. Dabei halte ich übrigens die Entscheidung des EGb *für* die Beibehaltung der klassischen Formel (»Ehr’ sei dem Vater und dem Sohn und dem heiligen Geist«) *gegen* die syrisch-antiochenische (»Ehr’ sei dem Vater *durch* den Sohn *im* heiligen Geist«) für richtig, weil man sonst nur die Gefahr des tritheistischen Missverständnisses durch die Gefahr des subordinatianischen ersetzt und die grundlegende Beziehungsstruktur der Seinsweisen Gottes in ein scheinbar schlüssiges Dreierschema gebracht hätte, das gerade wegen seiner Scheinplausibilität problematisch sein kann.[3] Die mit der

---

3   Im Gespräch mit Bertold Klappert in Erfurt ist es mir wichtig geworden zu betonen, dass sich die Verwendung des »Gloria Patri« nicht darauf beschränken kann, eine »Rechenschaftsablage« gegenüber dem jüdischen Psalmbeten zu sein. Es ist für mich vielmehr das Einstimmen in das Beten Israels, als ein dramaturgisch-heilsgeschichtliches »Portal« zur Liturgie, als Vorbereitung auf das Reden »mit unserem lieben Herrn selbst« (so Luthers bekannte Torgauer Formel von 1544, WA 49, 588), das daraufhin dann in Kyrie, Gloria und Kollekte geschieht.

Formel zum Ausdruck gebrachte *Beziehungsstruktur* ist für das christliche Gebetsverständnis fundamental. Dennoch bedeutet das nicht, das man dieses durch eine ganz bestimmte, dann als »richtig« missdeutbare (wie altkirchlich als problematisch empfundene) Formel zum Ausdruck bringen muss. Auf jeden Fall bedürfen trinitarische Kurzformeln, die wegen ihrer Kürze immer zu einem der klassischen trinitarischen Missverständnisse tendieren, einer Erschließung in Predigt und Gebet sowie im Unterricht, damit das Additive und Formelhafte den Blick auf die Geschichtlichkeit und Lebendigkeit Gottes eröffnet, anstatt ihn zu verschließen.

Die trinitarische Qualität (bzw. das Defizit) einer Liturgie oder Liturgietheologie hängt jedenfalls nicht davon ab, wie oft und gleichmäßig bestimmte trinitarische Formeln benutzt werden. Die trinitarische Qualität bemisst sich daran, inwiefern die Treue und Lebendigkeit des biblisch bezeugten Gottes zur Erfahrung gebracht werden kann. Wichtiger als der schulmäßige Rekurs auf Vater, Sohn und Geist ist die Beziehungsqualität zum lebendigen Gott, von der die Trinitätslehre der Ausdruck ist. Das trinitarische Bekenntnis hilft der Gemeinde, die Realität des mit ihr sprechenden Gottes in der ganzen Fülle zu vergegenwärtigen, anstatt Gott zu einem gut fasslichen, aber eindimensionalen Prinzip zu machen. Die grundlegend trinitarische Struktur des öffentlichen christlichen Betens im Gottesdienst – durch Christus im Heiligen Geist – scheint jedoch vielfach nicht mehr als Impulsgeber für die Formulierung von Gebeten geläufig zu sein, wenn man neuere Agenden sichtet (Merkel 1998, 71).[4]

Im *Unterricht* findet den Lehrplänen zufolge die Trinitätstheologie kaum einen Platz, sieht man einmal von einer Einführung in das Kirchenjahr und von der Grundstruktur des Katechismus im Konfirmandenunterricht ab. Eine besondere Idee war in diesem Zusammenhang schon der Versuch in dem Konfirmandenbuch »Leben entdecken« der VELKD, anhand von Luthers Erklärung zum 3. Glaubensartikel das »curriculum fidei« und das »curriculum vitae« zusammenzudenken. Dabei wurde die Formulierung Luthers zum Leitfaden für den Aufbau des gesamten Buches und damit des gesamten Konfirmandenkurses. Das bedeutete, dass u.a. die Themen »Gott und Gott ist zweierlei« und »Liebe, die keine Grenzen kennt« (zur Taufe) mit dem Anfang von Luthers Erklärung (»Ich glaube, dass ich nicht aus eigener Vernunft noch Kraft...«) verbunden wurden. Doch dieser pneumatologisch-christologische Zugang führte noch nicht – jedenfalls nicht explizit – an die trinitarischen Fragen heran.

---

4   Selbstverständlich kann man das nicht lediglich an einzelnen Formulierungen in den Gebeten des neuen »Ev. Gottesdienstbuches« festmachen, zumal darin mit der Ermutigung zur Entfaltung des eucharistischen Betens – in seiner anamnetischen, christologischen und epikletischen Dynamik – ein deutlicher Bezug zur trinitarischen Rede von Gott vorliegt.

Im Oberstufenunterricht des Gymnasiums werden zwar in der Regel die Grundfragen der Christologie thematisiert; aber ähnlich wie im Gottesdienst stehen die drei Seinsweisen Gottes je für sich und folgen einander additiv (etwa in den fünf theologischen Themenfeldern Gottesfrage, Christologie, Kirche, Weltverständnis, Ethik, wie z.B. in den gymnasialen Oberstufenrichtlinien NRW). Die Trinitätstheologie scheint zu speziell fachwissenschaftlich zu sein, als dass sie fachdidaktisch erschlossen werden könnte.

2 Trinitätstheologie in der Praktisch-theologischen Theorie

Die am meisten verbreitete Praktische Theologie, diejenige von Dietrich Rössler, folgt zwar einer dreifachen Unterscheidung (individuelles, kirchliches und gesellschaftliches Christentum), aber nicht der Trinitätstheologie; ähnlich ist es mit der daran anknüpfenden Praktischen Theologie von Wolfgang Steck. Das liegt daran, dass hier der Primärtext, den es auszulegen gilt, die christliche Praxis ist und nicht nur der Textbestand der Tradition. Die Disziplin Praktische Theologie beschäftigt sich zwar in ihren Einzeldisziplinen mit der Theorie der Kommunikation des Evangeliums des dreieinigen Gottes (wie ich eben kurz andeutete). Aber die Disziplin als ganze fragt eben nach den Möglichkeitsbedingungen, unter denen das erfolgen kann, und mithin nach den individuellen und gesellschaftlichen Zusammenhängen, in denen Religion und christlicher Glaube begegnen. Die Praktischtheologischen Entwürfe entnehmen aus diesem Grunde ihre Gliederung nicht der theologischen Lehre, sondern der Deutung der Wirklichkeit, innerhalb derer sie Theorien für die Kommunikation dieser Lehren sichten und bereitstellen.

Wenn eine trinitätstheologische *Gliederung* der Praktischen Theologie (als »Theorie der Praxis« der Kirche) nicht sinnvoll wäre, bedeutet das jedoch nicht, dass nicht in der Struktur ihrer theologischen Grundmuster trinitarische Argumentationen sinnvoll wären. In der Tat gibt es dafür einige Beispiele aus den letzten 15 Jahren, die kurz erwähnt seien. Ich beschränke mich auf Entwürfe, in denen die Trinität eine tragende Rolle spielt, und zähle nicht alle Einzelheiten auf.[5] Im reformierten Bereich finden sich mehrfach, also nicht nur bei Rudolf Bohren, pneumatologische Bezüge in der Praktischen Theologie (etwa bei Genre 1991, 88; Genre 2004, 167).

Albrecht Grözinger hat 1989 in einem Essay »zu einer trinitarischen Grundlegung der Praktischen Theologie« aufgerufen, um die damals viel diskutierte Frage nach der Einheit der Disziplin (in all ihrer zu-

---

5 Dies gilt etwa für *Wilfried Engemanns* auch trinitarisch gedachtes Personenkonzept (Engemann 2003), 274f.

nehmenden Unübersichtlichkeit) bearbeiten zu können. Er hat dazu die
Trinität als menschenfreundliche und lebensgeschichtlich denkende
Lehre beschrieben (29.33), die sich im Erzählen verwirklicht (40ff)
und bei der es um das »Zusammentreffen der Horizonte von Gottesgeschichte und jeweils individueller Lebensgeschichte« gehe (57). Diese
Verschränkung ist sehr sinnvoll; das Potenzial der trinitarischen Aussagen jedoch ist mit diesen allgemeinen Bemerkungen nur angedeutet
und nicht ausgeschöpft.

Im speziell religionspädagogischen Zusammenhang rekurrierte *Reinhard Wunderlich* in seiner Habilitationsschrift von 1997 auf die Trinität im Zusammenhang einer positiven Wertung des Pluralismus. Dazu
entwickelte er den Begriff der Selbstunterscheidung bzw. der Selbstbegrenzung von der Trinitätslehre Pannenbergs her: Durch Gottes
Selbstunterscheidung vom Sohn wird die göttliche Vollkommenheit
abhängig gemacht vom Sohn und so »eingetaucht in den Modus der
Selbstbegrenzung« (196), woraus didaktisch ein lebensförderliches
»Grenzbewusstsein« folgen soll. Aber auch hier bleibt es bei eher
grundsätzlichen pädagogischen Überlegungen, ohne dass das trinitarische Denken didaktisch – für die Kommunikation materialer religiöser
Erfahrung – fruchtbar gemacht würde. Gerade ein solches *genetisches*
Verständnis von Theologie ist aber dennoch praktisch-theologisch
wichtig, und ich werde unten darauf zurückkommen.

Am weitesten ausgearbeitet ist die trinitarische Seelsorgetheologie von
Holger Eschmann aus dem Jahre 2000, die Gottes schöpferisches Wirken und die therapeutische Seelsorge, sodann Anfechtung, Schuld und
Trost mit der Christologie und schließlich die Sorge um das Christsein
und Christbleiben mit der Heiligung durch den Geist korreliert. Allerdings wäre auch hier noch weiter zu überlegen, inwieweit nicht nur die
drei Wirkungsweisen Gottes, sondern die damit gegebene immanente
Beziehungsstruktur in Gott für eine im Namen Gottes agierende Seelsorge und deren Arbeit mit und an Beziehungen fruchtbar zu machen
ist. Hier wie an anderer Stelle ist also noch einiges zu entdecken. Nach
diesen wenigen Bemerkungen als den beiden sichtenden Punkten
komme ich damit zu den trinitätstheologischen Herausforderungen.

3 Herausforderungen der Trinitätstheologie für die kirchliche Praxis

Oben hatte ich bemerkt, die Trinitätstheologie erscheine zu speziell
fachtheologisch für eine fach*didaktische* Erschließung. Denn auch der
gymnasiale RU bemüht sich gegenwärtig um einen Ansatz, der von der
Religion in Gesellschaft und Medien und besonders von der subjekti-
ven Religion der Jugendlichen ausgehen will (etwa: »Kursbuch 11+«).
Wenn es aber bei der Bildungsbemühung um die doppelt gegenseitige
Erschließung von Bildungsgegenstand und Bildungssubjekt gehen soll,

um die Verschränkung von jugendlicher Religion und klassischen Explikationen der christlichen Erfahrung, dann sind dazu gerade solche Texte geeignet, die den christlichen Glauben von der menschlichen Subjektivität her erschließen. Erst der Vorbereitung auf diese Tagung verdanke ich die Einsicht, dass dafür kaum ein Text geeigneter sein könnte als das –zugegebenermaßen nicht leichte – Buch X aus »De trinitate« von Aurelius Augustinus.

Zur pädagogischen Erinnerung: Die Erarbeitung eines solchen klassischen theologischen Textes kann (und soll) im schulischen RU als Bildungsbemühung selbstverständlich nicht zielgerichtet von der Wahrheit des christlichen Glaubens überzeugen wollen bzw. zum Glauben führen. Es geht vielmehr darum, in bildender Absicht Strukturen des Glaubens auf dem Hintergrund des Verstehens zu erschließen. Doch gerade dazu ist das Buch X aus »De trinitate« insofern besonders geeignet, als darin der menschliche Selbstbezug, ausgehend vom Gemüt (mens) als amor sui, zur Frage wird.

Das ist ein für junge Erwachsene keineswegs fern liegendes Thema. Denn erst an der Wende zum dritten Lebensjahrzehnt beginnt die konsequent individuell reflektierende Form von Religion.[6] Augustinus zeigt, wie die eigene Einsicht und der eigene Wille mit dem eigenen Erinnerungsvermögen so verbunden sind, dass der Selbstbezug die unhinterfragte und nicht hinterfragbare Ebene jedes Bewusstseinszustandes ist. Der Mensch kann sich nicht nicht kennen, »da er, wenn er sich als Nichtwissenden weiß, sich sicherlich weiß.« (De trinitate, X. 3.5) Der Verstand, der Geist, das Selbstbewusstsein, oder wie immer man diese Ausdrücke für Individualität wählen mag, ist nicht etwas diesem Wissen zugrunde Liegendes, sondern ist alles das, ohne dass die drei Aspekte identisch oder austauschbar wären. Man kann nicht denken, ohne sich selbst zu denken, auch wenn man daran normaler Weise nicht denkt. Man kann diesem merkwürdigen Phänomen immer nur nach-denken und wird dann zu Unterscheidungen kommen, die denjenigen Augustins vergleichbar sind.

Der Selbstbezug liegt dem allem immer schon voraus. Diese Einsicht in das Denken des eigenen Denkens hat zunächst für sich etwas Faszinierendes. Das Didaktische liegt aber darin, dass man bei der Lektüre ganz vergisst, dass es sich um einen theologischen Text handelt und dass man erst am Schluss wieder deutlich merkt, dass hier die Denkstruktur der Trinitätslehre erkenntnisleitend war:

»Diese drei also, Erinnerung, Einsicht und Wille, sind, da sie nicht drei Leben sind, sondern ein Leben, und nicht drei Geister, sondern ein Geist, folgerichtig auch nicht drei Substanzen, sondern eine Substanz.« (Augustinus, De trinitate, X. 18)

---

6   Das ist eines der wichtigen Ergebnisse der bekannten und auch in Deutschland viel rezipierten Forschungen von *James W. Fowler* (Fowler 1991 [1981]).

Dabei geht es im Zusammenhang schulischer Bildung nicht um einen Wahrheitsbeweis, sondern um das Erschließen einer theologischen Struktur in Analogie zum sich-selbst-Denken. Man kann beides nachvollziehen, ohne deswegen die Rede vom dreieinigen Gott glaubend annehmen zu müssen. Aber man kann daran zeigen, dass es ein dreistelliges Denken gibt jenseits des Additiven und des Prinzipiellen (wie dies den Missverständnissen des Tritheismus oder Modalismus entsprechen würde). Auch wird nicht die Selbsterkenntnis in einer theologisch illegitimen Analogie bemüht. Recht verstanden erschließt »De trinitate« gerade nicht die »natürliche«, sondern die göttliche Gotteserkenntnis in all ihrer Unerkennbarkeit. Die Analogie führt dann gerade auf das bleibende Mysterium statt auf das zu entschlüsselnde Rätsel, auf die Analogielosigkeit, auf die radikale Unterschiedenheit Gottes, weil die Seinsweisen des Bewusstseins nicht Gott als Grund beinhalten, sondern auf die Seinsweisen Gottes verweisen. So wie der sich selbst erschließende Geist sich immer im Verstehen Geheimnis bleibt, so wird die Geheimnisstruktur des lebendigen Gottes erschlossen und gerade nicht per analogiam aufgelöst. Dazu vergleiche man nur »De trinitate« XIV, 2.4., wo Augustin davor warnt, dass »von zeitlichen Dingen her bestimmt erscheint [in rebus temporalibus constitua uideatur], was nur in ewigen zu bestimmen ist« (Ausgabe Kreuzer 2001, 185, 2–4).

An dieser Stelle ist an den Streit zwischen Erich Przywara (1889– 1972) und Karl Barth über die Analogie zwischen Gott und Mensch zu erinnern. Recht verstanden dient die Analogie bekanntlich nicht der Aufhebung, sondern der Vertiefung von Gottes Geheimnis, dem Nachbuchstabieren seiner Liebesbeziehung zum Menschen. Gottes Beziehung in sich und damit zum Menschen ist Geheimnis, aber nicht Rätsel. Rätsel werden gelöst, in Geheimnisse vertieft man sich. Darum muss die anthropomorphe Rede von Gott so verstanden werden, dass in der Struktur des Selbstverstehens wie in der Beziehung Gottes zum Menschen Gottes Wesen als Geheimnis aufleuchtet und sich zugleich erneut verbirgt. Gott vollzieht »die seiner Göttlichkeit eigene Menschlichkeit, um gerade so den Unterschied zwischen der seiner Göttlichkeit eigenen Menschlichkeit und der Menschlichkeit des Menschen konkret werden zu lassen.« (Jüngel 1977, 393) So wird die Trinitätslehre auch anschlussfähig für die pädagogische Anthropologie, die den Menschen mit Hilfe des Bildungsbegriffes jeweils in seinem Selbstbezug bei gleichzeitigem Schutz vor jeder Form von Verfügungsrationalität zu denken bestrebt ist. Dies alles sind gute Gründe, Augustins »De trinitate« nicht den Patristikern und Philosophen zu überlassen, sondern ihn im Sinne der bildenden Erschließung des Glaubens über die Struktur des Selbstbezuges zu verwenden (und zu genießen: »uti et frui« in Augustins Terminologie).

Dabei handelt es sich um eine sehr intellektuelle Annäherung an die Trinität. Dieser Zugang kann darum ergänzt werden durch nicht lediglich bewusstseinsphilosophische, sondern phänomenologische und damit zugleich leibbezogene Sichtweisen. Diese hat etwa Josef Wohlmuth im Rückgriff auf die Phänomenologie der Leiblichkeit bei Lévinas geltend gemacht.[7] Der Geist bringt uns Jesus nicht nur wie »einen Lehrer des historisch-kritischen Unterrichts« nahe, sondern »als einen Lebensinhalt, der uns ›berührt‹, ihn uns vertraut macht, gerade in seiner Fremdheit« (Wohlmuth 2004, 60). Es handelt sich bei der Trinität eben nicht nur um ein Denkexperiment, sondern um einen Lebensvollzug des begehrenden, des sich sehnenden und ängstigenden wie des hoffenden Menschen.

Doch bei aller Zustimmung zu der Sicht Wohlmuths mache ich aus didaktischen Gründen noch einmal die andere Seite stark. Denn gerade eine denkerische Annäherung auf Probe ist für junge und glaubensfernere Menschen ein weniger bedrängender Zugang als das Thematisieren der eigenen Existentialität. Darum behalten die Denkmodelle im Stile Augustins bei allen Grenzen viel von ihrer erschließenden Kraft.

4 Herausforderungen der Praxis für die gegenwärtige Trinitätstheologie

Die Trinitätstheologie ist weniger eine Sache der religiösen Erfahrung, sondern mehr eine Sache der *Reflexion* religiöser Erfahrung. Das weiß man spätestens seit Schleiermacher, der die Trinitätslehre in den Anhang der Glaubenslehre setzte, weil jene eine Entlehnung »aus dem speculativen Gebiet« erfordere (GL § 172). Das gerade macht das reflexive Faszinosum für die Theologie und die Sperrigkeit im Hinblick auf die religiöse Praxis aus. Die sich daraus ergebende Gefahr besteht darin, dass die Trinität entweder in einer spekulativen oder lediglich additiven Missdeutung oder schlicht als Traditionsbestand im schlechten Sinne aufgefasst wird. »Tradition« in diesem musealen Verständnis wäre eine Lehre, die man nicht einmal mehr bestreitet, weil sie einen nicht umtreibt. Ihre Würde bestünde in ihrem Alter, aber nicht in ihrer Erschließungskraft für die Deutung der eigenen glaubenden Erfahrung. Daraus würde sich ein allgemeiner theistisch motivierter Ethizismus ergeben, der es mit den Glaubenslehren nicht mehr meint, genau nehmen zu müssen.

---

7   Zu Recht hat Wohlmuth in diesem Zusammenhang betont, dass Jesus und sein Geist uns »*das abgründige Mysterium des ursprungslosen Ursprungs*« offenbaren (43). Über Gott ist darum mindestens auch im negativen Modus (42) der »Ortlosigkeit« (65), und über das Subjekt ist als das inkarnierte zu reden, denn der Mensch drückt sich leiblich aus (51), womit auch die Grenze der an sich hilfreichen Kategorie der »Selbstunterscheidung« (besonders bei Pannenberg) markiert ist (55).

Sieht man die empirischen Untersuchungen seit 20 Jahren an, dann ist das tatsächlich ein Trend. Erstmals die Shell-Studie 1985 brachte auf den Punkt, was seitdem immer wieder erhoben wurde: Der Glaube an Jesus Christus lasse sich »als Vorstellung nur äußerst selten finden« (SHELL 1985 Bd. 4, 385). Auch in den 174 freien Aufsätzen zur Gottesfrage, die Holger Oertel in seiner Studie von 2004 ausgewertet hat, zeigt sich, dass die Gottesfrage, sofern sich ihr jemand stellt, meistens ohne Verweis auf Jesus Christus formuliert wird, während sich der Gedanke an die Trinität an keiner einzigen Stelle im gesamten Material findet (96 Aufsätze aus Ostdeutschland, 77 aus Westdeutschland). In den Aufsätzen für eine im letzten Jahr geschriebene Bonner Examensarbeit kamen lediglich drei von 49 Gymnasiasten (16 ev., 28 kath.) bei der Gottesfrage auf Jesus zu sprechen (Bertenrath 2004). Daraus ergibt sich aber – gerade im Hinblick auf Ostdeutschland konnte Oertel das zeigen –, dass es mit dem Nachholen von theologischer Reflexion oder gar nur Information nicht getan ist. Vielmehr ergibt sich aus den Interviews und Aufsätzen die Notwendigkeit, (insbesondere männlichen) Jugendlichen vor allen Inhalten zunächst die Fragestellung nach der Grunddimension menschlicher Existenz überhaupt zu erschließen (Oertel 2004, 233–259: 259). Die Korrelation der Fähigkeit zur Selbstexplikation und der Fähigkeit zur Rede über Religion sowie die vielfach anzutreffende Unerschütterlichkeit jener Position, über bestimmte Fragestellungen nicht nachdenken zu wollen, ist damit eindrücklich gezeigt worden.

Daraus ergibt sich die Notwendigkeit, eine subjektive und erfahrungsbezogene Trinitätslehre zu entwickeln, die einem allgemeinen Theismus genauso widerspricht wie einem szientistisch sich selbst abschließenden Atheismus, wie man ihn in Ostdeutschland – als konventionalisierte Vermeidungsstrategie existenzieller Fragen – antreffen kann.

Wenn man darum etwa die *Leben schaffende*, die sich selbst *erschließende* und die in diesem Sinne *inspirierende* als die drei Seinsweisen Gottes unterscheidet (Härle 1995, 392–403), ist man nahe bei den Grundfragen nach der Fraglichkeit des Ichs und nach dem Woher des Glücks, wie sie junge Menschen umtreiben, wenn ihnen das Fragen überhaupt erschlossen wurde. Wenn nun aber die Trinitätslehre eine Sache der *Reflexion* religiöser Erfahrung ist, dann müssen in Lernprozessen die Grundfragen der Existenz und der Trinitätstheologie zusammen erarbeitet werden, sodass die Trinitätstheologie als Explikation eigener religiöser Fragen nicht vor allem rezipiert, sondern auch aktuell neu formuliert werden kann. Dabei können Texte der Tradition hilfreich sein (wie z.B. Augustins »De trinitate«).

Aber der Weg dahin, mithin das, was man die »genetische Zugangsweise« nennt, ist ebenso wichtig wie die verwendeten und sich neu ergebenden Theologumena. Denn diese sind ja nach evangelischem Verständnis nichts anderes als durch die Bibel zur Neuformulierung gedrängte Glaubenserfahrungen. Die Trinitätslehre ist in diesem Sinne eine Art genetischer Verknüpfungsregel, die im Rückgriff auf die biblischen Erfahrungen Entdeckungen und Begründungen mit eigenen Erfahrungen eröffnet und zugleich begrenzt. Die dogmatische Theologie hat derartige Regeln jeweils neu *integrationsfähig für die vielfältige biblische Erfahrung* und zugleich *verstehbar für gegenwärtige existenzielle Fragen* zu halten. So verstanden ist die Trinitätstheologie nicht Doktrin, sondern Hilfe zum eigenen religiösen Reden.

Ich bin davon überzeugt, dass dieser genetisch-theologische Weg auch der einzig richtige ist für die Begegnung des christlichen Glaubens mit der anderen großen Herausforderung neben der Bestreitung Gottes, mit der islamischen Vorstellungsweise der Einzigkeit Gottes. Einen realen Weg der Verständigung – wozu auch die Grenzmarkierung gehört – wird es nur geben können, wenn man nicht beim Vergleich des jeweilig unterschiedlichen Vorstellungsmaterials bleibt, sondern wenn es gelingt, das sich damit verbindende Selbst- und Weltverständnis des Anderen zu beschreiben und nachzuvollziehen. Allerdings liegt gerade an dieser Stelle das größte theologische Problem. Denn die religiöse Gewissheit und die Ausdrucksgestalten lassen sich ja gerade *nicht* wie Form und Inhalt unterscheiden.

Das ginge nur bei einem substanzialistischen oder bei einem subjektivistischen Verständnis von Religion. Das erstere stellt für die evangelische Theologie kaum eine reale Gefahr dar. Ein Subjektivismus aber ist dann gegeben, wenn die religiöse Erfahrung als primär unabhängig von Texten, Zeichen und Traditionen und als sich erst nachträglich in Symbolen ausdrückend gesehen wird. Bei einer solchen Auffassung wäre eine zeichenlose Erfahrung des Unbedingten das Eigentliche und für alle Menschen Gleiche, und die Lehren einer positiven Religion wären nicht mehr als nachträgliche Objektivationen.

Darum muss die kirchliche Praxis bei allen Erschließungsbemühungen auf ihre Zeichenbestände achten. Das gilt für die Trinität, aber auch schon für die Christologie. Es muss nicht nur zu denken geben, dass Jugendliche in ihrer Rede von Gott auf einen ganz allgemeinen Gott und in keiner Weise auf Christus zu sprechen kommen, sondern auch, dass Frieder Schulz im neuen Gottesdienstbuch eine »Entchristologisierung« der Gebete festgestellt hat.[8] Nicht bereits allgemein von der

---

8 Es ist hinzuzufügen: Auch die Trinitätslehre im Kontext des Rheinischen Synodalbeschlusses zur Erneuerung des Verhältnisses von Christen und Juden von 1985 kann zur Entchristologisierung tendieren – um es vorsichtig zu sagen. Wenn Christus als ein Element der Namensoffenbarung JHWHs und als der Mittler des Gottes Israels lediglich für die Völkerchristen gesehen wird, der diesen die »Teilhabe« an Israel ermöglicht (Kriener / Schmidt 2005, 73), dann hätten sich die judenchristlichen Autoren der neutestamentlichen Schriften, also Petrus, Jakobus und Paulus – als Judenchristen – in ihrer Christologie offensichtlich verrannt oder noch schlichter: geirrt. Von den kirchlichen Bekenntnissen her aber wäre eine solche Sicht schlicht als Subordinatianismus zu bezeichnen.

Offenbarung des Namens Gottes her, sondern erst von der Ansprechbarkeit dieses Namens *durch* Christus *in* seinem Geist erschließt sich die Lebendigkeit Gottes, so die Erfahrung des christlichen Glaubens. Es ist erst recht nicht sinnvoll, wenn man in der Zeit der Herausforderung durch das Zusammenleben mit Menschen anderer Religionen und Überzeugungen nach Formen interreligiöser Feiern sucht, in denen alles für andere Religionen Anstößige – und das sind eben Christologie und Trinität – fort gelassen wird. Wenn es dann statt der trinitarischen Eingangsvotums heißt »Im Namen Gottes, der die Welt erschaffen hat und erhält; Im Namen des barmherzigen Gottes, der sich unser erbarmt; im Namen Gottes, der ganz nahe bei uns ist« (PTI Bonn 1994), dann ist eine solche Vermeidungstheologie schon schlicht bildungsbezogen kontraproduktiv, weil hier eine interreligiöse Trinitätslehre, die es nicht gibt, und damit eine schlichte Fehlinformation präsentiert wird. Liturgische Formeln sind öffentliche Darstellungen von Gemeinschaft. Wenn aber die Gemeinschaft in sich konfessionell different ist, dann muss auch dieses zur Darstellung kommen. Ein interreligiöses abrahamisches Bekenntnis ohne Friktionen zwischen Judentum, Christentum und Islam aber ist lebensweltlich inexistent. Eine solche gemeinsame Religion existiert lediglich als pädagogisches Wunschbild und klärt damit nicht, sondern verschleiert. Es geht aber nicht darum, die Menschen zu beruhigen durch Harmonisieren der Sachen, sondern darum, die Menschen zu stärken und die Sachen zu klären (H. v. Hentig).

Der klare Bezug auf die Sachen, mithin die Traditionsbestände zur Reformulierung christlicher Erfahrung und der stärkende Bezug auf die Menschen, auf ihr religiöses Suchen und sich-selbst-Verstehen, also ihre Subjektivität, sind gleichermaßen im Blick zu behalten. Und dass gerade alte Texte – wie ich beispielhaft an Augustins *De trinitate* zu zeigen versuchte – die Sachen und die Menschen zugleich in den Blick rücken können, das ist eine wichtige, nicht nur pädagogische Perspektive. Die Trinitätslehre muss demnach *einerseits* offen sein für die aktuellen religiösen Erfahrungen von Menschen, damit sie sich als eine genetische Verknüpfungsregel von Erfahrung und Verstehen der Tradition bewährt, sodass sie die eigenständige Lektüre der Bibel ermöglicht. Da es aber keine voraussetzungslose Lektüre gibt, sollten *andererseits* die trinitarischen Regeln nicht unernst genommen oder verschleiert werden. Nur in ihrer spezifischen Gestalt geben sie die Möglichkeit zur aktuellen Aneignung, Auseinandersetzung und damit zu einem persönlichen Zugang zum Glauben, der das Kennzeichen evangelischer Theologie und Kirche ist.

Literatur

Augustinus, Aurelius, De trinitate (Lateinisch-Deutsch), übers. und hg. von *Johann Kreuzer*, Hamburg 2001 (PhB 523).

Bertenrath, Zita, Gottesvorstellungen bei muslimischen und christlichen Schüler(inne)n: Konzeptionelle und empirische Studien. Hausarbeit im Rahmen der 1. Staatsprüfung für das Lehramt an der Sekundarstufe II, Bonn 2004.

Bloth, Peter C., Was will »Leben entdecken – ein Buch für Konfirmanden«?, in: KU-Praxis 17 (1982), 100–104.

Busch, Eberhard, Die Trinitätslehre angesichts der Kritik von Judentum und Islam, in: Religion und Wahrheit. Religionsgeschichtliche Studien, hg. von *Bärbel Köhler*, Wiesbaden 1998, 217–236.

Engemann, Wilfried, Personen, Zeichen und das Evangelium. Argumentationsmuster Praktischer Theologie, Leipzig 2003.

Eschmann, Holger, Theologie der Seelsorge. Grundlagen – Konkretionen – Perspektiven, Neukirchen-Vluyn 2000.

Ev. Kirche in Deutschland (EKD), Wie stabil ist die Kirche? Bestand und Erneuerung. Ergebnisse einer Meinungsbefragung, hg. von *Helmut Hild*, Gelnhausen/Berlin 1974; Was wird aus der Kirche? Ergebnisse der zweiten EKD-Umfrage über Kirchenmitgliedschaft, hg. von *Johannes Hanselmann, Helmut Hild* und *Eduard Lohse*, Gütersloh 1984; Fremde Heimat Kirche. Die dritte EKD-Erhebung über Kirchenmitgliedschaft, hg. von *Klaus Engelhardt, Hermann von Loewenich* und *Peter Steinacker*, Gütersloh 1997.

Evangelische Religionslehre. Richtlinien und Lehrpläne für die Sek. II – Gymnasium/Gesamtschule in NRW, Düsseldorf 1999.

Fowler, James W., Stufen des Glaubens. Die Psychologie der menschlichen Entwicklung und die Suche nach Sinn, Gütersloh 1991 (amerik.: Stages of Faith. The Psychology of Human Development and the Quest for Meaning, San Francisco 1981).

Franz, Ansgar, Die Dreieinheit Gottes im Kirchenlied der Gegenwart, Vortrag bei der Tagung Katholischer Liturgikdozenten in Graz am 9.9.2004 (Ms.).

Genre, Ermanno, Nuovi itinerari di teologia pratica, Turin 1991.

Genre, Ermanno, Il culto cristiano. Una prospettiva protestante, Turin 2004.

Grözinger, Albrecht, Erzählen und Handeln. Studien zu einer trinitarischen Grundlegung der Praktischen Theologie, München 1989.

Härle, Wilfried, Dogmatik, Berlin / New York 1995.

Jüngel, Eberhard, Gott als Geheimnis der Welt. Zur Begründung der Theologie des Gekreuzigten im Streit zwischen Theismus und Atheismus, Tübingen ²1977 [1976].

Kriener, Katja / Schmidt, Johann Michael (Hg.), »... um seines NAMENS willen«. Christen und Juden vor dem Einen Gott Israels, Neukirchen-Vluyn 2005.

Kursbuch Religion 11+. Ein Arbeitsbuch für die gymnasiale Oberstufe, Stuttgart u.a. 1995.

Maurer, Ernstpeter, Der lebendige Gott. Texte zur Trinitätslehre, Gütersloh 1995 (ThB 95).

Merkel, Friedemann, Einige theologische Bemerkungen zum Entwurf Gottesdienstbuch, in: *Jörg Neijenhuis* (Hg.), Erneuerte Agende im Jahr 2000? (= Beiträge zu Liturgie und Spiritualität Bd. 2), Leipzig 1998, 65–76.

Oertel, Holger, Gesucht wird: Gott? Eine empirisch-qualitative Studie zur Religiosität von Gymnasiasten in Ost- und Westdeutschland, Gütersloh 2004 (= Diss. theol. Bonn 2002).

PTI Bonn, PTI RU-Informationen 1994, Heft III/IV, Bonn 1994.

Rössler, Dietrich, Grundriss der Praktischen Theologie, Berlin / New York [2]1992.

Schleiermacher, Friedrich, Der christliche Glaube. Nach den Grundsätzen der evangelischen Kirche im Zusammenhang dargestellt, 2 Bde., hg. von Martin Redeker, [7]Berlin 1960.

Schulz, Frieder, Entchristologisierung der gottesdienstlichen Gebete? Beobachtungen an neuen evangelischen Gottesdienstbüchern, in: LJ 50 (2000), 195–204.

Schwöbel, Christoph, Trinitätslehre als Rahmentheorie des christlichen Glaubens, in: ders., Gott in Beziehung. Studien zur Dogmatik, Tübingen 2002, 25–51 (urspr. in: Marburger Jahrbuch Theologie X: Trinität, hg. von Wilfried Härle und Reiner Preul, Marburg 1998, 129-154).

Steck, Wolfgang, Praktische Theologie, Bd. 1: Horizonte der Religion – Konturen des neuzeitlichen Christentums – Strukturen der religiösen Lebenswelt, Stuttgart 2000.

Wohlmuth, Josef, Trinität – Versuch eines Ansatzes, in: Magnus Striet (Hg.), Monotheismus Israels und christlicher Trinitätsglaube (QD 210), Freiburg 2004, 33–69.

Wunderlich, Reinhard, Pluralität als religionspädagogische Herausforderung, Göttingen 1997.

RUDOLF WETH

Gefragter Glaube – offene Theodizeefrage und trinitarisches Bekenntnis[1]

»Wenn dich heute oder morgen dein Sohn fragen wird: Was bedeutet das?, sollst du ihm sagen: Der Herr hat uns mit mächtiger Hand aus Ägypten, aus der Knechtschaft, geführt« (Ex 13,14). So wurde damals, im alten Israel, von der nachwachsenden Generation nachgefragt, wenn man gemeinsam das Passamahl und das Fest der ungesäuerten Brote feierte.

Aber wie ist das heute, in der Traditionskrise der christlichen Kirchen? Stellt die nachwachsende Generation überhaupt noch Fragen nach dem Glauben? Die Meinungsforscher haben es als Trend ausgemacht, und der Blick in die Medienlandschaft und ihre unzähligen Talkshows scheint es zu bestätigen: Die Nachfrage nach Glaube, Gott und Kirche geht zurück. Die Stimme der Kirchen in Politik, Kultur und Gesellschaft verliert an Gewicht.

Der französische Schriftsteller und Existenzialist André Gide hat schon vor etlichen Jahren Jesu Gleichnis vom verlorenen Sohn neu erzählt und den beiden Söhnen einen dritten hinzugefügt. Auch dieser Sohn fordert sein Erbe ein, bricht auf in die Fremde und gerät in Not. Aber er kehrt nie ins väterliche Haus zurück. Da ist keine Erinnerung mehr an den Vater, die vor seinem inneren Auge aufsteigen würde. Er ist der wahrhaft emanzipierte Sohn.

Ist das die Signatur unserer Zeit: der definitive Abschied von Gott, keine Erinnerung an ihn und darum auch keine Nachfrage nach dem christlichen Glauben? Die Erfahrung mit fast 30 Millionen »Konfessionslosen« in unserem Land, nicht nur im Osten, sondern auch im Westen, und der offensichtliche Traditionsabbruch bei so vielen Menschen, die noch Kirchenmitglieder sind, scheinen dafür zu sprechen.

Ich meine, dass wir diesem massiven, durch die Medien noch verstärkten Eindruck widersprechen müssen. Nicht so sehr mit statistischen Gegenargumenten, sondern vor allem aus der tiefen Überzeugung, die uns eben das Gleichnis vom verlorenen Sohn vermittelt: Menschen können wohl Abschied nehmen von Gott, aber Gott nimmt nicht Ab-

---

[1] Dieser Beitrag ist Jürgen Moltmann in Freundschaft und großer Dankbarkeit gewidmet. Er ist die Weiterführung und Zuspitzung auf die Theodizeefrage eines unter dem Titel »Glaube nachgefragt: Was für Fragen stellen die Menschen?«, in Brennpunkt Gemeinde 57, 2004, 124–128, erschienenen Aufsatzes.

schied vom Menschen, sondern bleibt ihm mit höchster Leidenschaft, der Leidenschaft und Ausdauer seiner Liebe, auf der Spur.

Gott sucht den Menschen. Das ist die entscheidende Voraussetzung dafür, dass der Mensch überhaupt nach Gott fragt. Abraham Heschel hat diese Tiefe biblischer Wahrheit zum Thema seiner bis heute lesenswerten Schriften gemacht: »Gott mag zwar für den Menschen ohne Belang sein, aber der Mensch ist für Gott entscheidend von Belang«.[2]

Heschel bleibt dabei: »Religion ist die Antwort auf die letzten Fragen des Menschen.« Wenn aber die letzten Fragen gar nicht mehr gestellt werden, wenn sie unterdrückt werden, verstellt oder verschüttet sind, dann ist es »die erste Aufgabe der Religionsphilosophie, die Fragen wieder zu entdecken, auf welche die Religion eine Antwort gibt«.[3]

Hier liegt der Schlüssel zu unserem Thema. Es sollte uns nicht wundern, dass heute gar nicht oder nur wenig nach dem Glauben gefragt wird. Das gab es auch zu biblischen Zeiten. Die Nachfrage nach dem Glauben aber entsteht da, wo sich der Glaube äußert. Wo er mit Gottes Gegenwart und leidenschaftlicher Suche nach dem Menschen rechnet, wo er von diesem Gott erzählt und Fragen ernst nimmt oder wachruft, in denen sich die »letzten Fragen« melden.

1   Generationen übergreifend: die Theodizeefrage

Was uns Kinder fragen

Das alles gilt schon von Kindern und Jugendlichen, die man bei unserem Thema nicht außen vorlassen kann. Welche Fragen in bezug auf Gott und Glaube stellen Kinder? Das hängt sehr davon ab, welche frühen, z.T. noch vorsprachlichen Erfahrungen Kinder machen und ob überhaupt und in welcher Weise Eltern und Erziehende ihnen gegenüber von Gott erzählen und ihren Glauben leben.

Diese frühkindliche Gotteserfahrung hat Karl Ernst Nipkow in seinem Klassiker »Erwachsenwerden ohne Gott? Gotteserfahrung im Lebenslauf« (1987) treffend dargestellt und zusammengefasst: »Gott ist für Kinder ein zwischenmenschliches Geschehen, ein emotionales Ereignis, eine sprachliche Entdeckung, eine Gewissensangelegenheit und eine intellektuelle Herausforderung.« (S. 39)

Unerschöpflich sind die Fragen, die Kinder hier im Medium ihrer Einbildungskraft stellen. Manche sind zu bekannten Buchtiteln geworden wie »Kriegt ein Hund im Himmel Flügel« (Heidi und Jörg Zink) oder »Wird Gott nass, wenn es regnet?« (Robert Coles, 1992) und machen

---

2   Der Mensch fragt nach Gott, 1954, dt. 1982, X.
3   Gott sucht den Menschen, 1955, dt. 1989, 3.

deutlich, wie überraschend und Erwachsene gelegentlich überfordernd solche Fragen sein können. Nicht selten haben sie einen sehr konkreten und persönlichen Hintergrund. Ich erinnere mich an die Frage eines siebenjährigen Mädchens, das geradezu flehentlich von mir wissen wollte: »Ist Gott auch Linkshänder?« Ich stutzte zuerst, aber dann antwortete ich rasch: »Ja, auf jeden Fall.« Hier suchte ein Kind, das offenbar unter Druck gesetzt war, in Gott den großen Verbündeten und Fürsprecher.

Regine Schindler, bekannte Religionspädagogin und Kinderbibelautorin, hat darauf hingewiesen: »Mit Kindern über Gott reden – das geht schlecht. Gezielte, konkrete Fragen, in denen immer schon die Hoffnung auf anschauliche Antworten mitschwingt, können wir oft nur negativ beantworten«, damit nicht das Gottesbild eines »grandiosen Oberzauberers« gefördert wird. [4]

Dieser Gefahr defensiven negativen oder abstrakten Redens *über* Gott kann man am besten und sachgemäßesten mit dem biblischen Erzählen *von* Gott begegnen. In den Lebens-, Hoffnungs- und Rettungsgeschichten der Bibel können sich die Kinder mit ihrer inneren Erfahrungswelt wiederfinden und lernen z.B. in Jesu Gleichnis vom verlorenen Sohn, »Gott wie einen Vater« zu verstehen – aber was ist das für ein Vater![5] Das setzt neue, staunende und zielgerichtete Fragen frei.

Die Fragen der jungen Leute

Es ist eines der gängigsten und hartnäckigsten Vorurteile von Erwachsenen, dass die jungen Leute von heute nicht mehr nach Gott fragen und schon gar nicht Interesse an der Bibel zeigen. Aber erstens gibt es natürlich nicht »*die* Jugend von heute«, schon gar nicht in unserer pluralistischen und individualistischen Gesellschaft. Zweitens belegen neuere Untersuchungen wie z.B. die periodisch erscheinenden Shell-Jugendstudien ein statistisch beachtliches Interesse von jungen Leuten an religiösen Fragen. Immerhin sind es 54 Prozent der Befragten im Alter zwischen 14 und 29 Jahren, die 1994 – fünf Jahre nach dem Mauerfall – in einer Emnid-Umfrage im Auftrag des SPIEGEL zum Lebensgefühl der jungen Deutschen die Frage »Glauben Sie an einen Gott?« mit Ja beantwortet haben[6].

Das sagt indessen wenig darüber aus, welche Fragen nach dem (christlichen!) Glauben junge Leute stellen. Es gehört aber zur Lebensphase junger Leute, dass sie elementare Lebensfragen entsprechend ihrer Identitätssuche stellen. Und es kommt dann sehr auf Gesprächspartner an, die sie dabei begleiten, ihnen Mut machen, in diesen Fragen »letzte Fragen« zu entdecken und mit ihnen gemeinsam glaubwürdige und

---

[4]   Erziehen zur Hoffnung, 1986, 26.
[5]   Ebd., 30
[6]   SPIEGEL spezial 11/1994 »Die Eigensinnigen«, 68.

authentische Antworten des Glaubens zu suchen. Da es für Jugendliche entscheidend ist, die *eigene* Antwort zu finden, ist es wichtig, Formen der indirekten Mitteilung zu beachten und Spielräume des Ausprobierens und der Selbstprüfung einzuräumen. Wenigstens exemplarisch seien hier einige solcher Fragen genannt:

- Was ist der Sinn des Lebens? Was ist der Sinn meines Lebens?
- »Wo komm' ich her?« »Wo geh' ich hin?« (Musical *Hair*)
- Wer bin ich, und was wird mal aus mir?
- Habe ich eine Zukunft, und welche?
- Hat diese Welt noch eine Zukunft angesichts von Kriegen und Umweltzerstörung?
- Wer interessiert sich wirklich für mich? Wem kann ich vertrauen?
- Wie gehe ich mit Verletzungen, mit erlittener Ungerechtigkeit, mit Leiderfahrungen um?
- Wie werde ich mit eigenem Versagen fertig? Was kann ich tun, wenn ich andere verletzt habe?

Solche Fragen berühren nicht nur die kognitive, sondern auch die emotionale Ebene, ja die existenzielle und spirituelle Tiefenschicht, die »Seele«.
Sie können zu Nachfragen nach dem Glauben werden, wenn ein Klima des Vertrauens entsteht, wenn Gemeinschaft erfahren wird, wenn Menschen davon erzählen, wie sie zum Glauben kamen und wie sie den Glauben leben. Im Rahmen diakonischer Sozialarbeit und Jugendhilfe, in der Jugendliche diese Fragen noch einmal zugespitzt stellen, habe ich immer wieder erlebt – im Konfirmandenunterricht, in Jugendgottesdiensten, auf Freizeiten –, wie sie gebannt und oft zum ersten Mal die biblischen Geschichten von Schöpfung und Fall, von Hoffnung und Befreiung, von Schuld und Versöhnung, von Tod und Auferstehung gehört und geradezu verschlungen haben.
Zu welchen Fragen solche jungen Menschen mit oft traumatischen Erfahrungen fähig sind, wenn sie nur etwas von Gottes leidenschaftlicher Suche nach dem Menschen erahnen und in der Begegnung mit einer authentischen Christin erfahren, schildert Inger Hermann, Religionslehrerin an einer Förderschule, in ihrem Buch »›Halt´s Maul, jetzt kommt der Segen ...‹ Kinder auf der Schattenseite des Lebens fragen nach Gott« (2001). Ich zitiere zur Veranschaulichung zwei provokante, aber typische Beispiele ihrer Kurzreportagen:

»Vaterunser, der du bist im Himmel« ... »Wo ist der Himmel?« »Der Himmel? Überall. Gott ist überall.« »Ist er dann auch im Drei-Farben-Haus?« »Drei-Farben-Haus? Was ist denn das?« »Naja, wo die Nutten ... Sie wissen schon. Wo die Männer immer reingehen. Ich will nur wissen, ist Gott auch da drin?« Und ich antworte: »Ja.«
(S. 13)

»Mirella sieht blass und verweint aus.« »Wenn meine Mutter auch noch ihre Arbeit verliert, müssen wir zurück. Wovon sollen wir hier leben – da hilft alles Beten nichts!« »Und du willst nicht zurück nach Slowenien?« »Was soll ich denn da? Ich kenn' mich da gar nicht aus. Ich bin doch hier geboren. Was sind denn überhaupt Ausländer? In Slowenien lachen sie, wenn ich nur den Mund aufmache.« Tränen laufen ihr übers Gesicht. Es gibt nichts Tröstliches zu sagen. Plötzlich wirft sie den Kopf zurück und faucht mich an: »Kennt Ihr Gott eigentlich auch Ausländer? Ich wünschte, es gäbe Gott – aber es gibt ihn nicht. Leider.« »Das weißt du so genau?« frage ich. »An den Teufel, an den glaube ich. Ich kann gar nicht anders. Dass es den gibt, das weiß ich einfach – der ist in mir drin, in meinen Träumen, in meiner Angst – überall. Aber Gott – ich weiß nicht, wo Gott ist.« (S. 35)

Die Theodizeefrage

Es gibt *eine* Frage, die bei Jugendlichen besonderes Gewicht hat und sich in manchen der geschilderten Fragen und Situationen bereits deutlich meldet. Sie begegnet aber weit darüber hinaus, Generationen und Zeiten übergreifend, bei unzähligen Menschen in vielen Varianten und Facetten: die Theodizeefrage. Eine grausame Krankheit, das Leiden unschuldiger Kinder, die Erfahrung empörender Ungerechtigkeit – wenn es einen liebenden und allmächtigen Gott gibt, wie kann er das zulassen? Wo ist dann Gott in dem allem? Die alltägliche Praxis der Seelsorge, die Biographien unzähliger Menschen, aber z.B. auch die breite öffentliche Reaktion auf die Tsunami-Katastrophe am Weihnachtsfest 2004, die Tausende in den Tod riss und Hunderttausende obdachlos machte, belegen die unverminderte Aktualität dieser Frage, die man wirklich eine Menschheitsfrage nennen kann. Hier erfährt die Gottesfrage ihre klassische Zuspitzung. Und hier wird der Glaube trotz Säkularisierung und Traditionsabbruch auch heute gefragt und gefordert. Aber nimmt der Glaube diese Frage und Herausforderung überhaupt an? Oder vertut er hier eine wichtige Chance, gefragter und bezeugender Glaube zu sein?

2 Die Dialektik der offenen Theodizeefrage

Der christliche Glaube tut sich offenbar schwer mit der Theodizeefrage. Und die christliche Theologie neigt sogar dazu, schon die Frage im Blick auf ihre weltanschaulichen Voraussetzungen abzuweisen.

In der Tat zeigt die Theodizeefrage ein eigentümliches Doppelgesicht, das sie für viele Menschen, die auf ihre Fragen in der Erfahrung von Leid, Tod und Bösem – auch physisches, metaphysisches und moralisches »Übel« genannt – eine Antwort suchen, zu einer Art Falle hat werden lassen. Denn einerseits setzt die Theodizeefrage die Existenz eines einzigen, allmächtigen und allgütigen Schöpfergottes voraus. Der Glaube an einen solchen Gott ist geradezu ihre Triebfeder. Andererseits scheinen alle Versuche einer überzeugenden Antwort auf die Theodizeefrage zu scheitern und stellen damit ihre Grundvoraussetzung – eben die Existenz eines allmächtigen und allgütigen Gottes selbst – in Frage. Eine theistisch begründete Frage treibt den Fragenden mit offenbar unerbittlicher Logik in die Konsequenz des Atheismus.

Diese Logik kündigt sich bereits in der vorchristlichen Antike im klassisch gewordenen Theodizeeargument Epikurs an:

»Entweder will Gott die Übel beseitigen und kann es nicht, oder er kann es und will es nicht, oder er kann es und will es. Wenn er nur will und nicht kann, so ist er schwach, was auf Gott nicht zutrifft. Wenn er kann und nicht will, dann ist er missgünstig, was ebenfalls Gott fremd ist. Wenn er nicht will und nicht kann, dann ist er sowohl missgünstig wie auch schwach und dann auch nicht Gott. Wenn er aber will und kann, was allein sich für Gott ziemt, woher kommen dann die Übel, und warum nimmt er sie nicht weg?«[7]

Die Schlussfolgerung ist unausweichlich: Die Tatsache des Leids und einer gegenüber menschlichen Bedürfnissen und Zwecken gleichgültigen Natur spricht gegen die Existenz einer kosmischen Teleologie aufgrund göttlicher Ideenvorlage und Prävidenz.

Dieser negative Ausgang der Theodizee als Kosmodizee eines demiurgischen Gottes erreicht freilich nicht die Schärfe des neuzeitlichen Atheismus. Epikur konnte bekanntlich seinen Atomismus – die Welt als Konfiguration zufälliger Atomwirbel – mit pragmatischem Utilitarismus verbinden, der sich des Bedrohlichen einer grundlosen Natur durch den Rückzug in persönliche Seelenruhe und politische Abstinenz weitestgehend vom Leibe zu halten suchte.

Erst die Entfaltung der christlichen Gottes- und Schöpfungslehre, die den marcionitischen und gnostischen Dualismus zu überwinden hatte, in Verbindung mit der augustinischen Freiheits- und Erbsündenlehre führte zu der bis heute klassischen christlichen Antwort auf die Frage des Leidens und des Bösen in der Welt: Das »Übel« in der Welt ist nicht auf Gott und seine Schöpfung, sondern auf den immer wieder eintretenden Missbrauch der menschlichen Freiheit zurückzuführen, auf die Sünde bzw. Erbsünde also, die das Leiden als göttlich gerechte Strafe zur Folge hat. Diese implizite christliche Theodizee geriet aber am Ende des späten Mittelalters an ihre Grenze und ließ die »Theodi-

---

[7] Fragment bei Lactanz, de ira Dei 13,19–22, nach der Übertragung von O. Gigon, Epikur, 1949, 80.

zeefrage« erneut und in ungeahnter Schärfe wiederkehren – mit der Konsequenz neuzeitlicher Anthropodizee resp. eines radikalen neuzeitlichen Atheismus. Hans Blumenberg hat diese komplexe Entwicklung anstößig und anregend zugleich in einem Satz zusammen gefasst:

»Die Gnosis hatte das Problem der Qualität der Welt für den Menschen akut gemacht und in den Widerspruch, den Patristik und Mittelalter ihr entgegensetzen sollten, die Bedingung der Kosmodizee als Theodizee eingebracht; die Neuzeit versuchte, diese Bedingung auszuschlagen, indem sie ihre Anthropodizee auf die Rücksichtslosigkeit der Welt gegenüber dem Menschen, auf ihre inhumane Unordnung begründete.«[8]

Unbestreitbar ist die von Blumenberg konstatierte »Radikalitätsdifferenz« zwischen antikem und neuzeitlichem Kosmoszerfall. Der kopernikanische Schock gibt den Blick frei auf einen »rücksichtslosen« Kosmos und in ein unendliches Universum zufällig entstehender und vergehender Welten und Galaxien, die keinerlei Anthropozentrik aufweisen. Dieser Schock entspricht aber der spätmittelalterlichen erkenntnistheoretischen und soteriologischen Krise, in die das nominalistische Verständnis der Freiheit Gottes als potentia absoluta, die durch keine ratio creandi und praedestinandi eingeschränkt ist, hinein treibt. In den frühneuzeitlichen Schreckbildern eines allmächtigen »genius malignus«, der jede Erkenntnisgewissheit und Wissenschaftlichkeit bedroht – so in René Descartes' «Meditationen« (1641) –, oder eines »Dieu tyran«, der grundlos die einen erwählt und die anderen auf ewig verdammt – so im »Dictionnaire historique et critique« des reformierten Pierre Bayle (1697) –, wirkt dieser deus potentissimus und mutabilissimus nach. Ein solcher Gott taugt nicht mehr als Appellationsinstanz der Theodizeefrage. In Wahrheit wird eben diesem Gott der Prozess gemacht, wenn nun ein neues Gottes-, Welt- und Menschenbild am Maßstab und im Forum einer sich selbst begründenden Vernunft konstruiert und gerechtfertigt wird. Insofern sind die von Gottfried Wilhelm Leibniz erstmals so genannten und durchgeführten »Versuche in der Theodizee über die Güte Gottes, die Freiheit des Menschen und den Ursprung des Übels« (1710) in der Tat eine »Logodizee« (Ernst Cassirer) und bilden zusammen mit den zahlreichen philosophischen und literarischen Theodizeeversuchen des »optimistischen Jahrhunderts« nur einen Übergang zum Siegeszug neuzeitlicher Anthropodizee und Wissenschaft.

---

[8] Die Legitimität der Neuzeit, 1966, 125; vgl. dazu im einzelnen: *Rudolf Weth*, Freispruch und Zukunft der Welt. Bemerkungen zur Qualität der Welt im Anschluss an Karl Barth in: Freispruch und Freiheit. Festschrift für Walter Kreck, hg. v. *Hans-Georg Geyer*, 1973, 406–443.

Gegen Bayle und seine Bestreitung der Vereinbarkeit von Vernunft
und Glaube, 'insbesondere angesichts des Übels in der Welt, vertrat
Leibniz bekanntlich die Überzeugung, Gott habe die beste aller möglichen Welten geschaffen, eine mögliche Welt ohne Sünde und Leid sei
eben keine bessere Welt als die von Gott faktisch ausgewählte und geschaffene. Das stärkste und wirkungsvollste Gegenargument gegen
diesen Optimismus einer apriorischen Theodizee war nicht etwa eine
theoretische Widerlegung und auch nicht Immanuel Kants spätere
Schrift »Über das Misslingen aller philosophischen Versuche in der
Theodizee« (1791), die einen erkenntniskritischen Schlussstrich unter
alle theoretischen Theodizeeversuche und -widerlegungen zog. Es war
vielmehr das verheerende, die Zeitgenossen tief erschütternde Erdbeben von Lissabon (1755), das den Optimismus des Jahrhunderts in
Frage stellte und skeptische bis atheistische Reaktionen in der Theodizeefrage – exemplarisch greifbar in Voltaires satirischem Roman
»Candide oder der Optimismus« (1759) – hervorrief.

So hinterlassen die neuzeitlichen Physikotheologien und Theodi-
zeeprozesse, die von vornherein nicht mit einem negativen Ausgang
rechnen, erneut die ungelöste Theodizeefrage und provozieren neuzeitlichen Protestatheismus. Das Leiden auch nur eines einzigen unschul-
digen Kindes veranlasst Iwan in Dostojewskijs Roman »Die Brüder
Karamasow«, seine Eintrittskarte in diese von Gott geschaffene Welt
zurückzugeben:

*»Das soll keine Gotteslästerung sein! Begreife ich doch, wie gewaltig
die Erschütterung des Weltalls wird sein müssen, wenn alles im Himmel und unter der Erde zu einer einzigen Stimme des Lobes verschmelzen und alles, was lebt und gelebt hat, ausrufen wird: ›Gerecht bist
Du, Herr, denn geoffenbart haben sich Deine Wege!‹ Wenn selbst die
Mutter den Peiniger umarmt, der ihren Sohn von Hunden zerfleischen
ließ, und alle drei unter Tränen ausrufen: ›Gerecht bist Du, Herr!‹,
dann ist natürlich der Gipfel der Erkenntnis erreicht, und alles findet
seine Erklärung. Doch dem kann ich nicht zustimmen ... und verzichte
darum völlig auf die höhere Harmonie.«* (1958, S. 330)

»Das ist Auflehnung«, reagiert Aljoscha Karamasow, aber es ist noch
keine Auflehnung mit der Konsequenz des Atheismus. Diese Konsequenz zieht erst – mit vielen anderen – Georg Büchner, der sie auf die
klassische Form bringt: »*Warum leide ich? Das ist der Fels des Atheismus.*«[9]

---

9   Dantons Tod, 3. Akt.

Von den rationalen Theodizeeprozessen des 18. Jahrhunderts ist es, wie schon angedeutet, nur ein kleiner Schritt zur neuzeitlichen Anthropodizee, in der sich so etwas wie, mit Feuerbach zu reden, die anthropologische Reduktion der Gottesprädikate der Allmacht, Weisheit und Güte ereignet. Es ist dieselbe neuzeitliche Vernunft, die sich zunächst theistisch, dann aber anthropozentrisch das Recht und die Fähigkeit zur »vernunftgemäßen« theoretischen und praktischen Weltbewältigung bescheinigt. Aber hat sich mit dem Projekt neuzeitlicher Wissenschaft, Politik und Ethik die Theodizeefrage erübrigt? Was wird aus den Erfahrungen des Leids und des Bösen, die ihr zugrunde liegen? Neben dem Erdbeben von Lissabon und immer neuen Naturkatastrophen sind inzwischen die Schrecken der französischen Revolution, der Weltkriege und der Völkermorde, des Stalinismus und des Hitlerfaschismus, sind Auschwitz und Hiroshima getreten und werfen riesige Fragen auf, die jede Anthropodizee sprengen.

Ernst Bloch, wiewohl ein klassischer Vorkämpfer neuzeitlicher Anthropodizee, hat diese Fragen gestellt:
»Bleiben nicht (sc. auch nach Hiobs Auszug aus Jahwe und nach dem Aufbruch des hebräischen resp. neuzeitlichen Prometheus) Krankheit, Unordnung, Fremdheit, kalte Schulter im Dasein ...? Ein fühlloses Universum bleibt, ein mit den menschlichen Zweckreihen noch unvermitteltes; ist auch nicht Anklage die uns gebliebene Reaktion, so mindestens riesiges Fragen, riesig negative Verwunderung.«[10]

Das gilt erst recht im Blick auf »alle diese satanisch wirkenden Ausbrüche«[11] des Unmenschlichen mitten in der menschlichen Geschichte und Verantwortlichkeit. Die Weltgeschichte ist durchaus nicht das Endgericht, weder eine Theodizee noch eine Anthropodizee. Es bleibt vielmehr die Frage: *»Wieso ist das Reich der Freiheit nicht mit einem Male da?, wieso muss es sich so blutig durch Notwendigkeit hindurch arbeiten?, was rechtfertigt seine Verzögerung?«* Und zugespitzter noch: *»Brauchen die Wunschträume, die es so schwer haben, keinen Trost, dass für sie trotzdem etwas vorgesehen sei? Brauchen die Werke, die gegen das Unmenschliche errichtet werden, ... nicht im Weltkern ein Korrelat?«*[12]

Diese Fragen scheinen ins Leere zugehen, weil sie nach dem Misslingen aller Versuche nicht nur in der Theodizee, sondern auch in der Anthropodizee keinen Adressaten mehr haben. Gerade Ernst Bloch ist aber ein Beleg dafür, dass sie dennoch nicht zur Ruhe kommen – in einer Welt, die eben »Auschwitz, Krebs und die grauenhafte Bezie-

---

[10]   Atheismus im Christentum, 1968, 150.
[11]   Das Prinzip Hoffnung, 1967, 362.
[12]   Atheismus im Christentum, a.a.O, 164f.

hungslosigkeit des Kosmos« kennt.[13] Und wann immer der All-
machtswahn wissenschaftlich-technischer Weltbewältigung erschüttert
wird, ob das nun durch Tsunamikatastrophen oder durch persönliche
Schicksalsschläge geschieht, wird im Umfeld christlicher Tradition
und Kultur trotz Atheismus und fortgeschrittener Säkularisierung hart-
näckig und immer wieder die Frage gestellt:»Wo ist jetzt Gott?« Aber
hat der christliche Glaube eine Antwort darauf? Sollte er nicht besser
schweigen[14] und solidarisch mit den Leidenden lieber Leid zu bewältigen statt Leid zu erklären versuchen?

Jürgen Moltmann ist einer der wenigen evangelischen Theologen, die
sich mit der Theodizeefrage nicht nur gelegentlich und in apologeti-
scher Absicht, sondern immer wieder und vor allem an zentraler Stelle,
nämlich in der Gotteslehre[15], auseinandergesetzt haben. Gerade nach
dem Scheitern aller Theodizeen und Anthropodizeen möchte er sich
aus der Mitte des christlichen Glaubens heraus jenen Fragen stellen,
die dennoch bleiben und auch der klassischen Theodizeefrage zugrunde liegen.»Am Fels des Leidens endet der Theismus vom allmächtigen und allgütigen Gott. Am Fels des Leidens endet auch der Atheismus des gottlosen und sich selbst überlassenen Menschen ... Es beginnt die Dialektik der offenen Theodizeefrage.«[16]
Diese Dialektik besteht darin, dass die Theodizeefrage von niemandem
beantwortet, aber auch von keinem abgeschafft werden kann. Gegen
ihre verständliche Tendenz, eine theoretische oder auch praktische
Antwort nahe zu legen, muss sie kritisch offen gehalten werden, weil
jede Antwort den Nerv der Frage ersticken und ein falsches Bild von
Gott, Welt und Mensch suggerieren würde. In dieser Dialektik und Offenheit verstanden, dient die Theodizeefrage Moltmann als hermeneu-
tischer Horizont nicht nur seiner Kreuzestheologie,[17] sondern seiner
Theologie überhaupt, insbesondere aber seiner trinitarischen Gotteslehre. Im Auftaktkapitel zu»Trinität und Reich Gottes« über»Die Passion Gottes«[18] heißt es ausdrücklich:»Die von uns dargestellte Theologie der Passion Gottes setzt die Theodizeefrage als ihren universalen
Verstehenshorizont und ihren Relevanzpunkt voraus.«[19]

[13] Aufklärung und Teufelsglaube, in: Hat die Religion Zukunft?, hg. v. *O. Schatz*,
1971, 120–134, 132
[14] Vgl. *Hans Küng*, der in diesem Zusammenhang für eine»Theologie des
Schweigens« plädiert, in: Credo. Das Apostolische Glaubensbekenntnis, 1992,
121ff.
[15] Vgl. besonders: Trinität und Reich Gottes. Zur Gotteslehre, 1980, 36ff, aber
auch schon die ganz frühe Veröffentlichung: Gottesbeweise und Gegenbeweise,
1964.
[16] Trinität und Reich Gottes, a.a.O., 64
[17] Vgl. Der gekreuzigte Gott, 1972, 165.
[18] A.a.O., 36–76.
[19] A.a.O., 63.

Es gibt also nach Moltmann einen engen Zusammenhang zwischen der offenen Theodizeefrage und dem trinitarischen Bekenntnis des Glaubens. Diesen Zusammenhang gilt es nun näher zu erhellen und die Wandlungen zu beachten, die beide, die klassische Theodizeefrage und die traditionelle christliche Gotteslehre, dabei erfahren.

3   Trinitarischer Glaube im Horizont der offenen Theodizeefrage

Mit seiner Entscheidung, die offene Theodizeefrage als universalen Verstehenshorizont der christlichen Gotteslehre aufzunehmen, weicht Moltmann zweifellos vom Mainstream der theologischen Tradition ab. Gerät man mit diesem Vorgehen nicht unter den Systemzwang einer philosophischen bzw. natürlichen Theologie, fernab von den biblischen Wurzeln christlicher Theologie? Das entscheidende Argument gegen die theologische Adaption der Theodizeefrage ist vor allem: Definitionsgemäß geht es in der neuzeitlichen Theodizeefrage darum, Gott den Schöpfer vor dem »Gerichtshof der Vernunft« angesichts der Anklagen wegen der Übel und Leiden in der Welt zu verteidigen. Es kann aber keinesfalls der Auftrag der Theologie sein, Gott vor Gericht zu stellen und zu rechtfertigen.[20] Sie würde sich ihrer grundlegenden Voraussetzung, des hörenden und vertrauenden Glaubens, begeben.

Diese gut begründete Argumentation trifft indes Moltmann nicht. Denn er befreit die Theodizeefrage gerade aus ihrer neuzeitlichen Engführung, aber auch aus ihrer vorchristlichen Aporetik und christlichen Tabuisierung durch den Rückgang auf die biblische Frage nach Gott und nach dem Erweis seiner Gerechtigkeit. Diese Frage kommt nicht aus der Distanz einer neutralen, so oder so über Gottes Güte und Existenz urteilenden Vernunft, sondern aus der Leidenschaft des Glaubens, dessen Bürge und Zeuge Gott selbst ist. Hiob, dessen Fragen, Klagen und Anklagen keine schlüssigen Antworten finden – weder durch die Einlassungen der Freunde noch durch die Schlussrede Gottes –, ist Kronzeuge dieser offenen biblischen Theodizeefrage. Er hält an Gott fest. Kein »Exodus aus Jahwe« (Bloch) findet hier statt, wohl aber ein Exodus aus überkommenen Gottesbildern und Leiderklärungen hin auf den Selbsterweis des so rätselhaft verborgenen und am Ende doch erhörenden und erbarmenden Gottes.

Vor allem aber ist an die prophetische Gerichtsmetaphorik zu erinnern, die doch mehr ist als Metaphorik. Nicht der Mensch, sondern Gott selbst ist es, der vor und mit den Mächten und Göttern der Völker einen Rechtsprozess anstrengt: »Lasst uns miteinander rechten!« (Jes 41,1) »Jahwe steht da in der Versammlung der Gottheiten«, heißt es in

---

20   Vgl. *Willi Oelmüller* (Hg.), Theodizee – Gott vor Gericht?, 1990; Walter Dietrich / Christian Link, Die dunklen Seiten Gottes Bd. 2: Allmacht und Ohnmacht, 2000, 93ff.

Psalm 82. »Inmitten der Götter will er richten: ›Wie lange noch wollt ihr unheilvoll richten und die Frevler begünstigen?‹« (V. 1f; Übersetzung nach F. Crüsemann) Die Götter der Macht, der Rechtsbeugung und der Unterdrückung geraten ins Wanken, wenn Jahwe als Anwalt der Armen erscheint und Gericht hält, indem er den Elenden und nach Gerechtigkeit Schreienden zum Recht verhilft. Die Theodizeefrage wird hier aufgenommen und aufgehoben im Hungern und Dürsten nach der kommenden Gerechtigkeit. Denn Gottes Gerechtigkeit ist nicht eine vergeltende und austeilende, sondern die schöpferische und rettende Gerechtigkeit seines Erbarmens.

Nicht vor dem Gerichtshof der Vernunft, sondern im Horizont der verheißenen Gerechtigkeit läuft also ein Prozess, den Moltmann als »Rechtfertigung Gottes« bezeichnet und so beschreibt: »Durch die recht-schaffende und zurecht-bringende Gerechtigkeit nimmt Gott die Gerechtigkeit seines kommenden Reiches, das diese Welt erlösen wird, voraus und rechtfertigt sich vor ihr.«[21]

Gott »rechtfertigt sich« heißt: Er lässt sich behaften bei der Zusage seiner Gerechtigkeit. Die »Armen« haben ein einklagbares Recht auf Gottes Gerechtigkeit und Erbarmen. Der »Schrei der Opfer« von Unrecht, Gewalttat und Lüge geht nicht ins Leere; Gott erweist sich als gerecht, indem er ihnen Recht schafft. Aber auch der »Schrei der Täter«, wenn ihnen bewusst wird, dass sie zu verblendeten Knechten des Bösen wurden, verhallt nicht; Gott erweist sich als gerecht, indem er sie zurecht bringt. Und indem Gott so handelt, kommt er selbst zu seinem Recht an beiden, Tätern wie Opfern. Und diese wiederum »rechtfertigen« Gott, indem sie ihm Recht geben.[22]

Aber wann geschieht das? Hier wird noch einmal die entscheidende Differenz der biblisch-offenen zur neuzeitlichen und vorchristlichen Theodizeefrage deutlich. Das prophetische Perfekt ist charakteristisch für den beschriebenen Rechtsprozess. Die Theodizeefrage ist »die umfassende *eschatologische* Frage«,[23] die ihre Antwort erst durch die Erfahrung der neuen Welt findet, in der »Gott abwischen wird alle Tränen von ihren Augen.« Sie ist eben deshalb eine eminent praktische Frage, in der der Glaube die Gestalt des Leidens, Hoffens und Kämpfens annimmt. »Wer glaubt, gibt sich mit keinen erklärenden Antworten auf die Theodizeefrage zufrieden ... Je mehr einer glaubt, desto tiefer empfindet er den Schmerz über das Leid in der Welt, und desto leidenschaftlicher fragt er nach Gott und der neuen Schöpfung.«[24]

Das ist die Weise, in der der Glaubende schon jetzt, und nicht etwa erst am Ende, Gott Recht gibt. Aber was ist das für ein Gott? Wie muss

---

[21] Die Rechtfertigung Gottes, in: *Rudolf Weth* (Hg.), Das Kreuz Jesu. Gewalt – Opfer – Sühne, 2001, 121–141, 140.
[22] A.a.O., 122 ff.
[23] Trinität und Reich Gottes, a.a.O., 65.
[24] Ebd.

von Gott im Horizont der offenen biblischen Theodizeefrage geredet werden? Hier kommt es bei Moltmann schon früh[25] zur Kritik der überkommenen Gotteslehre, die sich über weite Strecken vom philosophischen und monarchischen Monotheismus unter Voraussetzung des Apathieaxioms beherrschen ließ. Das hat die christliche Theologie bis in die Gegenwart daran gehindert, einen konsequent christlichen Gottesbegriff zu entwickeln. Moltmann hat diese Kritik eines nur schwach christianisierten Monotheismus zugespitzt in der These: »Dieser allgemeine religiöse Monotheismus ist der permanente Anlass zum Protestatheismus.«[26] Und das heißt doch: Die traditionelle christliche Gotteslehre, in ihrer Verbindung mit der augustinischen Freiheits- und Erbsündenlehre, hat die Gestalt eben jener theoretischen und das Leid erklärenden Theodizee angenommen, an der sich die Theodizeefrage seit Jahrhunderten immer wieder wund reibt und neuzeitlich die Konsequenz des »Protestatheismus« zieht.

Die Stärke dieser klassischen christlichen Theodizee ist zweifellos, dass sie den Menschen als Sünder und im Missbrauch seiner Freiheit voll für den heillosen Zustand der Welt verantwortlich sieht und darum auch Gottes Heilshandeln und Zurechtbringen im Stellvertretungstod Christi deutlich zur Geltung bringt. Aber so richtig das ist, so wenig ist damit, wie schon das Hiobbuch lehrt, die ganze Erfahrung des Leidens und des ungerecht Leidenden aufgenommen. Vor allem aber wird nicht die tiefste Dimension der Passion Jesu erreicht, wenn Gott noch immer als »das absolute Subjekt« resp. als die »alles bestimmende Wirklichkeit« verstanden wird, wenn er also als solcher seinen Sohn ins »stellvertretende Strafleiden« am Kreuz schickt, ohne sich selber diesem Leiden und Sterben auszusetzen. Auf dieser Linie kann es dann zu solchen absurden Schlussfolgerungen kommen, Gott habe seinen Sohn »abschlachten« lassen und sei – ganz entgegen der Ausgangsintention, die volle Verantwortlichkeit des Menschen festzuhalten – letztverantwortlich für die Exzesse von Lüge, Unrecht und Gewalttat, die sich an dem Gekreuzigten austoben.

Von Gott im Horizont der offenen Theodizeefrage reden heißt demgegenüber, endgültig Abschied zu nehmen vom Apathieaxiom und vom leidenschaftlich liebenden und darum auch selber leidenden und mitleidenden Gott zu reden. Vom leidenden Gott aber kann man nicht monistisch reden. »Man kann vom Leiden Gottes nur trinitarisch reden.«[27]

So weit geht natürlich der schon eingangs zitierte Abraham Heschel nicht. Aber er ist, wie Moltmann herausstellt, einer der ersten Kritiker der Theologie des apathischen Gottes, und zwar im Anschluss an die

---

25   Vgl. Gottesbeweise und Gegenbeweise, a.a.O., 10 ff.
26   Der gekreuzigte Gott, a.a.O., 223.
27   Trinität und Reich Gottes, a.a.O., 40.

prophetische »Theology of Pathos«, wie er sie nennt.[28] Heschel knüpft an prophetische Texte wie Jes 57,15 an: »So spricht der Hohe und Erhabene ...: Ich wohne in der Höhe und im Heiligtum und bei denen, die zerschlagenen und demütigen Geistes sind, auf dass ich erquicke den Geist der Gedemütigten und das Herz der Zerschlagenen.« Das setzt eine Selbstunterscheidung Gottes voraus, in der der Allmächtige seine Allmacht zurücknimmt, schöpferisch einem Anderen und mit Freiheit Begabten neben sich Raum gibt und ihm in leidenschaftlicher Liebe und Treue auch in seinem Scheitern und Gedemütigtwerden nahe ist. Gott, der Hohe und Erhabene, wiederholt sich selbst in dieser Einwohnung und Selbsterniedrigung.

Von hier aus kann leicht die Brücke geschlagen werden zu der kabbalistischen Lehre von der Schechinah, durch die Gott Israel gegenwärtig ist, seinen Leidensweg ins Exil mitgeht und die Hoffnung auf universale Verherrlichung, gebunden an Israels Erlösung, wach hält.[29]

Aus christlicher Sicht ist von hier aus aber auch kein weiter Weg zum trinitarischen Verständnis der Passion Gottes. Denn die Selbstunterscheidung Gottes im Prozess seiner leidenschaftlichen Liebe wird in diesem Verständnis aufgenommen und konsequent vertieft. Wenn wirklich von Gottes Selbstmitteilung in seiner Selbstunterscheidung die Rede sein soll, dann geht es in seiner »Selbsterniedrigung bis zum Tod am Kreuz« (Phil 2,8) nicht um eine vorübergehende Entäußerung, sondern in der Tat um die Wiederholung seiner selbst an der Seite des Menschen. Dann geht es im Gekreuzigten, auch in seinem Verlassenheitsschrei, um Gott selbst. Gottes Wesen ist also ein Geschehen, ist die dramatische Geschichte seiner leidenschaftlichen Liebe im Kreuz und in der Auferstehung Jesu, die die Verherrlichung des Vaters in der Kraft des Geistes durch alle und durch alles zum Ziel hat.

»Nur der leidende Gott kann helfen«, hat Dietrich Bonhoeffer pointiert formuliert und damit »den entscheidenden Unterschied zu allen Religionen« und ihren Gottesvorstellungen markiert: »Die Bibel weist den Menschen an die Ohnmacht und das Leiden Gottes.«[30] Der Mensch der allgemeinen religiösen, gewissermaßen »natürlichen« Theodizeefrage wird also von der Bibel eingeladen, dem leidenden und leidenschaftlich liebenden Gott unter die Augen zu gehen. Aber nicht, um »an Gott zu leiden«, wie gelegentlich interpretiert wird, sondern um – so hat es Bonhoeffer gemeint – am Leiden Gottes teilzunehmen und sich einzulassen auf den Prozess seiner leidenschaftlichen Liebe. Das heißt aber beides: im Kreuz Jesu die eigene Verlassenheit, aber auch die eigene Verlorenheit, erkennen und kraft der österlichen Erfahrung, dass der Gekreuzigte sie durchlitten hat und auf sich genommen hat, in

---

[28] Vgl. *Moltmann*, a.a.O., 40, mit Bezug auf *A. Heschel*, Die Prophetie, Krakau 1936, u. The Prophets, New York, 1962, 221ff.
[29] Vgl. *Moltmann*, a.a.O., 42ff.
[30] Widerstand und Ergebung, 1952, 242.

den Leiden unserer Zeit für die recht-schaffende und zurecht bringende Gerechtigkeit Gottes bezeugend und hoffend, leidend und kämpfend eintreten.

Im Rahmen dieses Beitrags ist es nicht möglich und auch nicht notwendig, auf die weiteren Aspekte und Ausformungen der christlichen Trinitätslehre einzugehen. Am Beispiel der Gotteslehre Jürgen Moltmanns und ihres sympathetischen und trinitarischen Ansatzes dürfte aber der grundlegende Zusammenhang zwischen Theodizeefrage und trinitarischem Bekenntnis hinreichend deutlich geworden sein. Es ist nicht nur eine Chance des christlichen Glaubens, sondern auch seine Aufgabe, sich mit der immer wieder aufflammende Theodizeefrage auseinander zu setzen, aber eben kritisch und befreiend: im Licht der biblischen Theodizeefrage und des biblisch bezeugten leidenden und leiden-schaftlich liebenden Gottes.

Dabei wird im Sinne Abraham Heschels ebenso deutlich, dass diese Menschheitsfrage mit ihrer Klage und mit ihrer Sehnsucht auch deswegen nicht verstummt, weil der schöpferische, leidenschaftlich liebende und eben darum seine »Allmacht« in so rätselhafter Ohnmacht zurücknehmende Gott das Werk seiner Hände nicht preisgibt, sondern der Vollendung in der durch nichts mehr getrübten Gemeinschaft mit ihm entgegenführt.

Wenn die Theodizeefrage eine eminent praktische Frage ist und dies gerade von der biblischen Theodizeefrage gilt, dann bleibt verwunderlich, dass ihre Aufnahme und »Aufhebung« im trinitarischen Bekenntnis des christlichen Glaubens so wenig Niederschlag in der praktischen Theologie und in den Praxisfeldern des christlichen Glaubens wie Seelsorge, Diakonie, Ethik findet. In der Religionspädagogik und im interreligiösen Dialog, zumal im christlich-islamischen Dialog, erscheinen die zentralen christlichen Themen wie »Kreuz« und »trinitarischer Glaube« kaum oder werden geradezu ausgeblendet, obwohl doch die Theodizeefrage und die ihr zugrunde liegenden Erfahrungen gemeinsames Thema sind. Auch in dieser Richtung möchte ich meinen Beitrag als Ermutigung verstehen, den Zusammenhang von Theodizeefrage und trinitarischem Bekenntnis zu erkennen und zur Sprache zu bringen. Der christliche Glaube ist in den Leiden unserer Zeit mehr gefragt, als wir oft annehmen. Er treibt uns in die tägliche und tätige Bitte: »Dein Name werde geheiligt, Dein Reich komme, Dein Wille geschehe – wie im Himmel so auf Erden.«

EBERHARD BUSCH

Die Trinitätslehre angesichts der Kritik von Judentum und Islam

1 Das Problemfeld

Christen »glauben und bekennen, dass es nur *einen* Gott gibt«,[1] so formuliert die Confessio Gallicana von 1559. Johannes Calvin nannte ein Abweichen vom Sch'ma Israel (Dt 6,4; Mt 12,29) »ein Verbrechen«.[2] Für Juden aber ist die christliche Trinitätslehre ein Ärgernis, weil sie fürchten, die Kirche verletze damit doch den Glauben an den, der »Einer von einer Einheit (ist), die in keiner Hinsicht ihresgleichen hat«.[3] Nach dem Jerusalemer Rabbiner A. Steinsaltz ist offenbar darum für das Judentum eine Verständigung mit dem Islam, aber nicht mit der Kirche denkbar.[4] Ja, für Jules Isaac wurzelt der Antisemitismus in der christlichen Aufweichung »der strengsten Auffassung des Monotheismus« im Judentum.[5] Das Nein zur Trinitätslehre von jenen beiden Seiten ist so kompromisslos, dass die Differenz noch nicht mit dem Nachweis von Missverständnissen – etwa der Verwechslung von Trinität und Tritheismus – beseitigt ist. Nach Schalom Ben-Chorin »kann« und »will« das »hebräische Glaubensdenken« diese Lehre nicht vollziehen; »denn die wahre Einzighaftigkeit und Einheit Gottes ... würde dadurch in einem für uns unvorstellbaren Sakrileg verletzt.« Sie würde für das Judentum »nur eine Verminderung des reinen Monotheismus bedeuten.«[6] »Das trennt uns notwendig.«[7] Ja, nach Pinchas Lapide sollten auch die *Christen* vom »Trinitarismus der ersten Kirchenkonzile« abrücken.[8] Die jüdische Kritik scheint hier nah mit der islamischen Kritik zusammenzulaufen: »Übertreibt nicht in eurer Religion,« heißt es im Koran, »und ... sagt nichts von einer Dreiheit. Hört auf, das ist besser für euch. Gott ist doch ein einziger. Fern von ihm, dass er einen Sohn

---

[1] Conf. Gallicana 1, in: *E.F.K. Müller*, Die Bekenntnisschriften der reformierten Kirche, Leipzig 1903, 221.

[2] Auslegung der Heil. Schrift, Bd. 2, Neukirchen o.J., 284.

[3] So *Moses Maimonides*, Ein Querschnitt durch sein Werk, Köln 1966, 97.

[4] Der Spiegel, 11.4.1994, 215f.

[5] Genese des Antisemitismus, Wien 1969, 145.

[6] Jüdische Fragen an Jesus Christus, Sonntagsblatt 15.1.1961.

[7] *Schalom Ben-Chorin*, Bruder Jesus. Mensch – nicht Messias, München 1972, 12.

[8] *P. Lapide / J. Moltmann*, Jüdischer Monotheismus – Christliche Trinitätslehre, München 1979, 55.

habe!« (Sure 4,171) »Ungläubig sind diejenigen, die sagen: ›Gott ist
der Dritte von dreien‹, wo es doch keinen Gott gibt außer einem einzigen Gott. Wenn sie mit dem, was sie sagen, nicht aufhören, wird diejenigen von ihnen, die ungläubig sind, eine schmerzhafte Pein treffen«
(Sure 5,73). Damit scheint der synagogale Vers übereinzustimmen:
»Er ist einzig, und kein Zweiter ist ihm zu vergleichen und ihm zu
vergesellschaften.«[9]
Wie soll die christliche Theologie darauf reagieren? Sie hüte sich vor
Apologetik! Deren Gefahr ist es, dass darin das Gegenüber der Wahrheit zu uns allen ersetzt wird durch das Gegenüber von Vertretern verschiedener Auffassungen. Sie weiche aber auch nicht vor dieser Herausforderung aus! – etwa mit der Erklärung: man sei mit den Anderen
wenigstens in anderen Punkten, z.B. im Glauben an den Schöpfer der
Welt oder in gewissen ethischen Überzeugungen, verbunden. Es könnte sein, dass man auch da, wo man Ähnliches sagt, nicht dasselbe
meint – wenn man denn in der Trinitätslehre so getrennt ist. Es könnte
auch sein, dass man in Erklärungsnöte gerät hinsichtlich der eigenen
Christlichkeit, wenn man auch nur für sich selbst einräumt: Es gehe in
dieser Lehre um ein Akzidens zu einem ohnedies bestehenden »Grund-
inhalt des Glaubens.« Es wäre aber auch *die* Erklärung ein Auswei-
chen: Diese Lehre sei ja nur »für mich verbindlich«. Dadurch wird,
statt auf jene Herausforderung mit einer Explikation dieser Lehre zu
antworten, an diese im Voraus die Bedingung gestellt: Was sie auch
besage, sie *dürfe* »nur für mich verbindlich« sein! Sie könnte unter der
Kuratel solcher Bedingung aufhören, auch nur »für mich« verbindlich
– und explikabel auch für die andere Seite zu sein. Es gehört zur Lau-
terkeit eines Dialogs, dass die christliche Theologie auf solche Herausforderung *antwortet:* mit einer erneuten *Erläuterung* des da Infragege-
stellten.
Inwiefern ist sie dazu bereit? Sie *müsste* es wohl sein. Unter Anrufung
des dreieinigen Gottes wird der christliche Gottesdienst angefangen,
und die liturgischen Lobpreisungen sind nach alter Regel auf den Dreieinigen bezogen, wie ja die ersten Spuren dieser Lehre im Neuen Testament sich in Doxologien befinden. Mit der Taufe auf den Namen
Gottes des Vaters, des Sohnes und des Heiligen Geistes (Mt 28,19)
beginnt das christliche Leben. Gilt also nicht in der Tat: »Der Inbegriff
des christlichen Glaubens ist der Glaube an den trinitarischen Gott«?[10]
Aber dieser Satz ist in der Kirche nicht mehr so selbstverständlich. Bejahte zwar die Reformation nach anfänglicher Zurückhaltung das altkirchliche Dogma voll,[11] und zwar, wovon noch die Rede sein muss,

---

[9] Vgl. *H. Cohen*, Religion der Vernunft aus den Quellen des Judentums, Wiesbaden 1978, 423.
[10] *G. Greshake*, in: a.a.O., 327.
[11] Vgl. *J. Koopmans*, Das altkirchliche Dogma in der Reformation. BET 22,
München 1955.

aus soteriologischen Gründen, so entstand doch in ihrer Nähe eine an-
titrinitarische Bewegung.[12] Deren Argumente bestimmten dann seit der
Aufklärung auch das Denken *in* den Kirchen der Reformation. Adolf
von Harnack spitzte sie durch die seither weit verbreitete These zu, das
Dogma verdanke sich einer verfremdenden »Hellenisierung« des Christentums. Die habe in der Kirche zu einem unsittlichen Intellektualis-
mus geführt und dazu, sich mit dem Dogma eine »furchtbare Waffe«
zu schmieden. Denn sie habe *den* Jesus, der nicht in das – von ihm nur
verkündete – Evangelium gehöre, zu einem Gottmenschen umgedacht,
der geglaubt werden *müsse*. Es sei daher verhängnisvoll gewesen, dass
die Reformation »die alten Dogmen von der Trinität und den zwei Naturen in das Evangelium hinein« nahm.[13]
Indes zeigt das Beispiel Harnacks, dass die Beseitigung jenes Ärger-
nisses noch keine größere Nähe zum Judentum bedeuten muss. Seine
Forderung zum Verzicht auf »die alten Dogmen« verband sich bei ihm
mit der Forderung, das bloß jüdische Alte Testament aus der christlichen Bibel auszuscheiden. Denn durch das Alte werde das Neue des
Neuen Testaments verhüllt: das Evangelium von dem Gott der reinen,
von aller Strafgerechtigkeit gereinigten Liebe. Weil das Judenchristen-
tum dieses Neue verkannt und Christus als »die Vollendung der alten
Religion durch Erfüllung« verstanden habe und dadurch mit ihr ver-
zahnt blieb, sei es zu Recht in der Kirche »überwunden worden«; hingegen sei aus ihm der Islam hervorgegangen.[14] Wiederum, weil die
Kirche mit jenem Dogma die Erkenntnis der reinen Liebe Gottes verstellt, also das Neue des Evangeliums nicht erfasst habe, habe es nicht
das Alte Testament überwinden können.[15] Gewiss wollte Harnack kein
Feind von Juden sein. Doch belegt gerade seine Sicht, dass nicht an
sich »durch die Trinitätslehre« – in einem durch diese Lehre gegebenen Gegensatz zu dem Christus von Eph 2,14! – »so viele Scheide-
wände« in die Welt gekommen sein müssen.

---

[12] Vgl. *F. Sozzini* (vgl. RE 3. Aufl., Bd. 18, 469–480), dessen Anstoß sich zunächst nur auf die Lehre von der Versöhnung bezog. Wie sollten wir einer solchen
bedürfen? Der Sünder soll und kann sich selbst bessern und dürfe so auf ein göttliches Verzeihen hoffen. So »Gott verzeiht uns auch schon ohne blutigen Opfertod
Christi, aus Liebe« (478). Christus als ein zu unserer Erlösung nötiger Gottmensch
ist daher überflüssig, ja, sittlich gefährlich. Und darum ist er auch kein Gott. Er ist
ein Mensch, wenn auch – hier eine Wurzel der jüngst wieder empfohlenen Geist-
christologie? – einer »mit Geist ohne Maß« (474). Denn er hat uns, viel reiner als
Mose, Gottes Gesetz gelehrt und vorgelebt. Mithin gilt auch der Geist nur als be-
flügelnde Kraft in den Geschöpfen (471). Also, das die *Folge* des Gedankens,
wenn auch ein zur Seligkeit nötiger Satz: Gott ist ein Einziger, kein Dreieiniger.
[13] *A. von Harnack*, Das Wesen des Christentums, Leipzig 1900, 125.128.142.
179.183.
[14] *A. von Harnack*, Aus der Werkstatt des Vollendeten, Gießen 1930, 128.63;
ders., Dogmengeschichte, Freiburg i.Br. [6]1922, 60.
[15] Harnack, Wesen, 137.

Dennoch halten heute manche Christen angesichts jüdischer oder auch muslimischer Kritik eine Herabminderung dieser Lehre für geboten. Vor allem mit der These von ihr als einem Produkt griechischen Geistes wird so hantiert, als hätte sich die Lehre vermeiden lassen, wenn nur das Christentum bei seinen hebräischen Wurzeln geblieben wäre.[16] Immerhin war es nach Clemens Thoma schon in der Antike eine jüdische Kritik an dieser Lehre: »Die Christen verdunkeln die wahre Offenbarung Gottes (sc. am Sinai) mit menschlich-paganen Zusätzen«, »mit hellenistischen Vergöttlichungsvorstellungen.«[17] Die These kann heute auch so gewendet werden (bei Paul van Buren):[18] Die Trinitätslehre sei eine rein heidenchristliche Theorie, inwiefern *Heiden* durch den Juden Jesus die Erlaubnis bekommen hätten, auch den einen, einzigen Gott Israels zu verehren. So ist wohl für Juden jenes Ärgernis beseitigt. Nur, so ist auch für Christen nicht mehr plausibel, warum dieses binnenkirchliche Theorem »Trinität« heißt, wenn denn gilt, dass der im Christusbekenntnis Gemeinte »ein Mensch, ein Jude, kein zweiter Gott«, »nicht der HERR«, sondern bloß »einfach ein Mensch« »war und ist«.[19] Die Lehre kann – wie es im Dialog mit dem Islam geschehen ist – auch mit der Deutung gelockert werden, dass die trinitarischen Aussagen nur in einem anderen Gleichnis von dem an sich unfasslichen Gott reden, als es Muslime tun. Und »sind es auch verschiedene Gleichnisse, so ändert dies doch nichts an der Tatsache, dass beide Gleichnisse von Gott haben. Dann ist der Unterschied vielleicht nicht so wesentlich zwischen beiden Glaubensaussagen über Gott.«[20] Ist also die Lehre selbst »vielleicht nicht so wesentlich«? Ist etwa die christliche Theologie im Begriff, die Trinitätslehre auszuhöhlen? Es könnte indes auch so sein, dass man im Gespräch mit der anderen Seite des Eigenen in neuer Weise inne wird. Es könnte sich dabei zeigen, dass es in dieser Lehre nicht um eine willkürlich im 4. Jhdt. eingeflossene Überfremdung des Evangeliums geht, sondern dass das damals Ausformulierte von der Bemühung getragen war, eine Erkenntnis zu bedenken, zu der die neutestamentliche Botschaft selbst Anlass gibt. Es gibt Gründe zu dieser Annahme.

---

16 Z.B. *C. Westermann*, in: Theologie, was ist das?, hg. von *G. Picht*, Stuttgart 1977, 50. Vgl. auch die koranische These: die Trinitätslehre verdanke sich einer späteren Verfälschung der ursprünglichen Botschaft Jesu.

17 *C. Thoma*, Jüdische Bewertungen der christlichen Gotteslehre und -verehrung, in: *C. Thoma / M. Wyschogrod*, Das Reden vom einen Gott bei Juden und Christen, Bern 1984, 49ff, dort 60.

18 So *P.M. van Buren*, Eine Theologie des christlich-jüdischen Diskurses. Darstellung der Aufgaben und Möglichkeiten, München 1988, 77ff.

19 A.a.O., 4. Das scheint mir das zu vertreten, was der Koran – zu Recht – als »Beigesellung« verwirft.

20 *K.H. Peschke*, in: *A. Bsteh* (Hg.), Der Islam als Anfrage an christliche Theologie und Philosophie, St. Gabriel 1994, 72.

2 Die christologische Wurzel der Trinitätslehre

Denn *der* Satz Harnacks ist elementar richtig: »Das Bekenntnis zu dem Vater, dem Sohn und dem Geist ist ... die Entfaltung des Glaubens, dass Jesus der Christ sei.«[21] Der Satz stimmt auch historisch.[22] Die Alte Kirche sah sich vor der Frage – nicht: Wie können wir drei Subjekte zusammendenken und zugleich so demokratisch auffassen, dass keiner der drei zu kurz kommt? So kann man von der Übereinstimmung eines Kollektivs reden, aber nicht von Gottes *Dreieinheit*. Und es wäre dabei unverständlich, warum gerade drei und nicht mehr Subjekte. Die Frage an der Wurzel der Lehre war die: Wer ist Jesus Christus? Und erst ihre Antwort darauf – Er ist als der auf der Seite Gottes Stehende der an unsere Seite und Stelle Getretene – hat dann die Frage nach dem Heiligen Geist und so die nach der Dreieinigkeit Gottes aufgeworfen. Es ist schon so: Je nach dem, wie man darauf antwortet, wer Jesus Christus ist, wird man sich zur Trinitätslehre stellen. Das wird dadurch bestätigt, dass sich die jüdische Kritik vor allem gegen das Bekenntnis der *Gottheit Christi* richtet und darin *die* Voraussetzung der Trinitätslehre sieht. Übrigens findet sich auch hier eine Parallele im Koran, in dem Jesus wohl Gesandter und Prophet Gottes genannt wird, ja sogar sündloser Messias und göttlicher Geist (Sure 3,45; 4,171). Aber er sei doch in allem nur wie Adam ein geschaffener Mensch. »Die Christen sagen: Christus ist der Sohn Gottes. So etwas wagen sie offen auszusprechen ... Diese Gottverfluchten! Wie können sie nur so verschroben[23] sein!« Der *eine* Gott ist erhaben »über das, was sie (ihm) beigesellen« (Sure 9,30). Jedenfalls wird nun im Judentum die christliche Rede von Jesus Christus als *dem* »eingeborenen« Gottessohn als für sein Denken inakzeptabel bezeichnet. Dagegen wird vielmehr darauf hingewiesen, dass vielmehr *ganz* Israel Gottes erstgeborener Sohn ist und darum nicht jenes besonderen Sohnes bedarf.[24] So steht er nicht als *der* Sohn seinem Volk gegenüber, sondern nur als einer der Söhne seines im ganzen mit Gott verbundenen Volks Gott gegenüber. So können Juden ihn wohl verstehen als einen »jüdischen Bruder«, in dem sie »die Hand eines großen Glaubenszeugen in Israel« berührt. Aber »es ist bestimmt keine *göttliche,* sondern eine *menschliche* Hand« – so Schalom Ben-Chorin.[25] Es kann nicht anders sein, so-

---

[21] A. *von Harnack*, Lehrbuch der Dogmengeschichte, Tübingen [4]1909, Bd. 2, 90.

[22] Vgl. z.B. *Irenäus*, Fünf Bücher gegen die Häresien, 111, 8.3: »Der Name Christus bedeutet den, der salbt und der gesalbt worden ist und die Salbung selbst, mit der gesalbt wurde. Es salbte aber der Vater, gesalbt wurde der Sohn, im Geist, der die Salbung ist.«

[23] Vgl. *P. Lapide*, in: Lapide, Monotheismus, a.a.O. (Anm. 9), 20: Christen sind »verschrobene Monotheisten.«

[24] *P. Lapide*, a.a.O. (Anm. 9), 47.57.71.

[25] *Schalom Ben-Chorin*, Bruder Jesus, a.a.O. (Anm. 8), 12: Juden wissen sich darin »eins mit Goethe« und mit dem »Historiker« (14)!

fern es denn Juden »unmöglich« ist, wie Martin Buber sagt: »irgend etwas Einmaliges als die endgültige Offenbarung Gottes zu nehmen.« Sie sprechen »keiner seiner Offenbarungen Unüberbietbarkeit zu, keiner den Charakter der Inkarnation«. Er »ist jeder seiner Manifestationen schlechthin überlegen«.[26] Ja, schon Maimonides hat gesagt, was manche heutige Juden wiederholen: dass für sie *Trinität* »an sich keine unannehmbare Lehre« sein muss, solange damit nur verschiedene menschliche Gotteserfahrungen bezeichnet sind. Jedoch ist für sie deren christliche Fassung unannehmbar: wegen der »christlichen Lehre von der lnkarnation«.[27] Darum hat übrigens die christliche Theologie die Trinitätslehre noch nicht mit dem Nachweis erklärt, wie Drei Einer sein können, wenn dabei ihre Verwurzelung im Christusbekenntnis unklar ist.

Der Anstoß des Judentums an der Trinitätslehre wurzelt also im Anstoß am Bekenntnis der Gottessohnschaft Jesu Christi bzw. der Fleischwerdung des Wortes. Es hätte hier erst recht keinen Sinn, auf diesen *Anstoß* zu antworten, er beziehe sich ja nur auf eine griechische Verformung der urchristlichen Antwort auf die Frage, wer Jesus Christus ist. Denn die Antwort, zu der sich die Kirche hier allmählich durchrang, ist die im Neuen Testament im Kern schon vorgegebene. Sie legte das da Vorgegebene dabei gewiss in ihrer griechischen Sprachweise aus. Aber wer ihr Bekenntnis davon befreien will, prüfe sich, ob er mit ihrer Sprache nicht die damit bezeichnete Sache verwirft! Man übersehe zudem nicht, dass ihre Antwort auf jene Frage durchaus auch »den Griechen eine Torheit« war! Wie neuplatonisches Denken die da nötige Antwort hindert, kann man bei Origenes sehen. Und was religiös gehauchter griechischer Geist ist, kann man bei Philo studieren, auch bei Maimonides, nach dem Gott als der eine Geist derart jenseits aller irdisch-körperlicher Welt ist, dass er »nicht als Träger einer Gestalt erfahren« werden kann.[28] Aber genau dieses den »Griechen« Querlaufende *sagte* die Kirche in ihrer Antwort auf jene Frage.

»Bist du, der da kommen soll?«, so hörte sie das Neue Testament fragen, und sie hörte es darauf antworten: Ja, er ist der! »Sie werden ihn Immanuel heißen, d.h. den ›Gott mit uns‹« (Mt 1,23). Nicht nur einer wie wir, auch kein bloß besserer als wir! Er ist der, der im Anfang bei Gott, Gott selbst war und nun »in sein Eigentum kam« (Joh 1,11), der »Fleisch wurde und unter uns wohnte und wir sahen seine Herrlichkeit, voller Gnade und Wahrheit« (V. 14), der, obwohl in Gottes Gestalt, Knechtsgestalt annahm und wurde wie wir (Phil 2,6f). In ihm wohnt

---

[26] *M. Buber*, in: *R.R. Geis / H.J. Kraus*, Versuche des Verstehens, TB 33, München 1966, 159.
[27] *D. Lasker*, nach: *C. Thoma*, a.a.O. (Anm. 20), 74f. Nach Thoma, ebd., finden sich selbst bei Maimonides triadische Formeln, die aber eine Inkarnation Gottes gerade ausschließen.
[28] A.a.O. (Anm. 4), 97.

»die Fülle der Gottheit leibhaftig« (Kol 2,9). Denn »als die Zeit erfüllt war, sandte Gott seinen Sohn, geboren von einer Frau« (Gal 4,4), um uns aus der Knechtschaft zur Gotteskindschaft zu befreien. Und »so sehr hat Gott diese Welt geliebt, dass er seinen eingeborenen Sohn gab«, damit wir an ihn glauben und so am ewigen Leben Teil bekämen (Joh 3,16). Nicht wird hier eine Kreatur, weil wir sie so schätzen, von uns vergöttert und Gott »vergesellschaftet« oder »beigesellt«.[29] Christen verderben alles, wenn sie auch nur einen Schritt in diese Richtung denken. Gegen diese Gefahr bedürfen sie des jüdischen Widerspruchs. Hermann Cohen hat scharfsinnig den Sinn des jüdischen Monotheismus in seinem Protest gegen alle falsche Vermischung von Gott und Mensch gesehen.[30] Im Gegenzug zu allen Verfahren des Menschen, einen seinesgleichen Gott beizugesellen, gesellt sich in diesem Einen *Gott* hier den Menschen bei, ja, wird der Sünder Geselle. Und nicht wird hier »das Überweltliche aus der sichtbaren Welt« aufgebaut – darin sieht Max Brod »das Heidentum« im Christentum, wovon es nur durch Heimkehr zum »mütterlichen Judentum« genesen könne.[31] Hier kommt aber »das Überweltliche« in die »sichtbare Welt« hinein. Franz Rosenzweig bemerkt: »Der Heide will von menschlichen Göttern umgeben sein, es genügt ihm nicht, dass er selber Mensch ist: auch Gott muss Mensch sein.«[32] Doch heißt für christliche Erkenntnis »Fleischwerdung des Wortes« nicht Verwandlung Gottes in einen Menschen, gemäß einem »heidnischen« Wunsch, *sich* Gott zu veranschaulichen. Aber die »Philanthropie« Gottes (Tit 3,4) erweist sich darin, dass das Wort (der Sohn) Gottes einen (jüdischen) Menschen und in ihm Mensch-Sein, ja, unter der Macht des Verderbens stehendes »Fleisch« in die Einheit mit sich aufnahm: dies nicht, um für sich ein guter Mensch zu sein, dies, um zu leiden »bis zum Tod am Kreuz« (Phil 2,8). Das Bekenntnis von der Gottheit Christi bekommt erst recht seine Härte in der Aussage, dass diese sich *darin* bekundet, dass er am Kreuz gelitten und sich zutiefst erniedrigt hat.[33] Besagt das nicht eine »Gotteslästerung«?[34] Man kann die Frage nicht ausräumen ohne Be-

---

29 Sollte die koranische Kritik an der »Beigesellung« (Sure 4,48) anderer Götter zu Gott nur die Aussage sichern wollen, dass es für uns nur eine solche »Nähe« Gottes gibt, die allein von ihm ausgeht (in: *Bsteh*, Islam, a.a.O. – vgl. Anm. 23 –, 65), so wiese das auf den Punkt hin, um den es im christlichen Bekenntnis gehen muss.

30 *Cohen*, Religion, a.a.O., 393.

31 *M. Brod*, Heidentum Christentum Judentum. Ein Bekenntnisbuch, München 1921, Bd. 2, 300.

32 *F. Rosenzweig*, Stern der Erlösung, Frankfurt [4]1993, 388.

33 Vgl. *Gregor von Nyssa*, Abhandlung vom Religionsunterricht, Kap. 24: »So beweist nicht ... die Anordnung des Alls, nicht die ... Regierung der Dinge die göttliche ... Macht in dem Grade wie das Herabsteigen zu unserer schwachen Natur ...«

34 Vgl. zu dieser Frage *K. Barth*, Kirchl. Dogmatik IV/I, 200; ferner: *A.Th. Khoury*, Der Islam. Sein Glaube, seine Lebensordnung sein Anspruch, Freiburg u.a., 1992, 91f.

reitschaft, seine Gotteserkenntnis durch das korrigieren zu lassen, was Gott nach dem Neuen Testament im Gekreuzigten tut. Aber man kann als Christ nicht recht darauf antworten, ohne zu betonen, dass Gott in diesem Geschehen nicht aufhört, *Gott* zu sein, dass darin nicht einfach *gelitten* wird, sondern dass darin *Gott* leidet.[35] Indem Gott sich dem in seinem »Sohn« aussetzt, vollstreckt er seinen Willen. Er setzt sich dem aus, um seinen Bund gegenüber den Sündern zu behaupten – und so für alle Sünder zu öffnen. Er setzt sich dem aus »für unsere Sünden« (1Petr 2,12; 3,18), zur Beseitigung des von Gott Scheidenden, zur »Versöhnung der Welt mit Gott« (2Kor 5,19.21). Dass wir das nötig haben, das können wir nicht einsehen abgesehen davon, dass das geschehen ist und uns als »für uns« geschehen verkündigt wird.

Also darin ist Jesus Christus der Eine, dass in ihm Gottes Wort, das Gott selbst ist, sich erniedrigte, um das uns von Gott Scheidende zu beseitigen und uns das neue Leben der von ihm trotz Sünde und Tod ungeschiedenen Kinder Gottes zu schenken. *Das* hörte die Alte Kirche aus dem Neuen Testament, und das verstand sie auf der Linie des Grundsatzes von Athanasius, der die Einzigkeit Jesu Christi in der in seinem Namen inbegriffenen *Geschichte* sieht: »Darum wurde Gott Mensch, damit wir Menschen die Seinen würden.«[36] Für Athanasius ist genau *diese* Erkenntnis der Schlüssel der Trinitätslehre – nicht bloß diese oder jene Bibelstelle, aber das neutestamentliche Christusbekenntnis. Denn wenn in seinem Wort oder Sohn *Gott* in sein Eigentum kommt und »Fleisch« annimmt, dann ist in ihm Gott *selbst* unter uns, nicht nur *etwas* von Gott. Mit Joh 3,16: Wenn Gott zum völligen Beweis, dass er nicht nur einige, dass er die Welt liebt, seinen Sohn in sie gibt und für sie dahingibt, dann ist zwar Geber und Gabe zu unterscheiden, aber nicht zu scheiden, so als wäre die Gabe weniger als der Geber. *Gott selbst gibt sich selbst.* Die Gabe, die Hin-Gabe ist noch einmal Gott selbst. Wäre die Gabe weniger als ihr Geber, dann würde Gott uns nur *etwas* geben, aber *sich* uns vorenthalten. Dann würde Gott die Welt nicht *ganz* lieben, sondern sich vorbehalten, ihr auch anderes oder nichts zu geben. Dann würde in dieser Gabe nicht Gott *selbst* uns lieben, würde uns uns selbst überlassen mit etwas, was weniger als Gott, was nicht Gott ist, statt uns in der Gabe mit dem Geber selbst zu verbinden und uns Sünder so zu seinen Kindern zu machen.

---

[35] *J. Moltmann* (in: *Lapide*, Monotheismus, a.a.O. – Anm. 9, 33ff) scheint das zu übersehen in seinem Versuch, gegen eine Vorstellung von einem »patriarchalischen« apathischen Gott die von einem pathischen Gott zu stellen. So entsteht der Eindruck, als habe das Leiden Gottes in sich selbst seinen Sinn und nicht das Ziel, den Widerspruch, in dem der Mensch sich befindet, *aufzuheben*. Wird nicht, wenn das Leiden »für uns« durch ein Leiden Gottes »mit uns« ersetzt wird, unser Leiden unter dem Widerspruch verewigt?

[36] Nach *Athanasius von Alexandrien*, Über die Menschwerdung des Logos, 54. *M. Luther*: »Das ewge Licht geht da herein, gibt der Welt ein' neuen Schein, es leucht' wohl mitten in der Nacht und uns des Lichtes Kinder macht.«

Und dann wäre es nicht *Gottes* Sache, uns Sünder durch seine Gabe zu seinen begnadigten Kindern zu machen; dann wäre es *unsere* Sache, uns durch unser Vermögen dazu zu machen. Dasselbe in der altkirchlichen Spreche: Der Vater und der Sohn, diese Zwei sind zugleich »eins« (Joh 10,30).[37] Also ist der Sohn nicht weniger als der Vater, er ist »wesenseins« mit ihm. Nur so ist es wirklich *Gott,* der in der Hin-Gabe des Sohns sich in die Welt be-gibt und ihrer erbarmt. So ist der an unsere Seite Gesellte nicht Inbegriff des Versuchs des Menschen, sich Gott »beizugesellen« oder »das Überweltliche aus der sichtbaren Welt aufzubauen«. Er ist Inbegriff der Bewegung Gottes, in der er sich dem Menschen und diesen sich zugesellt.

Ist aber der Geber und seine Gabe, ist der, der uns liebt, und der, *in* dem er uns liebt, zweierlei und doch eines, dann folgt daraus (und dieses Weitere hat die Alte Kirche erst daraufhin erkannt): Dann ist auch das, was der Geber in seiner Gabe bei uns *bewirkt,* Gottes eigenes Werk. Dann ist die *Kraft* noch einmal nicht weniger als Gott, durch die wir Sünder seine mit ihm versöhnten Kinder werden, die so von ihm Geliebten und mit ihm Verbundenen. Diese Kraft ist der *Heilige Geist.* Durch ihn kommt die Liebe Gottes in unsere Herzen (Röm 5,5). Durch ihn werden wir Gottes Kinder (Röm 8,14–16). Durch ihn werden sonst an den Tod Verlorene lebendig gemacht (Joh 6,63). Einen von Gottes Gnadengabe gelösten Geist hat noch keine Pneumatologie als Gott verständlich machen können. Aber indem der Heilige Geist Gottes Gnadengabe in uns hineingibt, ist er noch einmal Gott selbst, Gott in eigener Weise, zu unterscheiden von dem Vater und dem Sohn, doch zugleich eins mit dem Vater und dem Sohn. Das sagt die Trinitätslehre: Gott ist dreimal derselbe, der *eine* Gott, aber kein abstrakt Einsamer. »Gott ist *Liebe*« (1Joh 4,16). Der Eine ist Beziehung. Und in seiner einzigartigen, bewegten Beziehung ist er der Eine. Er *ist* Liebe. Er wird Liebe nicht erst dadurch, dass er außer sich ein Anderes haben muss, um Liebe zu sein. Aber weil er Liebe *ist,* darum kann er sie auch in seinem Verhältnis nach Außen beweisen und beweist sie, indem er zugleich der ist, der uns liebt, der, in dem er uns liebt, und der, der aus Sündern seine Geliebten macht. Wäre er nicht in diesem (trinitarischen) Sinn wesentlich Liebe, dann könnte er entweder in seinem Verhältnis nach außen nicht verlässlich lieben oder dann bedürfte er erst

---

[37]   Das Argument des Koran: Wären es Zwei, so müsse es *Konkurrenz* zwischen ihnen geben (*A.Th. Khoury,* Einführung in die Grundlagen des Islams, Graz u.a. ²1981, 159), könnte nur überzeugen, wenn absolut gilt: dass *allein* Einzig- und Einzel-Sein Eintracht sichert. Im christlich-jüdischen Gespräch gibt es Stimmen (*H.-J. Kraus,* Rückkehr zu Israel. Beiträge zum christlich-jüdischen Dialog, Neukirchen-Vluyn 1991, 46f), die mit 1Kor 15,28 das »Eins«-Sein von Vater und Sohn infrage stellen. Aber die Stelle sagt nicht, dass der, dem doch jetzt »alles untertan« ist, »einfach ein Mensch« sei, noch, dass er im Eschaton aufhöre, der Sohn des Vaters zu sein. Sie redet von der Vollendung des Werkes, das er in Übereinstimmung mit dem Willen des »Vaters« ausführt.

eines Außen, um zur Liebe zu werden und sich so selbst zu konstituieren. Dann wäre er entweder der Eine, der nicht ernstlich einen Anderen außer ihm haben kann, oder er wäre nicht ernstlich der Eine, weil er des Anderen außer ihm bedarf, um der eine Gott zu sein. Erst die Trinitätslehre sagt sinnvoll, dass Gott – der uns zugewandte Gott – der Eine ist.[38]

Er ist dieser eine liebende Gott anders in der Schöpfung und in der Versöhnung und in der Heiligung. Er ist es nach dem Apostolikum in der Schöpfung besonders als der Vater, in der Versöhnung besonders als der Sohn, in der Heiligung besonders als der Geist. Die Versöhnung ist besonders dem Sohn zugeordnet, weil sie in der Dahingabe des Sohnes zur Versöhnung der Welt mit Gott geschieht und weil darin der Bund Gottes mit dem Menschen in einer, dieser versöhnenden Person zusammengefasst ist. Das eschatologische Werk ist besonders dem Geist zugeordnet, weil der Geist der der Gotteskindschaft ist, der Sünder beruft und befreit zu der sich schon Geltung verschaffenden, aber noch nicht offenbaren »herrlichen Freiheit der Kinder Gottes« (Röm 8,19.21; 1Joh 3,2), damit sie zur Gemeinschaft mit Gott und untereinander kommen. Die Schöpfung ist Werk besonders des Vaters, weil sie die äußere Voraussetzung schafft für den Beweis der Liebe Gottes an seinem Volk und an den zu ihm Hinzuberufenen: dass dafür Geschöpfe da sind. Die Voraussetzung dafür haben sie aber nicht von sich aus. Diese Voraussetzung *erschafft* Gott. Und weil Gottes Gabe ihren Geber voraussetzt, entspricht die Erschaffung der äußeren Voraussetzung für die Gabe Gottes besonders dem Geber, dem »Vater«.

Sind diese drei Werke je *besonders* das Werk des Vaters, des Sohnes und des Geistes, so sind sie aber nicht *allein* das Werk des Vaters, des Sohnes *oder* des Geistes. Denn es geht hier nicht darum, dass Menschen den einen Gott *subjektiv* verschieden erleben, »jeder auf seine Weise«, jeder nach seiner »lndividualität« – in diesem Sinn kann Lapide triadische Formeln schon im Alten Testament positiv würdigen.[39]

---

[38] Dass die Trinitätslehre die plausible Entfaltung des Satzes ist, dass Gott Einer ist, betont *G. Greshake* im Gespräch mit dem Islam, a.a.O. (Anm. 10), bes. 337.342. Zum Einwand, Christen wollten hier zuviel von Gott wissen, während Muslime oder Juden lieber in Ehrfucht vor dem unbegreiflichen Gott verharrten – vgl. in: *A. Bsteh*, Glaube, a.a.O. (Anm. 10), 360; *Lapide*, Monotheismus, a.a.O. (Anm. 9), 30: Ja, unerforschlich ist Gott in allen seinen Wegen (Röm 11,33). Der Unterschied liegt aber darin, dass hier beide *anderes* von Gott wissen und zwar zu *wissen* glauben: dass Gott *keinen* Mittler zwischen sich und dem Menschen habe und haben wolle, dass er sich *nicht* zum Kreuz erniedrigen kann usf. Vgl. *Khoury*, Einführung, a.a.O. (Anm. 39), 220. 91f.

[39] So erklärt *Lapide*, Monotheismus, a.a.O. (Anm. 9), 20f, triadische Formeln im Judentum, (z.B. »Gott Abrahams, Isaaks und Jakobs«). Aber – einmal abgesehen davon, ob diese Formel tatsächlich den obigen Gedankengang belegt –, so kann ja nur eine unbegrenzte Vielzahl von Erfahrungen des einen Gottes begründet werden. Vgl. auch *K. Rahner*, in: *P. Lapide / Karl Rahner*, Heil von den Juden? Ein

Die Trinitätslehre verdankt sich nicht solchen verschiedenen Erfahrungen. Sie verdankt sich der Erkenntnis, dass der eine Gott sich in seiner Hin-Gabe aus Liebe in die Welt dreifach und dreifach als der Eine hervortut und darin sich selbst definiert. Diese Erkenntnis beinhaltet den Satz, dass Gottes Dreieinigkeit Gottes seine Dreieinigkeit ist. Darum ist der Drohung einer Aufspaltung der Werke Gottes auf den Vater, Sohn und Geist entgegenzuhalten: Der *dreieinige* Gott ist der Schöpfer, der Versöhner, der Heiligende. *Er* handelt in diesen seinen drei Werken je anders, aber nie als ein Anderer. Wir haben es in der Schöpfung, in der Versöhnung, in der Heiligung mit dem *selben* Gott zu tun: mit dem *Vater,* der die *Welt,* zuerst die Juden, dann auch die Heiden so geliebt hat, dass er seinen *Sohn* in sie gab, damit alle durch *Gottes Kraft* an ihn glauben und als seine von ihrer Sünde befreiten Kinder an seinem Leben Anteil bekämen.

3   Die Frage nach dem Sinn der Einheit Gottes

Der *Islam* erhebt den Anspruch, in Bestätigung, Überbietung, Korrektur von Judentum und Christentum, weil in Wiederherstellung einer ursprünglichen, von beiden verderbten Reinheit *den* Mono-Theismus zu vertreten:[40] den Glauben an die unvergleichliche Einzigkeit und in der Einzahl seiende Einheit Gottes, dem gegenüber alles Andere Nicht-Gott ist, der wohl verschiedene Eigenschaften hat, nach außen mal barmherziger, mal gerechter, fordernder, mächtiger Wille, aber in sich reine, unbewegte Einheit, nicht Beziehung ist. Zwischen ihm und uns *kann* es darum keinen Mittler geben, der stellvertretend für uns eintritt. Er selbst tritt nie in den Bereich des Menschen,[41] kann sich »nie in der Gestalt eines Menschen offenbaren«.[42]

»Vor Allah ist Jesus Adam gleich, den er aus der Erde geschaffen« (Sure 3,60). Ihm sind alle nur Geschöpfe und Knechte, nicht Kinder. Er geht auch keine Geschichte mit ihnen ein; die Mohammed definitiv anvertraute Offenbarung ist die Bestätigung des schon immer Offenbaren. Diesem Einzigen sich zu ergeben, d.h. »muslim« zu werden, ist das einzig rechte menschliche Verhalten. Darum lautet das Glaubensbekenntnis so: »Ich bekenne, dass es keinen Gott gibt außer Allah.«[43]

Gespräch, Mainz 1983, 43.

[40]   *Khoury*, Einführung, a.a.O. (Anm. 39), 140.155.159.

[41]   Die vielzitierte Stelle Sure 50,16: dass Gott uns näher ist als die Halsschlagader, besagt offenbar, dass er alles sieht. Vgl. *A. Bsteh*, Der Islam, a.a.O. (Anm. 23), 51.

[42]   *J. Bouman*, Das Wort vom Kreuz und das Bekenntnis zu Allah, Frankfurt 1980, 263.

[43]   Vgl. *Khoury*, Einführung, a.a.O. (Anm. 39), 107f.

»Allah ist der alleinige, einzige und unwandelbare Gott. Er zeugt nicht und ist nicht gezeugt und kein Wesen ist ihm gleich.« (Sure 112,1–4) Wir können diesem Bekenntnis zur Einheit und Einzigkeit Gottes nicht unseren Respekt versagen. Wir dürfen den so sprechenden Islam als einen außerchristlichen Zeugen für die unvergleichliche, unverwechselbare, unüberbietbare Besonderheit Gottes gegenüber allem, was nicht Gott ist, ansehen. Als solchen haben Christen ihn zu hören – zur Warnung vor dem, von dem sie wissen sollten, dass sie es nicht dürften, und was sie faktisch doch nur zu oft tun: Kreaturvergötterung. Ist das Proprium der reformierten Reformation die Front gegen Heidentum und Kreaturvergötterung,[44] im Unterschied zur lutherischen Front gegen den »Judaismus« der Werkgerechtigkeit, so kann namentlich Reformierten dieser nichtchristliche Zeuge nicht ganz fremd sein – auch wenn sie deshalb nicht aufhören müssen, doch auf dem Boden der Reformation zu stehen. Denn – und hier würde ein Gespräch mit dem Islam einsetzen: Christen und Muslime sind sich vor allem im Verständnis der Einheit, Einzigkeit und Einfachheit Gottes uneins. Es ist also *weder* so, dass wir den Begriff der Einheit Gottes aufgeben, durch die Annahme, dass der dreieinige Gott eine Art Kollektiv sei; wir werden, wenn Muslime uns das unterstellen, das als unzutreffend abweisen, oder uns andernfalls durch sie zur Ordnung rufen lassen müssen. *Noch* ist es so, dass Bibel und Koran sich zunächst auf dem Nenner eines Monotheismus einig wären, um erst nachträglich in Petitessen Divergenzen zu haben. Die Differenz liegt darin, dass hier und dort etwas anderes unter der Einheit, Einzigartikeit, Einfachheit Gottes verstanden wird.[45] Und – hier hat jene Front gegen den »Judaismus« keinen Sinn. Hier stehen Christen mit dem Alten Testament und mit einem auf diesem Boden stehenden Judentum zusammen.[46]
Die These ist fragwürdig: In einer primitiven Frühzeit habe Israel eine Monolatrie vertreten, die Anbetung *eines* Gottes, unter Annahme, es gebe noch andere Götter, bevor es in einer Spätzeit zum geistig reifen Monotheismus fortgeschritten sei, zu dem allgemeinen Wissen, das Pantheon habe nur einen einzigen Bewohner. Theologisch interessant ist vor allem jene »Monolatrie«.[47] Wenn es nach dem 1. Gebot noch »andere Götter« gibt, aber Israel sie nicht anbeten darf, so soll es darum ja nicht etwa seinen zufälligen Stammesgott absolut setzen, und sei es auch nur für sich selbst. Nicht das war je seine ganz ernste Gefahr, sondern die, sich an andere Völker und ihre anderen Götter anzupassen. Es wird durch das Gebot vielmehr aufgeboten, die *Selbstunter-*

---

44 So *A. Schweizer*, Die christliche Glaubenslehre, Leipzig 1863, Bd. 1, 1863, 8f.
45 Vgl. *K. Barth*, Kirchl. Dogmatik II/1, 505.
46 Vgl. zum Folgenden: *K.H. Miskotte*, Der praktische Sinn von Gottes Einfachheit, in: *ders.*, Der Gott Israels und die Theologie, Neukirchen-Vluyn 1975, 19–43.
47 Vgl. *C. Thoma*, a.a.O. (Anm. 20), 50f: »Monolatrie ist der innere Fixpunkt der jüdischen Theologie und Frömmigkeit, nicht allgemeiner Monotheismus.«

scheidung Gottes von allen anderen Göttern anzuerkennen. Wodurch unterscheidet sich dieser Gott von diesen? Dadurch, dass er sagt: Ich bin das Höchste, das Einzige, das allerallgemeinste Wesen, das jenseits der vielfältigen irdischen Erscheinungen befindliche, davon nicht berührte und darum eine und einfache Sein? Dadurch unterscheidet er sich von den anderen, durch dieses »allerbesonderste«:[48] »Ich bin dein Gott, der dich aus dem Sklavenhaus Ägypten geführt hat.«

»Ich bin dein Gott«, d.h. *Gott* hat es sich zu seinem Volk erwählt, und nicht hat dieses Volk ihn sich zu seinem Gott erwählt. Israels Halten des 1. Gebots ist nur ein Anerkennen dessen. Wen der Mensch von sich aus zum Gott erwählt, ist immer ein »anderer Gott«. Israel würde sich, wenn es so sein Gottesverhältnis auffasste, den anderen Völkern gleichstellen und so den Bund brechen. Aber nicht aufheben! Denn »ich *bin* dein Gott«. Er beweist das damit, dass er sich mit diesem Erdenvolk, obwohl es keinen Vorzug vor anderen Völkern hat, verbindet. Damit lässt er sich auf eine Geschichte mit ihm ein, auf einen Weg aus der Knechtschaft hin zu seiner Befreiung. Im Unterschied zu der Meinung, dass wir umso unfehlbarer von Gott reden, je geistiger, je gereinigter von allem Irdischen und Zeitlichen wir ihn denken, ist diesem Gott in seinem Umgang mit Israel Menschliches nicht fremd. Nach Franz Rosenzweig gehört der Anthropomorphismus unlöslich zum Glauben Israels an seinen Gott.[49] Dadurch also unterscheidet sich Gott von den anderen Göttern, dadurch ist er der Eine, an den allein sich sein Volk zu halten hat: dass er, indem er sich in bestimmten Taten erweist, untrennbar von diesen Taten ist. Die Einzigkeit dieses Gottes ist die Unvergleichlichkeit, die Einfachheit: die Treue Gottes in seinem bestimmten Handeln und Reden,[50] die Treue seiner »einzig« zählenden *Gnade*, unter Ausschluss jedes menschlichen Anspruchs und Verdienstes im Blick auf sie. Gott wird also nicht durch den Begriff der Einheit und Einzigkeit definiert; Gott definiert in seinem Handeln, inwiefern er der Eine und Einzige ist. Nicht eine verabsolutierte *Einheit* ist Gott. Der sich den Menschen zuwendende *Gott,* wie Hermann Cohen treffend sagt:[51] sein sich darin kundtuender *Name* ist Einer und einzig.

Der spätere »Monotheismus« Israels vollendet diese Erkenntnis. Er ist nicht Aufklärung darüber, dass es vernünftigerweise nur *ein* höchstes Wesen gebe und dass sich die Religionen auf dem Nenner dieses Einen als verschiedene Wege zu diesem Einen verstehen können. Eine solche

---

48 *Miskotte*, a,a,O, (Anm. 48), 34.
49 *F. Rosenzweig*, Kleine Schriften, 525ff, nach: *Miskotte*, a.a.O., 34.
50 Vgl. *P. Lapide*, Monotheismus, a.a.O. (Anm. 9), 16: Israels Gott »ist der Einig-Einzige« nicht, weil er allein das tut, »was alle Heiden-Götter zusammen tun, sondern dadurch, dass Er ganz anders ist ... und handelt als ihre ganze Schar«: als »der Lebendige« in seinem Tun an seinem Volk. Lapide nennt das »dynamischen Monotheismus« (24).
51 *H. Cohen*, Religion, a.a.O., 423.

Einheit ist ein natürliches, logisches, offenbarungsunabhängiges Korrelat der Vielfalt der Welt der sichtbaren, bedingten Erscheinungen. Und: Die Annahme solcher Einheit ist eine Quelle von Konkurrenzneid, dem nur durch Niedrighalten potentieller Konkurrenten gewehrt werden kann. Der Monotheismus in Israels Credo hat einen tröstlichen und kritischen Sinn. Israel bekannte nun die *Nichtigkeit* der immer noch allzu realen Götter in einer Lage, in der ihm Übermut fernlag, in der sein Überleben am seidenen Faden hing, in der es versucht war, im Sieg der anderen Völker über es den Machtbeweis ihrer Götter gegenüber dem Gott Israels anzuerkennen. Wenn es *jetzt* bekannte, dass diese mächtigen anderen Götter *Nichtse* sind, so war das die begnadete Erkenntnis, *wen* es an seinem Gott hat, jetzt, wo Israel *nichts* übrig blieb als die Hoffnung *allein* auf ihn. Es war die Erkenntnis, dass dieses von allen verlassene »Würmlein Jakobs« (Jes 41,14) *nicht von Gott* verlassen ist, weil nicht Israel ihn erwählt hat, sodass mit Israels Untergang auch sein Gott unterginge, sondern darum, weil Gott es erwählt hat und weil darum jener seidene Faden nicht reißt. Es war von da aus die religionskritische Einsicht (Jes 41,6–20), dass die mächtigen Götter seiner Umwelt Spiegelbilder des Machtwillens dieser Völker sind, dass sie in ihren Göttern nur ihr Produkt anbeten, dass darum aber auch mit ihrer Niederlage ihr Gott aufgehoben würde. Es war die Einsicht, dass das, was den Gott Israels von den anderen unterscheidet, ihn nicht nur von den anderen Göttern *unterscheidet,* sondern diese *vergehen* lässt.

Das Neue Testament wiederholt diese Erkenntnis, um sie dann charakteristisch weiter zuzuspitzen. 1Kor 8,4ff: »Wir wissen, dass es keine Götzen gibt und kein Gott ist (!) außer dem Einen. Und obwohl es solche gibt, die Götter genannt werden (!) – wie es in der Tat viele Götter und Herren gibt (!) –, so gibt es für uns nur einen einzigen Gott: den Vater, von dem alle Dinge sind und wir zu ihm, – *und* den einen, einzigen Kyrios *Jesus Christus,* durch den alle Dinge sind und wir durch ihn.« Ist es nicht Gotteslästerung (Mt 9,3; 26,65!), wenn da Gott der Vater und der Kyrios so zusammengerückt sind? Denn gemeint ist ja nicht, dass es zwei Einzige gebe. Die Aussage liegt auf der Linie des Alten Testaments, die sie zunächst zusammenfasst: Gottes Einheit und Einzigkeit ist kein metaphysisches Einzelner-Sein jenseits aller Welt, das ein Prophet uns kundtut. Gott ist einzig und einer in seinem konkreten Handeln und Reden. Das Neue Testament sagt darüber hinaus, dass Gott so geredet und gehandelt hat, dass er Einen aus dem von ihm erwählten Volk in die Einheit mit sich genommen, dass er in diesem Einen elende, fluchwürdig sündige Gestalt *angenommen* hat, und zwar so, dass – das ist die Herrschaft dieses Kyrios – darum keine Sünde von der Liebe Gottes scheiden kann, »die *in* Christus Jesus ist, unserem Kyrios« (Röm 8,39). Darum haben nun auch die Völker Zugang zur Teilnahme an diesem Volk. Das erste Gebot heißt jetzt: Du sollst keinen Gott haben außer diesem, den nicht wir erwählt haben, der aber in seiner unüberbietbaren Gnade sich menschliche Gestalt zur Einheit mit sich gewählt hat. Gott ist der Eine, Unvergleichliche, Unüberbietbare in diesem Einen, für uns gestorbenen und auferstandenen Kyrios. Und ist dieses Christusbekenntnis die Wurzel der Trinitätslehre, so ist zu sagen: Gott ist der Eine gerade *als* der Dreieinige und als der Dreieinige der wahrhaft *Eine*.

Von da aus fragen wir den Islam, und können es mit Juden tun, auch wenn ihnen die neutestamentliche Zuspitzung fremd ist: Könnt ihr es denn anders sehen? Wie kann gesagt werden, dass Gott »barmherzig« ist, wie es ja der Koran tut, ohne, statt bloß von Attributen, von der tätigen Verbindung Gottes mit seinen Menschen zu reden? Oder wird hier und dort mit der Einzigkeit Gottes doch etwas Anderes gesagt? Ist dort die Aussage von der *reinen* Einzigkeit Gottes nicht dadurch erkauft, dass er als gereinigt gedacht wird von allem wirklichen Umgang mit bestimmten Menschen in einer bestimmten Geschichte? Ist er dann nicht notwendig der Eine, statt *in* seinem handelnden und redenden Umgang mit diesen Menschen, in einem abstrakten *Jenseits* des Kreatürlichen? Und ist dann jener *Monotheismus* nicht der Kult um eine eigentlich leere Gottheit? Nährt er sich dann nicht vom fahlen Zauber der Zahl 1, in der Meinung, Einheit sei als solche etwas Göttliches? Und kann es von einer Definition Gottes durch solches Einer-Sein her die religionskritische Einsicht geben, wenn sich etwa irdischer Machtwille im Bild eines einzigen Gottes sein Spiegelbild schafft? Wir können hier nicht für den Islam antworten. Aber wir müssen sagen: Gerade die *Einheit* Gottes – die Treue des an uns *handelnden* und zu uns *redenden* Gottes – hindert uns, einen *abstrakten* Monotheismus zu bejahen.

4 Die Frage nach dem Sinn der Menschwerdung Gottes

Aus dem *Judentum* hören wir ein Nein zu dem im Neuen Testament Bezeugten, was die Wurzel der Trinitätslehre ist: dass in dem einen Jesus Christus das ewige Wort Gottes, das Gott selbst ist, »Fleisch« wurde, einen Menschen und in ihm Menschsein in die Einheit mit sich aufnahm. Man stutzt indes bei Martin Bubers Argument gegen diese Erkenntnis: Gott sei jeder seiner Manifestationen überlegen.[52] Sicher folgt daraus, dass Gott sich bindet, nicht, dass wir Gott an uns binden können. Gottes Gnade ist *freie* Gnade. Doch tönt das Argument eher nach einem liberalen Relativismus denn nach einem biblisch gebundenen Denken. Wenn Gott Israel verspricht: »Ich will euer Gott und ihr werdet mein Volk sein« (z.B. Jer 7,23), so ist das eine Manifestation

---

[52] Vgl. oben Anm. 29.

Gottes, in der sich der Überlegene sehr wohl bindet, ohne sich vorzubehalten, diese Bindung aufzuheben. Ohne das Faktum der Selbstbindung Gottes zu sehen, werden wir *beide* Testamente nicht recht verstehen. Und eine Lehre vom Eschaton, dessen Noch-nicht-Angebrochensein Buber da wohl behaupten will, ist fragwürdig, wenn sie auf dem Zweifel an dem Faktum von Gottes Selbstbindung errichtet ist. Franz Rosenzweig argumentiert so: Es beweise sich das Heidnische des Christen in seinem Sich-nicht-Begnügen damit, Mensch zu sein; »auch Gott muss Mensch sein«.[53] Gewiss hat das Christentum sich oft mit solchem heidnischen Wunsch (»Alle Lust will Ewigkeit«) überfremdet. Doch blickt das rechte christliche Bekenntnis hier in eine umgekehrte Richtung: »Darum wurde Gott Mensch, damit wir verblendeten Götter zu Menschen würden.«[54] Das weist daraufhin, dass sich der Mensch in einer höchst bedrohlichen Lage befindet, aus der er damit noch nicht errettet ist, dass er sich so sein Menschsein definiert, dass *nicht* »auch Gott Mensch sein muss«. Nicht ein eigener Wunsch, aber (das geht quer gerade gegen heidnische Wünsche) das Faktum der Inkarnation offenbart uns: Der Mensch könne nicht durch sich selbst, er könne nur durch Gottes Selbst-Einsatz in der Dahingabe seines Sohnes daraus befreit werden.

Der jüdische Theologe Michael Wyschogrod hat solchen jüdischen Kritiken widersprochen: Es könne »sich die jüdische Abneigung gegen eine Inkarnationstheologie nicht auf A priori-Gründe berufen ..., als gäbe es etwas im Wesen der jüdischen Gottesvorstellung, das sein Erscheinen in Menschengestalt zu einer logischen Unmöglichkeit machte.« Er will nur von einer Möglichkeit dessen reden, nicht davon, dass Jesus der *Christus,* dass er die *Wirklichkeit* dieser Möglichkeit ist, »dass Jesus Gott war«. Sonst würde er zwar nicht aufhören, Jude zu sein, aber dann wäre er ein christlicher Jude.[55] Indes sagt er nicht, was denn die Wirklichkeit dieser Möglichkeit bedeuten würde, für Juden selbst und dann für Nichtjuden. Vielmehr biegt er die Frage danach ab mit einem Gedanken, der die Wirklichkeit dieser Möglichkeit überflüssig macht. Denn nach ihm ist »Gott in *allem* jüdischen Fleisch« *inkarniert;* und nur insofern, kann er nun sagen, war auch »in Jesus Gott«.[56] Damit macht er zwar anders als Buber das Versprechen Gottes klar: »Ich will unter den Kindern Israel wohnen und ihr Gott sein« (Ex 29,45). Doch besagt diese Zusage nicht, dass Israel Gott »in Menschengestalt« ist. So kommt er zu einem ähnlichen Ergebnis wie Buber:

---

53 Vgl. oben Anm. 34. *M. Brod,* a.a.O. (Anm. 33), 234f fordert darum das Christentum auf, dass es aus dieser »christlich-heidnischen Amalgam-Kultur« sich »entamalgasiere« (300) und *jüdisch* werde.
54 *M. Luther,* WA 5,128, 36f.
55 *M. Wyschogrod,* Inkarnation aus jüdischer Sicht, EvTh 55 (1995), 13–28, dort 23.
56 A.a.O., 26.

Weil in allen Gliedern Israels schon Gott inkarniert ist, ist die in Jesus Christus nur eine unter anderen Inkarnationen Gottes. Warum sollte dann die in Christus für Nichtjuden etwas Besonderes sein? Dafür schiebt er *Christen* die Aufgabe zu: verständlich zu machen, dass Inkarnation Gottes im Falle Jesu Christi heißt, dass Gott in ihm so ist, wie es nicht von jedem jüdischen Fleisch gilt, so, dass von ihm zu sagen ist: »dass Jesus Gott war«. Wir dürfen uns um den von ihm erfragten Punkt nicht drücken, haben aber anders zu formulieren. Nicht ist der *Mensch* Jesus mit Gott zu identifizieren – es käme so zu einer durch unsere Wertschätzung vorgenommenen Vergottung eines Menschen. Wir haben zu zeigen, inwiefern wir zu bekennen haben, dass *Gott* sich mit diesem Menschen – nicht nur verbündet hat wie mit ganz Israel, sondern identifiziert. Die in Joh 1,14 bezeugte Fleischwerdung des Wortes ist ja nicht ein Fall unter anderen Inkarnationen, wie sie Wyschogrod versteht. Inwiefern? Mit 1Kor 5,19f: »Gott war in Christus« (das redet in der Tat von Gottes »Einwohnung«), aber so, dass »Gott in ihm die Welt versöhnte mit sich selbst ... Denn er hat den, der von keiner Sünde wusste, für uns zur Sünde gemacht, damit wir in ihm würden die Gerechtigkeit, die vor Gott gilt.« Wenn das ein Spezialfall von Einwohnung Gottes in Israel ist, so doch einer, der den »Normalfall« solcher Einwohnung in ein neues Licht stellt. Denn was man auch von Israel als Bundespartner Gottes sagen mag, das nicht, dass Gott Israel, das von keiner Sünde wusste, für uns zur Sünde gemacht hat, damit wir Gerechtigkeit vor Gott würden. Die Inkarnation Gottes in Jesus Christus zur Versöhnung der Welt in ihm mit Gott gilt nach Paulus sogar »den Juden zuerst« und darum auch den Völkern (vgl. Röm 1,16f). Darin ist Gott gewiss für die Juden und nicht gegen sie. Aber in ihr tritt er so für sie ein, wie sie nicht für sich selbst oder für die übrige Welt eintreten können.

An dieser Stelle zeigt sich erst recht der evangelische Sinn der Trinitätslehre. Es sei hier zunächst auf ein überraschendes Faktum hingewiesen, das nicht das Trennende, aber das erst recht jüdischen und christlichen Glauben Unterscheidende ans Licht stellt. Es ist merkwürdig, dass die jüdische Tradition an einem erheblichen Punkt von einem Monotheismus im Sinn eines bloßen einsamen Eins-Seins Gottes abhebt und eine Erkenntnis vertritt, die eine verblüffende Parallele bedeutet zur Ausbildung des christologischen Dogmas als der Wurzel des trinitarischen. Von den frühjüdischen Rabbinen an bis weit ins Mittelalter findet sich die Vorstellung von der personifiziert zu denkenden präexistenten, ewigen Tora. Sie lag an Gottes Busen vor Anfang aller Schöpfung. Sie ist Gottes Tochter und so Gott selbst. Sie ist das Gegenüber, mit dem Gott zu Rate geht und zu dem er im Plural sagt: »Lasst uns Menschen machen«. Sie ist die Weisheit von Prov 8,22 am Anfang aller Wege Gottes. Sie ist das Instrument, mit dem, und das Modell, gemäß dem Gott die Schöpfung machte. Sie ist die Mittlerin, die Israel vor Gott vertritt. Und als solche ist sie Israel offenbart und ausgehändigt, auf die Erde gegeben am Sinai.[57] Den einen Gott als Beziehung zu denken, statt als bloßes Einessein, müsste von daher jüdischem Denken doch nicht fremd sein und dieses nicht von christlichem Denken trennen. Dass die Gestalt, in der sich Gott offenbart, noch einmal Gott ist, ist damit ja faktisch gesagt, und es müsste darum auch für jüdisches Denken sagbar sein, dass auch die Wirkweise Gottes, die *ruach*, der Geist Gottes auch noch einmal Gott selbst ist. Es wäre immerhin zu fragen, ob und in welchem Maß das christliche Trinitätsdogma diesen Strukturen nachgeformt ist. Der Unterschied läge dann nicht in der trinitarischen Rede von Gott, aber darin, dass an der Stelle, wo jüdisches Denken die personifizierte Tora sah oder sieht, das christliche die Person Jesu Christi, die in ihm personifizierte Gnade und Liebe Gottes sieht. Das muss nicht einen absoluten Gegensatz bedeuten, aber einen Unterschied macht es gleichwohl aus.

Der sei hier zu verdeutlichen versucht durch den Hinweis noch einmal auf die moderne Bestreitung dieser Lehre auf *christlichem* Boden. Diese Bestreitung ist eine *Folge* der Bestreitung zunächst der Erkenntnis: dass wir unsere Zugehörigkeit zu Gott trotz unserer Sünde nicht auch nur teilweise unserem Verdienst und Vermögen dazu verdanken, sondern allein der *Gnade* Gottes. Weil die Gnadenlehre bestritten wurde, wurde *auch* die Trinitätslehre bestritten. Umgekehrt verstehen wir nun, warum die Reformation nach ihrer Neuentdeckung der Gnadenbotschaft sogleich auch das zunächst zurückgestellte trinitarische Bekenntnis wieder aufnahm.[58] Inwiefern hängt beides zusammen? Darauf stößt uns der helle Satz: »Der Gott aller synergistischen Systeme ist das Absolute, die Zahl 1.«[59] Denn wo Gott im Sinn der »Zahl 1« gedacht wird – und schreibe man ihm noch so gnädige Attribute zu und sich Attribute der Demut –, da kann sich dieser einsame Gott nicht mit uns von ihm Verschiedenen in Verbindung bringen, es sei denn, dass wir ihm mit unserem natürlichen, religiösen, moralischen Vermögen *entgegenkommen*. Ohne das wird er uns ewig einsam als bloße »Zahl 1«, als Absolutes, von uns Losgelöstes fern gegenüberstehen. Leben wir aber *allein* von Gottes *Gnade,* dann heißt *eben das:* Wir leben davon, dass Gott uns gnädig *ist,* indem er uns auch seine Gnade *mitteilt* und *vermittelt.* Er liebt uns gnädig-zuvorkommend (der »Vater«),

57 Encyclopaedia Judaica XV, Jerusalem 1971, 1226, 1236, 1239, 1241.
58 Vgl. das Bekenntnis ostfriesischer Prädikanten von 1528, nach *E.F.K. Müller*, a.a.O. (Anm. 1), 934: An den Dreieinigen glauben »heißt: wir bekennen und bekommen Vergebung unserer Sünden, die ewige Rechtfertigung ... allein durch Gott den Vater, den Schöpfer des Himmels und der Erden, allein durch den Sohn, unseren Mittler Jesus Christus, allein durch die Versicherung des Heiligen Geistes, unseres Trösters. Wir sagen in dieser Beziehung allem ab, was nicht Gott selbst ist und tut, und halten anderes nicht für nötig zu unserer Seligkeit.«
59 Kirchl. Dogmatik III/3, 157.

kommt mit seiner Liebe uns entgegen (der »Sohn«) und in uns hinein
(der »Geist«). Dass Gott der Vater zum Beweis seiner Liebe seinen
Sohn gibt und im Geist uns Sünder zu seinen Kindern macht, das ist
alles das Werk *allein* seiner Gnade, allein das Werk *Gottes* an uns. Das
ist alles sein Werk seiner *Gnade,* indem Gott auch in der Mitteilung
seiner Gnade (im »Sohn«) wie in ihrer Vermittlung (im »Geist«) noch
einmal Gott *selbst* ist. Damit ist kurz der christliche Sinn der Trinitätslehre umrissen.

Von diesem Zusammenhang her erscheint es nicht als Zufall, dass die
älteren Antitrinitarier das Alte Testament aus der christlichen Bibel
ausschalten wollten, während die Trinitarier darauf pochten, dass der
Dreieinige schon der Gott des Alten Testament und dass dieses darum
für Christen nicht preiszugeben ist. Die Art, wie sie zum Nachweis
dessen dort auf einzelne Bibelstellen tippten, war fragwürdig.[60] Das
Anliegen in dieser Sache ist nicht preiszugeben. Aber es muss neu
durchdacht werden. In jenem Schlüsselsatz der Trinitätslehre:»Darum
wurde Gott Mensch, damit wir Menschen die Seinen würden« fehlt
eine Besinnung darüber, warum Gott in Christus *jüdischer* Mensch
wurde. Es fehlt die Besinnung darüber, wie sich der Satz zu dem Versprechen an Israel, obwohl er daran anspielt, verhält:»Ich will *euer*
Gott und *ihr* werdet mein Volk sein.« Hat mit dem, was jener Satz
sagt, etwa Gott dieses Versprechen gekündigt? Oder wenn nicht, wie
kommen »wir« aus den Gojim dazu, uns als zum Bundesvolk Gottes
hinzuberufen zu wissen? Es ist die Grundschwierigkeit im Verhältnis
von Christen und Juden, dass *Christen* Mühe haben zu verstehen, warum auch das nicht christusgläubige Israel nicht durch die Kirche ersetzt ist, und *Juden* Mühe zu verstehen, warum »Heiden«, ohne Juden
zu werden, nur wegen ihrer Christusgläubigkeit zum Bundesvolk gehören. Michael Wyschogrod bemerkt:»Wenn das Judentum die
Fleischwerdung Gottes nicht annehmen kann, so darum, ... weil das
Wort Gottes, so wie es vom Judentum gehört wird, ihm das nicht sagt
... Und wenn die Kirche die Fleischwerdung annimmt, so darum, ...
weil sie hört, dass dies Gottes freie und gnädige Entscheidung war.«[61]
Christlicherseits ist zu sagen, dass dieses frei-gnädige Handeln des
Gottes Israels darin besteht, dass die Christus-Versöhnung »die Erfüllung des Bundes« ist.[62] In der Versöhnung nimmt die Gnadengegen-
wart Gottes in seinem Bundesvolk die Gestalt an, dass Gott selbst so
für sein Volk eintritt, dass kein Bundesbruch es mehr von seiner Liebe
trennen kann. So wird der Bund unanfechtbar gemacht, dass sich Got-

---

60   Calvin war hier, obwohl auch er die Sache nicht bestritt, für seine Zeitgenossen aufreizend skeptisch. Vgl. *J. Koopmans,* a.a.O. (Anm. 14), 121. *A. Hunn* ver-
fasste daher 1593 seine Schrift: Calvinus iudaizans.
61   *M. Wyschogrod,* Warum war und ist Karl Barths Theologie für einen jüdischen Theologen von Interesse?, EvTh 34 (1974), 226.
62   *K. Barth,* Kirchl. Dogmatik IV/1, 22.

tes Gnade als Rettung für verlorene *Sünder* erweist. Der Bund wird dadurch *erfüllt,* nicht durch einen anderen *ersetzt.* Er erfahrt hier seine göttliche »Bestätigung« (vgl. Röm 15,8), ohne die er nicht Bestand hätte, kraft deren er aber *definitiv* ist. Aber weil er definitiv wird kraft der Gnade Gottes für verlorene Sünder, sind nun auch die noch verloreneren Sünder aus den Gojim nicht mehr »Fremdlinge, sondern Gottes Hausgenossen«. (Eph 2,19) »Nur um ihre Einbeziehung in den einen Bund kann es sich handeln.«[63] Mit Lk 15: Der für seinen Vater tote Sohn wird in dessen Haus dank der ihm entgegenkommenden Gnade aufgenommen, ohne den daheimgebliebenen älteren Bruder zu verdrängen. Der Vater hat auch mit ihm Probleme, aus denen diesem nicht sein Daheimgebliebensein, sondern nur dieselbe Gnade zu helfen vermag, die auch dem Jüngeren gilt. Ist die Trinitätslehre Konsequenz der Erkenntnis der reinen Gnade Gottes, dann sind also Christen dank der Gnade des dreieinigen Gottes mit den Juden verbunden.

[63] *K. Barth*, Kirchl. Dogmatik I/2, 115.

JÜRGEN MOLTMANN

Der dreieinige Gott

1 Das neue trinitarische Denken

In der lateinischen Westkirche ging das trinitarische Denken seit Augustin und Thomas von Aquin vom Selbstbewusstsein des Einen Gottes aus.[1] Durch Hegel wurde dieser Ansatz für die neuzeitliche Theologie sehr überzeugend: In seinem Selbstbewusstsein macht sich Gott zum Gegenstand seiner selbst und identifiziert sich mit sich selbst. Seine Einheit ist eine in sich selbst dialektisch differenzierte Einheit. So kann die Offenbarung Gottes als »Selbstoffenbarung Gottes« verstanden werden, wie es der junge Karl Barth dargestellt hat: Gott offenbart Gott durch Gott.[2] In seiner »Selbstmitteilung« bleibt Gott das Subjekt seiner selbst, wie Karl Rahner es vorstellte.[3] Diese Entwicklung des trinitarischen Begriffs aus dem Begriff des Selbstbewusstseins des absoluten Subjektes kann jedoch ohne Rücksicht auf die biblisch bezeugte Gottesgeschichte gedacht werden.[4] Er lässt sich nur schwer zur Interpretation der biblischen Gottesgeschichte verwenden. Ist denn Jesus »der Sohn Gottes« das Selbst des Vaters? Ist der lebendigmachende Geist Gottes die Identität des Vaters mit sich selbst? Wieso ist Gott dann überhaupt »Vater« zu nennen?

Das neue trinitarische Denken geht demgegenüber von dem interpersonalen und kommunikativen Geschehen der handelnden Personen aus, von dem in der biblischen Gottesgeschichte erzählt wird.[5] Es han-

---

[1] M. Schmaus, Die psychologische Trinitätslehre des Hl. Augustinus, Münster 1927. Nach der psychologischen Trinitätslehre besteht die göttliche Trinität darin, dass Gott Subjekt (Vater) von Verstand (Sohn, Logos) und Wille (Geist) ist.

[2] K. Barth, Die christliche Dogmatik im Entwurf, München 1927, Kap. 11: Die Offenbarung Gottes, 311–514.

[3] K. Rahner, Der Dreifaltige Gott als transzendenter Urgrund der Heilsgeschichte, Mysterium Salutis II, Einsiedeln 1967, 317–401.

[4] W. Pannenberg, Der eine Gott als der wahrhaft Unendliche und die Trinitätslehre, in: Denkwürdiges Geheimnis. FS für E. Jüngel, Tübingen 2004, 426: »Der Versuch der Herleitung der Trinität aus der Einheit Gottes muss als gescheitert gelten, auch in Form der Herleitung aus dem Begriff des göttlichen Geistes«.

[5] Dieses neue trinitarische Denken beginnt schon bei Karl Barth mit dem Neuansatz seiner Trinitätslehre in der Versöhnungslehre: Kirchliche Dogmatik VI/1, Zürich 1953. E. Jüngel hat es aufgenommen: Gottes Sein ist im Werden. Verant-

delt sich um Jesus den Sohn und um Gott, den er exklusiv »Abba, mein lieber Vater« nennt, und um den Heiligen Geist, der in seiner Gemeinschaft leben schafft. Die Unterschiedenheiten von Vater und Sohn und Geist bezeichnet die beziehungsreiche göttliche Wirklichkeit der biblischen Gottesgeschichte: Der Vater offenbart den Sohn, der Sohn offenbart den Vater und sendet den Geist des Lebens vom Vater. Der Vater teilt den Sohn mit und der Sohn macht den Vater kund und der Geist des Vaters strahlt vom Sohn in die Welt. Wir könnten so fortfahren, um die beziehungsreiche Geschichte der göttlichen Fülle zu erzählen, wie sie das Neue Testament erzählt. Das neue trinitarische Denken will diese Geschichte nicht auf einen Begriff bringen, um sie durch ihn zu ersetzen, sondern will den trinitarischen Gottesbegriff so bestimmen, dass er diese Gottesgeschichte auslegt, in sie hineinführt und sie vertieft.

Dafür muss am Gottesbegriff nachhaltig gearbeitet werden.

a. Der Name Gottes

Schon im Hören auf den Namen[6] »des Vaters und des Sohnes und des Heiligen Geistes«, wie es im christlichen Taufformular heißt, spüren wir, dass in der Wirklichkeit Gottes eine wunderbare Gemeinschaft

wortliches Reden vom Sein Gottes bei Karl Barth. Eine Paraphrase, Tübingen 1965. Eine ausgezeichnete Darstellung des »neuen trinitarischen Denkens« gibt *Stanley J. Grenz*, Rediscovering the Triune God. The Trinity in Contemporary Theology, Minneapolis 2004. Nach Karl Barth und Karl Rahner zeichnet er 3 Stufen nach: 1. Jürgen Moltmann, Wolfhart Pannenberg, Robert Jenson, 2. Leonardo Boff, John Zizioulas, Catherine LaCugna, 3. Elizabeth Johnson. Aus der Fülle neuerer Arbeiten zur Trinitätslehre nenne ich: *Stanley J. Grenz*, The Social God and the Relational Self, Louisville/London 2001; *Colin E. Gunton*, The One, the Three and the Many: God, Creation and the Culture of Modernity, Cambridge 1992; *David S. Cunningham*, These Three are One. The Practise of Trinitarian Theology, Oxford 1998; *R. Jenson*, The Triune Identity. God according to the Gospel, Philadelphia 1982; *T. Peters*, God as Trinity. Relationality and Temporality in Divine Life, Louisville 1993; *P.S. Fiddes*, Participating in God: A Pastoral Doctrine of the Trinity, London 2000; *Chr. Schwöbel* (Hg.), Trinitarian Theology Today: Essays on Divine Being and Act, Edinburgh 1995; *Gr. Buxton*, The Trinity, Creation and Pastoral Ministry. Imagining the Perichoretic God, Carlisle 2005. Bücher am Anfang dieses »neuen trinitarischen Denkens« sind: *J. Moltmann*, Trinität und Reich Gottes, München 1980; *W. Pannenberg*, Systematische Theologie I, Göttingen 1988; *G. Greshake*, Der dreieine Gott. Eine trinitarische Theologie, Freiburg 1997; *Leonardo Boff*, Der dreieinige Gott, Düsseldorf 1987; *J. Zizioulas*, Being as Community. Studies in Personhood and the Church, Crestwood 1985; *Catherine Mowry LaCugna*, God for us. The Trinity and the Christian Faith, San Francisco 1991; *Elizabeth Johnson*, She who Is. The Mystery of God in Feminist Theology Discourse, New York 1992; *M. Volf*, Trinität und Gemeinschaft, Mainz / Neukirchen-Vluyn 1996.
6 Darauf hat nachdrücklich hingewiesen *O. Weber*, Grundlagen der Dogmatik, 11, Neukirchen-Vluyn 1962, 657.

existieren muss. Der Vater, der Sohn und der Heilige Geist sind so verschieden, dass sie nacheinander genannt und durch das erzählende »und« verbunden werden. Aber es sind nicht drei Namen, sondern es ist der eine Name Gottes, auf den getauft wird und in dem Menschen in die trinitarische Gottesgeschichte aufgenommen werden. Darum sind jene drei Personen, die genannt werden, auch nicht drei Götter. Der eine Name Gottes verbindet die göttlichen Personen und macht ihre Gemeinschaft benennbar. In der Heiligung des einen Namens Gottes ist der christliche Glaube mit dem Glauben Israels einig, wie die erste Bitte des Vater-unser-Gebets beweist. Es scheint mir nachdenkenswert zu sein, dass die Einheit des dreieinigen Gottes nicht durch einen ontologischen Begriff, sondern durch den Namen bezeichnet wird.[7] Dieser Sprung in eine andere Kategorie ist für jede biblisch begründete Trinitätslehre wichtig. Er hindert es, dass aus unseren Begriffen für Gott Idole werden, die an die Stelle der unfassbaren, weil so nahen Gegenwart Gottes treten. Gott ist anrufbar, aber nicht definierbar.

b. Der dreieinige Gott

Wir kommen zur kurzen, kritischen Übersicht über die theologisch verwendeten Begriffe für das trinitarische Geheimnis Gottes.

»Drei-einigkeit« nennen wir das göttliche Geheimnis, wenn wir von den drei Personen ausgehen und ihre Einheit betonen wollen; von »Dreifaltigkeit« sprechen wir, wenn wir von der Einheit Gottes ausgehen und die drei Personen ins Auge fassen, in die sich diese Einheit »ent-faltet«, weil sie eine in sich differenzierte Einheit ist. Im Deutschen bevorzugen evangelische Christen das Wort »Dreieinigkeit«, während man das Wort »Dreifaltigkeit« eher aus katholischem Munde hört. »Dreifaltigkeit« hat einen modalistischen Klang, »Dreieinigkeit« einen tritheistischen Ton. Die Rede von einem »dreieinen Gott«[8] ist wenig hilfreich, weil sie die Einheit numerisch auf die gleiche Ebene mit der Dreiheit der Personen bringt. Von einem »dreipersönlichen Gott«[9] zu reden, würde ich auch abraten, weil das Wort die Drei auf den einen personalen Gott bezieht und an die Figur eines Körpers mit drei Köpfen denken lässt. Doch welchen Begriff von Trinität auch immer wir verwenden, wir bringen damit zum Ausdruck, dass Gott kein einsamer Himmelsherr ist, der sich alles unterwirft, wie es irdische Despoten in seinem Namen immer getan haben. Gott ist auch

---

[7] Siehe *K. Hasumi*, Jürgen Moltmanns Theologie und das Nichts, in: *J. Moltmann / C. Rivuzumwami* (Hg.), Wo ist Gott? Gottesräume – Lebensräume, Neukirchen-Vluyn 2002, 124: Die Theologie des Namens.
[8] So *G. Greshake*, Der dreieine Gott. Eine trinitarische Theologie, Freiburg i.Br. 1997.
[9] *I. Dalferth / E. Jüngel*, Person und Gottebenbildlichkeit, in: Christlicher Glaube in moderner Gesellschaft, Band 24, Freiburg i.Br. 1981, 83.

keine kalte, stumme Schicksalsmacht, die alles bestimmt und von nichts berührt wird. Der dreieinige Gott ist ein gemeinschaftlicher Gott, reich an inneren und äußeren Beziehungen. Nur von dem lebendigen Gott kann man sagen: »Gott ist Liebe«, denn Liebe ist nicht einsam, sondern setzt Verschiedene voraus, verbindet Verschiedene und unterscheidet Verbundene. Sind »der Vater und der Sohn und der Heilige Geist« durch ewige Liebe miteinander verbunden, dann besteht ihre Einheit in ihrer Einigkeit. Sie bilden ihre einzigartige, göttliche Gemeinschaft durch ihre Hingabe aneinander. Kraft ihrer überschwänglichen Liebe gehen sie über sich hinaus und öffnen sich in Schöpfung, Versöhnung und Erlösung für das andere Wesen der endlichen, widersprechenden und sterblichen Geschöpfe, um ihnen Raum in ihrem ewigen Leben einzuräumen und sie an ihrer eigenen Freude teilnehmen zu lassen. Wie ist die trinitarische Einheit zu denken?

2 Perichoresis

a. Schechina. Der biblische Ansatz

Aus der exilischen und nachexilischen Theologie Israels haben wir das Konzept der Schechina. Damit ist die »Einwohnung Gottes« gemeint. Sie gehört von Anfang an in den Gottesbund Israels: Der verheißt: »Ich will euer Gott sein«, verspricht auch: »Ich will inmitten der Israeliten wohnen«.[10] Bildlich ereignete sich die Schechina auf der Bundeslade Israels, dem beweglichen Altar, den das wandernde Gottesvolk mit sich führte. David brachte die Lade nach Jerusalem, Salomo baute ihr den Tempel, in dessen Allerheiligstem die Schechina Gottes »wohnte«. Was aber geschah mit ihr nach der Zerstörung des Tempels 587 durch die Babylonier? Kehrte sie in den Himmel zurück oder ging sie mit dem Volk in die babylonische Gefangenschaft? Weil Gott schon vor der Lade »inmitten der Israeliten« wohnte, war eine Antwort überzeugend: Die Schechina Gottes wurde mit dem Volk selbst heimatlos und wandert mit ihm durch die Exile dieser Welt, bis sie einst mit dem Ewigen vereint zur Ruhe kommt und die ganze Welt erfüllt. Nach Franz Rosenzweigs Deutung liegt im Schechina-Gedanken eine Selbstunterscheidung Gottes vor: »Gott scheidet sich von sich selbst, er gibt sich weg an sein Volk, er leidet sein Leiden mit, er zieht mit ihm in das Elend der Fremde, er wandert mit seinen Wanderungen.«[11]

Ein prägender Hintergrund für die Ausbildung der neutestamentlichen Christologie ist in dieser alttestamentlichen Schechina-Theologie zu finden. »Das Wort ward Fleisch und wohnte unter uns« (Joh 1,14), in

10 *B. Janowski*, Gottes Gegenwart in Israel. Beiträge zur Theologie des Alten Testaments, Neukirchen-Vluyn 1993, bes. 119–147.
11 *Fr. Rosenzweig*, Der Stern der Erlösung, Heidelberg ³1954, 111, 3, 192.

Christus »wohnte die Fülle Gottes leibhaftig« (Kol 2,9), der Heilige Geist »wohnt« in unseren Leibern und der Gemeinde Christi wie in einem Tempel (1Kor 6,19). Diese Einwohnungen Gottes in Christus und in den Gemeinden weisen über sich hinaus auf die kosmische Schechina, in der Gott sein wird »alles in allen« (1Kor 15,28). Nach christlicher Theologie sind die Inkarnation Christi und Inhabitation des Heiligen Geistes in der Kenosis Gottes begründet. Kraft seiner Selbsterniedrigung vermag der unendliche Gott im endlichen Wesen der Schöpfung einzuwohnen.

b. Perichoresis. Der altkirchliche Ansatz

Aus der Theologie der griechischen Kirchenväter stammt der Gedanke der wechselseitigen Einwohnung: Perichoresis. Mit ihm werden eine Gemeinschaft ohne Uniformität und eine Personalität ohne Individualismus denkbar. Die semantische Geschichte des Begriffs ist gut erforscht.[12] Der Substantiv bedeutet Wirbel oder Rotation, das Verb meint eine Bewegung von einem zum anderen, herumreichen und herumgehen, umkreisen, umarmen, umschließen. Im Neuen Testament kommt es nur zweimal vor (Mt 3,5; 14,35) und bedeutet hier nur »Umwelt«. Gregor von Nazianz war vermutlich der erste, der das Wort theologisch verwendete. Johannes Damaszenus machte es zum Schlüsselbegriff für seine Christologie und dann auch für die Trinitätslehre. In der Christologie beschreibt Perichoresis die wechselseitige Durchdringung zweier verschiedener Naturen, der göttlichen und der menschlichen, im Gottmenschen Christus. Die Beispiele sind roterhitztes Eisen, in dem sich Feuer und Eisen durchdringen, oder der brennende Dornbusch des Mose, der nicht verbrannte. In der Trinitätslehre bezeichnet Perichoresis die wechselseitige Einwohnung der gleichartigen göttlichen Personen Vater, Sohn und Geist. Johannes Damaszenus wollte die johanneische Einheit des Sohnes mit dem Vater – »ich bin in dem Vater, der Vater ist in mir« (14,11), »wer mich sieht, der sieht den Vater« (14,9) – auf den Begriff bringen. Jesus der Sohn Gottes und Gott der Vater sind nicht einer, sondern eins in ihrer wechselseitigen Einwohnung. Die Perichoresis der göttlichen Personen beschreibt ihre Einheit auf trinitarische Weise, nicht mit den metaphysischen Begriffen der einen göttlichen Substanz oder des einen absoluten Subjekts. Die Anwendung sowohl auf die zwei Naturen in der Christologie wie auf die drei Personen in der Trinitätslehre zeigt die Fruchtbarkeit des Begriffs. Mit ihm können nicht nur die Anderen der gleichen Spezies, sondern auch das Andere einer Spezies ohne Vermischung verbunden werden. Während die drei göttlichen Personen ihre Perichore-

---

[12] *C. Sorč*, Die perichoretischen Beziehungen im Leben der Trinität und der Gemeinschaft der Menschen, EvTh 58, 1998, 100–118; *ders.*, Entwürfe einer perichoretischen Theologie, Münster 2004.

sis durch homologe Liebe bilden, verbinden sich Gottheit und Menschheit im Gottmenschen kraft heterologer Liebe.
Die lateinische Übersetzung war zuerst circumincessio, später auch circuminsessio.[13] Das erste Wort benennt eine dynamische Durchdringung (incedere), das zweite eine bleibende, ruhende Einwohnung (insedere). Zuletzt hat das Konzil von Florenz 1438–1454 eine dogmatische Definition formuliert, die der ökumenischen Vereinigung von Westkirche und Ostkirche dienen sollte:

»Propter hanc unitatem Pater est totus in Filio, totus in
Spiritu Sancto; Filius totus est in Patre totus in
Spiritu Sancto; Spiritus Sanctus totus est in Patre,
totus in Filio. Nullus alium aut precedet aeternitate,
aut excedit magnitudine, aut superat potestate«.[14]

Auf der perichoretischen Ebene gibt es in der Trinität also keinen Vorrang einer Person über die andere, auch nicht die des Vaters. Hier ist die Trinität eine nicht-hierarchische Gemeinschaft. Von einer »Monarchie« des Vaters kann, wenn überhaupt, nur auf der Konstitutionsebene der Trinität die Rede sein, nicht aber im perichoretischen Leben der Trinität. Nicht die Monarchie des Vaters, sondern die Perichoresis ist in der Trinität das »Siegel ihrer Einheit«.[15] Es ist auch nicht der Heilige Geist, der in der Einheit des Vaters und des Sohnes das »Band der Einheit« (Augustin) für die Trinität darstellt. Diese Auffassung würde die Trinität zu einer Binität reduzieren und dem Heiligen Geist die ihm eigene Personalität rauben. Nicht ein Subjekt in der Trinität stellt die Einheit dar, sondern jene triadische Intersubjektivität, die wir Perichoresis nennen.
Mit den lateinischen Ausdrücken circumincessio und circuminsessio wird metaphorisch ein zweifacher Sinn der trinitarischen Einheit ausgedrückt: Bewegung und Ruhe. Man bekommt das gleiche Resultat, wenn man die griechischen Verben perichoreo und perichoreuo verwendet. Dann wird das wechselseitige Ruhen ineinander und ein Rundtanz miteinander benannt.[16] Grammatisch geht jedoch perichore-

---

13 A. *Deneffe*, Perichoresis, circumincessio, circuminsessio, in: Zeitschrift für katholische Theologie 47, 1923, 497–532; *C.A. Disandro*, Historia semantica de perikhoresis, in: Studia Patristica XV, 1984, 442–447. *M.G. Lawler*, Perichoresis: New Theological Wine in an Old Theological Wineskin, in: Horizons, Vol, 22, Spring 1995, 1, 49–68; *J.P. Egan*, Toward Trinitarian Perichoresis: Saint Gregory the Theologian, Oration 31.14, in: The Greek Orthodox Theological Review Vol. 39. Spring-Summer 1994, No. 1–2,8, 83–93.
14 Denzinger, Enchiridion Sybolorum, Freiburg i.Br. 1947, 704.
15 Anders *W. Pannenberg*, Systematische Theologie I, Göttingen 1988, 353. Vgl. dazu *J. Moltmann*, Wege zu einer trinitarischen Eschatologie, in: *Kl. Koschorke*, Festakt des 75. Geburtstags von W. Pannenberg, München 2004, 11–22.
16 Als erste hat *Patricia Wilson-Kastner*, Faith, Feminism and the Christ, Philadelphia 1983, 127 die trinitarische Perichoresis als »image of dancing together«

sis auf perichoreo, nicht auf perichoreuo zurück. Aber als sinnenfällige Darstellung kann jedoch der abwechslungsreiche Rundtanz von drei Personen gut verwendet werden.[17] Gemeint ist in jedem Fall, dass in der Trinität simultan absolute Ruhe und vollständiger Wirbel herrschen, etwa so wie im »Auge« eines Hurrikans oder in einem Kreisel. Auf der Ebene der trinitarischen Perichoresis herrscht die völlige Gleichheit der göttlichen Personen. Keine geht der anderen in Ewigkeit voran. Man kann sie nicht einmal nummerieren und den Heiligen Geist »die dritte Person« der Trinität nennen.

Jede Person »bewegt« sich in den beiden anderen. Das ist der Sinn ihrer circumincessio. Also bieten sich die trinitarischen Personen wechselseitig den einladenden Bewegungsraum, in welchem sie ihre ewige Lebendigkeit entfalten können. Es gibt für lebendige Wesen keine personale Freiheit ohne soziale Freiräume. Das gilt im übertragenen Sinn auch für die göttlichen Personen in ihrer Perichoresis. Sie bewegen sich miteinander und umeinander und ineinander und verändern sich »von Herrlichkeit zu Herrlichkeit«, ohne Vergängliches hinter sich zu lassen. Man kann das mit Kreisbewegungen oder kaleidoskopischen Farbenspielen vergleichen. In ihrer ewigen Beweglichkeit verschmelzen die trinitarischen Personen mit den Spielräumen, die sie einander geben, ohne ineinander aufzugehen. In ihrer circumincessio sind sie Personen und Bewegungsräume zugleich. Im menschlichen Bereich nennt man diese Räume soziale Räume, in denen andere sich bewegen können, oder »moral space«. In der Übertragung auf die göttliche Ebene wird man von einer Einheit von physischen und moralischen Räumen ausgehen müssen, denn die Perichoresis ist gleichursprünglich wie die Existenz der trinitarischen Personen.

Jede Person ek-sistiert außer sich in den beiden anderen. Es ist die Macht der vollkommenen Liebe, die jede Person so sehr aus sich herausgehen lässt, dass sie ganz in den anderen präsent ist. Das bedeutet umgekehrt, dass jede trinitarische Person nicht nur Person ist, sondern zugleich auch Lebensraum für die beidem anderen darstellt. Jede Person macht sich in der Perichoresis »bewohnbar« für die beiden anderen und stellt den weiten Raum und die Wohnung der beiden anderen bereit. Das ist der Sinn ihrer circuminsessio. Man soll also nicht nur von den drei trinitarischen Personen, sondern muss zugleich auch von den drei trinitarischen Räumen sprechen, in denen sie wechselseitig exis-

---

dargestellt. »Because feminism identifies interrelatedness and mutuality – equal, respectful, and nurturing relations – at the basis of the world as it really is and as it ought to be, we can find no better understanding and image of the divine than that of the perfect and open relationship of love«.

17   Bei der Vierhundert-Jahr-Feier des Trinity College in Dublin habe ich einen phantastischen trinitarischen Tanz, ausgeführt von drei Frauen, im Gottesdienst gesehen. Sie tanzten alle dogmatisch seit Basilius verwendeten trinitarischen Figuren.

tieren. Jede Person ist aktiv in den beiden anderen einwohnend und passiv den beiden anderen raumgebend, also sich gebend und die anderen empfangend zugleich. Göttliches Sein ist personales Da-sein, soziales Mit-sein und perichoretisch zu verstehendes In-sein.

Die Wahrnehmung ihrer perichoretischen Einheit führt nicht zuletzt zu einer Neufassung des trinitarischen Personbegriffs. Die traditionell verwendete Definition des Boethius: »Persona est individua substantia naturae rationalis« ist unbrauchbar, weil die trinitarischen Personen in der Perichoresis nicht individuelle Substanzen oder in sich ruhende und aus sich selbst bestehende Individuen sein können. Sie sind vielmehr als ek-statische Hypostasen aufzufassen. Wir brauchen einen perichoretischen Personbegriff.[18] Er geht noch über den kommunitären Personbegriff – persona in communione – hinaus, weil er durch das wechselseitige Einwohnen geprägt sein muss. Kraft ihrer selbstlosen Liebe kommen die trinitarischen Personen ineinander zu sich selbst. Im Sohn und im Geist kommt der Vater zu sich selbst und wird sich seiner selbst bewusst; im Vater und im Geist kommt der Sohn zu sich selbst und wird sich seiner selbst als Sohn bewusst; im Vater und im Sohn kommt der Heilige Geist zu sich selbst und wird sich seiner selbst bewusst.

Sieht man die trinitarische Einheit perichoretisch, dann ist sie keine in sich geschlossene, exklusive Einheit, sondern eine offene, einladende und integrierende Einheit, wie Joh 17,21 Jesus zum Vater für die Jünger betet: »... dass sie auch in uns seien.« Dieser Einwohnung von Menschen in dem dreieinigen Gott entspricht durchaus die umgekehrte Einwohnung des dreieinigen Gottes in Menschen: »Wer mich liebt, der wird mein Wort halten; und mein Vater wird ihn lieben, und wir werden zu ihm kommen und Wohnung bei ihm machen« (Joh 14,23). Perichoresis verbindet, wie gesagt, nicht nur Andere der gleichen Art, sondern auch Andere verschiedener Arten. Nach der johanneischen Theologie gibt es eine wechselseitige Einwohnung Gottes und der Menschen in der Liebe: »Wer in der Liebe bleibt, der bleibt in Gott und Gott in ihm« (1Joh 4,16). Die letzte eschatologische Aussicht formuliert Paulus als kosmische Schechina Gottes, wenn Gott sein wird »alles in allen« (1Kor 15,28). Alle Geschöpfe werden dann in der ewigen Gegenwart des dreieinigen Gottes »vergöttlicht«, wie die orthodoxe Theologie nach Athanasius sagt, d.h. alle Geschöpfe finden ihren »weiten Raum, in dem keine Bedrängnis mehr ist« (Hiob 36,16) in dem geöffneten ewigen Leben Gottes, und der dreieinige Gott kommt in der verklärten neuen Schöpfung zu seiner ewigen Wohnung und Ruhe und zu seiner Seligkeit.

---

[18] *M. Volf*, Trinität und Gemeinschaft. Eine ökumenische Ekklesiologie, Mainz / Neukirchen-Vluyn 1996, 199–203.

Ich habe die einladende, integrierende und vereinigende Gemeinschaft des dreieinigen Gottes die »offene Trinität« genannt[19] und von den traditionellen Bildern der geschlossenen Trinität im »Kreis« oder »Dreieck« abgegrenzt. Die Trinität ist »offen« nicht aus Mangel und Unvollkommenheit, sondern im Überfluss der Liebe, die den Geschöpfen den Lebensraum für ihre Lebendigkeit und den Freiraum für ihre Entfaltung gibt. C.G. Jung hat mit Recht auf manchen Bildern der Trinität eine »vierte Person« in der Jungfrau Maria entdeckt, aber fälschlich daraus den Archetyp einer »Quaternität« gemacht.[20] In Wahrheit ist Maria ein Symbol für die gerettete Menschheit und die Neuschöpfung aller Dinge. Sie findet darum ihren Lebensraum in der göttlichen Dreieinigkeit. Das bedeutet, dass die offene Trinität die einladende Umwelt der ganzen, erlösten und erneuerten Schöpfung darstellt, die ihrerseits dann zur Umwelt für die göttliche Einwohnung wird.

3 Trinitarische Gotteserfahrung

Vor einigen Jahren entdeckte ich in Granada, Spanien, einen alten katholischen Orden, von dem ich zuvor nie etwas gehört hatte. Sie nennen sich »Trinitarier«, wurden im 11. Jahrhundert gegründet und widmen seitdem ihre Arbeit der »Befreiung der Gefangenen«. Ursprünglich bedeutete das den Freikauf versklavter Christen aus maurischen Gefängnissen, aber nicht nur. Das Wappen auf der Kirche der Trinitarier in Rom Sanct Thomas in Formis zeigt Christus auf dem Thron seiner Herrlichkeit sitzend, an seinen Händen sind rechts und links Gefangene mit zerbrochenen Ketten, auf der einen Seite ein christlicher Gefangener mit einem Kreuz in der Hand, auf der anderen Seite ein schwarzer Gefangener ohne Kreuz. Christus befreit beide und nimmt sie in die Gemeinschaft mit sich und miteinander auf. »Trinität« war der Name für diese ursprüngliche Befreiungstheologie vor mehr als achthundert Jahren.

Was aber hat die Trinitätslehre, die so »abstrakt« und »spekulativ« klingt, wie viele behaupten, mit der Praxis politischer und sozialer Befreiungstheologie zu tun? Wie kann die Erfahrung der Heiligen Dreieinigkeit zu einer treibenden Kraft für die Befreiung verfolgter, gefangener und verlassener Menschen werden? Fragen wir nach dem inneren theologischen Zusammenhang zwischen »Trinität« und »Befreiung«, dann werden wir zuerst die christliche Gotteserfahrung als eine trinitarische Gotteserfahrung zu identifizieren haben und dann zu trinitarischen Struktur der Christusgemeinschaft und des Lebens im Heiligen Geist kommen müssen.

---

[19] Trinität und Reich Gottes, 110–112.
[20] *G. Greshake*, a.a.O., 552–553 geht ausführlich auf C.G. Jungs Konstruktion ein.

Dass die christliche Gotteserfahrung trinitarische Struktur hat, ist leicht aus der frühen christlichen Segensformel erkennbar, die Paulus 2Kor 13,13 zitiert:
»Die Gnade unsers Herrn Jesus Christus und die Liebe Gottes und die Gemeinschaft des Heiligen Geistes sei mit uns allen«.

a) Die trinitarische Gotteserfahrung beginnt mit der Erfahrung ungeschuldeter und unerwarteter Gnade in der Begegnung und Gemeinschaft Christi. In Christus wird »einer aus der Trinität Mensch und leidet im Fleisch«, darum ist Christus für Menschen das Tor zur Gotteserfahrung. Durch Glauben an Christus beginnt ihr Leben in der Trinität. Glaube ist Vertrauen auf die Verheißung Gottes. Darin wird die Erfahrung der Gnade gemacht, die die gottverlassenen Opfer der Sünde und die gottlosen Täter der Sünde von der zerstörenden Macht des Bösen befreit und sie in die Gottesgemeinschaft aufnimmt. Das geschieht durch Christus, den Bruder in der Erniedrigung und den Erlöser von der Schuld. In der Christusgemeinschaft beginnt das neue, befreite Leben mit dem großen Ja der Liebe Gottes zu seinen Geschöpfen.

b) In der Christusgemeinschaft wird der Vater Jesu Christi auch unser Vater und wir beginnen, an Gott um Christi willen zu glauben. Wie Jesus Gott exklusiv »Abba«, mein lieber Vater, nannte, so werden Glaubende in seiner Gemeinschaft zu Kindern Gottes, die, vom Geist getrieben, Gott mit dem gleichen intimen Wort »Abba« anreden. Als Jesus – vermutlich in seiner Taufe – dieses intime Geheimnis des präsenten Gottes entdeckte, verließ er seine Familie und fand im armen, verlassenen Volk in Galilea (ochlos) seine »Familie«. Die ihm nachfolgen und Gott »Abba«, lieber Vater nennen, tun nichts anderes. Das aber heißt, dass der »Vater Jesu Christi« im Leben Christi und der Seinen ganz andere Funktionen hat als der Vater des Patriarchalismus in den antiken Familienreligionen. Der »Abba« Jesu Christi hat nichts mit dem griechischen Allvater Zeus und erst recht nichts mit dem römischen Göttervater Jupiter und darum auch nichts mit dem politischen »Vater des Vaterlands« und dem herrschaftlichen »Hausvater« zu tun.[21] Wenn es auch im römischen Reich später zu einer Verschmelzung des Vaters Jesu Christi und Jupiters im Gottesbegriff gekommen ist, bleibt doch die unversöhnliche Differenz bestehen: Zwischen dem Gott Jesu und dem römischen Herrgott Jupiter steht das Kreuz auf Golgatha, an dem Jesus im Namen Jupiters durch die römische Besatzungsmacht unter Pontius Pilatus hingerichtet wurde, auch wenn dieser gewiss »nicht wusste, was er tat«. Während seit Laktanz im römischen Christentum »Vater und Herr« im Gottesbegriff eins

---

21 *J. Moltmann*, »Ich glaube an Gott den Vater«. Patriarchalische oder nicht-patriarchalische Rede von Gott, in: In der Geschichte des dreieinigen Gottes. Beiträge zur trinitarischen Theologie, München 1991, 25–45.

wurden, so dass Gott sowohl »zu lieben wie zu fürchten« ist, hat Paulus stets trinitarisch zwischen »Gott, dem Vater Jesu Christi« und »Christus, unserem Herrn« unterschieden (1Kor 1,3 und öfter). Gott ist Vater Jesu Christi, Christus ist unser Herr und Befreier, durch Christus kommen wir in die Gottesbeziehung der Kinder Gottes zu ihrem Vater im Himmel. Die katholische Frömmigkeit hat immer zwischen »Gottvater« und dem »Herrgott« unterschieden und mit dem zweiten den gekreuzigten Christus im »Herrgottswinkel« gemeint.

c) Die »Gemeinschaft« des Heiligen Geistes ist gewiss zuerst seine Gemeinschaft mit den Glaubenden.[22] Offenbar wird dem Heiligen Geist aber in besonderer Weise die Stiftung der Gemeinschaft Verschiedener durch seine schöpferischen Kräfte zugeschrieben, weil durch seine ewige Präsenz die Gemeinschaft des Vaters mit Christus gegeben ist und auf der anderen Seite die Grenzen der Trennung und der Feindschaft zwischen Menschen abgebrochen werden, sodass der Geist als »Go-between God« und als »gemeinschaftlichen Gottheit« bezeichnet werden kann. Die Geisterfahrung verbindet Juden und Heiden, Griechen und Barbaren, Männer und Frauen, Alte und Kinder zu einer neuen Gemeinschaft der Gleichen und Freien. Die Geisterfahrung erstreckt sich darüber hinaus »auf alles Fleisch«, d.h. auf alles Lebendige, und bringt die Natur zum Blühen im Frühlingsanbruch der Neuschöpfung aller Dinge.[23] Sie verbindet also die menschliche Erweckung auch mit der Erwartung der seufzenden Natur der Erde.

»Gemeinschaft« scheint das besondere Wesen des Heiligen Geistes und seiner schöpferischen Energien zu sein, wie »Gnade« das besondere Wesen und die spezifische Aktion des Sohnes und »Liebe« das Wesen und das Wirken des Vaters bestimmen.

Im Zusammenwirken von göttlicher Gnade, Liebe und Gemeinschaft entsteht die trinitarische Gotteserfahrung. Christus nimmt uns in voraussetzungsloser Gnade an, Gott der Vater liebt uns mit bedingungsloser Liebe, der Geist bringt uns in die Gemeinschaft alles Lebendigen. Die drei Personen handeln differenziert, wirken aber zusammen in einer einheitlichen Bewegung, die neues und darin ewiges Leben schafft.

4. Trinitarische Gemeinschaftserfahrung

Die andere Seite der trinitarischen Gotteserfahrung ist die trinitarische Gemeinschaftserfahrung der Kirche. Hier ist der klassische Text das hohepriesterliche Gebet Jesu Joh 17,21:

[22] *J. Moltmann*, »Die Gemeinschaft des Heiligen Geistes«. Zur trinitarischen Pneumatologie, ebd., 90–105.
[23] *M. Welker*, Gottes Geist. Theologie des Heiligen Geistes, Neukirchen-Vluyn 1992; *J. Moltmann*, Die Quelle des Lebens, Gütersloh 1997, 30–32.

»Auf dass sie alle eins seien,
gleichwie du Vater in mir und ich in dir,
dass sie auch in uns seien,
auf dass die Welt glaube, dass du mich gesandt hast«

Die Gemeinschaft der Jünger untereinander, für die Jesus betet, soll
der wechselseitigen Einwohnung des Vaters und des Sohnes im Geist,
so wird man hinzufügen dürfen, entsprechen. Die trinitarische Gemeinschaft Gottes ist hier das Urbild, die Kirche das Abbild.[24] Das ist
die erste Dimension im Gebet Jesu. »Auf dass sie alle eins seien«, ist
das Motto der Ökumenischen Bewegung zur sichtbaren Einheit der
Kirche, denn wir gehen davon aus, dass dieses Gebet Jesu vom Vater
erhört ist und alle getrennten Kirchen und Christen in diesem Gebet
schon »eins« sind. Es ist wichtig hervorzuheben, dass die Einheit der
Kirche der perichoretischen Einheit der drei göttlichen Personen und
also nicht einer Person der Trinität entspricht.
Weder dem Vater, noch dem Sohn, noch dem Geist für sich, sondern
ihrer ewigen Perichoresis soll die Kirche entsprechen. Das meinte Cy-
prian mit seinem vielzitierten Wort: »Die Kirche ist das von der Einheit des Vaters und des Sohnes und des Heiligen Geistes geeinte
Volk«.[25] Die kirchliche Gemeinschaft entsteht aus dem Zusammenwirken des Vaters, des Sohnes und des Geistes. Diese trinitarische Kooperation hatte wohl auch schon Paulus im Auge, wenn er 1Kor 12 die
Fülle der Gaben, Energien und Dienste der Gemeinde dreifach begründete:

»Es sind mancherlei Gaben, aber es ist ein Geist.
Es sind mancherlei Ämter, aber es ist ein Herr.
Es sind mancherlei Kräfte, aber es ist ein Gott, der da
wirkt alles in allen« (12,4–6).

Erst wenn man die Einheit der Trinität im perichoretischen Zusammenwirken der drei göttlichen Personen sieht, versteht man die zweite
Dimension im Gebet Jesu: »dass sie auch in uns seien«. Das ist die
mystische Dimension der kirchlichen Gemeinschaft. Sie »entspricht«
nicht nur der trinitarischen Einheit Gottes, sondern sie »existiert« auch
in der weltoffenen Dreieinigkeit Gottes, denn sie ist durch das Wirken

---

24 Das betont mit Recht, aber einseitig *B. Nitsche*, Die Analogie zwischen dem
trinitarischen Gottesbild und der communialen Struktur von Kirche, in: Communio
– Ideal oder Zerrbild von Kommunikation, QD 176, Freiburg i.Br. 1999, 81–114,
bes. 86 nach »Unitatis redintegratio«, 2. Vgl. dazu auch *M. Kehl*, Die Kirche. Eine
katholische Ekklesiologie, Würzburg 1992; *B.J. Hilberath*, Kirche als communio.
Beschwörungsformel oder Projektbeschreibung?, ThQ 174, 1994, 45–65. Dazu
von evangelischer Seite *M. Volf*, Trinität und Gemeinschaft, a.a.O., 224–230.
25 Z.B. Lumen Gentium, 4.

des Vaters, des Sohnes und des Geistes in das innere Geheimnis Gottes hineingenommen. Der offene Raum der perichoretischen Gemeinschaft des dreieinigen Gottes ist der göttliche Lebensraum der Kirche. In der Christusgemeinschaft und in den Kräften des lebendigmachenden Geistes erfahren wir Gott als den weiten Raum, der uns von allen Seiten umgibt und uns zur freien Entfaltung des neuen Lebens bringt. In der lebensbejahenden Liebe existieren wir in Gott und Gott in uns. Die Kirche ist nicht nur der Raum für die Einwohnung des Heiligen Geistes, sondern für die ganze Trinität. Die ganze Trinität ist der Lebensraum der Kirche, nicht nur der Heilige Geist.

Wie sieht die Gemeinschaft aus, die dem dreieinigen Gott entspricht und in ihm lebt? Der klassische Text dafür findet sich in Apg 4,32–37:

»Die Menge aber der Gläubigen war ein Herz und eine Seele, keiner sagte von seinen Gütern, dass sie sein wären, sondern es war ihnen alles gemein ... Es war keiner unter ihnen, der Mangel hatte.«

Dieser sogenannte »urchristliche Kommunismus« war kein soziales Programm, sondern Ausdruck der neuen trinitarischen Gemeinschaftserfahrung.[26] Sie stellten ihre Gemeinschaft über das Individuum und ihre privaten Güter. Sie brauchten die Güter nicht mehr für die Sicherung ihres Lebens. Im Geist der Auferstehung verschwand ihre Todesangst und mit ihr die Lebensgier. Darum hatten sie »genug«, »mehr als genug«. In dieser Gemeinschaft endet der Konkurrenzkampf, der Menschen zu einsamen Individuen macht, und die soziale Kälte einer herzlosen Welt schwindet.[27] Es endet an dieser Gemeinschaft auch die starke »Hand« des Staates, der Menschen mit Zwang davor bewahrt, des anderen »Wolf« zu werden. Diese Gemeinschaft kann ihre Angelegenheit selbst regeln. Nun hat, historisch gesehen, der »urchristliche Kommunismus« nicht lange überlebt, doch ist er damit keineswegs verschwunden. In den christlichen Ordensgemeinschaften und den radikalreformatorischen Gemeinschaften der Hutterer, der Brüderhöfe, sowie bei Mennoniten und Moravians finden sich bis heute solche Lebensgemeinschaften. In den neuen lateinamerikanischen Basis-Gemeinden erfahren Menschen die trinitarische Gottesgemeinschaft. Darum setzten sie bei ihrem Treffen im Juli 1986 in Trinidade, Brasilien, auf ihr Plakat den Spruch: »Die Trinität ist die beste Gemeinschaft«, wie Leonardo Boff berichtet.[28]

---

[26]   Geevarghese Mar Osthathios, Theology of a classless Society, London 1979; Sharing God and a Sharing World, Thiruvalla 1995.
[27]   *D.M. Meeks*, God the Economist. The Doctrine of God and Political Exonomy, Minneapolis 1989.
[28]   *L. Boff*, Der dreieinige Gott, Düsseldorf 1987, 173–179. Vgl. dazu *Th.B. Thompson*, Imitatio Trinitatis. The Trinity as Social Model in the Theologies of Jürgen Moltmann and Leonardo Boff, ThD Diss. Princeton 1996.

»Die Trinität ist unser Sozialprogramm«. Diese These stammt von Nicholas Fedorov, einem Freund Dostojewskis. Ich nehme an, dass er damit einen dritten Weg zwischen der Autokratie des russischen Zaren und dem Anarchismus Kropotkins suchte.[29] Die heilige Dreieinigkeit in Gott und ihre Resonanz im Sobornost der orthodoxen Kirche waren für ihn Vorbilder für eine wahrhaft menschliche Gesellschaft in Freiheit und Gleichheit. Das Problem, wie persönliche Freiheit und soziale Gerechtigkeit miteinander zu verbinden sind, beherrscht seit der französischen Revolution die europäischen Gesellschaften und ist bis heute nicht gelöst. Fedorov argumentierte, dass die Einheit des dreieinigen Gottes eine solche Einheit von Person und Gemeinschaft zeige, in der die Personen alles gemeinsam haben, abgesehen von ihren personalen Eigenschaften und Differenzen. Eine menschliche Gemeinschaft, die der Dreieinigkeit Gottes entspricht und in ihr lebt, muss folglich eine Gemeinschaft ohne Privilegien und ohne Beeinträchtigung der Freiheit sein. Die Personen können nur in der Gemeinschaft Personen sein; die Gemeinschaft kann nur in ihren personalen Gliedern frei sein. Der Ausgleich zwischen personaler Freiheit und gerechter Gemeinschaft soll im Blick auf den dreieinigen Gott und seine Resonanz in der Kirche möglich werden, wenn sich die ökumenisch vereinigte Kirche als Avantgarde der erlösten und aus ihren Spaltungen und Feindschaften befreiten Menschheit verstehen und darstellen kann.

Fedorov ist mit seinen Ideen in Russland seinerzeit nicht durchgedrungen, aber seine Idee kann heute richtungsweisend sein. Seit 200 Jahren erlebt die westliche, jetzt allgemein moderne Industriegesellschaft einen Individualisierungsschub nach dem anderen. Der letzte wird »postmodern« genannt. Ein »Individuum« ist jedoch keine Person, sondern wie das lateinische Wort sagt, ein »letztes Unteilbares«, gleichbedeutend mit dem griechischen Wort »Atom«.[30] Als Endprodukt von Teilungen hat ein Individuum keine Beziehungen, keine Eigenschaften, keine Erinnerungen und keinen Namen. Es ist unaussprechbar. Eine Person ist im Gegensatz zu einem Individuum ein menschliches Dasein im Resonanzfeld seiner Sozialbeziehungen und seiner Geschichte. Es hat einen Namen, mit dem es sich identifizieren kann. Eine Person ist ein Gemeinschaftswesen. Die modernen Individualisierungsschübe in der Gesellschaft lassen den Verdacht aufkommen, dass ein modernes Individuum das Produkt der alten römischen Herrschaftsregel »divide et impera« ist. Individualisierte Menschen sind von politischen

---

29 Dazu ausführlicher *M. Volf*, »The Trinity is our Social Program«, The Doctrine of the Trinity and the Shape of Social Engagement, in: Modern Theology, 14, 1998, 412ff.
30 *G. Freudenthal*, Atom und Individuum im Zeitalter Newtons, Frankfurt a.M. 1982, hat den inneren Zusammenhang zwischen der Atomisierung der Natur und der Individualisierung des Menschen in jenem ersten modernen Zeitalter zwischen Newton und Descartes einleuchtend aufgewiesen.

und wirtschaftlichen Mächten leicht beherrschbar. Widerstand zum Schutz der persönlichen Menschenwürde gibt es nur, wenn sich Menschen zu Gemeinschaften zusammen schließen und ihr Leben sozial selbst bestimmen. Diese wenigen Hinweise mögen genügen, um die öffentliche Relevanz des trinitarischen Gottesbegriffs für die Befreiung individualisierter Menschen und die Relevanz der trinitarischen Gemeinschaftserfahrung für die Ausbildung neuer Sozialität anzuzeigen.

5 Trinitarische Eschatologie

Ist das Konzept der trinitarischen Einwohnung das Ende des eschatologischen Exodus? Geht der theologische Weg von der Hoffnung zur Heimat und vom Aufbrechen zum ruhenden Verweilen? Sind wir nicht am Ziel, wenn wir uns in Gott und Gott in uns gefunden haben? Nein, so kann es nicht sein. Im Gegenteil: Das Konzept der trinitarischen Einwohnung vertieft die eschatologische Hoffnung und verstärkt den geschichtlichen Exodus. Ein gutes Symbol für die mobilisierende Präsenz Gottes in der Geschichte sind »Wolke und Feuer im Exodus«.
»Und der Herr zog vor ihnen her,
des Tages in einer Wolkensäule,
dass er sie den rechten Weg führte,
und des Nachts in einer Feuersäule,
dass er ihnen leuchte,
zu reisen Tag und Nacht« (2Mos 13,21).

Gottes Gegenwart im Volk führt sie nicht zur Ruhe in der Wüste, sondern auf den Weg ins gelobte Land. Seine Gegenwart eröffnet diese Geschichte und beendet sie nicht. Gott »wohnt inmitten der Israeliten« als Weggenosse und Anführer, denn er sieht das Ziel vor sich. Gottes Gegenwart in Israel ist seine Exodus- und später seine Exils-Schechina.
In dieser geschichtlichen Gegenwart Gottes finden wir eine Perichoresis der Zeiten: Seine Zukunft in seiner Gegenwart und seine Gegenwart in seiner Zukunft.
Auch im Neuen Testament wird die Gegenwart des auferstandenen Christus als die Gegenwart des Kommenden verstanden.[31] Seine Gegenwart und seine Zukunft sind ineinander verschränkt. Es war keine so gute Idee von Rudolf Bultmann, als er die präsentische und die futurische Eschatologie gegeneinander stellte und sich für die präsentische entschied.[32] Auch die Theologen, die beide ausgleichen wollten, indem

---

31 *H.J. Iwand*, Die Gegenwart des Kommenden, Siegen 1955.
32 *R. Bultmann*, Geschichte und Eschatologie, Tübingen 1958, bes. 184: »In jedem Augenblick schlummert die Möglichkeit, der eschatologische Augenblick zu sein. Du musst ihn erwecken«.

sie die eine als das »Schon jetzt« und die andere als das »Noch nicht« bezeichneten, machten es nicht besser, weil sie Gegenwart und Zukunft in Begriffen der Chronos-Zeit darstellten. Chronos aber ist ein Bruder des Todes. Jedes »Schon jetzt« und jedes »Noch nicht« enden chronologisch im »Nicht mehr«. Chronos wird aber unterbrochen durch den Kairos und endgültig überwunden im eschatologischen Augenblick der Totenauferweckung. Es war Bultmanns Irrtum, dass er Kirkegaard folgte und den Kairos in der Zeit (2Kor 6,2) als den »eschatologischen Augenblick« auffasste, während Paulus doch erst den Augenblick der Totenauferweckung (1Kor 15,52) den eschatologischen »Augenblick« nennt: »Plötzlich in einem Augenblick«. Wer den Kairos in der Geschichte für das »Ende der Geschichte« hält, lässt die Weltgeschichte im sinnlosen Nichts enden und hat jede Hoffnung für die Welt aufgegeben.

Wir wenden uns zum Schluss einigen Grundideen einer trinitarischen Eschatologie zu:

1. Wir in Christus – Christus in uns.
Verstehen wir Christus perichoretisch als Person und als Raum, dann können wir in dieser Formel sowohl die Christusgemeinschaft wie den Lebensraum Christi entdecken. Sind »wir in Christus«, dann ist Christus der Lebensraum der Glaubenden und ihr Raum der neuen Schöpfung. Mit Christus ist der göttliche Raum gemeint, in dem die Glaubenden mit Herz und Seele sind. Sie leben nicht mehr egozentrisch in sich selbst, sondern exzentrisch in Christus. Christus ist ihre neue Lebensmitte und ihr göttlicher Lebensraum.

»Doch nicht ich, sondern Christus lebt in mir«, sagt Paulus Gal 2, 20. Mit diesem Bekenntnis sind wir schon auf der anderen Seite: »Christus in uns«. Hier ist Christus die Person und wir sind sein Lebensraum. Das kann die Einzelperson eines Glaubenden oder die Gemeinschaft der Glaubenden sein, wie das Weinstockgleichnis Johannes 15 sagt: »Ich bin der Weinstock, ihr seid die Reben, wer in mir bleibt und ich in ihm, der bringt viel Frucht« (15,5). Doch das Einwohnen Christi geht über das menschliche Leben hinaus und will die ganze Schöpfung zu seinem Lebensraum machen.

Ist Christus der göttliche Lebensraum, in dem wir existieren, dann müssen wir uns diesen Raum als einen bewegten und bewegenden Raum vorstellen. Im Blick auf das kommende Reich Gottes (1Kor 15,28) ist der Christusraum zukunftsoffen wie ein Vorraum des Kommenden. »Euer Leben ist verborgen mit Christus in Gott. Wenn aber Christus, euer Leben, sich offenbaren wird, werdet ihr mit ihm offenbar werden in Herrlichkeit«»(Kol 3,3.4). Der auferstandene Christus nimmt uns mit auf seinen Weg in seine Zukunft. Wer also »in ihm ist«, ist in seinem Bewegungsraum.

»Christus in uns«, das macht »uns« zur Avantgarde der erlösten Menschheit und zur Ouvertüre der Neuschöpfung aller Dinge.
»Wir in Christus«, das bringt uns in den Bewegungsraum des kommenden Reiches Gottes.

2. Wir im Geist – der Geist in uns.

Zusammen mit der Christusgemeinschaft und ähnlich in der Struktur erfahren wir die Gegenwart des Heiligen Geistes. Auch in den genannten Ortsangaben ist der Geist Gottes Person und Raum zugleich. Es entsteht unsere Perichoresis mit dem göttlichen Geist.

Finden wir uns »im Heiligen Geist«, dann spüren wir den göttlichen Geist als das vitalisierende Kraftfeld, das unsere Lebenskräfte lebendig macht. Wir sehen den göttlichen Geist als das Licht, das alles erleuchtet, als den herzerwärmenden Strom der Liebe in uns und als den Sturmwind, der uns ergreift. Der Pfingstgeist ist derselbe Geist wie die ruah Jahwe, die Leben in der geschaffenen Welt erweckt. In den Energien des Heiligen Geistes erfahren wir nach Hebr 6,5 »die Kräfte der zukünftigen Welt«. Der Lebensraum des Heiligen Geistes ist der Vorraum der zukünftigen neuen Welt und das Realsymbol der kommenden Schönheit Gottes, die die Welt erlösen wird.

Sehen wir auf die andere Seite, dann entdecken wir den göttlichen Geist »in uns«. Hier ist der Geist Person und wir werden zu seinem Lebensraum in der Welt, Tempel und Leib des lebendigen Geistes. »Ihr seid der Tempel des lebendigen Gottes, wie Gott spricht: ›Ich will unter ihnen wohnen ... und sie sollen mein Volk sein‹« (2Kor 6,16 nach 3Mos 26,12). Hier ist die Schechina-Verheißung an Israel auf die Einwohnung des Gottesgeistes in der Gemeinde Christi bezogen. Doch der Geist will weiter, will nicht nur die Menschen, sondern »alles Fleisch«, d.h. alles Lebendige, ewig lebendig machen. Die ganze Schöpfung soll zum Tempel der einwohnenden Energien des Geistes werden und in charismatischer Lebensfülle selig werden.

»Wir im Geist«: hier sind die Personen und der Geist unser Lebensraum.

»Der Geist in uns«: da ist der Geist Person und wir ihr Lebensraum und ihre Wohnung.

3. Alles in Gott – Gott in allen.

Die Nähe Gottes des Vaters – Abba – wird überall dort gefunden, wo Menschen in der Christusgemeinschaft die Lebenskräfte des Geistes erfahren, denn in der Christusgemeinschaft finden sie den Vater und erleben den Geist, so wie sie im Geist Christus und den Vater finden. Das ist der Grund, warum zuletzt die Lebensräume Christi und des Geistes in den vollendeten Raum der neuen Schöpfung führen, in der Gott sein wird »alles in allen« (1Kor 15,28).

Worin aber besteht diese Vollendung? Wird zuletzt Gott zum ewigen Lebensraum seiner Geschöpfe oder wird die neue Schöpfung zu seinem endgültigen Lebensraum »wie im Himmel so auf Erden«?

»Wir wissen nicht, ob Gott der Raum seiner Welt ist oder ob Seine Welt sein Raum ist. Aber aus dem Vers ›Siehe es ist ein Raum bei mir‹ (2Mos 33,21) folgt, dass der Herr der Raum seiner Welt ist, dass aber Seine Welt nicht sein Raum ist«, sagt der alte Madrash Rabbah.[33] Mir scheint diese Antwort einseitig zu sein, weil sie die Erfahrung der Schechina Gottes in seinem Volk übergeht. Ist auch Gott der Vater Person und Raum zugleich, dann können wir sein ewiges Reich besser in perichoretischen, als in monarchischen Begriffen verstehen:

»Alle Dinge in Gott«: hier ist Gott der Lebensraum seiner Welt, der alle Dinge annimmt und aufnimmt. Alle Geschöpfe finden dann in Gott ihren »weiten Raum, in dem keine Bedrängnis mehr ist«. Wie Psalm 139 sagt, umgibt Gott seine Geschöpfe von allen Seiten. Der Name Gottes ist hier MAKOM.

»Gott in allen Dingen«: Da findet Gott seinen Lebens- und Wohnraum in seiner neuen Schöpfung: »Und Gott wird bei ihnen wohnen«, und alle Geschöpfe werden an der einwohnenden Lebendigkeit Gottes teilnehmen. Die neue Schöpfung wird in der einwohnenden Gegenwart Gottes zur ewigen Schöpfung werden. Der Name Gottes ist hier SCHECHINA.

Ich möchte darum die alte rabbinische Frage so beantworten: Die erlöste Schöpfung findet in Gott ihren ewigen Lebensraum, und Gott findet in ihr seinen ewigen Wohnraum. Die Welt wird in Gott auf weltliche Weise einwohnen. Gott und Welt werden sich gegenseitig durchdringen, ohne sich zu zerstören oder ineinander aufzugehen. Das ist die eschatologische Perichoresis von Gott und Welt, Himmel und Erde, Ewigkeit und Zeit. In der ewigen Freude Gottes über seine erlöste Schöpfung und in dem ewigen Lobgesang aller Geschöpfe endet jede Eschatologie.

Ich schließe mit dem Hinweis auf ein Bild der perichoretischen Trinitätslehre: Es ist die wunderbare Ikone von Andrei Rublev aus dem 15. Jahrhundert im orthodoxen Moskau: Die drei göttlichen Personen sitzen am Tisch. Durch die innige Zuneigung ihrer Häupter und die symbolische Gestik ihrer Hände zeigen sie die tiefe Einigkeit an, die sie eins sein lässt. Der Kelch auf dem Tisch weist auf die Hingabe des Sohnes auf Golgatha für die Erlösung der Welt hin. Ihre Situation ist der Augenblick vor der Menschwerdung des Sohnes zur Erlösung der Welt. Das Bild stammt aus der Geschichte (Gen 18), in der Abraham und Sarah, »drei Männer« aufnehmen, sie reichlich bewirten und von ihnen die göttliche Sohnesverheißung bestätigt bekommen, über die Sarah freilich ihres hohen Alters wegen lacht. Sie hatten unwissend

---

33 *M. Jammer*, Das Problem des Raumes, Darmstadt 1953, 30.

»Engel« aufgenommen, sagt die spätere Deutung. Ihnen ist der dreieinige Gott begegnet, erklärte die spätere christliche Theologie. Rublev ließ Abraham und Sarah weg und malte die »drei Engel« so, dass man nicht erkennen kann, wer den Vater, den Sohn und den Geist darstellt. So entstand dieses wunderbare soziale Bild des unabbildbaren dreieinigen Gottes.[34]

---

[34] Eine infame These hat kürzlich *H. Vorgrimler* präsentiert: Gegen »Richard von St. Viktor, Hans Urs von Balthasar, Jürgen Moltmann, Walter Kasper und Gisbert Greshake« behauptet er: »Die Redeweise, Gott sei eine Gemeinschaft von Dreien, bezeugt auf ihre Weise die Trennung, ja die furchtbare Feindschaft von Juden und Christen, die in letzter Konsequenz nach Auschwitz geführt hat. Sie entsteht aus einem unsensiblen, selbstgerechten Glauben, der Israel und damit Jesus den Rücken zugekehrt hat« (Gott, Vater, Sohn und Heiliger Geist, München 2002, 1.22). Dass er seine Ignoranz im Blick auf den Gott Israels und den Vater Jesu Christi mit Rahners Respekt vor dem unbestimmten göttlichen Geheimnis begründet, macht seine Behauptung besonders apart. Mit Recht sagt dazu *M. Scheuer*, Trierer Theologische Zeitschrift, 114, 2005, 82: »Die Unterschiedenheit von Vater, Sohn und Geist bezeichnet die sich im Offenbarungsgeschehen erschließende göttliche Wirklichkeit. Die trinitarische Differenz in Gott erlaubt es, die wirkliche Nähe Gottes in uns und seine bleibende Transzendenz in eins zu denken. Gegen einen starken Zug der negativen Theologie ist es theologisch unumgänglich, Gott auch weiterhin in Kategorien der Personalität verstehen zu lernen. Im NT begegnet Gott als kommunikatives Geschehen von drei handelnden Personen. Wenn der eine und einzige Gott als Beziehungseinheit sich realisiert und gedacht wird, wenn Kommunikation bzw. Relation keine Akzidentien, sondern die höchste Form der Einheit sind, dann ist das kein selbstgerechter Glaube, der Jesus den Rücken zukehrt, sondern eine dem biblischen Gott gemäße Denkform«.

MAGDALENE L. FRETTLÖH

Der trinitarische Gott als Raum der Welt

Zur Bedeutung des rabbinischen Gottesnamens māqōm für eine topologische Lehre von der immanenten Trinität[1]

»Jeder Mensch hat Anspruch auf [...] Wohnung [...].«[2]

»Durch gegenseitige Beherbergung
eröffnen die göttlichen Beziehungsweisen,
die Hypostasen oder Personen, den Raum, dem sie gemeinsam einwohnen
und in dem sie sich gegenseitig ins Leben rufen,
durchdringen und anerkennen.
Das Privileg Gottes bestünde demnach darin: an einem Ort zu sein,
der nur durch die Beziehungen der Einwohner zu den Miteinwohnern
in ihm ursprünglich eingeräumt wird. [...]
Orte Gottes – untheologisch gesprochen,
Orte der Ko-Subjektivität oder der Ko-Existenz oder der Solidarität –
sind etwas, was es nicht einfachhin im äußeren Raum gibt.
Sie entstehen erst als Wirkstätten von Personen,
die *a priori* oder in *starker Beziehung* zusammenleben.«[3]

Einleitung: Von der ›Zeit‹ zum ›Raum‹ – zur topologischen Wende in der evangelischen Theologie

Evangelische Theologie war bislang vor allem darum bemüht, ›auf der Höhe der *Zeit*‹ zu sein. In ihrem Bemühen um ZeitgenossInnenschaft, um eine Theologie zur rechten Zeit, war die Kategorie der *Zeit* ihr liebstes Kind. Ob Heilsgeschichte, Weltgeschichte oder Universalgeschichte, ob Kirchen- oder Christentumsgeschichte – die Zeit galt als theologische Leitkategorie. In der Reflexion auf den *Augenblick* wie

---

[1] Stark überarbeitete Fassung meines Vortrags »Von den Orten Gottes zu Gott als Ort. *Māqōm*, eine rabbinische Gottesbenennung, und die christliche Lehre von der immanenten Trinität«, in: Die Welt als Ort Gottes – Gott als Ort der Welt. Friedrich-Wilhelm Marquardts theologische Utopie im Gespräch, hg. von *Magdalene L. Frettlöh* und *Jan-Dirk Döhling*, Gütersloh 2001, 86–124. Diese Dokumentation einer Tagung der Evangelischen Akademie Berlin zu Marquardts theologischer Utopie ist inzwischen vergriffen.

[2] Aus Art. 25 der »Allgemeine[n] Erklärung der Menschenrechte von 1948«, in: Die Menschenrechte. Erklärungen, Verfassungsartikel, Internationale Abkommen, hg. von *Wolfgang Heidelmeyer*. Mit einer Einführung von dems., 3., erneuerte und erweiterte Auflage, Paderborn u.a. 1982, 275.

[3] *Peter Sloterdijk*, Sphären I. Mikrosphärologie: Blasen, Frankfurt a.M. [5]2000, 619.621.

auf die *Ewigkeit*, in der Entscheidung für den erfüllten *Kairos* gegen
die leere, homogene, lineare Zeit des *Chronos*, in der Erwartung des
der Welt adventlich entgegenkommenden Gottes wie in der Bewahrung der uneingelösten Verheißungen und unerfüllten Hoffnungen der
Vergangenheit, im Gedenken der Toten und in der Verantwortung für
zukünftige Generationen war (und ist) Theologie um einen spezifisch
theologischen Zeitbegriff bemüht – im Gespräch mit den Naturwissen-
schaften und der Philosophie oder in anderen interdisziplinären Zeit-
Diskursen. Unter dem Primat der Zeit-Dimension blieb die Raum-
Kategorie dagegen deutlich unterbestimmt, was nicht zuletzt damit zusammenhängen mag, dass ihr das Stigma, ein Motiv ›natürlicher Theologie‹ zu sein, anzuhaften schien. Sich den ewigen Gott als Herrn der
Zeit, der unsere Zeiten in seiner Hand hält und sich zum irdischen
Zeitgenossen gemacht hat, in einem bestimmten, begrenzten Raum als
an- oder abwesend vorzustellen, stand (und steht) immer auch unter
dem Verdacht, über Gott verfügen, sich Gottes bemächtigen zu wollen,
zumal Raumpräsenz an leibliche, sinnliche Anwesenheit denken lässt.
So wurde auch das (metaphysische) Prädikat der *Allgegenwart* eher
zeitlich denn räumlich aufgefasst.
Inzwischen hat die Theologie – mit einiger Verspätung gegenüber den
Raum-Projekten und -Reflexionen in anderen Wissenschaften und Le-
bensbereichen – für sich den Raum als theologische Kategorie (wieder)entdeckt.[4] Die *topologische Wende* der Kulturwissenschaften ist in
der Theologie angekommen.[5] Die ›Raum‹-Diskussion hat nunmehr in
allen theologischen Disziplinen Hochkonjunktur. Wie andernorts verdankt sich auch die neu erwachte *theologische* Besinnung auf den
Raum einer neuen Aufmerksamkeit auf das menschliche Grundbedürf-
nis, einen eigenen Lebensort und -raum,[6] eine Wohnung, ein Zuhause,
eine Heimat[7] (und nicht zuletzt auch einen Standpunkt) zu haben. Es

---

[4]   *Peter Sloterdijks* Urteil über die Situation in der Philosophie lautet entsprechend: »... nachdem nun die Ära einseitiger Zeitvergötzung abgelaufen scheint,
fordert auch der gelebte Raum seine Rechte« (Im Weltinnenraum des Kapitals. Für
eine philosophische Theorie der Globalisierung, Frankfurt a.M. 2005, 11). Vgl.
auch die »Notiz« zu Beginn des dritten Bandes der Sphärologie: *Peter Sloterdijk*,
Sphären III: Schäume, Frankfurt a.M. 2004, 13–26.
[5]   Vgl. dazu jüngst *Elisabeth Jooß*, Raum. Eine theologische Interpretation, Gütersloh 2005.
[6]   Beim gerade in der Geschichte unseres Landes so vielfältig pervertierten Begriff des ›Lebensraumes‹ ist – wie bei allen missbrauchten Worten und Wendungen – zu überlegen, ob eine Neudefinition bzw. ein neuer, nämlich lebensdienli-
cher, menschheitsgerechter und schöpfungsökologischer Gebrauch nicht näher
liegend ist als der Verzicht auf dieses Motiv.
[7]   Selbst wenn man Heimat im Sinne von Max Horkheimers und Theodor W.
Adornos Diktum: »Heimat ist das Entronnensein.« (Dialektik der Aufklärung. Philosophische Fragmente [1944/1969], in: *Th.W. Adorno*, GS 3, Frankfurt a.M.
1997/Darmstadt 1998, 97) versteht, trägt er ein *topographisches* Profil, nämlich
insofern – im Gegenüber zum faschistischen Heimatmythos – Heimat hier am En-

sind die Heimat- und Obdachlosigkeit zahlloser Menschen sowie die menschengemachte Zerstörung der Lebensräume von immer mehr Tier- und Pflanzengattungen, die die Dignität des (ökologischen) Lebensraumes ins Bewusstsein gerufen, für eine neue Wahrnehmung des Raumes und für eine anhebende veränderte Raumpraxis gesorgt haben. Was gigantische Projekte der sog. Raumfahrt (als gäbe es Raumfahrten nur ins Weltall) nicht vermochten, ist den Flüchtlingsströmen heimatlos gewordener, entwurzelter Menschen und der unter ihrer Raumnot seufzenden Kreatur gelungen: die Frage nach geschöpflichen Lebensräumen *als* Frage nach Gottesräumen zu stellen.

Begründete früher die Erfahrung, sich zwar zu verschiedenen Zeiten in ein und demselben Raum aufhalten, aber nicht zu ein und derselben Zeit verschiedene Räume bewohnen zu können, den Primat der Zeit vor dem Raum mit, so kehrt das Chatten im Cyberspace, das Leben im global(isiert)en Netz die Gewichte faktisch um. Der multilokalen Präsenz der online-Kommunikation korrespondiert aber auch eine wachsende menschliche Ortlosigkeit, mindestens eine fehlende Ortsverbundenheit postmoderner Lebensentwürfe zugunsten mobiler Patchwork-Biographien. Und nach wie vor werden Menschen ihrer Freiräume beraubt und auf engstem Raum ›konzentriert‹, um sie zu überwachen, Macht und Kontrolle über sie auszuüben, Strafen an ihnen zu vollstrecken, sie zu demütigen oder zumindest zu beeinflussen.

Weil die Zeit nie stillsteht, müssen Menschen mit der Zeit gehen, um nicht hinter ihr zurückzubleiben; sind sie besonders eilig, können sie ihrer Zeit auch voraus sein. Aller Sehnsucht nach dem Verweilen schöner Augenblicke zum Trotz gibt es kein Anhalten der Zeit, kein Bleiben und Wohnen in ihr. Die Kategorie des Raumes dagegen verbindet Weite *und* Grenze, Freiheit *und* Schutz. Selbst der leere Raum – man denke nur an die *voids*, die Leerräume im von Daniel Libeskind entworfenen Jüdischen Museum Berlin[8] – ist nicht einfach analog zur leeren Zeit des Chronos zu verstehen, so sehr sich auch die *kairologische Zeitstruktur* und der *ökologische Raumbegriff* entsprechen mögen.

Das alles sind Motive und Herausforderungen für eine theologische Beschäftigung mit dem Raum. So hat die Theologie in ihren verschiedenen Disziplinen begonnen, theologische *Topographien* und *Topologien* zu entwerfen bzw. zu erinnern. Um nur wenige *Beispiele* zu nennen: BibelwissenschaftlerInnen entdecken die Sprach- und Klangräume der Texte, zeichnen ihre Topographien nach und schreiten die Be-

---

de eines Weges und nicht an dessen Anfang als verlorener Urzustand liegt. Auch der Heimatbegriff der ›Dialektik der Aufklärung‹ entbehrt nicht der Konnotate Sesshaftigkeit und festes Eigentum.

[8] Vgl. dazu neben kommentierten Bildbänden zum Jüdischen Museum in Berlin etwa: *Daniel Libeskind* (mit *Sarah Crichton*), Breaking Ground. Entwürfe meines Lebens. Aus dem Englischen von Franca Fritz und Heinrich Koop, Köln 2004, bes. 93–120.

wegungen im Textraum ab, ja sie nehmen die biblischen Texte selbst als Lebensräume wahr, Räume, in denen Menschen sich in ihrer Sprach- und Heimatlosigkeit, ihrem Bedürfnis nach Wort und Schutz bergen können. Gemeinsam mit den KirchenhistorikerInnen erinnern sie biblische und andere Orte verdichteter Gottesgegenwart. Praktische TheologInnen achten auf die Bedeutsamkeit der Unterscheidung von heiligen und profanen Orten, leiten in der Kirchenpädagogik zur Erfahrung sakraler Räume und ihrer theologischen Deutung an, üben in der Liturgik in die angemessene Begehung dieser Räume und in deren Erschließung als Ruhe- und Bewegungsräume ein. In der Seelsorge verschiebt sich die Aufmerksamkeit von den Trauer*phasen* zu den Trauer*räumen*. Die Kybernetik schenkt dem städtischen Lebensraum neue Beachtung. Mit der Sensibilität für die Kategorie des Raumes wächst auch die für Leiblichkeit und Körperlichkeit, nicht nur in theologischer Anthropologie und Ethik.

Auch die Dogmatik hat begonnen, mit der Aufmerksamkeit auf geschöpfliche Lebensräume nach den *Räumen Gottes* und nach *Gott im Raum* zu fragen: Sie erinnert sich des Paradieses und des himmlischen Jerusalem als bevorzugter Gottesorte, sie entdeckt den Himmel als Gottes Eigenraum wieder, nimmt die Einwohnung Gottes in der Schöpfung im Geist oder in der Schechina, die Inkarnation Gottes in Israel und in dem einen Juden Jesus von Nazareth wahr. Raumimmanenz und -transzendenz Gottes, Nähe und Ferne, Anwesenheit und Abwesenheit Gottes avancieren zu konstitutiven Themen der Gotteslehre. Vor allem aber wartet die Dogmatik mit einer überraschenden Pointe auf: Bei der Suche nach Gottesräumen entdeckt sie *Gott als Raum* – seiner selbst und der Welt. Impulsgebend ist dabei die rabbinische Gottesbenennung *māqōm*: Gott-Raum.[9] Von ihr angeleitet wird Gott als Raum der Welt und seiner selbst verstanden. Und es ist ausgerechnet die – weithin als spekulativ diskreditierte oder ganz abgetane – Lehre von der *immanenten Trinität*, die, mithilfe des *māqōm*-Motivs reinterpretiert, neu zu sprechen beginnt und in ihrer nicht zuletzt ethischen Relevanz aufleuchtet.[10] Die innertrinitarischen Beziehungen er-

---

[9]   Davon noch einmal zu unterscheiden ist die – vor allem *schöpfungs-*, dann aber auch *trinitätstheologisch* rezipierte Lehre der lurianischen Kabbala von einer Selbsteinschränkung Gottes (›Zimzum‹), mit der Gott Raum neben sich (und in sich) für ein Anderes einräumt. Vielleicht ließe sich sagen, dass die Selbstzurücknahme Gottes zugunsten des Selbststandes eines Anderen die Voraussetzung dafür ist, Gott als *māqōm* zu verstehen. *Gisbert Greshake* stellt seinen trinitätstheologischen Rekurs auf die Zimzum-Tradition unter die Überschrift »Der trinitarische ›Raum‹ der Schöpfung« und verbindet damit schöpfungs- und trinitätstheologische Motive in der Zimzum-Vorstellung (Der dreieine Gott. Eine trinitarische Theologie, Freiburg i.Br. 1997, 229–237).

[10] Zu aktuellen katholischen ReVisionen der Lehre von der immanenten Trinität im Horizont des jüdisch-christlichen Gesprächs vgl. die anregenden Beiträge in:

schließen sich als Beziehungs*räume*, die durch die perichoretische Durchdringung und wechselseitige Bewohnung der göttlichen Personen allererst entworfen werden.

Das bevorzugte Thema dogmatischer Topologie ist – mit Konsequenzen bis etwa in die Wohnungspolitik und das Asylrecht hinein – der *trinitarische Raum.*

Fast zeitgleich und jeweils unter Rückgriff auf die rabbinische *māqōm*-Tradition haben Jürgen Moltmann[11] und Friedrich-Wilhelm Marquardt[12] nicht nur wesentlich zur systematisch-theologischen Wiederentdeckung der Raum-Kategorie beigetragen, sondern auch Dimensionen einer *topologischen Trinitätslehre*[13] aufgezeigt. Von beiden offenbar nicht wahrgenommen hat Peter Sloterdijk am Ende des ersten Bandes seiner Sphären-Trilogie, also gerade im »Übergang von der mikrosphärischen zur makrosphärischen Auslegung des Sinns von In-Sein«, der Trinitätslehre »einige wie auch immer flüchtige Anmerkungen«[14] gewidmet. Diese sind vor allem durch Johannes von Damaskus' trinita-

---

Monotheismus Israels und christlicher Trinitätsglaube (QD 210), hg. von *Magnus Striet*, Freiburg i.Br. 2004.

11   Im Werk *Jürgen Moltmanns* lässt sich eine deutliche Verschiebung von der Zeit- zur Raumkategorie wahrnehmen (vgl. *ders.*, Gott und Raum, in: Wo ist Gott? Gottesräume – Lebensräume, hg. von *dems./Carmen Rivuzumwami*, Neukirchen-Vluyn 2002, 29–41; *Gerhard Marcel Martin*, Lebensräume – Gottesräume. Ein praktisch-theologisches Vor-spiel, in: Wo ist Gott?, a.a.O., 17–27; *Herman-Emiel Mertens*, »Es gibt bei Gott kein ›Draußen vor der Tür‹«. Zum Raumbegriff in Jürgen Moltmanns Theologie, in: Wo ist Gott? a.a.O., 109–117).

12   *Friedrich-Wilhelm Marquardt* hat zum Abschluss seiner siebenbändigen Dogmatik mit der theologischen *Utopie* der Rückbesinnung auf die Raumkategorie einen eigenen Band gewidmet und macht einleitend deutlich, inwiefern es gerade die *Gotteslehre* ist, in der die Frage nach dem Raum als Utopie ihren bevorzugten dogmatischen Ort hat. Denn er versucht »Utopie theologisch zu begreifen als das, was von Gott her, genauer: aus dem Zielwillen des Inneren Gottes heraus, nach einem Raum in der Herberge der Welt und der Menschheit sucht, aber dort noch nicht gefunden hat« (Eia, wärn wir da – eine theologische Utopie, Gütersloh 1997, 11). Keinen Zweifel lässt Marquardt an der rabbinischen Vorgabe seiner auf den Grundton der Transzendenz gestimmten Gotteslehre:»Daß jüdische Tradition uns einen *Gottes*namen makom, Raum, Ort, überliefert, gibt uns zusätzlich einen Anlaß, nach einem theologischen Sinn von Raum neu zu fragen« (ebd.). Die theologische Utopie wird vorbereitet durch einen Abschnitt im dritten Band der Eschatologie, in dem *Fr.-W. Marquardt* unter der Überschrift »Dort-Sein« ausführlich die jüdische Tradition der *māqōm*-Benennung Gottes referiert und diskutiert (Was dürfen wir hoffen, wenn wir hoffen dürften. Eine Eschatologie. Bd. III, Gütersloh 1996, 424–446). Vgl. auch *ders.*, Gott – Utopie?, in: Die Welt als Ort Gottes – Gott als Ort der Welt, a.a.O., 14–35.

13   Vgl. bes. *Jürgen Moltmann*, Erfahrungen theologischen Denkens. Wege und Formen christlicher Theologie, Gütersloh 1999, 266ff (Teil IV: Im »weiten Raum« der Trinität); *ders.*, Gott und Raum, a.a.O.; *Fr.-W. Marquardt*, Eschatologie III, a.a.O., 212–235, *ders.*, Utopie, a.a.O., 539–566.

14   *P. Sloterdijk*, Sphären I, a.a.O., 598–631.

risch-topologische Reformulierung des *Perichorese*-Begriffs und die
daraus resultierenden Beobachtungen zu den *Orten Gottes*[15] angeregt
und gehören m.E. zu den gegenwärtig anregendsten raumkategorischen ReVisionen der Lehre von der immanenten Trinität.[16]
Im Folgenden wende ich mich – gleichsam zur Wegbereitung eines
Gesprächs zwischen diesen Entwürfen einer topologischen Gestalt der
Trinitätslehre,[17] das vielleicht eher im Garten denn ›im Glashaus‹ stattfinden sollte – der Trinitätslehre Fr.-W. Marquardts zu. Dabei folge ich
der Bewegung, die sich mit der *doppelten Ortsbezogenheit* der theologischen Utopie Marquardts verbindet. In dieser Bewegung spricht sich
die Hoffnung aus, dass Gott doch der Welt *in sich* einen Raum erschließen möge, in dem sie Wohnung nehmen kann, nachdem er selbst
keine Herberge *in der Welt* gefunden hat und die Welt ihm nicht zur
Heimat geworden ist, nachdem er aus ihr verdrängt worden ist oder
sich von ihr zurückgezogen hat. Es ist das jüdische Bekenntnis zu Gott
als *māqōm*, als Ort (der Welt), an dem sich die Hoffnung Marquardts
auf die raumerschließende Wirklichkeit Gottes und die Verortung der
Welt in Gott entzündet. Die jüdische Erfahrung der *Transzendenz* Gottes, wie sie sich in der Benennung Gottes als *māqōm* ausspricht und
wie Marquardt sie vor allem im Gespräch mit Jeshajahu Leibowitz[18]
und Emmanuel Lévinas[19] macht, spürt er am Ende seiner theologischen Utopie christlicherseits in der *Trinitätslehre* auf:»Transzendenz
in der Trinität«[20] – so lautet die Überschrift des trinitätstheologischen
Abschnitts der ›Utopie‹.
Stärker nun, als es Marquardt in seiner theologischen Utopie getan hat,
aber zugleich Spuren aufnehmend, die er schon im dritten Band der
Eschatologie gelegt hat,[21] möchte ich im Folgenden die rabbinische

---

[15]   *Johannes von Damaskus*, Expositio fidei, 37–41. Das 13. Kapitel des Ersten
Buches ist überschrieben mit »Vom Orte Gottes. Das göttliche Wesen allein ist
unbegrenzt«.
[16]   Überhaupt breitet P. Sloterdijk in seiner Mikro- und Makrosphärologie nicht
nur eine Fülle von theologischem Material aus, sondern bietet – zudem in einer
unverbrauchten Terminologie – eine Vielzahl von Anregungen zur theologischen
Rezeption.
[17]   Dieses Gespräch soll unter dem Titel des zunächst für die Erfurter Tagung
angekündigten Vortrags »Haus Trinitatis«, der zugleich der Titel eines Liedes des
Berliner Liedermachers Klaus Hoffmann ist (auf seiner CD »insellieder«), als Monographie erscheinen.
[18]   Utopie, a.a.O., 363ff.
[19]   A.a.O., 467ff.
[20]   A.a.O., 539ff.
[21]   Schon im dritten Band seiner Eschatologie sieht sich *Fr.-W. Marquardt* durch
den jüdischen Gottesnamen *māqōm* zu einer grundsätzlichen theologischen Reflexion auf das Verhältnis von Gott und Ort, Gott und Raum herausgefordert. Hier
findet sich auch eine ausführliche Diskussion rabbinischer und kabbalistischer
Texte zu *māqōm* als Gottesname sowie ihrer biblischen Bezugsstellen (vgl. Escha-

Gottesbenennung *māqōm* mit der Lehre von der immanenten Trinität verschränken und den trinitarischen Binnenraum Gottes als *māqōm* verstehen. Gerade dort, wo Marquardt am Ende seines Dogmatik-Projekts die Gotteslehre in eine Erschließung des trinitarischen Binnenraums Gottes einmünden lässt, wird deutlich, wie sehr sich die Ortsgebundenheit seiner theologischen Utopie der jüdischen Benennung Gottes als *māqōm* verdankt.

Die *zweifache Ortsorientierung*, die Marquardts utopisch-trinitarische Gotteslehre prägt, ist – so lautet darum meine These – *namenstheologisch begründbar*.[22] Diese These soll in vier Schritten entfaltet werden: Zunächst geht es grundsätzlich um den Nachweis, dass die Verknüpfung von Theologie und Utopie in der theologischen Utopie Marquardts durch das rabbinische Bekenntnis zu Gott als *māqōm* motiviert ist (I). Ein zweiter Abschnitt wendet sich der rabbinischen Benennung Gottes als *māqōm* zu (II).

Von *māqōm* spreche ich als Benennung wie als Name Gottes, bevorzuge aber den Begriff Benennung, weil es sich bei *māqōm* – jedenfalls in den von mir berücksichtigten Texten – nicht um einen *Ruf*namen Gottes handelt, Gott also nicht als *māqōm* angesprochen, sondern *von* und *über* Gott als *māqōm* gesprochen wird. Ich nenne *māqōm* dann einen Namen, genauer: einen ›Erinnerungs- und Hoffnungsnamen‹ (I.3), wenn es um das Verhältnis dieses wie anderer Namen zum einen und einzigen *Eigen*namen des biblischen Gottes, geschrieben *Jhwh*, geht.

Der dritte Abschnitt versucht in Marquardts ReVision der Lehre von der immanenten Trinität[23] *Analogien* zum jüdischen Bekenntnis zu Gott als *māqōm* zu finden (III), sind beide doch in Marquardts Rezeption utopie- und transzendenzhaltig.[24] Diese Analogisierung ist – und

tologie III, a.a.O., 424–446), die die entscheidenden Weichen für Marquardts *theologischen* Utopiebegriff stellt.
Auch der Trinitätslehre ist in diesem Band ein eigener Abschnitt gewidmet, nämlich im Zusammenhang der Überlegungen zur (Selbst-)Rechtfertigung Gottes im Jüngsten Gericht (Eschatologie III, a.a.O., 212–235). Schon hier liegt wie in der ›Utopie‹ der Schwerpunkt auf der immanenten Trinität. Allerdings sind die trinitätstheologischen Ausführungen – trotz der sachlichen Nähe – nicht explizit mit den *māqōm*-Passagen vermittelt.
22 Zur *namenstheologischen* Entfaltung der Trinitätslehre vgl. auch den Beitrag *Bertold Klapperts* in diesem Band sowie *ders.*, Geheiligt werde dein NAME! Erwägungen zu einer gesamtbiblischen Trinitätslehre in israeltheologischer Perspektive, in: »... um Seines NAMENs willen«. Christen und Juden vor dem Einen Gott Israels. 25 Jahre Synodalbeschluss der Evangelischen Kirche im Rheinland »Zur Erneuerung des Verhältnisses von Christen und Juden«, hg. von *Katja Kriener* und *Johann Michael Schmidt*, Neukirchen-Vluyn 2005, 118–134; *ders.*, Die Trinitätslehre als Auslegung des NAMENs des Gottes Israels. Die Bedeutung des Alten Testaments und des Judentums für die Trinitätslehre, in: EvTh 62 (2002), 54–72.
23 Eschatologie III, a.a.O., 212ff; Utopie, a.a.O., 539ff.
24 Gegenüber der Benennung Gottes als *māqōm* scheint mir die Vorstellung der *schechina* mehr die Immanenz Gottes zu betonen, die Einwohnung Gottes inmitten

damit ergänze ich meine These – ebenfalls *namenstheologisch* begründbar, wenn man nämlich den/die trinitarischen Namen Gottes
nicht, wie dies die Tradition weithin getan hat, als Eigenname/n des
biblisch-christlichen Gottes, sondern wie *māqōm* als Benennung/en
und als »Erinnerungs- und Hoffnungsname/n« versteht. Trotz dieser
offenkundigen Entsprechungen bleibt die Analogie aber frag-würdig
und allemal spannungsvoll, bringt sie doch nicht nur eine *jüdische*
Gottesbenennung mit einer dezidiert *heidenchristlichen* zusammen,
sondern auch *Grenzaussagen*, die spezifisch jüdischer Freiheit im Reden von Gott entspringen, mit einer Gestalt christlich-dogmatischer
*Lehr*bildung.

Die folgenden Überlegungen haben auch mit der Frage zu tun, ob solche Grenzaussagen, die jüdischerseits gerade nicht in ein theologisches System gebracht
werden, überhaupt in die christliche Dogmatik eingeholt werden sollten, ganz zu
schweigen von einer systematischen Verortung derselben in einem Locus wie »De
Deo«, »De nominibus Dei« oder »De trinitate«. Nun ist Marquardts Reinterpretation der Trinitätslehre im Licht rabbinischer Analogien in den beiden trinitätstheologischen Passagen seiner Dogmatik von der Absicht getragen, bei jüdischen LeserInnen um Verständnis für sie zu werben. Er möchte Juden und Jüdinnen »in aller
Zurückhaltung, die sich gebührt, doch fragen, ob sie im christlichen trinitarischen
Denken nicht doch wenigstens [...] ein Moment von theologischer Sachlichkeit
anerkennen und womöglich sogar Fragen aus der Tradition und Erfahrung ihrer
eigenen Lehrer wiedererkennen könnten«.[25] Die Trinitätslehre soll nicht länger ein
– besonders schwer(wiegend)er – Stein des Anstoßes im Gespräch zwischen jüdischen und christlichen Menschen sein. Sie soll als *christliche* Möglichkeit, von
Gott zu reden, für Juden und Jüdinnen aus ihrer eigenen Tradition heraus verständlich werden.
Meine Intention ist hier eine andere, sie verbleibt im Rahmen der *innerchristlichen*
Verständigung und Vergewisserung über die Trinitätslehre. Ich nehme das rabbinische Bekenntnis zu Gott-*māqōm* auf, weil es die christliche Lehre von der immanenten Trinität nicht nur sachlich erhellen, sondern auch dazu herausfordern kann,
sie als eine Lehre mit strenger Begrifflichkeit je neu *narrativ* und *doxologisch* zu
verflüssigen und auf ihre *ethischen* Implikationen hin zu befragen.

Ansätze zu einer *māqōm*-Ethik werden im vierten und letzten Abschnitt meiner Überlegungen skizziert. Vor allem soll hier aber – im
Anschluss an Hos 5,15–6,2 – der Hoffnung Ausdruck gegeben werden,
dass der trinitarische Gott sich aus seiner Abkehr von der Welt zu einer
Rückkehr in die Welt bewegen lassen möge (IV). Wie der Schlussabschnitt dokumentiert, geht es im Folgenden auch um den Versuch einer

seines Volkes, zunächst im Land, dann vor allem aber im Exil. *Pnina Navé Levinson* sieht in der *schechina* »die weibliche Dimension des Schöpfers« (Einführung
in die rabbinische Theologie, Darmstadt ²1987, 32). Vgl. zur biblischen *schechina*-
Theologie *Bernd Janowski*, »Ich will in eurer Mitte wohnen«. Struktur und Genese
der exilischen Schekina-Theologie, in: *ders.*, Gottes Gegenwart in Israel. Beiträge
zur Theologie des Alten Testaments, Neukirchen-Vluyn 1993, 119–147.
25 Eschatologie III, a.a.O., 225.

Antwort auf Marquardts theologisch-eschatologischen Vorbehalt »So Gott will und er lebt!«.[26]

Den vier Abschnitten stelle ich Gedichte von Rose Ausländer voran, in denen die unbehauste ›Wortbewohnerin‹ den Zusammenhang von *Wort, Ort* und *Name*, wie er schon in ihren Eigennamen eingeschrieben ist, utopisch verdichtet hat. Ich möchte sie die Dichterin des *māqōm* nennen, weil sie sich in einer Vielzahl von Gedichten ausdrücklich in den bergenden Schutzraum des Wortes geflüchtet und sich – fern ihrer bukowinischen Heimat und ohne die Möglichkeit der Rückkehr dort-hin[27] – dem Wort als einziger Heimstatt, als Ort des (Über-)Lebens anvertraut hat. In dieser Vor-gabe von Gedichten spricht sich die Ein-sicht aus, dass die Sprache der Poesie dem, worüber ich reden möchte, angemessener sein mag als der theologische Diskurs. Gleichwohl kön-nen wir auf die Trennschärfe des Begriffs nicht völlig verzichten, wenn wir verstehen und einander verständlich machen wollen, was wir glau-ben und hoffen.

I Theologie und Utopie: Gott – »der utopische Raum«[28]

> »Unendlich
> Vergiß / Deine Grenzen / Wandre aus /
> Das Niemandsland / Unendlich / nimmt dich auf«

> »Utopia
> Utopia / mein Land / Keines größer / keines schöner /
> Hier / bin ich geboren / Hier will ich leben / äonenlang«[29]

Wenn Theologie und Utopie (sich) aneinander stoßen und so einander anstößig werden, dann bleibt weder die Gestalt der Gotteslehre noch der Begriff der Utopie unverändert beim Alten:

---

[26] Utopie, a.a.O., 342.547.; vgl. 575.

[27] *Rose Ausländer* wurde am 11. Mai 1901 in Czernowitz/Bukowina, das auch der Geburtsort Paul Celans ist, geboren und starb am 3. Januar 1988 in Düsseldorf, wo sie ihre letzten fünfzehn Lebensjahre zurückgezogen im Nelly-Sachs-Haus, dem ›Elternhaus‹ der Jüdischen Gemeinde Düsseldorf, verbracht hatte. Ihre Ge-sammelten Werke wurden von Helmut Braun im S. Fischer Verlag in sieben Bän-den und einem Nachtragsband mit Gesamtregister und im Fischer Taschenbuch Verlag in dreizehn Bänden herausgegeben. Zu den Gedichten Rose Ausländers, die sich auf (nicht nur geographische) Orte ihrer Lebensstationen beziehen, vgl. besonders die Sammlung »Immer zurück zum Pruth. Ein Leben in Gedichten«, hg. von *Helmut Braun*, Frankfurt a.M. 1989.

[28] »Der utopische Raum: Gott« – diesen Titel trägt die Einleitung der theologi-schen Utopie (Utopie, a.a.O., 17–24); vgl. auch *ders.*, Gott – Utopie?, a.a.O., 14–35.

[29] *Rose Ausländer*, »Unendlich« und »Utopia«, in: *dies.*, Hinter allen Worten. Gedichte (Werke 10), hg. von *Helmut Braun*, Frankfurt a.M. ³1998, 125.153.

Was die *Gotteslehre* betrifft, so macht die siebenbändige Dogmatik
Marquardts nicht, wie wir dies von der dogmatischen Tradition ge-
wohnt sind, mit einer Lehre von Gott oder zumindest mit einer Erörte-
rung von Bedingungen einer Erkennbarkeit Gottes auf, sondern sie
spricht allererst an ihrem *Ende* »von Gott in einem eigenen Zusammenhang« (Utopie, 276). Und sie tut dies in einem Bekenntnis zur
Transzendenz Gottes, zu dem Gott, der »in seiner Ferne nah« (Utopie,
356ff) und »in seiner Nähe fern« (Utopie, 467ff) ist. Transzendenz ist
das *Leitwort* der utopischen Gotteslehre Marquardts. Seit sich Theologie und Kirche auf eine *Immanenz* Gottes eingeschworen haben und
damit dem nahen und zumeist nur lieben Gott das Wort reden, muss
eine solche Bezeugung der *Transzendenz* Gottes irritieren. Doch damit
nicht genug: Die christliche, genauer *heiden*christliche Gotteserkenntnis, welcher dieser Gott *entspricht*, trägt hier die Gestalt einer – allerdings aufregend re-vidierten – Lehre von der *immanenten Trinität*. In
seiner utopischen Gotteslehre erkennt Marquardt in der inneren Lebendigkeit des dreieinigen Gottes Momente der Transzendenz Gottes
und nimmt den innertrinitarischen Beziehungsraum als menschlichen
Zufluchtsort wahr. Das aber muss nun in jeder Hinsicht als anstößig
erscheinen: Jüdischerseits steht das christliche Bekenntnis zu dem
dreieinigen Gott unter dem Verdacht der Gotteslästerung und des Göt-
zendienstes. Innerchristlich markiert die Lehre von der *immanenten*
Trinität, wenn sie nicht überhaupt für Spekulation gehalten wird, allemal eine Grenze unseres theologischen Denkens und Sprechens. Sie
galt jahrhundertelang nur als eine Denknotwendigkeit zur Wahrung der
Selbigkeit Gottes: Dass Gott an und für sich kein anderer ist, als der,
der uns im Juden Jesus von Nazareth und in den Erfahrungen des Geistes begegnet, war und ist ihr Credo. Erst Karl Barth hat ihr in den trinitätstheologisch begründeten Prolegomena und im trinitarischen Ge-
samtaufriss der Kirchlichen Dogmatik ein *Eigengewicht* gegeben: Im
inneren Beziehungsreichtum Gottes, in seinem lebhaften Innenleben
erkannte er den göttlichen Grund für einen Bund Gottes mit einem Gegenüber *außerhalb* seiner selbst. Zum Partner seiner Schöpfung bestimmt sich gerade *der* Gott, der in seiner inneren Selbstdifferenzie-
rung ›in der Tat‹ beziehungserfahren ist. Unter dem Vorzeichen der
Transzendenz wird Marquardts ReVision der immanenten Trinität an
deren Neugewichtung durch Barth anknüpfen und zugleich über sie
hinausgehen, ganz abgesehen von dem unterschiedlichen ›Systemort‹,
falls man bei diesen beiden – je auf ihre Weise irregulären – Dogmatiken überhaupt von *System*orten sprechen kann.
Was nun das Utopische betrifft, so ist schon die Überschrift der Einleitung »*Der utopische Raum: Gott*« ein unüberhörbares Indiz dafür, dass
Utopie hier nicht in eins fällt mit Ort-losigkeit, dass sie nicht darin
aufgeht, »kein Ort nirgends« zu sein, dass diese theologische Utopie
vielmehr *ortsbezogen* und *ortsgebunden* ist, dass es in ihr eher um den

Unterschied zwischen »hier« und »dort«, theologisch gesprochen: zwischen Himmel und Erde, als zwischen »noch nicht« und »doch schon« geht, wie er primär *zeit*orientierte Utopien bestimmt. Ihre *spezifische Orts*orientierung gewinnt die theologische Utopie Marquardts mithilfe der jüdisch-rabbinischen Gottesbenennung *māqōm*. Diese Gottesbezeichnung, die die uns vertraute *theologische Topographie* auf den Kopf stellt, *konstituiert* den theologisch-eschatologischen Utopie-Begriff Marquardts.[30] Sein Verständnis des Utopischen lässt sich also *namenstheologisch* begründen und entfalten:

Im Midrasch Bereschit Rabba findet sich zu Gen 28,11: »Und er [sc. Jakob] traf auf einen Ort [sc. der Ort, an dem er die Himmelsleiter schauen wird]« das folgende rabbinische Gespräch:

»R. Huna sagte im Namen des R. Ami: Warum heißt Gott *māqōm* Ort? [...] R. Jose b. Chalaphtha sagte: Wir würden nicht wissen, ob Gott der Ort seiner Welt, oder ob seine Welt sein Ort ist [...]. Da es aber heißt [Ex 33,21]: ›Siehe, der Ort ist bei mir‹, so geht daraus hervor, daß Gott der Ort der Welt, aber nicht die Welt sein Ort ist.

R. Jizchak sagte: Es heißt [Dtn 33,27]: ›Die Wohnung [*m^e‘onā*] des Gottes der Urzeit‹; da wissen wir nicht, ob Gott die Wohnung der Welt [...], oder ob die Welt die Wohnung Gottes ist. Da es aber heißt [Ps 90,1]: ›Herr, du bist die Wohnung [*mā‘ōn*] für uns gewesen von Generation zu Generation‹, so geht daraus hervor, daß Gott die Wohnung der Welt und nicht die Welt seine Wohnung ist.«[31]

Die offene Frage, die sich an Gen 28,11 entzündet, ob Gott der *māqōm* seiner Welt oder seine Welt der *māqōm* Gottes sei, wird zugunsten des Ersteren mit Ex 33,21 entschieden. Auf Moses Bitte hin, Gott möge ihn seinen Glanz sehen lassen, bietet der ihm einen Raum, einen Standort bei sich an: »*Siehe, ein Ort ist bei mir, dass du dich auf den Felsen stellen kannst.*« »Ein Ort bei mir« – also ist Gott der Ort der Welt. Zur Bestärkung des Arguments wird eine Analogie herangezogen, in der es um die *m^e‘onā* bzw. den *mā‘ōn* Gottes, seine Zuflucht, seine Wohnung, geht. Hier wird nun der doppeldeutige Genitiv aus dem Mosesegen »die Zuflucht des Gottes der Urzeit« (Dtn 32,27aα) vereindeutigt durch den Beginn des 90. Psalms: »*Herr, eine Zuflucht bist du für uns gewesen von Generation zu Generation.*« Damit ist auch hier klar: Nicht die Welt ist die Zuflucht Gottes, sondern Gott ist die Zuflucht der Welt.

Die so verstandene Benennung Gottes als *māqōm* bringt Marquardt nun in einer *christologischen* Relektüre ins Gespräch mit Lk 2,7 und Joh 1,11 einerseits und mit den johanneischen Abschiedsreden andererseits: Der Gott, der keinen Raum in einer irdischen Herberge findet, der von den Seinen nicht aufgenommen wird, der aus dieser Welt verdrängt wird, aus ihr weggeht und in den Himmel zurückkehrt, räumt uns Wohnung bei sich ein: »*Im Haus meines Vaters sind viele Wohnun-*

---

30 Vgl. bes. Eschatologie III, a.a.O., 442.
31 Zitiert im Anschluss an: Der Midrasch Bereschit Rabba. Ins Deutsche übersetzt von August Wünsche, Leipzig 1881 / Reprint Hildesheim 1967, 329.

gen; wenn dem nicht so wäre, hätte ich dann zu euch gesagt: Ich gehe hin, um euch einen Ort zu bereiten?!« (Joh 14,2).[32] Gott als utopischer Raum ist der Gott, den nicht *wir* verorten, dem nicht *wir* Raum geben, sondern der uns, der die Welt verortet, ihr allererst eine *Wirklichkeit* im Raum gibt – in und bei sich. Diese Utopie ist weit davon entfernt, etwas bloß Illusionäres zu sein und überhaupt ein Wirklichkeitsdefizit zu haben, als gäbe es »unbestreitbar Gewisseres und Wirklicheres als das Utopische« (Eschatologie III, 443). Die grundlegende Wirklichkeit ist vielmehr der *verortende* Gott, nicht die *verortete* Welt. Der utopische Gottesname *māqōm* lässt damit der Verdrängung und dem Abgang Gottes aus der Welt, christologisch: der Himmelfahrt, ebenso wenig das letzte Wort wie der Entwurzelung, Heimat- und Obdachlosigkeit unzähliger Menschen (und anderer Geschöpfe), denn »Gott ist Ort darin, daß er dem, was nicht Raum hat in der uns bekannten Welt, Lebensraum gewährt und schafft« (Eschatologie III, 444). Eine theologische Utopie, die auf dem Gottesnamen *māqōm* gründet, bestreitet der Raum-Wirklichkeit, wie sie uns vor Augen liegt, die einzige und die ganze Wirklichkeit zu sein, und widerspricht so dem Totalitätsanspruch des Faktischen. Darin nimmt sie die der Utopie eigene *kritische* Funktion wahr, die darauf setzt, dass sich die gegebenen Verhältnisse ändern können. Was einmal anders war, kann wieder anders werden. Darum bedarf Utopie der *Erinnerung*, will sie nicht *hoffnungslos* werden.[33]

Jeder Satz der ›Utopie‹ steht wie *alle* Sätze der Bände zuvor unter dem *theolo*gisch radikalisierten eschatologischen Vorbehalt der conditio Jacobaea: »So Gott will und *er* lebt«,[34] dem als »ein einzig wahres Wort des Christentums«[35] das »Amen« im Sinne von »Es *werde* wahr!« (Christologie II, 439–443) korrespondiert. Bis zum letzten Satz bleibt diese Dogmatik ihres Elends und ihrer Heimsuchung durch die Schuld der Judenfeindschaft von Theologie und Kirche und deren Mit-

---

32 Dieser Vers kehrt innerhalb der Marquardt'schen Dogmatik immer wieder (vgl. Von Elend und Heimsuchung der Theologie. Prolegomena zur Dogmatik, München 1988, 210; Das christliche Bekenntnis zu Jesus, dem Juden. Eine Christologie. Bd. I, München 1990, 56; Bd. II, München 1991, 394.409; Eschatologie III, a.a.O., 185.430.431.441; Utopie, a.a.O., 66.272.560). In seinem Vortrag »Gott – Utopie?« hat Marquardt den utopischen *māqōm*-Gehalt der Abschiedsreden und des Abschiedsgebets Jesu im Johannesevangelium weiter entfaltet.

33 Zur (totalitäts)kritischen Funktion von Utopien sowie zum utopischen Zusammenhang von Erinnerung und Hoffnung vgl. *Jürgen Ebach*, Utopie nach dem Ende der Utopie, in: *ders.*, Biblische Erinnerungen. Theologische Reden zur Zeit, Bochum 1993, 9–26; und den vierten Band seiner »theologischen Reden«, der den Titel trägt »Weil das, was ist, nicht alles ist!« (Frankfurt a.M. / Bochum 1998).

34 Eschatologie I, a.a.O., 14 u.ö.

35 Siehe dazu ausführlich *Friedrich-Wilhelm Marquardt*, Amen – ein einzig wahres Wort im Christentum, in: Hören und Lernen in der Schule des NAMENs. Mit der Tradition zum Aufbruch. Festschrift für Bertold Klappert zum 60. Geburtstag, hg. von *Jochen Denker* u.a., Neukirchen-Vluyn 1999, 146–159.

täterschaft an der Schoa gewärtig und damit ihrer grundsätzlichen Fraglichkeit ansichtig. Bis zum letzten Satz steht für sie dahin, ob unsere theologischen Bemühungen das Ja und Amen Gottes finden werden, ob Gott sie in der Lebenskrise des Jüngsten Gerichts als wahr und ihm selbst entsprechend bewähren wird, ob wir das schauen werden, was wir erhoffen und ersehnen, ob wir – so lautet der letzte Satz der Utopie –»noch einmal als Christen aufrecht einem Gott entgegen[..]gehen, der dies gerade so *will* und darin: *lebt*« (Utopie, 577).

Und doch steht das beunruhigende Wissen um den *fernen* Gott unter der Überschrift einer *doxologischen* Gotteslehre: »*Lobet* Gott in seinen Reichen!« So schmerzhaft das Fernsein Gottes auch ist, so quälende Sehnsucht es auch wecken mag, Marquardt stimmt dennoch ein *Lob auf die Transzendenz* Gottes an. Seine Gotteslehre ist eine einzige Einladung in die Loberäume Gottes, auch und gerade in die inneren Beziehungsräume des trinitarischen Gottes. Wie aber kann der ferne, der transzendente, der utopische Gott Anlass zum *Loben* geben? Gibt seine Entfernung uns nicht vielmehr allen Grund zur Klage, zur Trauer, zum Schmerz?

II Der rabbinische Gottesname *māqōm*: Gott wohnt in der Sprache im Namen

»Wandelbar
Orte wandelbar / in der Zeit / die alles namhaft macht/
unbehaute Worte / vergessene / ungedachte«[36]

1 Der Eigenname des Gottes Israels und seine Benennungen

Māqōm ist *nicht* der *Eigen*name des Gottes Israels, nicht der Name, den er Mose am brennenden Dornbusch offenbart hat (Ex 3,14), nicht der Name, der *allein* ihn benennt, wenn sich erfüllt, was Sach 14,9 verheißt: »Und Jhwh wird König sein über die ganze Erde; an jenem Tag wird Jhwh einer sein und sein Name einer.« *Māqōm* gehört vielmehr zu jenen *Benennungen*, die dem Gott Israels in der bewegenden Geschichte mit seinem Volk zuwachsen, einander ergänzende, bestätigende und verstärkende, aber auch zueinander in Spannung geratende und in Widerspruch tretende Namen. Namen, die je in ihrem Kontext den – wie Kornelis Heiko Miskotte es genannt hat – »namenlosen Namen«,[37] das Tetragramm, mit Gotteserfahrungen füllen und so jene Selbstvorstellung in Ex 3,14: *'ähjäh ^{'a}schär 'ähjäh* bewähren, die Buber/Rosen-

---

36 *Rose Ausländer*, »Wandelbar«, in: *dies.*, Brief aus Rosen. Gedichte (Werke 13), hg. von *Helmut Braun*, Frankfurt a.M. 1994, 16.

37 *Kornelis Heiko Miskotte*, Wenn die Götter schweigen. Vom Sinn des Alten Testaments (1963), München ³1966, 128 u.ö.

zweig mit »ICH werde dasein, als der ICH dasein werde« verdeut-
schen.[38]
In seinen »Benennungsnamen« geht der Gott Israels nicht auf; es
bleibt eine Differenz zwischen dem Gottsein Gottes und seinen Benennungen, bis Gott sich in seiner eschatologischen Selbstrechtfertigung (Eschatologie III, 186ff) in der Differenz seiner Namen mit sich
selbst geeint haben wird, bis Name und Benennung in eins, besser
noch: in einen, fallen werden, nämlich in den gegenwärtig nicht mehr
und noch nicht wieder aussprechbaren Eigennamen, bis der Eigenname
zur *einzigen* Benennung Gottes geworden ist und dann auch wieder
sagbar sein wird.

Rabbinischer Namenstheologie ist im Blick auf die Unterscheidung
von *Eigenname* (Tetragramm) und *Benennungen* des Gottes Israels Ex
3,15 wichtiger geworden als Ex 3,14:

»Und Gott sprach weiter zu Mose:
So sollst du zu den Kindern Israels sprechen:
Jhwh, der Gott eurer Väter,
der Gott Abrahams, der Gott Isaaks und der Gott Jakobs,
hat mich zu euch gesandt.
Dies (ist) mein Name auf Dauer,
und *dies* (ist) mein Gedenken von Generation zu Generation.«

Wie ist Vers 16b: »*Dies mein Name auf Dauer, und* dies *mein Gedenken von Generation zu Generation.*« zu verstehen? Lassen wir einmal
unberücksichtigt, dass der Genitiv »mein Gedenken« sowohl das Gedenken Gottes an sein Volk wie das Gedenken seines Volkes an ihn
bedeuten kann, und begnügen uns mit der zweiten Möglichkeit. Nun
kann man das »dies ... und dies« identifizierend lesen, so dass Name
und Gedenken in eins fallen. Mit seinem Eigennamen *Jhwh* wird des

---

[38] Vgl. dazu *Franz Rosenzweig*, Brief an Martin Goldner vom 23.6.1927, in:
ders., Briefe und Tagebücher. Bd. 2: 1918–1929 (GS I/2), hg. von *Rachel Rosenzweig* und *Edith Rosenzweig-Scheinmann* unter Mitwirkung von Bernhard Casper,
Haag 1979, 1158–1162; *ders.*, »Der Ewige«. Mendelssohn und der Gottesname,
in: *ders.*, Zweistromland. Kleinere Schriften zu Glauben und Denken (GS III), hg.
von *Reinhold* und *Annemarie Mayer*, Dordrecht 1984, 801–815.
Die Beziehungshaftigkeit und die Zeitlichkeitsstruktur dieser Wendung bringt
Stéphane Mosès in seinen beiden Paraphrasierungen »Ich werde derjenige sein,
den ihr in mir sehen wollt« oder »Ich werde sein, was ihr aus mir machen werdet«
höchst provokativ zum Ausdruck (»Ich werde sein, der ich sein werde«. Die Offenbarung des Namens in der biblischen Erzählung, in: Zwischen den Kulturen.
Theorie und Praxis des interkulturellen Dialogs [Conditio Judaica 20], hg. von
Carola Hilfrich-Kunjappu und *dems.*, Tübingen 1997, 65–77, 68). Für ihn verbindet und unterscheidet das Relativpronomen *᾿ᵃschär* in der Wendung *'ähjäh ᵃschär
'ähjäh* zwei grammatisch, aber nicht semantisch identische finite Verbformen. So
gedeutet wird diese Selbstvorstellung Gottes, die seinen Eigennamen Jhwh interpretiert, offen für alle Namen, mit denen Gott jemals gerufen wird.

Gottes der Väter gedacht. Der Gott, der sich Mose am Dornbusch mit seinem Namen offenbart, ist kein anderer als der Gott Abrahams, I-saaks und Jakobs. Doch die rabbinische Lektüre dieses Verses lehrt uns hier eine Differenz der Namen, zwischen $K^e tib$ und $Q^e re$, zwischen ge-schriebenem und zu lesendem bzw. zu nennendem Namen. Im Traktat Qiddušin des Babylonischen Talmuds (bQid 71a) lesen wir:

»Rabbi b. Bar Chana sagte im Namen R. Jochanans: Den vierbuchstabigen Gottes-namen vertrauen die Weisen ihren Schülern einmal im Septennium an, und man-che sagen, zweimal im Septennium. R. Nachman b. Jizchaq sagte: Die Ansicht desjenigen, der einmal im Septennium sagt, ist einleuchtend, denn es heißt [Ex 3,15bα]: *das ist mein Name für ewig* (l^e *'olām*), und die Schreibweise ist l^e *'alem* (zu verheimlichen). Raba wollte es in der Vorlesung vortragen, da sprach ein Greis zu ihm: es heißt: l^e *'alem*.

R. Abina wies auf einen Widerspruch hin. Es heißt: *das ist mein Name* [Ex 3,15bα], und es heißt: *das ist meine Benennung* [Ex 3,15bβ]!? Der Heilige, geseg-net sei er, sprach: nicht wie ich geschrieben werde, werde ich genannt; *Jod He* werde ich geschrieben, aber *Aleph Daleth* werde ich genannt.«[39]

Offenkundig gibt es eine Differenz zwischen dem geschriebenen, aber nicht mehr und noch nicht wieder auszusprechenden Namen des Got-tes Israels und der Art, wie man ihn von Generation zu Generation je-weils nennt, im Fall von Ex 3,15 als Vätergott, in bQid 71a als Adonaj, eine Differenz also zwischen dem *Eigennamen* und den *Benennungen*, die hier näher bestimmt sind als *Gedenk- oder Erinnerungsnamen*. Je-der dieser Namen *enthüllt* und *verbirgt* zugleich das Wesen Gottes, wie es seinem Eigennamen eingeschrieben ist. Denn die Benennungen of-fenbaren jeweils eine konkrete, kontextuelle Erfahrung mit Gott. Sie haben Anteil am Eigennamen, schöpfen ihn aber nicht aus. An ihnen haftet etwas Partikulares. In ihrem spannungsvollen Zugleich von Ent-hüllung und Verbergung, von Abwesenheit und Anwesenheit Gottes sind sie Stellvertreter auf Zeit für den *einen* Namen, der Gott auf Dau-er entspricht, seinen Eigennamen, der dann wieder ausgesprochen werden darf, wenn es sein *einziger* geworden ist.

2 *Māqōm* – eine Benennung, die die Transzendenz Gottes wahrt

Der biblische Anknüpfungspunkt für *māqōm* als Gottesbenennung ist Ester 4,14:[40] Mordechai versucht, seine Nichte Ester, die – als Jüdin unerkannt – zur Königin im persischen Weltreich aufgestiegen ist, zu einer für sie selbst lebensgefährlichen Audienz beim König zu bewe-gen, um ihr Volk vor Hamans Pogrom zu retten:

---

39 Verdeutschung im Anschluss an: Der Babylonische Talmud. Neu übertragen durch Lazarus Goldschmidt, Bd. 6, Berlin 1966, 753.
40 Vgl. Eschatologie III, a.a.O., 427f.

»... wenn *du* tatsächlich schweigen würdest in dieser Zeit, Erleichterung und Rettung erstünden den Juden von einem anderen Ort her (*mimmāqōm 'acher*); aber du und dein Vaterhaus, ihr würdet umkommen. Doch wer weiß, ob du (nicht) für eine Zeit wie diese zur Königinwürde gelangt bist.«

Vieles spricht dafür, dass mit der Erleichterung, dem Aufatmen und der Rettung von jenem *anderen Ort* her keine Hilfe von einem profanen Anderswo gemeint ist, sondern das göttliche Eingreifen zugunsten seines bedrohten Volkes, dass also der Gebrauch von *māqōm* schon hier auf die entsprechende rabbinische Gottesbenennung verweist. Das Esterbuch insgesamt vermeidet es, ausdrücklich von Gott zu reden. Doch sein Gottesschweigen, seine Zurückhaltung gegenüber einer allzu *affirmativen* Rede von Gott gehört zu seiner hochtheologischen Programmatik,[41] die die *Transzendenz* Gottes betont. Die Theologie des hebräischen Esterbuches führt den Verlauf der Weltgeschichte und der Geschichte des eigenen Volkes nicht direkt und unmittelbar auf Gott zurück, sondern rechnet gerade angesichts katastrophischer Erfahrungen wie der des Exils oder der Pogrome mit einer verborgenen oder verhüllten Anwesenheit Gottes.[42] Die Benennung *māqōm* in Est 4,14 entspricht dem in seiner *Verborgenheit anwesenden* Gott. *māqōm* ist hier eine Gottesbenennung, die die Unverfügbarkeit Gottes, seine Unverrechenbarkeit mit dem Lauf der Weltgeschichte wie mit individuellen Lebensgeschichten wahrt, die dem menschlichen Zugriff auf Gott wehrt, die *Nähe und Distanz, Verhüllung und Offenbarung* zusammenhält.

---

41 Vgl. dazu *Erich Zenger*, Das Buch Ester, in: *ders.* u.a., Einleitung in das Alte Testament, Stuttgart u.a. 1995, bes. 208f.

42 *Elie Wiesels* Portrait Esters bzw. des Esterbuches »Feier der Erinnerung: Ester«, (in: *ders.*, NOAH oder Ein neuer Anfang. Biblische Portraits. Aus dem Amerikanischen von Reinhold Boschki, Freiburg i.Br. u.a. 1994, 171–197) ist durchgängig von der Frage bewegt, was Gott veranlasst haben mag, sich aus dieser Geschichte des jüdischen Volkes zurückzuziehen. Im Anschluss an bChulin 139b, wo die Frage, ob Ester in der Tora vorkomme, mit Dtn 31,18 beantwortet wird: »Ich werde verbergen, verbergen [*haster 'astir*] mein Antlitz an jenem Tag ...« – das theologische Programm des Esterbuches ist also nach rabbinischer Überzeugung in den Namen der Protagonistin selbst eingeschrieben –, interpretiert Elie Wiesel die Zeit Esters als Zeit der »Gottesfinsternis« (a.a.O., 173). Es bleibt für ihn aber fragwürdig, warum die Abwesenheit Gottes bis zum Ende des Buches bleibt, also auch nach der Rettung vor dem Pogrom anhält. Den Grund dafür sieht Wiesel in der von den Juden an ihren Feinden verübten Gegengewalt (Est 9): »Dies muß die Erklärung dafür sein, warum Gott seinen Namen dem Buch Ester vorenthielt. Er weigerte sich, mit seinem Ende, mit dem Blutvergießen, in Verbindung gebracht zu werden. Dies war seine Art zu sagen: Schreibt dies mir nicht zu! Ich habe damit nichts zu tun. Ihr wolltet die Rache? Gut, aber macht mich nicht dafür verantwortlich« (a.a.O., 196). E. Wiesel geht sogar davon aus, dass wann immer das Esterbuch, die Festrolle des Purim-Festes, verlesen wird, Gott abwesend sein wird (vgl. a.a.O., 173).

Dies findet seine Bestätigung auch an zwei Stellen der Mosegeschichte, die mit dem Gottesnamen *māqōm* in Verbindung gebracht werden: Est 4,14 korrespondiert Ex 3,5, wie überhaupt die Ester-Erzählung Bezüge zur Exodusgeschichte aufweist.[43] In Ex 3, der Erzählung von der Offenbarung des Eigennamens Gottes,[44] will Mose das Phänomen, dass der Dornbusch, in dessen Flammen ihm ein Engel Jhwhs erscheint, brennt, jedoch nicht verbrennt, genauer unter die Lupe nehmen. Als Jhwh Mose näher kommen sieht, hält Gott (*ᵃlohīm*) ihn zurück: »*Komm' nicht näher hierher! Zieh' deine Schuhe von deinen Füßen, denn der Ort, auf dem du stehst, – heiliger Boden ist er!*« Mose darf Gott, der aus dem Dornbusch zu ihm spricht, also in seinem Wort präsent ist, aber selbst verborgen bleibt, nicht zu nahe treten. Gott hält ihn auf Distanz: »Komm' her, aber komm' mir ja nicht zu nahe!« Doch die Heiligkeit Jhwhs, wie sie sich in der Flammengestalt des Engels zeigt, strahlt auf die Umgebung aus, sodass der Boden, auf dem Mose in einiger Entfernung vom Dornbusch stehen bleiben muss, von ihr erfüllt ist. *Māqōm* und Gott sind hier keineswegs identisch, aber der Ort partizipiert an der verborgenen Gegenwart des heiligen Gottes. Mose erfährt an seinem Standort Gott in einer anziehenden und zugleich distanzierenden Nähe. Es bleibt – trotz des vertraulichen Gesprächs – ein Befremden. *Māqōm* ist hier (noch) nicht eine Gottesbenennung, aber es ist ein spezifischer Ort, nämlich der Horeb, an dem Gott seinen Eigennamen nennt, an dem er in seinem Namen anwesend und doch zugleich menschlichen Blicken und menschlichem Zugriff entzogen ist.

Die zweite Stelle, Ex 33,21,[45] ist uns schon im Midrasch Bereschit Rabba zu Gen 28,11 begegnet: Mose verlangt Gottes Glanz (*kāvōd*) zu sehen (33,18). Gott erinnert ihn daran, dass kein Mensch überlebt, der Gottes Angesicht gesehen hat (33,20). Und doch bekommt Mose, mehrfach geschützt vor den Strahlen des Glanzes Gottes, etwas von Gott zu sehen:

»Und Jhwh sprach zu ihm: Siehe, [da ist] ein Ort bei mir (*māqōm ’ittī*), dass du dich auf den Fels hinstellen kannst. Und wenn mein Glanz vorübergehen wird, dann werde ich dich in die Kluft des Felsens stellen und ich werde meine Hand über dich decken, bis ich vorübergegangen bin. Dann will ich meine Hand entfer-

---

[43] Zu den Bezügen zwischen dem Esterbuch und der Exoduserzählung vgl. *Gillis Gerleman*, Esther (BK XXI), Neukirchen-Vluyn 1970, 11–23; zwischen dem Esterbuch als der Festrolle zu Purim und der Pesachüberlieferung vgl. *E. Zenger*, Ester, a.a.O., 208; zum Esterbuch als Neuinterpretation der Josefsgeschichte: *Klara Butting*, Die Buchstaben werden sich noch wundern. Innerbiblische Kritik als Wegweisung feministischer Hermeneutik, Berlin 1994, 49–86.

[44] Vgl. dazu *Benno Jacob*, Mose am Dornbusch. Die beiden Hauptbeweisstellen der Quellenscheidung im Pentateuch, Ex 3 und Ex 6, aufs Neue exegetisch geprüft, in: MGWJ 66 (1922), 11–33.116–138.180–200, und oben Abschnitt II.1.

[45] Vgl. Eschatologie III, a.a.O., 433f; Utopie, a.a.O., 459ff.

nen, dass Du mich von hinten siehst; mein Angesicht aber kann man nicht sehen«
(Ex 33,21–23).

Mose kann an dem ihm von Gott angewiesenen Standort Gott sehen,
doch nicht einmal im Vorübergehen, nicht einmal en passant, sondern
er hat buchstäblich das Nachsehen, sieht Gott nur noch von hinten,
sein »Hinteres«, seinen »Hintern«, Gott »a-posteriori« (Utopie, 461).
Selbst im Vorübergehen bleibt Gott Mose verborgen. Nicht nur die
Felsspalte, in deren Schutz er steht, sondern auch die Hand Gottes vor
seinen Augen macht es unmöglich, dass er Gott von Angesicht zu Angesicht sieht. Auch hier bleiben Gott und der *māqōm*, der ein Höchst-
maß an Lebensnähe zu Gott und doch eine unüberbrückbare Distanz
zwischen Gott und Mensch markiert, unterschieden. Auch hier ist *māqōm* (noch) kein Gottesname, aber wie in Ex 3 ist es der besondere
Ort, an dem Gott seinen Eigennamen nennt, denn zwei Verse zuvor, in
Ex 33,19a, hatte Gott Mose verheißen: »*Ich werde all' meine Güte an
deinem Angesicht vorübergehen lassen, und ich werde den Namen
›Jhwh‹ ausrufen vor deinem Angesicht ...*« Mose bekommt Gott nicht
zu Gesicht, aber in dem von Gott selbst mitgeteilten Eigennamen ist
Gott an diesem Ort für ihn präsent.

Auch wenn diese biblischen *māqōm*-Texte keine Belege für eine entsprechende Benennung Gottes sind, so legen sie doch nahe, dass im
rabbinischen Gottesnamen *māqōm* die Erinnerung an jene Orte aufbewahrt ist, an denen Gott – in Nähe und Distanz – seinen Eigennamen
ausgerufen und damit seine Gegenwart verbürgt hat. Während in Est
4,14 der »andere Ort« auf den hier ganz und gar transzendenten Gott
verweist, deutet sich in den *māqōm*-Motiven von Ex 3 und Ex 33 eine
Verschränkung von *Transzendenz und Immanenz* Gottes an, des Gottes, der an ausgewählten Orten in seinem Eigennamen hörbar gegenwärtig (aussagbar und ansprechbar) ist, der namentlich von sich hören,
aber sich nicht sehen lässt, schon gar nicht vis-à-vis. In der Gottesbenennung *māqōm* wird sich dieser Zusammenhang von Name und Ort
verdichten.

3   *Māqōm* – ein Erinnerungs- und Hoffnungsname Gottes in der Gola

Mit Est 4,14 haben wir die Verortung von Gott-*māqōm* in der Gola und
noch dazu in einer Situation größter Gefährdung des jüdischen Volkes
kennen gelernt. Mit den Intertexten Ex 3,5 und Ex 33,21 (in ihrem jeweiligen Kontext) sind wir auf die Verbindung gestoßen zwischen Gottes Mitteilung seines Eigennamens und konkreten Orten der Gottesbegegnung, an denen Gott nah und verborgen, vertraut und befremdlich
zugleich erfahren wird. Mit dieser Verbindung nähern wir uns einem
zentralen Motiv biblischer Namenstheologie, wie es zunächst in Ex
20,24b, im Altargesetz des Bundesbuches im Zusammenhang der Frage auftritt, was ein Heiligtum als Heiligtum des Gottes Israels qualifi-

ziere: »*An jedem Ort, an dem ich meinen Namen kundmache, will ich zu dir kommen und dich segnen.*«[46] Ein Ort wird dann zu einem Heiligtum des Gottes Israels, wenn der selbst auf spezifische Weise dort präsent ist, und zwar in seinem Eigennamen, den er *selbst* genannt, über dem Ort ausgerufen, an diesem Ort in Erinnerung gebracht hat (*zkr* hif.). Der göttliche Eigenname, von Gott selbst kundgetan, konstituiert das wahre Heiligtum, verbürgt die Präsenz Gottes an diesem Ort, lässt Segen für alle BesucherInnen von ihm ausgehen.

Mit der deuteronomischen Zentralisation des Kultes in Jerusalem wird aus »jedem Ort« der *eine* Ort, den Jhwh erwählen wird, um seinen Namen dort wohnen zu lassen[47] bzw. dort zu deponieren.[48] Meine These ist nun, dass es sich beim rabbinischen Gottesnamen *māqōm* um die *Transformation* dieser Namenstheologie im Diasporajudentum handelt:

Für die Exilierten ist der *eine* Ort, an den Gott selbst seinen Namen gebunden hat, Jerusalem/Zion, geographisch in weite Ferne gerückt. Er ist für sie unzugänglich, unerreichbar geworden. Damit scheinen sie selbst in der Gottesferne, getrennt von Gott zu leben. In dieser Situation kommt es mit der Gottesbenennung *māqōm* zu einer *Verdoppelung* Jerusalems/Zions in der Sprache. Was räumlich unerreichbar ist, kommt in der Sprache nahe, findet einen *Sprachraum*: Für Juden und Jüdinnen in der Gola ist im *māqōm*-Namen die Erinnerung an jenen Ort im Land lebendig, den der Gott Israels erwählt hat, um seinen Eigennamen dort wohnen zu lassen, und der für sie nun zum utopischen Ort geworden ist. Dieser Ort ist für sie im *māqōm*-Namen aufgehoben im Sinne von aufbewahrt. Der *māqōm*-Name wehrt so in der Diaspora dem Vergessen Zions/Jerusalems. Er weckt nicht nur die Sehnsucht nach Rückkehr ins Land, sondern birgt die Verheißung in sich, dass Gott die Zerstreuten sammeln und dorthin zurückbringen wird. Darin ist *māqōm* ein *Erinnerungs- und Hoffnungsname* zugleich.

Zugleich mit der Verdoppelung des einen Ortes, den der Gott Israels erwählt hat, um dort seinen Namen wohnen zu lassen, geht eine *Entschränkung* der Gegenwart Gottes einher, die aber nicht zu einem gleich-gültigen ›überall und nirgends‹ führt, sondern eine qualifizierte Gegenwart beschreibt: Überall, wo mit der Gottesbenennung *māqōm* des einen besonderen Ortes der Gegenwart (des Eigennamens) Gottes gedacht wird, ist der ferne Gott zugleich nahe. In der Diaspora wird der *māqōm*-Name zum utopischen Wohnort des Gottes Israels, zu seiner verhüllten Gegenwart in der Sprache. Bei aller Vergewisserung der Nähe Gottes, die er gewährt, wahrt er zugleich die *Transzendenz* Got-

---

[46] Zur Auslegung dieses Verses im Kontext des Bundesbuches s. *Frank Crüsemann*, Die Tora. Theologie und Sozialgeschichte des alttestamentlichen Gesetzes, München 1992, 202–205.

[47] Dtn 12,11; 14,23; 16,2.6.11; 26,2; Jer 7,12; Esr 6,12.

[48] Dtn 12,5.21; 14,24; 1Kön 9,3; 11,36; 14,21 = 2Chr 12,13; 2Kön 21,4.7.

tes: Gott lässt sich nicht an *einen* Ort binden; er bleibt bei aller Nähe
immer auch der Ferne – für Juden und Jüdinnen in Erez Israel entfernt
ihn seine Präsenz in der Gola; für Jüdinnen und Juden in der Diaspora
entfernt ihn seine Präsenz in Zion/Jerusalem. Gerade seine Nähe ist
Ent-fernung. Keine Gruppe kann ihn ausschließlich für sich reklamie-
ren. Mit der doppelten Verortung, die jeder Vereinnahmung entgegen-
steht, verbindet er aber zugleich das Gottesvolk innerhalb und außerhalb des Landes miteinander.[49] Die Entgrenzung der Gegenwart Gottes
geschieht nicht auf Kosten der Erwählung Zions/Jerusalems als des
besonderen Wohnortes (des) Jhwh(namen)s; im Gegenteil – im Gottesnamen *māqōm* bleibt die Universalität in die Partikularität eingeschrieben: Nur weil Zion/Jerusalem der *māqōm* der ausgezeichneten
Gegenwart Jhwhs ist und bleibt, kann der Gott Israels im *māqōm*-
Namen seinem Volk überall nahe sein. *Māqōm*, der ›Ortsname‹ Gottes,
verbindet *jeden* Ort der Welt mit dem *einen* erwählten Ort, Jerusa-
lem/Zion.

Der räumlichen *Ent*grenzung entspricht eine zeitliche *Be*grenzung:
Māqōm ersetzt den Eigennamen des Gottes Israels nicht, sondern
übernimmt eine Stellvertretung auf Zeit für ihn. *Māqōm* kann so lange
ein Interims-Name für den Gott Israels sein, bis alle Exilierten zurück-
gekehrt sind. Und der Gott Israels selbst wird aus seiner verhüllten
Präsenz im *māqōm*-Namen, *einem* seiner Wohnorte im Exil, zurückkehren – spätestens an jenem Tag, an dem sein Name einer sein wird,
nämlich sein Eigenname (Sach 14,9). Beides macht den Hoffnungsge-
halt des Erinnerungsnamens *māqōm* aus.

Was wir am jüdischen Gottesnamen *māqōm*, jenem utopischen Sprachraum des transzendenten, des in seiner Ferne nahen und in seiner Nähe
fernen Gottes wahrgenommen haben, nehme ich nun mit in ein noch
ganz vorläufiges Nachdenken über Marquardts Ausführungen zur
»Transzendenz in der Trinität« (Utopie, 539–572).

---

[49]   Im Babylonischen Talmud ist es u.a. das Auftreten des Rabbi Dimi (vgl. z.B.
bAvoda zara 19a; bBerachot 44a; bSchabbat 63b; 108b), mit dem im Land und in
der Gola der jeweils andere Teil des Volkes in Erinnerung gebracht wird. Denn R.
Dimi gehört zu jenen Gelehrten, »die zwischen Babylonien und Palästina hin- und
herwanderten und dabei die Tradition und Entscheidungen des je anderen Zen-
trums der rabbinischen Gelehrsamkeit bekannt machten. Insofern kommt R. Dimi
hinzu, indem mit ihm das je andere zum Diskurs hinzukommt« (*Jürgen Ebach*,
Das Zitat als Kommunikationsform. Beobachtungen, Anmerkungen und Fragestellungen am Beispiel biblischen und rabbinischen Zitierens, in: *ders.*, Gott im Wort.
Drei Studien zur biblischen Exegese und Hermeneutik, Neukirchen-Vluyn 1997,
27–84, 74; vgl. *ders.*, Als Rabbi Dimi kam ... oder: Wie wird Tradition gegenwärtig?, in: Worauf ich hoffe. Mit Zeugen der Vergangenheit im Gespräch über Zu-
kunftsfragen, hg. von *Klaus Möllering*, Leipzig 2004, 12–19).

III Das Bekenntnis zum dreieinigen Gott: die (heiden)christliche Erkenntnis Gottes als Raum

»Das Wort I
›Am Anfang war das Wort / und das Wort war bei Gott‹ /
Und Gott gab uns das Wort / und wir wohnen im Wort /
Und das Wort ist unser Traum / und der Traum ist unser Leben«[50]

1 Gott nicht zu nahe treten! – Besinnung auf das jüdische Nein zum trinitarischen Bekenntnis

Dass ChristInnen aus den Völkern mit Israel ein und denselben Gott loben wollen, motiviert Marquardt dazu, gerade *die* Gestalt christlicher Gotteslehre, die aus jüdischer Sicht »das tiefste Unterscheidungsmerkmal« (Utopie, 539f) zwischen Judentum und Christentum darstellt, nämlich die Trinitätslehre, in ihrer *Genese* so zu rekonstruieren und in ihrer *Geltung* so zu reinterpretieren, dass beides transparent wird für *analoge* Gotteserfahrungen und Gotteserkenntnis im Judentum. Marquardt kämpft, wie er im Vorwort zur Utopie bekennt, »um das trinitarische Gottesbekenntnis, das sich nicht dem Verdacht von *avoda zara* aussetzt: dem jüdischen Nein gegen christliche Lästerung Gottes« (Utopie, 13).

In der siebenbändigen Dogmatik hat die Trinitätslehre einen *doppelten Ort*:[51] Sie begegnet im dritten Band der Eschatologie im Zusammenhang des als »Lebens-Krise« reinterpretierten Locus vom »Jüngsten Gericht« unter der Überschrift »*Bekenntnis zum trinitarischen Gott als Ereignis seiner eschatologischen Selbstrechtfertigung*« (Eschatologie III, 212–235) und in der doxologischen Gotteslehre der Utopie als Lob auf die »*Transzendenz in der Trinität*« (Utopie, 539–566).[52] Vergleicht man diese beiden trinitätstheologischen Abschnitte miteinander, so zeigen sich *einerseits* zahlreiche Wiederholungen und Entsprechungen, Ergänzungen und Vertiefungen, *andererseits* liegt ein deutliches Gefälle, eine Verlagerung des theologischen Gewichts vor: Mit der Einsicht in die *Transzendenz* Gottes wächst dem *inneren Selbstverhältnis*, dem *beziehungsreichen Innenleben* des dreieinigen Gottes immer größere Bedeutung zu. Auf die innere Lebensfülle des transzendenten Gottes richtet sich die Sehnsucht der theologischen Utopie. Ist auch die Trinitätslehre der *Eschatologie* schon Lehre von der *immanenten* Trinität, so geht es ihr im Kern doch um den unauflösbaren Zusammenhang von ökonomischer und imma-

---

50 *Rose Ausländer*, »Das Wort I«, in: *dies.*, Hinter allen Worten, a.a.O., 136.
51 Präludiert wird sie bereits in der Christologie, indem *Fr.-W. Marquardt* für die Benennung Jesu als Sohn Gottes nach christologischen Elementarteilchen in der hebräischen Bibel sucht und u.a. in Jer 31,20 fündig wird und das in dieser Gottesrede zum Ausdruck kommende leidenschaftliche innere Engagement Gottes zugunsten seines Sohnes Israel in Analogie zur trinitarischen Beziehung von Vater und Sohn interpretiert (Christologie II, a.a.O., 74–78).
52 Vgl. außerdem den kleinen Abschnitt (Utopie, a.a.O., 432–439) über Entsprechungen zwischen den drei trinitarischen »Personen-Namen« Vater – Sohn – Hl. Geist und dem Gott Abrahams, Isaaks und Jakobs.

nenter Trinität. Innerweltliche Erfahrungen mit Gott werden hier im inneren Beziehungsraum Gottes selbst verortet, um diesen aber immer wieder nach draußen, zur Welt hin zu überschreiten, denn »an seinem inneren Leben will er [sc. Gott, M.F.] uns teilgeben, mit seinen in ihm selbst geschehenden Bewegungen will er uns bewegen« (Eschatologie III, 217). »Gottes innere Lebendigkeit ist die Bedingung der Möglichkeit dafür, daß er uns ins Leben bringen und uns zu einer lebhaften Wirklichkeit werden kann« (a.a.O., 221). Zwar kommt es auch in der theologischen Utopie nicht zu einer *Trennung* zwischen immanenter und ökonomischer Trinität, doch geht es hier *um Gottes willen* und *nicht* so sehr *um unsertwillen* um Gottes innere Lebendigkeit, um seine lebhafte Kommunikation mit sich selbst.

Mit dieser Akzentverschiebung in der Trinitätslehre räumt Marquardt Gott *Freiheit* gegenüber Mensch und Welt ein. Gerade *trinitätstheologisch* will er Gott nicht zu nahe treten. Seine utopische Gotteslehre entspricht dem Gott, der »›aus sich selbst‹ heraus wirklich [ist], nicht nur abgeleitet von der Welt und uns Menschen und unseren Bedürfnissen, unserer Sehnsucht nach so etwas wie Gott« (Utopie, 398). Dabei wird – so scheint mir – der alte dogmatische Begriff der *Aseität* Gottes rehabilitiert. Er hört auf, ein (quasi-)ontologischer Grenzbegriff unseres Denkens zu sein.[53] Einer Theologie, die nach Auschwitz von Gott nur reden kann »unter dem Vorbehalt, daß ER will und lebt« (Utopie, 282), gibt die Unabhängigkeit Gottes von unseren Bedürfnissen und Projektionen Anlass zum Gotteslob. »Nun singet und seid froh«, dass Gott »nicht nur ein Beziehungswesen ist«, dass er auch und zunächst »eine Wirklichkeit für sich« (Utopie, 398) ist und dass darum seine Bindung an uns einer Entscheidung entspringt, die er aus sich selbst heraus getroffen hat, ohne Nötigung von außen, ungezwungen, dass sie seine ureigene, freie Tat ist! Dies erinnert auf der ganzen Linie an das Lob der Freiheit Gottes in der Kirchlichen Dogmatik K. Barths.[54] Dabei scheint in Marquardts theologischer Utopie noch radikaler als bei Barth die *Freiheit* Gottes als der Grund seiner *Liebe* betont zu sein.

Inwiefern gehört nun diese *doxologisch* bestimmte Lehre von der »Transzendenz in der Trinität« zur theologischen *Utopie*? Wie verbindet sie sich mit dem jüdischen Gottesnamen *māqōm*, der für Marquardts theologischen Utopie-Begriff offensichtlich Pate gestanden hat? Worin besteht der *māqōm*-Gehalt der Trinitätslehre für die Menschen, aber auch für Gott selbst, sieht Marquardt in ihr doch nicht nur einen »Trost der Heiden« (Utopie, 282), sondern hofft auch darauf, dass Gott noch bei Trost ist.

2 Beheimatung in Gott selbst: der geräumige Binnen*raum* des dreieinigen Gottes als utopische Herberge entwurzelter HeidenchristInnen

Zu den Gemeinsamkeiten der beiden Passagen, in denen sich Marquardt um eine *Rekonstruktion der Genese* der (heiden)christlichen Trinitätslehre in Analogie zu zeitgenössischen rabbinischen Vorstellungen einer inneren Differenzierung und Eschatologisierung Gottes bemüht,[55]

---

53 Vgl. dazu Utopie, a.a.O., 398–400.558–566.
54 Vgl. Die Kirchliche Dogmatik II/1, Zollikon 1940, 334ff.
55 Eschatologie III, a.a.O., 212–235; Utopie, a.a.O., 539–566. Fr.-W. Marquardt erwägt, dass es *historisch möglich* sein kann, dass zur Ausbildung der altkirchli-

gehört die Überzeugung, dass die von Marquardt als buchstäblich »eindringlich« bezeichnete Beschäftigung von ChristInnen mit dem Innenleben Gottes ihren Grund in einem tiefen *Vergewisserungs-* und *Sicherungs*bedürfnis von Menschen aus der Völkerwelt hat, das aus ihrer heidnischen Herkunft erwächst:

»Die trinitarische *Frage* ist sicher in einer *Notlage von Heidenchristen* geboren, die nach ihrem Auszug aus Vaterhaus und Freundschaft neuen Grund in einem ihnen fremden, nicht heimatlichen, beheimatenden, ihnen auch nicht ›natürlichen‹ Gott suchen wollten. Sie fragten Jesus, der sie im Nachfolge-Ruf aus ihrer Heimat losgerissen, und den Geist, der sie mitgerissen und von dort fortgerissen hatte, gleichsam in Gott hinein. Jesus und Geist hatten ihnen Zugang zu diesem neuen Gott geöffnet. Und nun drangen sie in ihn, um sich ihrer beider Helfershelfer *zu* Gott auch *in* Gott zu vergewissern« (Utopie, 542).[56]

Aus ihrer Gott*losigkeit* herkommend – so rekonstruiert Marquardt die Anfänge trinitarischen Denkens – müssen sich HeidenchristInnen des Gottes Israels allererst vergewissern, müssen sicher gehen können, dass sie es in den Befreiungs- und Begeisterungserfahrungen, die sie mit Jesus und dem Geist gemacht haben und machen, wirklich mit *Gott* zu tun haben.[57] Von Haus aus haben sie keinen Umgang mit dem

---

chen Trinitätslehre neben anderen Motiven auch der Wille gehört haben mag, »die eigenen Wurzeln doch nicht total aus dem jüdischen Mutterboden auszuroden«, und dass dabei die »rabbinische ›Eschatologisierung‹ der Einheit Gottes hilfreich und ermunternd gewirkt haben« mag (Eschatologie III, a.a.O., 213). Zu den wichtigsten Motiven dieser Eschatologisierung gehört die Spannung zwischen dem Eigennamen Gottes, Jhwh, und seiner Benennung als Elohim oder der Konflikt zwischen der Barmherzigkeit und Gerechtigkeit Gottes, von der etwa bBerachot 7a erzählt (vgl. dazu Eschatologie III, a.a.O., 205.226.366; Utopie, a.a.O., 466.567, und *Magdalene L. Frettlöh*, Theologie des Segens. Biblische und dogmatische Wahrnehmungen, Gütersloh ⁵2004, 392–403).

Wie die Lehre von der immanenten Trinität selbst bleibt auch die Rekonstruktion ihrer Genese eine Grenzaussage, die spekulativer Momente nicht entbehrt. Sie ist ein begrifflicher Antwortversuch auf in der Tat unabweisbare Probleme, die bis heute für die Theologie nicht erledigt sind und für deren aktuelle Lösungsversuche sie nicht hinter das Reflexionsniveau der altkirchlichen Entscheidungen zurückfallen sollte.

[56] Vgl. Eschatologie III, a.a.O., 233: »Wir halten die Eindringlichkeit ihrer Beschäftigung mit einem tiefsten, inneren Verstehenwollen Gottes für eine Folge ihres heidnischen Ausgangspunktes.«

[57] War dies – wenn auch unter anderen Voraussetzungen – nicht noch mehr die Frage von JudenchristInnen, ob sie es im Wirken und der Passion Jesu und je neu in der Jesusbewegung wirklich mit ihrem Gott und seinem Messias zu tun haben und nicht mit einem der vielen falschen Messiasse?

So sehr Marquardt darum bemüht ist, die historische Wahrscheinlichkeit oder zumindest doch Möglichkeit der von ihm im Licht rabbinischer Analogien rekonstruierten Genese der Lehre von der immanenten Trinität aufzuweisen – es bleibt die Frage, ob sich in dieser Rekonstruktion nicht doch stärker das Angefochtensein einer (heiden)christlichen Theologie nach der Schoa wiederfinden lässt. Bedürfen

Gott Israels, er gehört nicht zu ihrer natürlichen Lebenswelt. Einen Zugang zu ihm haben sie nur durch *Vermittlung* gefunden – christologisch und pneumatologisch. Und nun wollen sie gewiss sein, dass sie mit diesen Vermittlern auch an der richtigen, an der göttlichen Adresse sind. So begegnen sie ihrem Bedürfnis nach *Gottesvergewisserung* durch *Verortung*: Sie bringen ihre Jesusgeschichte und ihre Geistbegabung so mit Gott zusammen, dass sie Jesus und den Geist in Gott eintragen, im Innersten Gottes verorten. So nehmen sie den Gott Israels als *māqōm*, als einen *geräumigen* Ort wahr. Jesus und den Geist in Gott hineindenkend, erschließt sich ihnen Gott als der, in dessen Innern für beide schon immer *Grund und Ort* ist, sodass sie ihre neuen Erfahrungen im Inneren Gottes re-präsentiert sehen. Im Hineindenken Jesu und des Geistes in Gott wird Gott folglich von außen nichts an- und eingetragen, was er in sich nicht schon eingeräumt hätte.[58]

Doch nicht nur der *Gottes-*, sondern auch der *Selbst*vergewisserung bedürfen Gojim, die zu ChristInnen geworden sind. Sie haben ihre angestammten Umgebungen verlassen, sind heimatlos geworden und suchen nach einem Ort, wo sie ihre neue Existenz gründen können. Ihrer paganen Matrix entwurzelt haben sie keinen natürlichen Lebensort mehr. So nehmen sie ihre Zuflucht zu Gott, bergen sich in ihm, richten sich in ihm als dem *māqōm* ihrer Lebenswelt, als ihrer neuen Heimat, ein.[59]

ChristInnen aus den Gojim haben sich nicht wie Mose am Dornbusch (Ex 3) und in der Felsspalte (Ex 33) von Gott auf Abstand halten lassen; sie sind ihm denkbar nahe getreten, haben sich selbst in Gott eingeschrieben, sich in ihm vergegenwärtigt. Marquardt räumt die *Gewalt*förmigkeit einer solchen trinitätstheologischen Auf- und Eindringlichkeit unumwunden ein:

»[...] das ganze Vorhaben, gedanklich in Gott einzudringen, Jesus und den Geist in Gott zu setzen und damit den Gott Israels den Gojim zu öffnen, kann als ein Gewaltakt der Liebe und einer heidnischen Selbstannäherung an Gott empfunden werden, für deren Problematik Christen sich doch sensibel zeigen sollten, ehe sie

nicht ChristInnen aus den Gojim, zumal im Land der MörderInnen, heute der Vergewisserung, dass sie es in ihren Gotteslehren mit dem Gott Israels zu tun haben?

[58]   Vgl. Utopie, a.a.O., 543f.

[59]   Marquardt wird nicht müde, unter jüdischen LeserInnen seiner Dogmatik um Verständnis für diese christologische und pneumatologische Selbstverortung und Existenzgründung von ChristInnen aus den Gojim im Innenraum Gottes zu werben – mit dem wiederholten Hinweis auf die unvergleichlich größere Vergewisserungsbedürftigkeit derer, die keine natürliche, sondern nur eine geschichtlich vermittelte Nähe zum Gott Israels haben. *Ob* jüdische GesprächspartnerInnen eine *Analogie* zwischen dem jüdischen Sich-Einen *mit* Gott und der christlichen Verortung Jesu und des Geistes *in* Gott, die – inklusiv verstanden – die ChristInnen selbst einschließt, zu sehen vermögen, sodass sie vom Vorwurf des *Schittuf* gegen das trinitarische Bekenntnis absehen könnten – auf diese Frage können nur Juden und Jüdinnen selbst antworten.

einen trinitarisch so erschlossenen und aufgeschlossenen Gott dem jüdischen Respekt vor der Unantastbarkeit und Transzendenz Gottes immer noch entgegenzusetzen versuchen: als wäre dies eine dem biblischen Zeugnis besser entsprechende Weise, von Gott zu reden« (Utopie, 545).

Anders als Marquardt dies tut, können wir die Einwohnung von HeidenchristInnen gemeinsam mit Jesus und dem Geist im trinitarischen Binnenraum Gottes auch als Zuflucht in einer *Arche* verstehen. Das Konzept Arche dient – so Peter Sloterdijk – »der Selbstbergung und Selbstumgebung einer Gruppe gegenüber einer unmöglich gewordenen Außenwelt«.[60] Archen sind »eine symbolische Bergungsform für das gerettete Leben, ein Gehäuse der Hoffnung«.[61] Die Entfremdung gegenüber der natürlichen Umwelt führt um des Überlebens willen zu einer neuen Selbstkontextualisierung, die (zunächst) einer Abschottung gleichkommt: »Die Arche ist das autonome, das absolute, das kontextfreie Haus, das Gebäude ohne Nachbarschaft; in ihr verkörpert sich exemplarisch die Negation der Umwelt durch das künstliche Gebilde.«[62] Aber Archen – und das ist entscheidend – sollen *Episoden-Projekte* sein, Herbergen auf Zeit, nicht auf Dauer, auch wenn es nach dem Ausstieg keine selbstverständliche Bergung in einer natürlichen Matrix mehr geben wird, sondern Natur nur noch als zweite Natur und als ein Versprechen gegeben sein wird und das Verhältnis zwischen Natur und Mensch auf eine ethische Grundlage gestellt werden muss.

Die Arche als Ort des Überlebens und schützender Wohnraum auf Zeit kann kritisch gegen die *intime Interne* des christlichen Gottesverhältnisses, wie sie sich in der Lehre von der immanenten Trinität ausspricht, gewendet werden. Denn diese tastet die Transzendenz Gottes nicht nur dadurch an, dass sie Gott zu nahe kommt. Sie führte faktisch – daran erinnert Marquardt – sogar zu einem *Transzendenzverlust*, indem sie jedes Zwischen, jeden Abstand, räumlicher und zeitlicher Art, vernichtete: Die ganze Welt, ja Himmel und Erde sind in Gott-als-*māqōm* aufgehoben, die Zukunft eines Reiches Gottes auf Erden ist in der Gegenwart der Gottesnähe vorweggenommen. Wird die Innigkeit der Gottes- und Selbstvergewisserung auf Dauer gestellt, führt dies zur *Enteschatologisierung*, ja überhaupt *Entgeschichtlichung* der Gotteslehre: »Was im Innern gefestigt war, widerstand jeder Anfechtung durch die Ungewißheit und Offenheit alles Zeitlichen. Was die Weltgeschichte noch nicht brachte, wurde in innerer Gottesgeschichte gesucht« (Eschatologie III, 215). Geborgen im Innern Gottes und in der Gleichzeitigkeit mit Gott, droht der Verlust des Außen wie der von

---

60 *Peter Sloterdijk*, Sphären II. Makrosphärologie: Globen, Frankfurt a.M. 1999, 251.
61 A.a.O., 256.
62 A.a.O., 251.

Vergangenheit und Zukunft. Wer sich in Gott als dem bergenden *mā-qōm* seiner Lebenswelt einrichtet, muss seine Anstrengungen nicht mehr darauf lenken, auf Erden menschenwürdige Wohnverhältnisse und einen *māqōm*, in dem Gott zu Hause ist, einzurichten. Wer in Gott wie im Paradies lebt, kann vergessen, dass es für die meisten immer noch ein Leben im Elend gibt. Wem der geräumige Binnenraum Gottes zum neuen Jerusalem geworden ist, investiert kaum noch seine ganze Kreativität und Zeit, seine Talente und Energien in den Lebensraum von Altstädten.

Es käme also alles darauf an, der Verortung in Gott immer wieder auch die Gegenbewegung folgen zu lassen: das Zurückkommen aus der Herberge in Gott auf die Welt – um der Zukunft der Welt, aber auch um der Zukunft Gottes willen, dringt doch die innere Lebendigkeit Gottes auf Mitteilung nach außen, auf Beheimatung Gottes in der Welt.

Dem »zunehmenden *Verlust an Zukunftshoffnungen*« (Eschatologie III, 214) und dem *Transzendenzverlust* in der Trinitätslehre begegnet Marquardt damit, dass er in der Eschatologie die innergöttlichen Beziehungen *vergeschichtlicht* und das Bekenntnis zum trinitarischen Gott als Ganzes unter *eschatologischen Vorbehalt* stellt, während sich ihm in der theologischen Utopie die Transzendenz Gottes gegenüber der Welt verschärft hat zur *Transzendenz in Gott* selbst.

3   »Gegenseitiges Durchdringen in Gott«: das beziehungsreiche Innenleben des dreieinigen Gottes als sein utopischer Einungsort und Eigenraum

Wird die Selbstverortung der HeidenchristInnen, die sich mit dem Einbringen Jesu und des Geistes in Gott verbindet, zur intimen Interne, dann suggeriert dies zugleich, dass man sich schon *einig* sei, dass Gott und die Menschen ebenso *geeint* seien wie Gott mit sich selbst. Auch daraus spricht Transzendenzverlust und Entgeschichtlichung der Gotteslehre.

Demgegenüber erkennt Marquardt in der rabbinischen Wahrnehmung von Spannungen und Konflikten in Gott zwischen seinen verschiedenen Beziehungsweisen (*middōt*) und Namen (*šemōt*) und im trinitarischen Bekenntnis zur Unterscheidung der drei Instanzen Vater, Sohn und Hl. Geist im Inneren Gottes eine *analoge* Hoffnung auf die hier und heute noch ausstehende Einung Gottes mit sich selbst: »*Daß Gott mit sich selbst eins werde, ist hier wie da eine gemeinsame Erwartung*« (Eschatologie III, 213). Spiegeln sich in diesem analogen Reden von einer inneren Gegenständlichkeit, von internen Auseinandersetzungen und Einräumungen Gottes die Gola-Existenz Israels einerseits und die Heimatlosigkeit der ChristInnen in ihrer paganen Umwelt andererseits wider, so zielt die Hoffnung auf eine eschatologische Einung

Gottes (als seiner Selbstrechtfertigung) auch auf die Überwindung der gegenwärtigen Konflikte und Krisen im Leben des Gottesvolkes, der Existenz der christlichen Gemeinde und der Menschheit überhaupt: Die Kirchenlehrer, die von Gott trinitarisch zu reden begannen, haben – davon ist Marquardt überzeugt, entgegen seinem Wortlaut, wohl eher die *intentio operis* und *lectoris* denn die *intentio auctoris* der Lehre von der immanenten Trinität interpretierend –»von der *Geschichte des Jichud, des Sich-Einigens Gottes mit dem Menschengeschlecht und aller Menschen mit Gott sprechen wollen.* [...] *Gott, trinitarisch gedacht, erzählt die Ur- und Grundgeschichte des Jichud,* des Sich-Einigens des Vaters mit dem Sohne in den Bewegungen ihres gemeinsamen Geistes: *mit uns*« (Eschatologie III, 217).

Unter der Voraussetzung dieser möglichen Analogie entfaltet Marquardt das *tätige Leben in Gott*, indem er zunächst die klassischen *opera trinitatis ad intra*, die ewige *generatio* des Sohnes durch den Vater und das ewige *procedere* des Geistes aus dem Vater und dem Sohn (bzw. die ewige *spiratio* des Geistes durch Vater und Sohn) einer ReVision unterzieht, die beiden ihre *Geschichtlichkeit*, ihren Ereignischarakter, ihren Ursprung in je neuen und freien Entscheidungsakten Gottes zurückgibt. Die *inneren Wirkweisen* Gottes werden dabei transparent als Grund göttlicher *Aus-* und *Außenwirkungen* auf Mensch und Welt.[63] Im Blick auf den Geist heißt dies etwa:»Was in Gott ›ausgeht‹, geht auch von Gott her aus zu uns. [...] In Gott selbst und aus ihm allein entsteht immer neu das Begeisternde« (Eschatologie III, 217). Und was das Vater-Sohn-Verhältnis angeht, so öffnet sich die *Zeugung* des Sohnes durch Gott zu seiner öffentlichen *Bezeugung* vor dem Forum der Menschheit. Nicht nur der Sohn ist »der wahrhaftige Zeuge«[64] des Vaters, sondern auch der Vater legt Zeugnis durch und für seinen Sohn ab.

Damit deutet sich schon an, dass Marquardt die Figur der *Perichorese*, der gegenseitigen Durchdringung der göttlichen Personen, mit der Lehre von den inneren Werken Gottes verbindet.[65] Er geht innertrinita-

---

[63] »Eben das ist der Sinn der Rede von einer inneren Tätigkeit Gottes im Verhältnis zu sich selbst. Er lebt kein von unserem Leben abgehobenes Leben. Aber er lebt auch nicht bloß mit unserem Leben – es beständig begleitend – mit. Er wirkt mit Tätigkeiten und Akten seines lebendigen Lebens in unser Leben hinein« (Eschatologie III, a.a.O., 220).

[64] Unter diesem Titel steht die Entfaltung des *prophetischen Amtes* Jesu Christi im dritten Teil der Barth'schen Versöhnungslehre (vgl. *Karl Barth*, Die Kirchliche Dogmatik IV/3,1, Zollikon-Zürich 1959, 425–499).

[65] In seiner theologischen Utopie, a.a.O., 547–550.550–556.556–566 entfaltet *Fr.-W. Marquardt* dies für die drei Instanzen des Hl. Geistes, des Sohnes und des Vaters. Aber auch die Perichorese steht hier unter eschatologischem Vorbehalt; auch im Blick auf die Perichorese muss von einer »Transzendenz in der Trinität« geredet werden:»Jedenfalls scheint es uns geboten (aber auch möglich), die innertrinitarischen Handlungsbegriffe des ›Zeugens‹, ›Hauchens‹ und ›Hervorge-

risch nicht nur – wie die Tradition dies getan hat – von einem Wirken des Vaters am Sohn und von Vater und Sohn am Geist, sondern von einer wechselseitigen Betätigung an- und füreinander aus, also auch von einem Einwirken des Sohnes und des Geistes auf den Vater. Dabei werden klassische *opera trinitatis ad extra*, wie etwa die Fürbitte des auferweckten und zur Rechten Gottes sitzenden Gekreuzigten oder die hermeneutische Aufklärungskraft des in alle Wahrheit leitenden Geistes in das beziehungsreiche Innenleben Gottes eingeholt: Innertrinitarisch liegt der Sohn dem Vater für uns in den Ohren,[66] innertrinitarisch erschließt der Geist das, worin Gott sich selbst noch verschlossen ist, klärt Gott über sich selbst auf, erhellt ihm seine noch unausgeleuchteten Innenräume.[67]

Mittels der Analogisierung der christlichen Lehre von der immanenten Trinität mit der jüdischen Hoffnung auf ein eschatologisches Eins-Werden Gottes mit sich selbst[68] deckt Marquardt nicht nur die Spracharmut der dogmatischen Tradition an dieser Stelle auf, sondern überwindet auch das (quasi-)ontologische Reden von einem differenzierten inneren *Sein* Gottes zugunsten einer *Lebens-, Beziehungs-, Bewe-*

hens‹ als Begriffe einer transzendentalen Struktur aufzufassen, gerade im trinitarisch gedachten Gott, die Wesenseinheit einer ›Person‹ unter dem wesentlichen Vorbehalt je einer anderen ›Person‹, des immer neu erst zu suchenden und zu beginnenden Übergangs zu ihr zu denken und so den Anderen zum Kennzeichen des Wesens der Einheit Gottes zu machen« (Utopie, a.a.O., 558).

66 Vgl. Eschatologie III, a.a.O., 227. Theologisch noch einen Schritt weiter geht *Ottmar Fuchs*, indem er konsequent bedenkt, dass die göttlichen Außenbeziehungen die innertrinitarischen Beziehungen verändern: Mit den Kreuzesmalen am Leib des auferweckten und erhöhten Christus sieht Fuchs die Leidensgeschichte der Welt in den innertrinitarischen Beziehungsraum hineingenommen. In Solidarität mit der noch nicht erlösten Menschheit klagt innertrinitarisch der Sohn dem Vater das Leid der Welt und erinnert diesen so an seine Verantwortung für die Schöpfung. Mit diesem denkbar größten Widerspruch in Gott– der Abgrund zwischen Gott und dem Leiden öffnet sich in der Person des Sohnes *im Inneren Gottes selbst* – verbindet Fuchs die theologisch kühne Frage, ob nicht das kreuzestheologische Interpretament des stellvertretenden Sühnopfertodes in doppelter Weise zu verstehen sei: als Sühne für die Sünde der Menschen und für die »Schuld« eines Gottes, der seine Welt der Gottverlassenheit preisgibt (Gottes trinitarischer ›Offenbarungseid‹ vor dem ›Tribunal‹ menschlicher Klage und Anklage, in: Monotheismus Israels und christlicher Trinitätsglaube, a.a.O., 271–295). Diese Überlegung bleibt für O. Fuchs an die Hoffnung gebunden, dass die allmächtige Liebe des beziehungsreichen Gottes auch diesen innergöttlichen Widerspruch noch zu umfangen vermag. Theologisch ernster als in dieser dramatischen Gestalt einer *innertrinitarischen Klagespiritualität*, die sich von der Tradition des Patripassianismus deutlich unterscheidet, kann das Leiden der Schöpfung kaum genommen werden.

67 Vgl. Utopie, a.a.O., 547–550.

68 Auch hier ist wieder zu bedenken, dass diese Analogie schon dadurch ihre Grenzen hat, dass eine christliche *Lehrgestalt* mit rabbinischen *Grenzaussagen* verbunden wird, die noch dazu den Status von *Hoffnungssätzen* haben.

gungs- und Tatenfülle in Gott. Die »*ursprüngliche Sozialität Gottes*« (Eschatologie III, 219), der beziehungsreiche trinitarische Binnenraum kommt als geräumiger *Eigen- und Einungsraum* Gottes in den Blick. Auch für *Gott* gibt es *in Gott* einen weiten Raum der Begegnung und Kommunikation mit sich selbst und des Wirkens an sich selbst.

In beiden trinitätstheologischen Abschnitten, in der Eschatologie wie in der theologischen Utopie, stellt Marquardt das christliche Bekenntnis zum dreieinigen Gott *unter eschatologischen Vorbehalt* – allerdings wiederum mit deutlicher Akzentverschiebung: Auf dem Grund der paulinischen Hoffnung von 1Kor 15,28, dass einst »Gott sei alles in allem«, erkennt Marquardt in der *Eschatologie* im innertrinitarischen Betätigungsfeld Gottes jenen inneren Spielraum Gottes, in dem er sich mit sich selbst einigen kann. In der *theologischen Utopie* aber wird dieser selbe Raum zum Zuflucht- und Bergungsort des von der Welt entfernten, des aus ihr weggegangenen Gottes, er wird zum Eigenraum des transzendenten Gottes. Geht die *Hoffnung* der Eschatologie darauf, dass Gott, der jetzt noch inneren Zerreißproben ausgesetzt ist, mit sich eins wird, so richtet sich die *Sehnsucht* der theologischen Utopie darauf, dass Gott in sich selbst einen Raum hat, in dem seine eigene Lebendigkeit aufgehoben und geschützt ist. Steht in der eschatologischen Trinitätslehre die *Einheit* Gottes unter Vorbehalt, so in der utopischen Trinitätslehre die *Lebendigkeit* Gottes überhaupt:

»Daß [das], was in alter Dogmatik nur als Grenzbegriff formuliert wurde, nach Auschwitz aus dem rein Begrifflichen ins seinshaft-Wirkliche getreten sein könnte – Gott wirklich aufhörte, den ›Sohn‹ zu zeugen, als er die Vernichtung Israels zuließ, – also auch aufhörte, mit Hilfe des Sohnes fortzeugend den Geist seines Lebens in die trinitarisch Bekennenden zu hauchen [...] – das macht grenzbegriffliche Nebenbemerkungen von einst zu scharfen *Kriterien* für eine unmögliche oder mögliche Fortsetzung dieser Lehre heute. Mehr als je steht die Trinitätslehre auf dem Prüfstand des jüdischen Nein: heute nicht nur hinsichtlich des ›Monotheismus‹ und ethischer ›radikaler‹ Transzendenz, sondern nach Auschwitz auch hinsichtlich des trinitarischen Bekenntnisses zu Gottes *Lebendigkeit*« (Utopie, 563).

Es steht dahin, ob Gott sein Leben aus der Welt hinübergerettet haben mag in die Arche seines innertrinitarischen Eigenraums und es dort birgt, bis die Welt ihm wieder zur Wohnung wird ... – angefochtener, fraglicher, ungesicherter kann eine Gotteslehre kaum noch gedacht werden.

In der Sache wenn auch nicht dem Begriff nach wird damit in Marquardts ReVision der Lehre von der immanenten Trinität, die unter dem Vorzeichen der Transzendenz Gottes steht, der Gott, der in seiner Welt keine Herberge gefunden hat, sich selbst zum *māqōm*. Wo aber der innertrinitarische Beziehungsraum als Zufluchtsort Gottes selbst verstanden wird, ist die Analogie zum rabbinischen Gottesnamen *mā-*

qōm deutlich überschritten, denn in diesen ist nur die Alternative zwischen der Welt als Ort Gottes und Gott als Ort der Welt eingeschrieben.[69]

Was lässt sich nun *namenstheologisch* aus der von Marquardt nicht ausdrücklich vollzogenen, aber durch seine Reinterpretation der Lehre von der immanenten Trinität doch angeregten Deutung der trinitarischen »Urwohngemeinschaft«[70] als *māqōm* Gottes selbst für das Verständnis des trinitarischen Namens Gottes gewinnen?
»Von Gott läßt sich nicht immer das Gleiche sagen«[71] – das gilt auch im Blick auf seine Namen. Darum hat Gott nicht nur einen, sondern viele Namen. Wie der rabbinische Gottesname *māqōm*, so ist auch der christliche Gottesname des *dreieinigen Gottes* nicht sein Eigenname. Er gehört wie jener zu den erfahrungsgesättigten Benennungen Gottes, auf deren Einung mit seinem Eigennamen Gott aus ist. Wie *māqōm* ist *Gott, der Vater, Sohn und Heilige Geist*, ein Interims-Name, nimmt er eine Stellvertretung für den Eigennamen wahr. Je in ihren historischen Kontexten füllen diese Benennungen jenen Sprachraum des göttlichen Eigennamens, den Ex 3,14 eröffnet hat: *»ICH werde dasein, als der ICH dasein werde.«* Und es gibt weitere sachliche Entsprechungen zwischen den beiden Namen Gott-*māqōm* und *Gott: Vater, Sohn und Heiliger Geist.* In beide Benennungen sind krisenhafte Erfahrungen mit Gott eingeschrieben: die Gola-Existenz des Gottesvolkes Israel und die irdische Heimatlosigkeit der HeidenchristInnen, je auf ihre Weise Exilserfahrungen. Wie Gott-*māqōm* kann auch der Name des *dreieinigen Gottes* als ein exilischer Erinnerungs- und Hoffnungsname verstanden werden. Beide Namen wahren die Transzendenz Gottes, indem sie in mehrfacher Hinsicht zwischen der Welt als Ort Gottes und Gott als Ort der Welt unterscheiden. Beide reden utopisch von Gott, indem sie dem, was in der Welt keinen Ort hat, eine Herberge in Gott geben. In beiden Namen wird Gott zur Arche, zu einem Ort des Überlebens.
Aber die Analogie hat zugleich ihre Grenzen: formal darin, dass das Judentum nie eine *māqōm-Lehre* ausgebildet hat, während in der Alten Kirche die doxologische Anrufung von Vater, Sohn und Geist zur Lehre von der immanenten und ökonomischen Trinität entwickelt wurde. Inhaltlich bleibt Gott-*māqōm* auf das Verhältnis von Gott und Welt beschränkt; in der Unterscheidung von immanenter und ökonomischer

---

69 Dass gleichwohl eine *topologische* Interpretation der innertrinitarischen Beziehungen Gottes auch unabhängig von Analogien in rabbinischer Gottesrede der Lehre von der immanenten Trinität *sachlich* zu entsprechen vermag, hat *P. Sloterdijk* (Sphären I, a.a.O., 598–631) eindrücklich unter Beweis gestellt.
70 *P. Sloterdijk*, Sphären I, a.a.O., 611.
71 So lautet der Titel der wichtigen Übergangsüberlegung zwischen dem Gespräch mit Jeshajahu Leibowitz und dem mit Emmanuel Lévinas (Utopie, a.a.O., 440–467).

Trinitätslehre wird vor dem Weltverhältnis Gottes der Selbstbezug Gottes, das Beziehungsgeschehen von Vater, Sohn und Geist thematisiert. Darum kann der innertrinitarische Beziehungsraum – unabhängig vom Weltbezug Gottes – als Gottes eigener *māqōm* verstanden werden.

In Marquardts Relektüre der Lehre von der immanenten Trinität hat sich aber nun die Bedeutung, um nicht zu sagen: die Funktion des göttlichen Beziehungsraums verändert. Ist in der traditionellen Theologik die innere Beziehung von Vater, Sohn und Geist Grund und Ursprung der Beziehung Gottes zu einer Wirklichkeit außerhalb seiner selbst – mit den Worten P. Sloterdijks: »Erst die Liebesinnenwelt, dann die Physik; erst die einigen Drei, dann ihr geschichtlicher Haushalt.«[72] –, so sieht Marquardt angesichts der radikalen Fraglichkeit von (christlicher) Theologie nach der Schoa in Gottes trinitarischem Binnenraum zunächst – *vor* allem Weltbezug – einen Ort des Überlebens für den aus seiner Welt verdrängten Gott selbst. Mit jenem Ort verknüpft sich die Hoffnung auf und Sehnsucht nach einer Rückkehr Gottes in die Welt. Die trinitarischen Rufnamen Gottes sind insofern Erinnerungs- und Hoffnungsnamen, als in sie das Gedenken an das geschichtliche, innerweltliche Wirken von Vater, Sohn und Geist, an Gotteserfahrungen von Schöpfung, Versöhnung und Erlösung – dogmatisch gesprochen: an die *opera trinitatis ad extra* – und die doppelte Hoffnung auf eine innere Lebendigkeit Gottes wie auf einen erneuten Erweis dieser Lebendigkeit in der Welt eingeschrieben sind. Als *Gewissheits*namen kann nur Gott selbst diese Erinnerungs- und Hoffnungsnamen *bewähren*, wenn Gott denn dies »*will* und darin: *lebt*« (Utopie, 577).

Nun führt bei Marquardt dieser radikale eschatologische Vorbehalt keineswegs zu einem Verlust eschatologischer Hoffnung. Er verschärft allemal die utopische Sehnsucht nach einem *māqōm* in der Nähe Gottes, wie sie sich etwa am Ende des Threni-Buches ausspricht. Der Gewissheit, dass Gott selbst, dogmatisch gesprochen: Gott in seiner Aseität, für immer bleibt (Thr 5,19), steht die bange und klagende Frage gegenüber: »Warum vergisst du uns auf Dauer, verlässt uns lebenslang?« (V. 20), die sich zur Bitte wandelt: »Lass' uns zurückkehren, Adonaj, zu dir, und wir wollen umkehren; erneuere unsere Tage wie einst!« (V. 21). Die Erfüllung der Sehnsucht nach einem erneuten (Auf-)Leben in der Gegenwart Gottes bleibt in den Threni fraglich bis zum letzten Vers: »Oder hast du uns verschmäht, verschmäht, zürnst gegen uns allzu sehr?« (V. 22).

Es gibt andere Texte in der Bibel, die der utopischen Sehnsucht nach einem *māqōm* der Menschen bei Gott mit einer gewissen Hoffnung auf

---

72 *P. Sloterdijk*, Sphären I, a.a.O., 611. Entsprechend kann auch *Fr.-W. Marquardt* formulieren: »*Ohne innere Geschichtlichkeit Gottes keine Gottesgeschichte mit uns und für uns*« (Utopie, a.a.O., 548).

Gottes raumerschließende, heilende und belebende Zuwendung begegnen. Einer dieser Texte soll im vierten und letzten Abschnitt zur Sprache kommen – ein prophetisches *māqōm*-Wort, in dem sich in der Gottesrede wie in der menschlichen Antwort darauf die *Gewissheit* einer neuen Nähe zwischen Gott und seinem Volk ankündigt. Vom *Buchstaben* der Bibel, in dem Gott wie in einer *Arche* überlebt,[73] lässt sich diese Gewissheit, die Israel gehört, durch ChristInnen borgen. Dass sie nicht ohne Umkehr auf Seiten der Menschen zu haben ist, rückt eine utopische Praxis in den Blick, die der Benennung Gottes als *māqōm* entspricht. Motive einer *māqōm*-Doxologie und -Ethik werden erkennbar.

IV Ein *māqōm* im Angesicht Gottes: Zu doxologischen und ethischen Konsequenzen einer topologischen Trinitätslehre

> »Bewohnbar
> Ich zog aus / das Leben zu lernen /
> Mein Haus ausgezogen / ich wohne im Wort /
> Es hängt an den Dingen / die mich bewohnen /
> Ein Mensch / gibt mir sein Wort /
> Ist es bewohnbar / nehm ich es auf /
> halte es / aufrecht«[74]

Wenn Fr.-W. Marquardt »Utopie theologisch zu begreifen [versucht] als das, was von Gott her, genauer: aus dem Zielwillen des Inneren Gottes heraus, nach einem Raum in der Herberge der Welt und der Menschheit sucht, aber dort noch nicht gefunden hat« (Utopie, 11), dann spricht daraus die Sehnsucht, dass die radikale Transzendenz Gottes *nicht* das letzte Wort behält, dass das Utopische sich vielmehr auflösen möge, dass Gott sich wieder orten lasse unter uns, dass er sein Innenleben öffne und nach außen kehre. Im Dienst dieser Sehnsucht steht eine Gottes*lehre*, die ins Gottes*lob* führt: »*Die Erkenntnis Gottes im erhofften Reich Gottes wird sein Lobpreis sein*« (Utopie, 276). Im

---

[73] Nach einer chassidischen Legende lässt sich das hebräische Wort, das in Gen 6,14ff für ›Arche‹ steht und biblisch sonst nur noch in Ex 2,3.5 begegnet und dort das Kästchen meint, in dem Mose von seiner Mutter auf dem Nil ausgesetzt wird, nämlich *teva* (Kasten), auch in der Bedeutung ›Buchstabe‹, ›Wort‹ lesen (hergeleitet von der kästchenartigen Form der hebräischen Quadratschrift); vgl. *E. Wiesel*, Macht Gebete aus meinen Geschichten, a.a.O., 13. Was *Jürgen Ebach* daraus für die Arche Noahs folgert, gilt auch für die Arche Gottes: »Wir sind, was die ›Wirklichkeit‹ der Arche angeht, auf die Wirklichkeit von Buchstaben, Worten und Texten verwiesen« (Noah. Die Geschichte eines Überlebenden [Biblische Gestalten 3], Leipzig 2001, 20).

[74] *Rose Ausländer*, »Bewohnbar«, in: *dies.*, Hinter allen Worten, a.a.O., 174.

Einstimmen in den Choral *»Lobt Gott in seinen Reichen!«*[75] wie ins Weihnachtslied *»Nun singet und seid froh!«*[76] wird der utopische Raum Gott zu einer ›konkreten Utopie‹, zu einer ›Real-Utopie‹, in diesem Fall zu einem sozialen Sprach- und Klangraum der singenden Gemeinde, in dem Gott sich irdisch orten lässt.[77]

Im Gefälle der Marquardt'schen Dogmatik ist das *Gotteslob* die *Grundform utopischer Praxis*, das menschliche Tun, das darauf zielt, Gott wieder Raum in der Welt zu geben, ihn unter uns wohnen zu lassen. Der Lobpreis in Marquardts theologischer Utopie gilt der Lebendigkeit des trinitarischen Gottes, *auf dass* er seine *innere* Lebensfülle nach *außen* kehre und uns zuwende. Das Gotteslob kann, indem es Gott in seinem Gottsein bestätigt und bestärkt, indem es Gott Gewicht gibt, zur Wegbereitung seiner Rückkehr in sein irdisches Eigentum werden. Im Gotteslob gehen Menschen Gott entgegen und ersehnen sein Entgegenkommen. *Ob* der ferne Gott sich von dieser Einladung zur Rückkehr verlocken lassen wird, ob er unter den Menschen als ihr Gott wohnen wird[78] – das steht dahin. Aber die Bibel hält die Erinnerung daran wach, dass es einmal Gottes Wille war, sich nicht für immer auf sich, ja in sich selbst zurückzuziehen und von seinem Volk abzuwenden:

»Ich werde weggehen,
umkehren (*'āschūvāh*) an meinen Ort (*m^eqōmī*),
bis dass sie gebüßt haben und mich aufsuchen;
in ihrer Not werden sie mir entgegenkommen:

---

[75] Im Aufbau der theologischen Utopie kommt der Auslegung des Himmelfahrts-Oratoriums (BWV 11), das Lob *und* Klage, Schmerz *und* Freude, Erinnerung *und* Hoffnung, Sehnsucht *und* Erfüllung, das ›Ach‹ *und* das ›Ja‹ spannungsvoll zusammenhält, in der Einleitung zur Gotteslehre (Utopie, a.a.O., 282–285) eine kaum zu überschätzende Scharnierfunktion zwischen den beiden Teilen des Buches zu: Der Lobe-Raum dieses Oratoriums verbindet die Gottesorte aus § 8, die Bilder, den Garten, die Stadt, mit den inneren Beziehungsräumen des trinitarischen Gottes in seiner Transzendenz in § 9. Ähnliches vermag auch das ›Titellied‹: »Nun singet und seid froh«, das uns in Quintsprüngen sehnsuchtsvoll jauchzen und tanzen lässt. Es hält das Kind in der Krippe (Strophe 1) und den erhöhten Gottessohn (Strophe 2) als »A und O« ebenso zusammen wie uns, die wir alle Jahre wieder hier an der Krippe stehen und uns zugleich ins himmlische Freudenhaus, »da die Engel singen mit den Heilgen all und die Psalmen klingen im hohen Himmelssaal« (Strophe 4) wegsehnen: »Eia, wärn wir da!«

[76] Vgl. dazu *Andreas Pangritz*, Die allerfreiesten Sprünge. Zu Friedrich-Wilhelm Marquardts theologischer Utopie, in: Wendung nach Jerusalem. Friedrich-Wilhelm Marquardts Theologie im Gespräch, hg. von *Hanna Lehming* u.a., Gütersloh 1999, 409–421.

[77] Vgl. *Magdalene L. Frettlöh*, Gotteslehre als Utopie – oder: eine Einladung in die Lobe-Räume Gottes, in: EvTh 59 (1999), 220–226.

[78] Vgl. Ex 29,45; Apk 21,3.

›Kommt und lasst uns umkehren (*nāschūvāh*)[79] zu Adonaj,
denn er hat zerrissen und wird uns heilen;
er schlägt und wird uns verbinden.
Er wird uns genesen lassen nach zwei Tagen,
am dritten Tage wird er uns aufstehen heißen/
einen Standort geben (*j̆ᵉqimenū*),[80]
und wir werden leben vor seinem Angesicht!‹« (Hos 5,15–6,2).[81]

Es kommt mir hier nur auf die *Bewegungen*, auf die *Entfernungen* und
Annäherungen zwischen Gott und seinem Volk in diesem vielsagenden
Prophetenwort an:[82]
Gott geht weg, zieht sich an, besser noch: auf seinen *māqōm* zurück; er
wendet sich ab, kehrt seinem Volk den Rücken, weil er ihre Verfehlun-
gen, ihren Rechtsbruch nicht länger mit ansehen will. Und doch ist
sein Rückzug auf sich selbst nicht nur die konsequente Tatfolge
menschlichen Unrechts. Seine Abkehr geschieht nicht aus Resignation,
sondern in der Hoffnung auf Umkehr seines Volkes. Sein Weggehen ist
auch eine verheißungsvolle, Zukunft schenkende Schutzmaßnahme vor
seinem gerechten Zorn. Denn der Rückzug Gottes aus der Welt an seinen eigenen Ort eröffnet Menschen Raum (und Zeit) zur Einsicht ins
eigene Tun und Lassen und Ergehen, damit sie ihre Schuld wahrnehmen können. Schuldeinsichtig – so hofft Gott – werden sie sich nach
ihm sehnen, ihm entgegengehen, um sich von ihm neu beleben zu lassen. Ob sie ihm bis an seinen *māqōm* entgegengehen, ihn an seinem

---

[79] Terminologisch korrespondiert in 6,1 die Umkehr seines Volkes (*nāschūvāh*)
der Umkehr Jhwhs (*'āschūvāh*) zu seinem *māqōm* in 5,15: Doch während es sich
bei der Umkehr Jhwhs um die Rückkehr zu seinem *māqōm* und damit um seine
Abwendung und Entfernung von seinem Volk handelt, ist die Umkehr Eph-
raims/Judas Ausdruck der Gottsuche und der Annäherung an Jhwh. Das Weggehen
Jhwhs provoziert das Entgegenkommen seines Volkes.

[80] In der Aussicht auf »Auferstehung« (wörtlich: er wird uns aufstehen lassen –
j̆ᵉqimenū) am dritten Tag liegt eine Anspielung auf den *māqōm* Jhwhs in 5,15: Indem Jhwh die, die ihm entgegengekommen sind, auf die Beine stellt, räumt er ihnen einen Standort bei sich ein.

[81] Vgl. die Verdeutschung von Martin Buber: »Ich gehe, an meinen Ort kehre
ich, bis sie sich schuldbar wissen und mein Angesicht suchen. Da sie bedrängt
sind, ersehnen sie mich: ›Laßt uns gehen, wir wollen umkehren zu Ihm, denn selber er hat zerfleischt und wird uns heilen, hat geschlagen und wird uns verbinden,
nach einem Tagepaar belebt er uns wieder, läßt erstehn uns am dritten Tag, daß
wir in seinem Angesicht leben.‹«

[82] *Fr.-W. Marquardt* nimmt auf Hos 6,1–2(3) im Zusammenhang der natürlichen Wirklichkeitsdimension der Auferweckung der Toten Bezug und verweist auf
die schon im Neuen Testament beginnende christologisch-auferstehungstheolo-
gische Deutung des Prophetenwortes: »Am Regenspruch des Hosea haben die
Zeugen Jesu das Zeit-Maß gefunden für die Erweckung Jesu von den Toten«
(Eschatologie III, a.a.O., 161). Den Zusammenhang zwischen 5,15 und 6,1–2, zwischen der Abkehr Gottes und der Umkehr des Volkes, um den es mir hier vor allem geht, hat Marquardt dabei nicht berücksichtigt.

Ort aufsuchen müssen oder ob er ihnen von dort entgegenkommen wird[83] – allemal ersehnen sie sich, dass ihre Umkehr seine erneute Zuwendung, die sie heilt und aufrecht vor ihm stehen lässt, ihnen einen (Stand-)Ort vor seinem Angesicht einräumt, zur Folge hat.

Wie könnte für uns heute eine solche Umkehr zu dem Gott aussehen, der sich von der Welt nicht nur um seinet-, sondern um unsertwillen abgewandt und an seinen *māqōm* zurückgezogen hat? Um ein letztes Mal namenstheologisch mit der *māqōm*-Benennung Gottes zu argumentieren, könnte eine solche Umkehr mit der reformulierten Vaterunser-Bitte »Geheiligt werde dein *māqōm*-Name!« beginnen, die Gott selbst um die Heiligung seines Namens bittet und uns zugleich nicht untätig sein lässt. Denn diese Bitte behaftet nicht nur Gott bei seinem *māqōm*-Namen, sie verpflichtet zugleich alle, die Gott als *māqōm* namhaft machen, zu einem entsprechenden eigenen Tun: »Wer wirklich Gott mit dieser Bitte in der Gewißheit ihrer Erhörung inkommodiert und engagiert, der inkommodiert und engagiert [...] – in den Grenzen seiner menschlichen Zuständigkeiten und Möglichkeiten – auch sich selber, der erklärt und macht sich selbst innerhalb seiner Grenzen verantwortlich dafür, daß in der Sache, im Blick auf die er zu Gott betet, auch seinerseits ein Entsprechendes geschehe.«[84] Nicht zufällig hat Martin Luther in seiner Dekalogauslegung gerade im Zusammenhang des »anderen guten Werke[s]«, nämlich des rechten Gebrauchs des Gottesnamens, an den Grund der *cooperatio Dei* erinnert: »Sprichst du aber, warum tut's Gott nicht allein und selber, so er doch wohl kann und weiß, einem jeden zu helfen? Ja, er kann's wohl. Er will es aber nicht allein tun. Er will, daß wir mit ihm wirken, und tut uns die Ehre, daß er mit uns und durch uns sein Werk will wirken.«[85]

In der Mitarbeit mit Gott-*māqōm* kann die Bitte um Heiligung seines Namens in eine *māqōm*-Rechtspraxis einmünden, für die es Spuren in den biblischen Weisungen gibt, etwa Gebote, die uns heißen, denen Raum und einen Lebensort zu geben, die obdach- und heimatlos sind, die umgetrieben und hin- und hergerissen werden ..., damit sie wohnen und (aus)ruhen können. Die Einrichtung eines *māqōm* als Asylstadt

---

[83] *Māqōm* wird dann hier verstanden als der Ort, von dem Gott wieder aufsteht (*qūm*), um zurückzukehren.

[84] *Karl Barth*, Das christliche Leben. Die Kirchliche Dogmatik IV/4. Fragmente aus dem Nachlaß, Vorlesungen 1959–1961 (GA II 1959–1961), hg. von *Hans-Anton Drewes* und *Eberhard Jüngel*, Zürich ²1979, 283.

[85] *Martin Luther*, Von den guten Werken (1520), in: *ders.*, Die großen Schriften des Jahres 1520, hg. von *H.H. Borcherdt* und *Georg Merz*, München ²1935, 1–94, 35 (= WA 6, 227,28–31). Dazu ausführlich *Magdalene L. Frettlöh*, »... daß er im Brauch und Nutz soll stehen«. Zu Motiven einer Theologie des Namens in Martin Luthers Auslegungen der ersten Vaterunser-Bitte und des zweiten Gebots, in: Gott wahr nehmen. Festschrift für Christian Link zum 65. Geburtstag, hg. von *ders.* und *Hans Peter Lichtenberger*, Neukirchen-Vluyn 2003, 65–96.

(Ex 21,13) ist eines davon.[86] Und wir werden uns an Geschichten erinnern, die von einer solchen utopischen Praxis erzählen: »Maria aber
blieb etwa drei Monate bei ihr, dann kehrte sie zu ihrem Haus zurück«
(Lk 1,56). »Und von jener Stunde an nahm der Jünger sie in sein Eigenes auf« (Joh 19,27). »Wer da bedrängt ist findet / mauern, ein /dach
und / muß nicht beten«, so lautet ein Gedicht von Reiner Kunze. Es
trägt die Überschrift »pfarrhaus«.[87]
Jeder Name, mit dem wir Gott nennen und bekennen, nimmt nicht nur
Gott in Anspruch, diesem Namen zu entsprechen, ihn wahr zu machen.
Jede Gottesbenennung engagiert auch uns selbst, nimmt uns in Pflicht,
diesen Namen in der Welt zu *bewähren*. Mit Jeshajahu Leibowitz hat
Marquardt darauf hingewiesen, dass sich nach jüdischem Verständnis
Gotteserkenntnis ereignet im Tun der Tora. Was es bedeutet, dass Gott
māqōm heißt und der Zufluchtsort der Welt ist, werden wir wohl erst
dann verstehen lernen, wenn wir uns in seine Loberäume hineinsingen
und wenn wir in unserer Welt Refugien für die einräumen, die flüchtig
sind und keinen Ort haben. Wer weiß, ob nicht diese doppelte utopische Praxis unsere Welt so einladend machen könnte, dass *Gott* in sie
zurückkehrt und *wir* gewiss werden, *dass* er – mit dem letzten Wort der
theologischen Utopie Marquardts (Utopie, 577) – »dies gerade so *will*
und darin: *lebt*«.

---

[86] Zum Zusammenhang zwischen dem Ort der Asylstätte, »jedem Ort«, an dem
Gott seinen Namen kundmachen will (Ex 20,24), und der Rechtssammlung des
Bundesbuches überhaupt als Ort Gottes (in der Tora) vgl. *F. Crüsemann*, Die Tora,
a.a.O., 201–213.

[87] In: zimmerlautstärke. gedichte, Frankfurt a.M. 1972, 41.

DANIEL MUNTEANU

Das Filioque – ewige Streitfrage oder Herausforderung der ökumenischen Trinitätslehre?

Als Paulus die Gemeinde in Ephesus besuchte, fragte er die Jünger von dort: »Habt ihr den Heiligen Geist empfangen, als ihr gläubig wurdet? Sie antworteten ihm: *Wir haben noch nicht einmal gehört, dass es einen Heiligen Geist gibt*« (Apg 19, 2).

Die heutigen Theologen und Gläubigen wissen mehr als die Jünger von Ephesus, denn sie bekennen den Heiligen Geist als trinitarische Person zusammen mit dem Vater und dem Sohn. Das heißt natürlich nicht, dass der Heilige Geist seinen geheimnisvollen Charakter preisgegeben hätte. Es ist eine bittere Ironie der Geschichte, dass die Lehre von der Person des Heiligen Geistes, der von allen Christen als der *Geist der Gemeinschaft* anerkannt wird, zum Grund des Streites und sogar der Kirchenspaltung geworden ist. Es handelt sich dabei um die Frage, ob er »allein aus dem Vater hervorgeht« (»ἐκ μόνου τοῦ πατρός ἐκπορευόμενον«), oder »aus dem Vater und dem *Sohn*« (ex Patre Filioque procedit).

1 Vorbemerkungen

Das Filioque-Problem gilt heute immer noch als eines der wesentlichen Hindernisse auf dem Weg zur Kommunionsgemeinschaft der östlichen und der westlichen Kirche.[1] Neben dem politischen Gegensatz, den Rom und Byzanz[2] kennzeichnete, war das Filioque der dogmatische Hauptunterschied und einer der Hauptfaktoren,[3] der 1054 zum Schisma geführt hatte.[4] Zum *Symbol der Trennung* geworden, markiert das Filioque nicht nur die wohl bekannteste und »historisch am stärks-

---

[1] Vgl. *H.J. Schulz*, Der wissenschaftliche Ertrag der Studientagung, in: *A. Stirnemann / G. Wilflinger* (Hg.), Vom Heiligen Geist. Der gemeinsame trinitarische Glaube und das Problem des Filioque, Innsbruck/Wien 1998, 15.

[2] Vgl. *H.J. Marx*, Filioque und Verbot eines anderen Glaubens auf dem Florentinum. Zum Pluralismus in dogmatischen Formeln, St. Augustin/Steyl 1977, 15.

[3] Vgl. Bericht. Das Filioque aus ökumenischer Sicht, in: *L. Vischer* (Hg.), Geist Gottes – Geist Christi. Ökumenische Überlegungen zur Filioque-Kontroverse, Frankfurt a.M. 1981, 9.

[4] Vgl. *V. Lossky*, The mystical Theology of the Eastern Church, London 1957, 13. 56; vgl. *T. Ware*, The Orthodox Church, London 1963, 52, 57, 70, 322.

ten belastete Unterscheidungslehre zwischen westlichem und östlichem Christentum«,[5] sondern auch den wichtigsten Punkt, an dem heute eine *ökumenische Pneumatologie* scheitert.

Da die Frage nach dem Filioque die umfassende Frage nach dem Verständnis und der Bedeutung der Trinität überhaupt in sich birgt, kann das Ausgehen des Heiligen Geistes vom Vater und die Rolle des Sohnes bei diesem Ausgehen nur im Rahmen eines trinitarischen Diskurses behandelt und verstanden werden.[6] So weist z.B. das Einfügen des Filioque in das Glaubensbekenntnis auf ein unterschiedliches Verständnis der Trinität[7] hin, nämlich auf eine »Divergenz im Zugang zur Trinität«.[8] U. Küry nennt diese Divergenz ein »Schisma im Gottesbegriff«.[9] Der Westen und der Osten arbeiten mit »irreducibly diverse forms of thought«.[10] Bereits 1892 bemerkte Th. de Régnon in seinen *Études de Théologie positive sur la Sainte Trinité*, dass die lateinischen Theologen die Einheit Gottes durch das göttliche Wesen begründen, während die östlichen Theologen diese Einheit durch die Lehre von den drei göttlichen Hypostasen rechtfertigen wollen.[11]

Die Beschäftigung mit der Einheit Gottes durch das sogenannte Substanzdenken[12], das die Einheit Gottes vorwiegend als *Einheit des Wesens* formuliert, führte im Westen zu einem bestimmten *Personbegriff*. *Augustinus* (354–430), der eigentliche Begründer des Filioque[13] (U. Küry), dachte Gott in der *Analogie der menschlichen Seele* als Dreiheit von »Sein, Erkenntnis und Liebe« (esse, nosse, amare) oder von »Erinnerung, Verstand und Wille« (memoria, intellectus et voluntas), oder auch von »Vernunft, Erkenntnis und Liebe« (mens, notitia et amor).[14] Diese triadische Tätigkeiten der menschlichen Seele können aber nicht

---

[5] *P. Hofrichter*, Der Ausgang des Heiligen Geistes – Einführung in die Problemlage, in: A. Stirnemann / G. Wilflingen (Hg.), Vom Heiligen Geist, 36.
[6] Vgl. *L. Vischer*, Vorwort, in: *ders.* (Hg.), Geist Gottes – Geist Christi, 7.
[7] Vgl. *D. Ritschl*, Zur Geschichte der Kontroverse um das Filioque und ihrer theologischen Implikationen, in: *L. Vischer* (Hg.), Geist Gottes – Geist Christi, 25.31.
[8] Bericht. Das Filioque aus ökumenischer Sicht, 9f.
[9] *U. Küry*, Die Bedeutung des Filioque-Streites für den Gottesbegriff der abendländischen und der morgenländischen Kirche, IKZ 33, 1943, (1–19) 2.
[10] *A. Dulles*, The Survival of Dogma, Garden City 1973, 167. Hinweis von *D. Ritschl*, Zur Geschichte der Kontroverse um das Filioque und ihrer theologischen Implikationen, in: *L. Vischer*, Geist Gottes – Geist Christi, 31.
[11] *Th. de Régnon*, Études de Théologie positive sur la Sainte Trinité, I, Paris 1892, 429: »Le Latin fonde sa théorie sur l´unité de la substance divine (...) le Grec fonde sa théorie sur le dogme des trois hypostases divines«.
[12] Vgl. *M. Schmaus*, Die Denkform Augustins in seinem Werk de trinitate, München 1962, Bayerische Akademie der Wissenschaften Heft 6, 16: »Den Grund für die Einheit und Einzigkeit sieht Augustinus in der divinitas bzw. in der einen essentia oder natura«.
[13] Vgl. *U. Küry*, Die Bedeutung des Filioque-Streites, 2f.
[14] Vgl. *D. Pintaric*, Sprache und Trinität. Semantische Probleme in der Trinitätslehre des hl. Augustinus, Salzburg/München 1983, 53f, 72f.

mit der Person identifiziert werden. Augustinus meinte, dass die Personhaftigkeit der drei Hypostasen real sei, weil es sich um eine andere Ordnung handle. Augustinus hob einerseits das Bezogen-Sein der Person (persona vero relative), andererseits die Einheit Gottes als Einheit der göttlichen Substanz hervor.[15] Es ging ihm primär um die Einheit »und erst sekundär um die Dreiheit in Gott«[16]. Die Wesenseinheit Gottes überwiegt in diesem Modell gegenüber der Dreiheit.[17]

Thomas von Aquin hat seinerseits die Beziehungen, die aus den relationes originis (Ursprungsbeziehungen) – durch die sogenannten processiones: Zeugung des Sohnes und Hauchung des Geistes – entstehen, als Grundlagen für die Personhaftigkeit Gottes verwendet, indem er die innertrinitarische Relation mit der Person gleichsetzte: *Persona est relatio*.[18] Die Beziehung *Vaterschaft*, *Sohnschaft* und *Hauchung* sind substantiell (relationes subsistentes), bestehen dauerhaft in sich selbst[19] und konstituieren die göttlichen Personen: paternitas subsistens est persona patris, filiatio subsistens est persona filii.[20] In diesem Sinne sei die *generatio activa* die Vaterschaft, die *generatio passiva* die Sohnschaft und die *spiratio activa*[21] die vom Vater und Sohn gemeinsam vollzogene Hauchung des Geistes. In diesem Verständnis hauchen der Vater und der Sohn den Geist nicht als unterschiedliche Personen, sondern als »*unum principium*«,[22] als ein einziges Prinzip. Das Verständnis der Person als subsistente Relation erweckt den Eindruck, als sei der personale Charakter Gottes zweitrangig. Die Trinität erscheint

---

15 Augustinus, De trinitate, VII, 6,11.
16 *M. Schmaus*, Die Denkform Augustins, 15.
17 Vgl. *L. Boff*, Der Dreieinige Gott. Gott der sein Volk befreit, Düsseldorf 1987, 72.
18 Thomas von Aquin, STh I, q 40, art.2; vgl. Thomae de Aquino, Quaestiones de Trinitate divina, Tübingen 1934, q XXX, Art. 1, 25: »Persona in divinis significat relationem ut rem subsistentem in natura divina«; XXIX, Art. 4, 20: »Persona enim divina significat *relationem ut subsistentem*«, 25: »nomen persona in divinis significat simul *essentiam* et *relationem*. Et hoc est significare relationem per modum substantiae, quae est *hypostasis subsistens in natura divina*«.
19 Vgl. *L. Boff*, Der dreieinige Gott, 74.
20 Vgl. Thomas von Aquin, STh, q 30, art. 2, 40.
21 A.a.O., 30, 4c; vgl. *R. Simon*, Das Filioque bei Thomas von Aquin, Frankfurt a.M. 1994, 129–138.
22 Das Konzil von Lyon 1274 deutet das Filioque folglich: »Der Heilige Geist geht ewig vom Vater und vom Sohn aus, nicht wie von zwei Prinzipien, sondern wie von einem einzigen Prinzip, nicht durch zwei Hauchungen, sondern durch eine einzige Hauchung« (DS 850). Das Konzil von Florenz stellte ein »principaliter« des Hervorgangs des Geistes vom Vater fest. Vgl. *L. Boff*, Der dreieinige Gott, 232; vgl. *B.J. Hilberath*, Pneumatologie, in: *Th. Schneider* (Hg.), Handbuch der Dogmatik, Bd. I, Düsseldorf 1992, 541: »Der Westen (...) sieht die Konsubstantialität gerade durch das Filioque gewahrt. Wegen der Wesenseinheit ist der Sohn auch am Hervorgang des Geistes – communiter, nicht principaliter (gemeinschaftlich, nicht hauptrangig) – beteiligt«.

in diesem theologischen Konstrukt nicht mehr als eine *apriorische Gegebenheit*, sondern als etwas vom Wesen Gottes Entfaltetes. Das Wesen Gottes gewinnt somit den Vorrang gegenüber der Person. Aus diesem Grund warf Bulgakoff der westlichen Trinitätslehre *Impersonalismus im Gottesbegriff* vor, da sie ein »neutrales Es, ein unpersönliches Sein Gottes, eine essentia Dei« voraussetzt.[23] Im östlichen Denken kann das Wesen Gottes niemals die Quelle der Person sein, da es niemals ein abstraktes, apersonales Wesen Gottes gibt. Ein unpersonales göttliches Wesen kann keine Person hervorrufen und ist per definitionem unvollkommen. Allein die Person des Vaters kann als der personale Ursprung des Sohnes und des Geistes gedacht werden, so dass der Ausgang des Heiligen Geistes nicht substantieller, sondern nur hypostatischer Art ist.

Durch die Gleichsetzung der Person mit einer bestimmten Relation verliert die Person die Eigenschaft, ein Zentrum eigener Aktivität bzw. mehrerer Relationen zu sein! Der Heilige Geist als *subsistierende spiratio* des Vaters und des Sohnes wird somit zur ewigen Passivität, zur *spiratio passiva* verurteilt.[24] Eine vollkommen passive Person kann aber keine vollkommene Person sein. Die Dreifaltigkeit selbst kann nicht vollkommen sein, wenn eine Person unvollkommen ist. Mit der Person des Heiligen Geistes steht und fällt folglich die Wirklichkeit der Trinität.

Dumitru Staniloae, der rumänisch-orthodoxe Theologe, der von O. Clèment als »der größte orthodoxe Theologe« unserer Zeit gelobt wurde,[25] verstand den Ausgang des Geistes vom Vater (Joh 15,16) als aktive Bewegung des Ausgehens aus dem Vater, wobei weder der Vater noch der Geist passive Personen sind. Der Geist geht aktiv vom Vater aus, aber auch der Vater hypostasiert die ganze göttliche Natur im Heiligen Geist.[26] Das gleiche gilt für die Geburt des Sohnes. Staniloae sprach dabei von einer trinitarischen Intersubjektivität, wobei alle drei göttliche Personen den Akt der Geburt des Sohnes und des Ausgehens des Geistes erleben, »jeder aber aus seiner eigenen Stellung«.[27] Dank dieser Intersubjektivitätslehre – als moderne Übersetzung der Perichoresislehre – verstand Staniloae die trinitarischen Personen nicht als Relationen, sondern als Zentren von Relationen. Der Heilige Geist ist (konstituiert) somit eine trinitarische Person, die als offenes Zentrum

---

[23] Hinweis bei *U. Küry*, Die Bedeutung des Filioque-Streites für den Gottesbegriff, 10.

[24] Vgl. *L. Boff*, Der dreieinige Gott, 111: Boff spricht von einer aktiven Hauchung für den Vater und den Sohn und einer passiven Hauchung für den Heiligen Geist, da er das Geschenkt, die Liebe bzw. das Band zwischen Vater und Sohn sei.

[25] *O. Clèment*, Der größte orthodoxe Theologe, in: Rumänische Rundschau, XLVIII Jahrgang, Nr. 293–295, 149f; vgl. *ders.*, Préface, in: *D. Staniloae*, Prière de Jésus et expérience du Saint-Esprit, Paris 1981, 7.

[26] Vgl. *D. Staniloae*, Orthodoxe Dogmatik, Bd. I, 271; ab hier OD I.

[27] A.a.O., 273.

der einladenden und kenotischen Liebe einen Ruhepol für den Vater und den Sohn darstellt.[28] Staniloae lehnte das Filioque vorwiegend deshalb ab, weil es den personalen Charakter des Geistes verwischt und zur *Subordination* des Geistes unter den Vater und den Sohn führt.[29]

Auch Jürgen Moltmann kritisiert die von Augustinus[30] und Thomas von Aquin[31] vertretene Gleichsetzung von Person und Relation, die bis heute die katholische[32] und evangelische[33] Theologie dominiert,[34] als einen »Rückfall in den Modalismus«.[35] Moltmann stimmt mit den Kappadoziern überein, dass man den Vater – pater – anbeten kann, die Vaterschaft – paternitat – hingegen nicht.[36] Der Vater teilt mit dem Sohn alles außer seiner Vaterschaft, damit der Sohn nicht zum *zweiten Vater* wird und das *personale Gegenüber* nicht verschwindet (vgl. IGD, 67). Die Relationen sind unübertragbar, weil die göttliche Liebe das *personale Anderssein* bewahrt, obwohl sie das »Einssein im Anderssein« konstituiert (ebd.).

---

[28] A.a.O., 277–280.

[29] A.a.O., 274.

[30] Vgl. *A. Augustinus*, De Trinitate, VII, 15-17.

[31] Vgl. Thomas von Aquin, Summa Theologiae, Turin/Rom 1952–1956, I, q 40, a2; 30, 4c; vgl. *R. Simon*, Das Filioque bei Thomas von Aquin, Frankfurt a.M. 1994, 129–138; vgl. *O.H. Pesch*, Thomas von Aquin. Grenze und Größe mittelalterlicher Theologie, Mainz 1988, 46f.

[32] Vgl. Theologisch-Historische Kommission für das Heilige Jahr 2000 (Hg.), Gottes Geist in der Welt, Regensburg 1997, 20: »Die drei göttlichen Personen sind also in der einen Gottheit reine Beziehungen«; vgl. *W. Kasper*, Der Gott Jesu Christi, Mainz 1982, 354. 376; vgl. *B. Forte*, Trinität als Geschichte. Der lebendige Gott – Gott der Lebenden, Mainz 1989, 138f.

[33] Vgl. *K. Barth*, KD I, 1, 385f; vgl. *E. Jüngel*, Gott als Geheimnis der Welt. Zur Begründung der Theologie des Gekreuzigten im Streit zwischen Theismus und Atheismus, Tübingen [6]1992, 513: »Der Heilige Geist ist neben Vater und Sohn eine dritte göttliche Relation, nämlich die Relation zwischen den Relationen des Vaters und des Sohnes, also die Relation der Relationen und insofern eine ewig neue Beziehung Gottes auf Gott«.

[34] Die Tatsache, dass diese Korrektur nicht vollkommen ist, zeigt sich, wenn Moltmann meint, der Heilige Geist gehe »aus der Vaterschaft des Vaters hervor« (GL, 320).

[35] *J. Moltmann*, Die versöhnende Kraft der Dreieinigkeit im Leben der Kirche und der Gesellschaft, in: OeFo 6/1983, 48.

[36] *J. Moltmann*, In der Geschichte des dreieinigen Gottes. Beiträge zur trinitarischen Theologie, München 1991, 124 (ab hier IGD); vgl. *M. Schmaus*, Die Denkform Augustins in seinem Werk de trinitate, 14: »Zu der apersonal gedachten Usia kann man jedoch nicht beten. Das Gebet kann sich nur an die personal zu verstehende Hypostasis richten«.; vgl. S. 17: »Zu dem ipsum esse lässt sich schwer ein Gebet verrichten«; vgl. *L. Boff*, Der dreieinige Gott, 139: »Niemand betet eine ›distinkte Subsistenzweise‹ an; angebetet wird der Vater, der Sohn und der Heilige Geist. ›Distinkte Subsistenzweise‹ oder, bei Barth, ›Seinsweise‹ sind unterpersonale Ausdrücke«.

Die von Moltmann vollzogene Korrektur der Gleichsetzung von Person und Relation hat eine konstruktive Wirkung auf seine Pneumatologie, da er daraufhin den Heiligen Geist nicht mehr als Relation bzw. als »vinculum amoris« beschreibt, sondern als trinitarische Person, d.h. als bewusstes »göttliches Subjekt«[37] und als »Aktionszentrum« der Relationen mit dem Vater und dem Sohn (TRG, 159f.141f).

In der Filioque-Problematik sollen drei Ebenen unterschieden werden. Die erste ist die kirchenrechtliche und kanonische, die zweite die historische und die dritte die dogmatische Ebene.

a. Aus *kirchenrechtlicher bzw. kanonischer* Sicht handelt es sich beim Filioque um eine »nachträgliche Einfügung« in den Bekenntnistext eines ökumenischen Konzils (TRG, 197;[38] GL, 17). Dieses kanonisch-liturgische Problem ist postmodern ausgedrückt eine illegitime Änderung des kanonischen Gedächtnisses der Kirche.[39] Daher lässt sich das Entfernen des Filioque aus dem offiziellen Glaubensbekenntnis rechtfertigen. Laut B.J. Hilberath hat das kanonische Problem aufgrund der ökumenischen Bemühungen den kirchentrennenden Charakter verloren, da die Kirchen des Westens dazu neigen, den ursprünglichen Text des Glaubensbekenntnisses anzuerkennen. Seit 1752 ist die Formel für die unierten Kirchen nicht mehr verpflichtend, und bei der 1600-Jahrfeier des Konzils von Konstantinopel wurde das Filioque vom Papst Johannes Paul II. ausgelassen.[40]

b. Beim Schisma von 1054 spielten auch politische Faktoren eine bedeutende Rolle. Die Kontroversen zwischen Konstantinopel und dem Westen waren zweifelsohne nicht nur theologischer, sondern auch politischer Natur. Dennoch kommt dem Filioque dabei eine so wichtige Rolle zu, dass es durchaus als »*historisch schädlich(e)*« Lehre be-

---

[37]   *J. Moltmann*, Trinität und Reich Gottes. Zur Gotteslehre, Gütersloh ⁴1994, 185, ab hier TRG.

[38]   Vgl. *J. Moltmann*, Der Geist des Lebens. Eine ganzheitliche Pneumatologie, München 1991, ab hier GL, 308: Moltmann nennt als »nichttheologische(n) Faktor« dieser Einfügung den Klerikalismus: »Werden Gott durch Christus, Christus durch den Papst und der Papst durch die Bischöfe und Priester vertreten, dann wird durch das *filioque* in den Ursprungsbeziehungen der Heilige Geist mit allen seinen Charismen und Energien in der Heilsgeschichte an das Wirken des Klerus gebunden«.

[39]   Vgl. Erklärung der Internationalen Altkatholischen Bischofskonferenz zur Filioque-Frage, in: IKZ, 61, 1971, 69: »In Übereinstimmung mit der auf der I. Bonner Unionskonferenz von 1874 angenommenen These, erklären wir erneuert: die Art und Weise, in welcher das Filioque in das Nizänisch-Konstantinopolitanische Glaubensbekenntnis eingeschoben wurde, war unkanonisch«; vgl. *W. Pannenberg*, Die Bedeutung des Bekenntnisses von Nicäa-Konstantinopel für den ökumenischen Dialog heute, in: TutzSt 2/1981, 37f.

[40]   Vgl. *B.J. Hilberath*, Pneumatologie, 540.

zeichnet werden kann (GL, 321), die zur »Kirchenspaltung« bzw. zum »kirchlichen Schisma« geführt hat.[41]

c. Das Filioque hat *keine biblische Begründung*. Im Johannesevangelium heißt es deutlich, dass der Heilige Geist vom Vater ausgeht (Joh 15,26) und vom Sohn gesandt wird. Der innertrinitarischen Ausgang des Heiligen Geistes darf nicht mit der geschichtlichen Sendung durch den Vater und den Sohn verwechselt werden. Auch der Sohn wird vom Vater und vom Geist gesandt, was nicht einschließt, dass die heilsgeschichtliche Sendung des Sohnes vom Vater und vom Geist ein innertrinitarisches Spirituque hinsichtlich der Zeugung des Sohnes rechtfertigen würde.

Die kanonischen und historischen Konsequenzen lassen sich nicht von den dogmatischen Folgen des Filioque in der Trinitätslehre trennen. Aus diesem Grund verbindet Moltmann zu Recht die Rücknahme des Filioque aus dem NC mit der Notwendigkeit einer Neuformulierung der Trinitätslehre.

2 Die trinitätstheologischen Konsequenzen des Filioque

a. Die binitarische und subordinatianistische Neigung der westlichen Trinitätslehre

Die augustinische »psychologische Trinitätslehre« mit Filioque hat im Westen zu einer *Subordination* des Heiligen Geistes geführt, da sie der Person und dem Wirken des Geistes gegenüber der Person des Vaters und des Sohnes keine Eigenständigkeit zuerkennt (vgl. GL, 9). Wenn die Personalität des Heiligen Geistes ungenügend artikuliert wird, besteht die Gefahr der Auflösung der Trinität in eine Binität von Vater und Sohn, deren Einheit mit der Einheit des Wesens gleichgesetzt wird. Der Heilige Geist wird nicht mehr als trinitarische Person gesehen, sondern als »Korrelation«, als »vinculum amoris« verstanden (vgl. TRG, 159). In diesem augustinischen Ansatz ist der Heilige Geist Gabe – *donum*, Geschenk Gottes –, aber niemals Geber.[42]

Wenn die trinitarischen Personen keine distinkte Bewusstseins- und Aktionszentren sind, dann ist die Dialogizität der Liebe unglaubwür-

---

41 J. *Moltmann*, GL, 13; vgl. *ders.*, Erfahrungen theologischen Denkens. Wege und Formen christlicher Theologie, Gütersloh 1999, 270, ab hier EtD.
42 Vgl. *M. Schmaus*, Die Denkform Augustins in seinem Werk de trinitate, 24. Augustinus sieht in der Bezeichnung des Geistes als Geschenk Gottes ein nomen proprium des Heiligen Geistes – das gemeinsame Geschenk von Vater und Sohn; *W. Pannenberg*, Systematische Theologie Band 3, Göttingen 1993, 23f: Pannenberg übernimmt das augustinische Verständnis des Geistes als Gabe und versucht m.E. unüberzeugend, seine personale Selbständigkeit im Verhältnis zum Vater und zum Sohn darin zu erkennen, dass der Geist »Inbegriff der ekstatischen Bewegung des göttlichen Lebens« sei.

dig. *Karl Rahner* ging z.B. so weit, dass er sogar eine »gegenseitige (zwei Akte voraussetzende) Liebe zwischen Vater und Sohn« verneinte und nur »eine liebende, Unterschied begründende Selbstannahme des Vaters« akzeptierte.[43] Selbst in der Trinitätslehre *Heribert Mühlens*, der das Filioque personalistisch zu interpretieren versucht, indem er den Vater als das göttlich »ICH«, den Sohn als das göttliche »DU« und den Heiligen Geist als das göttliche »WIR« bzw. als das Band der Liebe zwischen den beiden beschreibt, fehlt dem göttlichen »WIR« im Gegensatz zum göttlichen »ICH« und »DU« der Selbstbezug, das personale Gegenüber-Sein des Heiligen Geistes. Auch Hans Urs von Balthasar spricht vom Heiligen Geist als dem »Wir, der ewige Dialog des Vaters mit dem Sohn«.[44]

b. Die Geistvergessenheit und der Christomonismus

Die sogenannte »Geistvergessenheit« der westlichen Theologie lässt sich jedenfalls auf das Filioque zurückführen. Der Ausgang des Heiligen Geistes *auch vom Sohn* ermöglicht m.E. eine *autonome Christologie*, die ohne die Beteiligung des Heiligen Geistes auskommen möchte. Das lineare einbahnige Bild von Vater – Sohn – Heiliger Geist lässt keine pneumatologische Christologie zu. Eine direkte Folge sehe ich in der Überbetonung der Christologie, die oft von den östlichen Theologen als Christomonismus bezeichnet wurde.

Durch die Einführung des Filioque ins NC wurden die ursprünglichen Beziehungen der Trinität auf die starre Ordnung *Vater – Sohn – Geist* eingeschränkt. In dieser Trinitätsform der Sendung des Geistes durch den auferstandenen Christus bleibt der Heilige Geist nolens volens das dritte Rad am Wagen, als der vom Vater und vom Sohn gesandte. Der Heilige Geist als condilectus ist ein gemeinsames Objekt der Liebe, aber niemals eine aktiv liebende Person. In dieser Ordnung kommt seine Personalität ungenügend zum Ausdruck, und die Wechselseitigkeit zwischen dem Sohn und dem Geist bleibt unberücksichtigt. Die Folge ist eine unterentwickelte pneumatologische Christologie, die das Wirken des Sohnes außerhalb des Kraftfeldes des Geistes sieht.

Bereits Basilius der Große trat einer solchen nichtpneumatologischen Christologie entgegen: »Die Ankunft Christi? Ihr geht der Geist voraus. Seine Gegenwart im Fleisch? Der Geist ist davon nicht zu trennen. Wundertaten und Gaben der Heilung wurden durch den Heiligen Geist gewirkt«.[45]

Die Wechselseitigkeit zwischen dem Sohn und dem Geist wird nicht nur heilsgeschichtlich, sondern auch innertrinitarisch unmöglich, wenn

---

43   *K. Rahner*, Der dreifaltige Gott als transzendenter Urgrund der Heilsgeschichte, Mysterium Salutis, II, Einsiedeln 1967, 366, Anm. 26.
44   *H.U. von Balthasar*, Spiritus Creator, Einsiedeln 1967, 152.
45   *Basilius von Cäsarea*, Über den Heiligen Geist, Freiburg i.Br. 1967, 77 (41b).

der Geist vom Vater und vom Sohn ausgeht. In diesem Fall kann die Zeugung des Sohnes nichts mit dem Ausgang des Geistes zu tun haben. Der Sohn und der Geist werden durch das Filioque nicht in einem Wechsel-, sondern in einem Einbahnstraße-Verhältnis gesehen (GL, 15). Der Weg geht immer »nur vom Sohn zum Geist, nicht mehr vom Geist zum Sohn« zurück (GL, 321, IGD, 91f). Moltmann bezeichnet zu Recht diese Sichtweise als falsch, weil der Sohn auch vom Geist in die Welt gesandt und seine ewige Zeugung vom Vater durch den gleichzeitigen Ausgang des Geistes begleitet wird. Moltmann schreibt dieser Begleitung eine solche Intensität zu, dass er von einer Geburt des Sohnes »durch den Geist« spricht (GL, 321f). Der Sohn wird vom Geist derart geprägt, dass er »a patre spirituque« kommt (GL, 84).[46] Wenn der Sohn »Empfänger« und »Wohnung« des Geistes ist (GL, 322), dann kann der Geist nicht mehr an die dritte Stelle der Trinität platziert werden wie in der filioquistischen, linearen Ordnung. Diese innertrinitarische Wechselseitigkeit zwischen dem Sohn und dem Geist erleichtert wiederum das Verstehen der Interdependenz zwischen der Christologie und der Pneumatologie.

c. Zwei Quellen der Gottheit oder monopersonaler Ausgang des Heiligen Geistes?

Das Filioque verwischt die Differenz zwischen den personalen Eigenschaften und verstärkt den Eindruck, »der Heilige Geist habe *zwei Ursprünge*« (IGD, 127). Damit wird die Einheit Gottes bedroht (ebd.).
Nur durch die Bewahrung der Differenz zwischen der Eigenart des Vaters und jener des Sohnes wird die Vorstellung ausgeschlossen, den Sohn in Konkurrenz zum Vater als zweite Quelle bzw. Ursache der Gottheit des Heiligen Geistes anzusehen (ebd.). Wenn die personale Eigenschaft des Vaters als Quelle der Gottheit übertragbar wäre, dann könnte er sich erstens vom Sohn nicht unterscheiden, und zweitens wäre der Sohn selbst wäre nicht nur am Hervorgehen des Heiligen Geistes als »Vater des Geistes«[47] beteiligt, sondern auch am Ursprung seiner selbst! Hilberath bemerkt zu Recht, dass das Hervorgehen des Geistes vom Vater und vom Sohn »wie aus einem Prinzip« die Hypostasen vermischt, sodass der Geist am Ende aus sich selbst hervorgeht.[48]
Um die Auflösung der Trinität auszuschließen, dürfen die personalen Eigenschaften nicht als übertragbar gedacht werden. Die trinitarischen

---

46 Vgl. *D. Staniloae*, Der Ausgang des Heiligen Geistes vom Vater, 160; vgl. *Moltmann*, GL, 85. 308, Anm. 49.
47 A.a.O., Staniloae bemerkt dazu, dass diese Ansicht den Eindruck erweckt, als sei der Vater durch die Zeugung des Sohnes schwach geworden und benötige darum die Hilfe des Sohnes, um den Heiligen Geist auszuhauchen!
48 A.a.O., 541.

Personen haben alles gemeinsam außer den personalen Eigenschaften
(vgl. TRG, 215).

Ein weiteres Problem besteht darin, dass durch das Filioque der Sohn
nicht mehr als Gegenüber, sondern als »Selbst des Vaters« angesehen
wird (ebd.). Der Vater und der Sohn sind dann nicht »eins«, sondern
»einer« (ebd.). Wenn aber der Vater und der Sohn zwei unterschiedliche Personen konstituieren, kann die Liebe des Vaters nicht mit der
Liebe des Sohnes gleichgesetzt werden: »Sie korrespondieren einander
in der Konkordanz von Hervorrufen und Erwidern« (ebd.). Wenn der
Vater und der Sohn nicht mehr in ihrem Anderssein gedacht werden,
verliert die personale Wechselbeziehung der Liebe ihren Sinn und Bestand, und die Wirklichkeit der Trinität bleibt fragwürdig / nur eine
Theorie (ebd.).

d. Die Verhinderung einer trinitarischen Pneumatologie

*Das Filioque hat »die Entwicklung einer trinitarischen Pneumatologie
behindert«* (TRG, 195). Die Tiefe der Filioque-Kontroverse basiert
m.E. auf einem unterschiedlichen Gottesbild.[49] Das Filioque ist nicht
bloß eine Aussage über den Ausgang des Heiligen Geistes nur vom
Vater oder vom Vater und vom Sohn aus, sondern über das radikale
Verständnis des dreieinigen Gottes.[50] Mit dem Filioque steht und fällt
ein kategoriales Verständnis Gottes, und zwar die »Kategorie der individuellen Person«. Moltmann stellt fest, dass es in der Geschichte für
das ewige Leben der Trinität nur zwei Kategorien von Analogien gegeben hat, nämlich »die Kategorie der individuellen Person und die
Kategorie der Gemeinschaft« (TRG, 216). Die *Kategorie der individuellen Person* hat im Westen durch die psychologische Trinitätslehre
Augustins den Vorrang gewonnen. Im Osten dagegen wird bis heute
das Bild der Familie und damit die *Kategorie der Gemeinschaft* verwendet: drei Personen, eine Familie bzw. eine Gemeinschaft (ebd.).

Moltmann vertritt die Ansicht, dass die Kategorie der individuellen Person in der
westlichen Theologie zu einer modalistischen Tendenz beigetragen hat (vgl. TRG,
189), indem auf ihrer Basis die trinitarische Personen auf »distinkte Subsistenzweisen eines einzigen Subjekts« (Rahner) oder auf »drei Seinsweisen« (Barth)[51] redu-

---

[49] Vgl. *U. Küry*, Die Bedeutung des Filioque-Streites, 2: »Das Schisma der Kirche war und ist ein Schisma im Gottesbegriff«.

[50] *J. Moltmann*, Foreword, in: *D. Reid*, Energies of the Spirit. Trinitarian Models
in Eastern Orthodox and Western Theology, Atlanta/Georgia 1997, Xiii; in diesem
Sinne halte ich die Streichung des Filioque aus dem NC gegen *B. Oberdorfer*, Filioque. Geschichte und Theologie eines ökumenischen Problems, Göttingen 2001,
560, für trinitätstheologisch notwendig.

[51] Vgl. *J.H. Choi*, Aspekte der Pneumatologie Karl Barths. Mit einem Beitrag
zur Lehre vom Heiligen Geist in der protestantischen Kirche Koreas, Inaugural-
Dissertation Heidelberg 1987, 56–57; vgl. *T. Freyer*, Pneumatologie als Struktur-

ziert wurden.[52] Diese Kategorie beeinflusste auch die Vorstellung von der Person des Heiligen Geistes, sodass er nicht mehr als wirkliche Person bzw. als Subjekt von Handlungen angesehen wurde, sondern nur noch als »Band der Liebe« (TRG, 159). Deshalb birgt die auf diese Kategorie basierende westliche Trinitätslehre nicht nur eine modalistische, sondern auch eine binitarische Tendenz in sich (ebd.). Darüber hinaus trug eine missliche Anwendung dieser Kategorie zu einer Überbetonung der Herrschaft und der Monarchie Gottes bei und führte damit unvermeidlich zum Subordinatianismus, da in der Gottesherrschaft des »Einen Gottes«, die »nur von einem einzigen Subjekt ausgeübt werden« kann, nur die »Haltung der Unterwerfung« toleriert wird (IGD, 90): »Dem Einen Gott muss darum auch der Sohn, und dem Sohn der Geist untergeordnet werden« (ebd.). Moltmann kritisiert diese Anschauung, da in der »Weltmonarchie des Einen Gottes« der Heilige Geist nur als die Wirkung dessen Herrschaft verstanden wurde (IGD, 91). Deshalb konnte die durch die Subordination geprägte westliche Tradition nur eine »monarchische, d.h. subordinatianische Pneumatologie« entfalten (ebd.).

Moltmann lastet die monarchische, binitarische und subordinatianische Tendenz der westlichen Theologie dem Filioque an, das seiner Meinung nach dazu neigt, den Heiligen Geist dem Sohn und dem Vater unterzuordnen und ihn zu »entpersönlichen« (IGD, 92).

Die Lösung zur Überwindung dieser Gefahren sieht Moltmann in der auf die *Kategorie der Gemeinschaft* basierenden sozialen Trinitätslehre (vgl. GL, 13). Sie bietet nicht nur eine konstruktive Alternative zur westlichen filioquistischen Pneumatologie, sondern legt auch das Fundament zur trinitarischen Pneumatologie (ebd.). Die soziale Trinitätslehre schließt die Unterordnung des Heiligen Geist unter den Vater und den Sohn aus, indem sie seiner Person und seinem Wirken »ihre relative Eigenständigkeit« zugesteht (GL, 9; vgl. EtD, 270; vgl. IGD, 91).

Die soziale Trinitätslehre versteht die trinitarischen Personen als reale Subjekte mit unterschiedlichen Personalitäten (vgl. TRG, 205). Jedes dieser Subjekte verfügt über Verstand und Willen, sie kommunizieren miteinander und sind in ihrer Zuwendung in der Liebe eins (vgl. IGD, 123). Auf diese Weise betont die soziale Trinitätslehre die Wechselseitigkeit zwischen den trinitarischen Personen und ermöglicht ein Verständnis des Heiligen Geistes in seiner Gemeinschaft mit dem Vater und dem Sohn ohne Herrschaft und Unterwerfung. Dieses Verständnis von Gemeinschaft und von Wechselseitigkeit, das die Voraussetzung der trinitarischen Pneumatologie[53] bildet, kann nach Moltmann erst dann erreicht werden, wenn auf das Filioque verzichtet und in der Pneumatologie mit dem Ausgang des Geistes nur vom Vater begonnen wird (vgl. IGD, 92).

---

prinzip der Dogmatik. Überlegungen im Anschluss an die Lehre von der ›Geisttaufe‹ bei Karl Barth, Paderborn/München/Wien/Zürich 1982, 320–339.

[52] Vgl. *J. Moltmann*, TRG, 155. 162; vgl. *ders.*, IGD, 119; vgl. *ders.*, E, 100f.

[53] Vgl. *B.R. Strong*, The Economy of the Spirit in ecumenical Perspective, Rom 1991, 141f.

e. Das Filioque verdeckt die kosmische Weite des Geistes

Als erster kritisiert Moltmann die schwach entwickelte Schöpfungstheologie des Westens, die er mit dem Filioque in Zusammenhang bringt. Er nimmt in der evangelischen und katholischen Theologie eine reduktionistische Tendenz bezüglich der Person des Heiligen Geistes wahr. Moltmann hält ihnen vor, dass sie den Heiligen Geist ausschließlich als erlösenden Geist verstehen und ihn vom leiblichen bzw. natürlichen Leben ausgrenzen (vgl. GL, 21). Somit erscheint er als Jenseitskraft und nicht mehr als »jene göttliche Lebenskraft, (...) die alles Lebendige durchdringt« (ebd.). Schließlich führt das nach Moltmann dazu, dass der Heilige Geist nur noch als Geist der Kirche und des Glaubens anstatt als Schöpfungsgeist bzw. als Geist der Neuschöpfung verstanden wird (ebd.).

Moltmann benennt zwei Gründe für diese einschränkende Auffassung: erstens eine »Platonisierung des Christentums«, die eine »Leibfeindlichkeit« und »Weltabgeschiedenheit« nach sich zieht (ebd.). Zweitens nennt er die Einführung des Filioque in das Glaubensbekenntnis, die dazu führt, dass sich u.a. das Verständnis des Heiligen Geistes nur noch als »Geist Christi« und nicht mehr zugleich auch als »Geist des Vaters« zeigt (ebd.). Bedingt durch dieses reduzierte Verständnis erschien der Heilige Geist durch das Filioque nur als Geist der Erlösung und nicht mehr als »Schöpfungsgeist« (ebd.), da dem Sohn das Erlösungswerk und dem Vater das Werk der Schöpfung zugeschrieben wurden. Auf diese Weise befürwortete das Filioque die Diskontinuität zwischen Erlösung und Schöpfung.

Moltmann ist daher überzeugt, dass die Ablehnung des Filioque einerseits die Wiederentdeckung des Geistes »in der Natur, in den Pflanzen, in den Tieren und in den Ökosystemen der Erde« ermöglicht, andererseits zur Wiederherstellung der »Identität des erlösenden Geistes Christi mit dem schöpferischen und lebendigmachenden Geist Gottes« (GL, 23) bzw. zwischen dem »spiritus sanctificans« und »spiritus vivificans« (GL, 22) beitragen kann. Überdies führt nach Moltmanns Ansicht die Ablehnung des Filioque zu einem pneumatologischen Verständnis der Erlösung als Auferstehung des Fleisches und als Neuschöpfung, da mit der Beseitigung der einschränkenden Vorstellung, dass sich die Wirkung des Heiligen Geistes nur auf der soteriologischen Ebene entfaltet, eine pneumatologische Kosmologie möglich wird.[54]

---

54   Vgl. *J. Moltmann / Y. Congar*: Der Heilige Geist (Rezension), in: ThLZ 108, 1983, 627: »Es hat bei Congar den Anschein, als sei der Geist Gottes Geist und der Geist der Kirche und des Glaubens allein«; vgl. *H.-H. Lin*, Die Person des Heiligen Geistes als Thema der Pneumatologie in der reformierten Theologie, Frankfurt a.M. 1988, 257.

Mit diesem pneumatologischen Verständnis von der Erlösung als Neuschöpfung nähert sich Moltmann stark der orthodoxen Theologie an,
die immer die kosmische Seite der Verklärung betont hat (vgl. ODIII,
86). Das zeigt sich u.a. auch in der Studie, die H.U. von Balthasar über
die Theologie Maximus' Confessors unter dem Titel:»Die kosmische
Liturgie« veröffentlichte!

3. Ist das Filioque eine Häresie oder ein Theologumenon?

Man muss mit Moltmann durchaus übereinstimmen, dass das Filioque
ebenso wenig »für alle Fehler der Kirche und der Theologie im Westen« verantwortlich ist, wie seine Ablehnung »für alle Tugenden im
Osten« (IGD, 91).
Für die orthodoxen Theologen verbirgt sich hinter dem Filioque jedoch
mehr als eine »Interpretationsformel«, die dem »ἐκ μόνου τοῦ πατρός«
von ihrer Intention her gleichgestellt werden dürfte. Die »ökumenische
Partei« von Maximus Confessor, B. Bolotov, S. Bulgakov u.a. bezeichnet es als theologische Meinung (theologoumenon). Die strengere Partei Vl. Lossky, L.P. Karsavine, Trembelas bezeichnet das Filioque als
lateinische Häresie (impedimentum dirimens).[55] D. Staniloae nennt es
eine unoffenbare Lehre. B. Bobrinskoy erkennt im Filioque etwas Positives, wenn es den Heiligen Geist als gegenseitige Liebe und Band
der Liebe zwischen dem Vater und dem Sohn darstellt, jedoch mit der
Ergänzung, dass jede trinitarische Person die anderen zwei in sich
selbst verbindet. Der Heilige Geist ist zwar die gemeinsame Gabe des
Vaters und des Sohnes, aber auch ein Selbstgeber. Außerdem ist nach
Bobrinskoy der Sohn am Ausgang des Geistes vom Vater »nicht unbe-
teiligt«.[56] Die Beteiligung des Sohnes am Ausgang des Geistes (διὰ τοῦ
Υἱοῦ) wurde in der östlichen Theologie niemals kausal verstanden. Der
Sohn wurde im Osten niemals spirans des Geistes oder συμπροδολεὺς
genannt.[57]
Yves Congar zeigt seine Bereitschaft, auf das Filioque im Glaubensbekenntnis zu verzichten, wenn es von den Orthodoxen nicht mehr als
Häresie beschimpft wird.[58] W. Kasper fragt sich aber zu Recht, warum
das Filioque überhaupt aus dem Glaubensbekenntnis weggenommen
werden sollte, wenn es keine Häresie darstellt.[59]

---

[55] Vgl. La precession du Saint Esprit, in: Istina 1, 1972, 257f.
[56] *B. Bobrinskoy*, Le Mystère de la Trinité. Cours de théologie orthodoxe, Paris 1986, 304.
[57] Vgl. *B. Bolotov*, Thèses sur le »Filioque«, in: Istina 1, 1972, 287.
[58] Vgl. *Y. Congar*, Der Heilige Geist, Freiburg i.Br. 1982, 451
[59] Vgl. *W. Kasper*, Der Gott Jesu Christi, Mainz 1982, 272; vgl. *W. Pannenberg*, Systematische Theologie Band 1, Göttingen 1988, 346, Anm. 184.

Das Filioque kann m.E. nicht als Theologumenon charakterisiert werden, solange es im Glaubensbekenntnis steht. Eine theologische Meinung ohne Heilsbedeutung wird es erst dann, wenn der ursprüngliche Text des NC offiziell angenommen wird. Das NC ist »das einzige wirklich gesamtkirchliche Bekenntnis (...). Sein Text gilt praktisch in allen Konfessionen als autoritativ und wird oft als gottesdienstliches Credo verwandt«.[60] Aus diesem Grund ist ein NC ohne Filioque das »Basisdokument der Ökumene«, weil es den Glauben der noch ungeteilten Christenheit zum Ausdruck bringt.[61]

4. Schritte zur Versöhnung hinsichtlich der Lehre vom Heiligen Geist

1. Der erste Schritt zur Wiederversöhnung, ein Zeichen des Friedens und der Dialogbereitschaft, wäre das Entfernen des Filioque aus dem Glaubensbekenntnis. Dass dies möglich ist, zeigte Papst Johannes Paul II. beim Besuch des ökumenischen Patriarchen Bartholomeos I. in Rom 1995 und 2002 beim Besuch des Patriarchen Teoctist in Rom, als er in der Messe das Credo ohne Filioque verwendete. Von der evangelischen Seite plädieren Theologen wie Moltmann und Pannenberg für die Rückkehr zum ursprünglichen Text des Glaubensbekenntnisses. Pannenberg versteht die Einfügung des Filioque im ökumenischen Bekenntnis als eine unangemessene, unkanonische und zu bedauernde Ergänzung, die zurückgenommen werden muss.[62]
2. Der Verzicht auf die Bezeichnung »häretisch« von der Seite der orthodoxen und der katholischen Theologen! Die katholischen Theologen sollen in Übereinstimmung mit Papst Paul VI. dem theologischen Konsens folgen, dass die vom 2. Konzil von Lyon (1274) deklarierte Verdammung »derer, die den ewigen Hervorgang des Heiligen Geistes vom Vater und vom Sohn« verneinen, nicht mehr gültig ist.[63]
3. Eine der wichtigsten Aufgaben der ökumenischen Theologie sehe ich in den Bemühungen um eine gemeinsame Definition der innertrinitarischen Verhältnisse (Ursprungsrelationen) zwischen dem Heiligen

---

60 W.-D. *Hauschild*, Nicäno-Konstantinopolitanisches Glaubensbekenntnis, in: TRE 24, 1994, 454.
61 R. *Staats*, Das Glaubensbekenntnis von Nikäa-Konstantinopel. Historische und theologische Grundlagen, Darmstadt 1996; vgl. A. *Vletsis*, Filioque: Ein unendlicher Streitfall? Aporien einer Pneumatologie in Bewegung, in: K. *Nikolakopoulos / ders.* / V. *Ivanov* (Hg.), Orthodoxe Theologie zwischen Ost und West. Festschrift für Prof. Theodor Nikolaou, Frankfurt a.M. 2002, 371: auch Vletsis sieht die Einheit im Glaubensbekenntnis als »unabdingbare Voraussetzung der Einheit der Kirchen«.
62 Vgl. W. *Pannenberg*, Systematische Theologie Band 1, Göttingen 1988, 344f.
63 Le Filioque: une question qui divise l'Église? Déclaration commune de la Commission théologique orthodoxe-catholique d'Amérique du Nord Saint Paul's College, Washington, DC le 25 octobre 2003, in: Irénikon 77, Nr. 1, 2004, 100.

Geist, dem Sohn und dem Vater. Wie ist die nichtkausale Beteiligung des Sohnes am Hervorgang des Geistes zu verstehen (der Geist geht vom Vater aus und empfängt vom Sohn, ruht auf dem Sohn, leuchtet durch den Sohn)? Wie verhalten sich die Konstitutions- und die Relationsebene zueinander und die Monarchie des Vaters zum absoluten perichoretischen, kenotischen Gott der vollendeten Liebe? Wenn die Konstitutionsebene mit der Relationsebene verwechselt werden, taucht das Bild von L. Boff auf, alles in der Trinität sei Patreque, Filioque und Spirituque zugleich![64]

4. Eine gemeinsame Basis der ökumenischen Pneumatologie sehe ich in der Anerkennung der Unbegreiflichkeit Gottes bzw. des unvollendeten Charakters aller Bilder und Analogien sowohl der »psychologischen« als auch der »sozialen« Trinitätslehre;[65]

5. Solange keine ökumenische Entscheidung vorliegt, kann die Frage des Ausgangs des Heiligen Geistes als eine *offene Frage* behandelt werden.[66] Diese Offenheit in der Frage des Hervorgangs des Heiligen Geistes könnte mit dem Mysterium seiner Person assoziiert werden. Wenn der Mensch ein mysterium ineffabile ist (homo definiri nequit), wie soll man dann die geheimnisvolle Person des Heiligen Geistes definieren wollen? Dennoch soll die Apophatik der trinitarischen Personen kein Grund dafür sein, die ökumenische Lösung des Filioque-Problems auf die eschatologische Ankunft des Geistes zu verschieben!

Die entscheidende Frage ist, inwieweit das Filioque zur katholischen und evangelischen Identität gehört. Inwieweit sind die katholischen und evangelischen Christen bereit, auf das Filioque zu verzichten? Aus kanonischer Sicht wäre es ein großer Fortschritt, wenn es aus dem offiziellen Glaubensbekenntnis herausgenommen wird. Auf der anderen Seite sollen die orthodoxen Theologen m.E. mehr Rücksicht nehmen und immer daran denken, dass das Filioque, wenn es auch nicht unbedingt zur Identität eines heutigen postmodernen westlichen ökumenischen Theologen gehört, doch ein Teil seiner geschichtlichen Tradition ist. Aus diesem Grund dürfen die Orthodoxen zwar scharfe Kritik an dem Filioque üben, sollen aber dabei niemals die Ebene der theologischen Argumentation verlassen und das Gefühl der anderen Christen durch Besserwisserei verletzen. Wenn die Orthodoxen ihre Apopha-

---

[64] Vgl. *L. Boff*, Der dreieinige Gott, 170, 266.

[65] *B.J. Hilberath*, Pneumatologie, 532: »Die Grenze der *sozialen* Analogie der Gemeinschaft liegt, grundsätzlich gesehen, darin, dass das Miteinander von Menschen immer als notwendige Ergänzung erfahren wird, während es in der Trinität als vollkommene Durchdringung (Perichorese), als unüberbietbares Zugleich von Selbstsein und Im-andern-Sein betrachtet werden muss«.

[66] *L. Boff*, Der dreieinige Gott, 85: »Offen bleibt die Weise, wie er hervorgeht: direkt oder durch den Sohn (griechische Spiritualität) oder auch vom Sohn (lateinische Spiritualität)«.

tismuslehre ernst nehmen, müssen sie auch zugeben, dass der menschliche Verstand keine Ahnung davon haben kann, was die Zeugung des Sohnes und der Ausgang des Heiligen Geistes ist. Die intimsten Geheimnisse des dreieinigen Gottes bleiben für die Geschöpfe für immer unzugänglich, selbst im ewigen Leben nach der Auferstehung. Denn niemals wird der Mensch die Unendlichkeit Gottes einschränken (begreifen) können. Nur Gott selbst kann durch die Kenosis seiner Liebe ein Vorgeschmack seiner unsagbaren Komplexität vermitteln: Und das ist das *Mysterium der Trinität*, »ein lebendiger Gott in drei Personen«, ein »Minimum an Verstehen« der »abgrundtiefen Unendlichkeit Gottes« bzw. des Geheimnisses seiner vollkommenen Liebe. Das, was wir als Menschen für die Wahrheit halten, verliert seine Gültigkeit, wenn es sich in ein Idol verwandelt. Die echte Wahrheit gibt es nur in der Liebe und kann niemals als privater Besitz in Anspruch genommen werden, sondern nur erlebt werden in der Offenheit der Gemeinschaft!

Die Lehre vom Heiligen Geist, vom Geist der Wahrheit, der Liebe und des Lebens nimmt die Form einer höchsten Beleidigung dieser göttlichen Person an, wenn sie zum Grund der Trennung und Unversöhntheit instrumentalisiert wird. In diesem Sinne ist ja nicht nur Christus das Lamm Gottes, das ewig geopfert wird, der gekreuzigte Gott, sondern der Heilige Geist selbst bleibt im Gekreuzigten gekreuzigt, solange wir als Christen nicht gelernt haben, dass allein die *trinitarische Doxologie* der wahre Weg zur Erkenntnis Gottes ist und die heilsame Hilfe zur Überwindung der Spaltung.

Der Weg dorthin führt m.E. durch das verstärkte Bewusstsein der eigentlichen Grenzen der theoretischen Vernunft. Die wahre Erkenntnis erschöpft sich niemals in rationaler Begrifflichkeit. Ihr Ziel ist die Vereinigung von Erkennenden und Erkannten. Die wahre Erkenntnis des Heiligen Geistes ist das Leben in ihm, im Heiligen Geist, das Leben in der Liebe. Basilius der Große hat richtig gedeutet, dass der Weg zur Erkenntnis Gottes die Doxologie ist. Hier werden der Vater, der Sohn und der Heilige Geist verehrt und angebetet. Die Homotimie ist der Beweis der Homoousie. Die Gemeinschaft ohne Unterordnung wird den Menschen im Gebet durch die Epiklese erschlossen, indem der Heilige Geist, der die Tiefen der Gottheit erforscht, die verwandelnde Ruhe seiner Einwohnung schenkt.

Der Streit um die Identität des Heiligen Geistes ist paradox, wenn man bedenkt, dass die Geschöpfe sich so viel Sorgen um den geheimnisvollen Tröster machen. Dieser Streit bleibt sinnlos, denn wer verbittert streitet, hat den Geist der Liebe bereits verloren. In diesem Sinne stellt die ökumenische Lehre vom Heiligen Geist eine einmalige Chance dar, die konfessionellen Einschränkungen zu vergessen und gemeinsam in

die Zukunft der Verheißungen Gottes zu blicken.[67] Dieses hoffnungs-
volle Blicken auf Gott kann durchaus die Form folgenden Rufes annehmen:

»*Veni Creator Spiritus* und verwandle uns und die ganze Schöpfung
im Wohnort deiner Heiligkeit!«

---

67 Vgl. *J. Moltmann*, Ohne Macht mächtig. Predigten, München 1981: 76:
»Wenn der Regen kommt, braucht man nicht mehr ums Wasser zu streiten. Man
soll sich mit allen am Regen freuen«.

Daniel Munteanu / Heinrich Bedford-Strohm

Trinität und Gemeinschaft der Liebe

Ethische Konsequenzen der trinitarischen Rede von Gott

1 Was hat die Trinitätslehre mit der Ethik zu tun?

Eine der wesentlichen Fragen der heutigen trinitarischen Theologie im Dialog mit der Ethik ist die nach der praktischen Bedeutung der Offenbarung des trinitarischen Gottes, wie ihn schon die Bibel in den Blick nimmt und wie ihn dann die christliche Theologie der ersten Jahrhunderte denkerisch zu durchdringen versuchte. Welche Relevanz kann es für die Gläubigen von heute und die postmoderne Gesellschaft haben, ob Gott als eine Person oder als eine trinitarische Gemeinschaft gedacht wird? Kann das trinitarische Denken bei der Entwicklung einer tragfähigen Ethik helfen, oder handelt es sich dabei nur um eine dogmatische Denkanstrengung, die letztlich ohne Konsequenzen für das von der Ethik reflektierte zwischenmenschliche Handeln bleibt? Spielt es für die Ethik irgendeine Rolle, ob Gott in den Denkkategorien des menschlichen Subjekts als eine Person mit drei unterschiedlichen Relationen oder in den Denkkategorien der Gemeinschaft als drei Personen mit einer Fülle von Relationen gedacht wird?

Immanuel Kant vertrat die Meinung, dass sich »aus der Dreieinigkeitslehre (...) schlechterdings nichts fürs Praktische« machen lasse.[1] Diese These wird heute von den Theologinnen und Theologen bestritten, die sich der ethischen Reflexion trinitarischen Denkens näher gewidmet haben. Aber auch in der ethischen Urteilsbildung der ökumenischen Bewegung finden wir Ansätze einer neuen Würdigung trinitarischen Denkens.

In der Einführung zu seinem Buch *In der Geschichte des Dreieinigen Gottes* weist Jürgen Moltmann darauf hin, dass das Verständnis Gottes als Gemeinschaft nicht nur in der orthodoxen Theologie wie z.B. bei Christos Yannaras, Dumitru Staniloae und Boris Bobrinskoy den Ausgangspunkt bildet, sondern auch in der katholischen Theologie gelehrt wird.[2] Michael Schmaus versteht die Lehre von der Dreieinigkeit als »vollendete Gemeinschaftslehre«.[3] Ebenso plädieren M.J. Scheeben,[4]

---

[1] *I. Kant*, Der Streit der Fakultäten (1798), Berlin 1917, 38f.
[2] *J. Moltmann*, In der Geschichte des dreieinigen Gottes. Beiträge zur trinitarischen Theologie, München 1991, 12.
[3] *M. Schmaus*, Katholische Dogmatik I, München 1960, 6, 491.

Wiegand Siebel,[5] B.J. Hilberath[6] und Bruno Forte[7] ihrerseits für eine soziale Trinitätslehre. Jeder dieser Theologen versteht den dreieinigen Gott als einladende Gemeinschaft, als Urbild der Gesellschaft. Wie eng dabei das Verständnis der innergöttlichen Gemeinschaft mit dem jeweils vertretenen Gesellschaftsideal zusammenhängt, zeigt ein Blick in das 1873 erschienene Handbuch der katholischen Dogmatik von M.J. Scheeben. Nach Scheeben bilden »die göttlichen Personen diese durchaus einzige und erhabene Gesellschaft, eine Gesellschaft, deren Glieder in der vollkommensten Weise gleichartig, verwandt und verbunden sind, und welche deshalb das unerreichbare, ewige und wesentliche Ideal aller Gesellschaft ist.«[8]
Von der göttlichen Trinität wird hier das Ideal größtmöglicher Homogenität im gesellschaftlichen Zusammenleben der Menschen abgeleitet. Diese trinitarische Begründung der Ethik verfolgt damit Interessen, die den heutigen analogen Denkansätzen genau entgegenlaufen. Heutige Denkversuche sehen angesichts der Herausforderungen des modernen Pluralismus in der innergöttlichen Gemeinschaft eine Inspiration dafür, die Gesellschaft gerade unter dem Aspekt ihrer Differenz ins Auge zu fassen.
Worin liegt das ethische Potential dessen, was sich in der Diskussion unter der Bezeichnung »soziale Trinitätslehre« herausgebildet hat? Der Autor, der sich in Deutschland am detailliertesten zu dieser Frage geäußert hat, ist Jürgen Moltmann. Deshalb soll im Folgenden näher auf sein theologisches Denken eingegangen werden.

2 Trinitätslehre und Ethik – Ansätze in der Theologie der Gegenwart

2.1 Jürgen Moltmanns soziale Trinitätslehre und ihr ethisches Potential

Jürgen Moltmann ist einer der wichtigsten Vertreter des trinitarischen Denkens in der westlichen evangelischen Welt. Die Tiefe der trinitarischen Dimension seines Weltbildes zeigt sich sehr deutlich, wenn er die christliche Theologie als unausweichlich trinitarisch beschreibt, d.h., dass nur eine trinitarische Theologie die Basis einer christlichen Theologie[9] bilden kann. Die Trinitätslehre stellt für ihn kein leeres li-

---

4   *M.J. Scheeben*, Handbuch der katholischen Dogmatik I, Freiburg 1873, 884.
5   *W. Siebel*, Der Heilige Geist als Relation. Eine soziale Trinitätslehre, Münster 1986.
6   *B.J. Hilberath*, Der Dreieinige Gott und die Gemeinschaft der Menschen. Orientierungen zur christlichen Rede von Gott, Mainz 1990.
7   *B. Forte*, Trinität als Geschichte – Der lebendige Gott – Gott der Lebenden, Mainz 1989.
8   *Scheeben*, Handbuch der katholischen Dogmatik, 884.
9   *J. Moltmann*, Die trinitarische Geschichte Gottes, in: *ders.*, Zukunft der Schöpfung. Gesammelte Aufsätze, München 1977, 90.

turgisches Symbol und auch keine Spekulation ohne Erfahrung und Praxis dar, sondern den begrifflichen Rahmen der Geschichte Christi. Ohne die Trinitätslehre kann weder Jesus als Sohn Gottes verstanden noch der lebendige Gott als lebendig gedacht werden.[10]

2.1.1 Kritik des »possessiven Individualismus«

Moltmann beabsichtigt mit seinem trinitarischen Weltbild die Überwindung des modernen abendländischen Anthropozentrismus, der den Menschen zu »Krone und Mittelpunkt der Welt« macht. Nicht dem Menschen, sondern dem trinitarischen Gott selbst soll die Rolle als Maß und Ziel aller Dinge zukommen.[11]

Moltmann verbindet die Entwicklung des »possessiven Individualismus« in der westlichen Kultur mit dem Verlust der sozialen Trinitätslehre. Seine These lautet, dass die Reduktion der trinitarischen Personen auf ein absolutes Subjekt zu einer Individualkultur führt.[12] So zeigt seiner Meinung nach die Auffassung Gottes als ein einziges »Subjekt mit zwei Hervorgängen«, wie sie Augustin und Thomas von Aquin vertreten,[13] eine klare Tendenz zum »Individualismus in der Anthropologie«.[14] Im Gegensatz dazu bietet die soziale Trinitätslehre die Möglichkeit eines »sozialen Personalismus« und eines »personalen Sozialismus«.[15]

Eine erste Voraussetzung zur Überwindung einer zum Individualismus führenden Trinitätslehre[16] sieht Moltmann in der Überschreitung der Angst vor dem Tritheismus. Diesen hält er nur für ein »künstliches Feindbild«, das aufgebaut wurde und wird, »um die monotheistische Betonung der Einheit Gottes gegenüber den drei göttlichen Personen zu rechtfertigen«.[17] Der Vorwurf des Tritheismus kann nach Moltmann in den trinitätstheologischen Diskussionen nicht aufrechterhalten werden, da »es (...) noch nie einen christlichen Theologen gegeben (habe), der eine Lehre von ›drei Göttern‹ vertreten hat«.[18]

---

[10]   A.a.O., 89f.

[11]   Vgl. *J. Moltmann*, Gott im Projekt der modernen Welt. Beiträge zur öffentlichen Relevanz der Theologie, Gütersloh 1997, 29.

[12]   Vgl. *J. Moltmann*, Trinität und Reich Gottes. Zur Gotteslehre, München ³1994,172.

[13]   *J. Moltmann*, Gott in der Schöpfung. Ökologische Schöpfungslehre, Gütersloh ⁴1985, 244.

[14]   A.a.O., 240.

[15]   *J. Moltmann*, Trinität und Reich Gottes, 216f.

[16]   Vgl. *J. Moltmann*, Geleitwort, in: *Mar-Osthathios*, Theologie einer klassenlosen Gesellschaft, Hamburg 1980, 11; vgl. *E. Moltmann-Wendel / J. Moltmann*, Humanity in God: God with the Human Face, New York 1983, 104: »The special unity of the Triune God« as »the primal image of real human community«.

[17]   *J. Moltmann*, Antwort auf die Kritik an »Der gekreuzigte Gott«, in: *M. Welker* (Hg.), Diskussion über das Buch »Der gekreuzigte Gott«, München 1979, 182.

[18]   *J. Moltmann*, Erfahrungen theologischen Denkens. Wege und Formen christlicher Theologie, Gütersloh 1999, 281, Anm. 30.

Die zweite Voraussetzung zur Überwindung des possessiven Individualismus bietet sich Moltmann zufolge in einem veränderten Verständnis Gottes. Gott soll nicht mehr in der augustinischen Kategorie der individuellen Person bzw. als Individuum gedacht werden, sondern in der Kategorie der Gemeinschaft bzw. als Gemeinschaft,[19] die dem ewigen Leben der Trinität am besten entspricht.[20] Moltmann stimmt mit Staniloae[21] überein, dass mit dem trinitarischen Gemeinschaftsbegriff der Perichoresis, die im »dreieinigen Gott das ewige Leben des Vaters, des Sohnes und des Geistes ausmacht«, sowohl der »Egoismus des Paares« als auch »die Icheinsamkeit des Narziß« überwunden werden können.[22]

2.1.2 Der Urbildcharakter der vollendeten Liebe Gottes

Moltmann stellt fest, dass die Kategorie der individuellen Person zu einer misslichen Überbetonung der Monarchie Gottes beitrug, welche nur die »Haltung der Unterwerfung« toleriert.[23] In der Herrschaft des »Einen Gottes«, die »nur von einem einzigen Subjekt ausgeübt« wird, ist nicht nur der Sohn und der Geist untergeordnet, sondern auch die Menschheit und die Schöpfung. Die soziale Trinitätslehre hingegen versteht die trinitarischen Personen als reale Subjekte, die miteinander kommunizieren und in ihrer Zuwendung in der Liebe eins sind.[24] Diese offene, schöpferische und integrierende Gemeinschaft der Liebe Gottes besitzt für Moltmann Urbildcharakter »für die personale Gemeinschaft der Menschen in Kirche und Gesellschaft«:[25]
a. Die trinitarische Koinonia führt laut Moltmann zu einer trinitarischen Anthropologie der sozialen Gottebenbildlichkeit. Wenn die Gottebenbildlichkeit nicht in der Gottesherrschaft, sondern in der Trinität gesehen wird, gewinnt nicht die einzelne Person, sondern die Gemeinschaft der menschlichen Personen göttliche Würde.[26] Auf der Basis dieser sozialen Gottebenbildlichkeit befürwortet Moltmann eine Ekklesiologie, welche die lebendige Einheit der Gemeinde als Abbild

---

19 Vgl. *J. Moltmann*, Geleitwort, in: *Mar Osthathios*, Theologie, 11f: Diese Kategorie ermöglicht einen »Personalismus ohne Individualismus und (einen) Sozialismus ohne Kollektivismus«.
20 *J. Moltmann*, Trinität und Reich Gottes, 216.
21 Vgl. *D. Staniloae*, Der dreieinige Gott und die Einheit der Menschheit, in: EvTh 41, 1981, 439f.
22 *J. Moltmann*, Gott in der Schöpfung, 229.
23 *J. Moltmann*, In der Geschichte des dreieinigen Gottes, 90.
24 A.a.O., 123; vgl. *Ders.*, Die Einheit des dreieinigen Gottes. Bemerkungen zur heilsgeschichtlichen Begründung und zur Begrifflichkeit der Trinitätslehre, in: *W. Breuning* (Hg.), Trinität. Aktuelle Perspektive der Theologie, Freiburg 1984, 106f.
25 *J. Moltmann*, Trinität und Reich Gottes, 173; 217; vgl. *E. Moltmann-Wendel / J. Moltmann*, Humanity in God, 106: »Social personalism and personal socialism could be brought theologically to a point of convergence with the help of the social doctrine of the Trinity«.
26 A.a.O., 93.

und Teilnahme an der trinitarischen Gemeinschaft Gottes selbst erfasst.[27]

b. Der Gedanke der Perichoresis, also der wechselseitigen Durchdringung der trinitarischen Personen, drückt eine »herrschaftsfreie Kommunikation« aus.[28] Moltmann nennt diese vollkommene Gemeinschaft des dreieinigen Gottes »Matrix und Lebensraum für die freie Gemeinschaft von Männern und Frauen ohne Herrschaft und ohne Unterwerfung in gegenseitiger Achtung und wechselseitiger Anerkennung«.[29] Hierin liegt ihm zufolge der Urbildcharakter der Trinität.

c. Moltmann hat darauf hingewiesen, dass sich die Trinitätslehre ohne die Pneumatologie nicht verstehen lässt,[30] weil die »Preisgabe der Personalität des Heiligen Geistes« zur Auflösung der Trinitätslehre führt. »Aus Trinität wird Binität und aus Binität Monismus. Übrig bleibt der göttliche Weltmonarch«.[31] Moltmanns Pneumatologie überwindet das theistische Bild des absolut transzendenten, leidensunfähigen Gottes und ermöglicht die Grundvorstellungen der Schechinah, der Einwohnung Gottes, sowie der Immanenz Gottes in seiner Schöpfung.[32] Gottes Einwohnung in Raum und Zeit geschieht durch den Heiligen Geist[33] und ist ein Zeichen dafür, dass die vollkommene Liebe Gottes zutiefst kenotisch ist. Gottes schöpferische Kenosis seiner Liebe, seiner Empathie, seiner Zuwendung und seiner einladenden Offenheit bilden eine unauflösliche Einheit.

Bemerkenswert ist dabei Moltmanns ethisch relevante Wiederentdeckung der Weiblichkeit des Heiligen Geistes und der Mütterlichkeit des Vaters, wodurch er den »Patriarchalismus im Gottesbild« und die »Vorherrschaft des Mannes in der Kirche« zu überwinden beabsichtigt.[34]

d. Moltmanns soziale Trinitätslehre nimmt auch die klare Form eines politischen, gesellschaftsumgestaltenden Programms der Befreiung von allen unterdrückenden Herrschaftsformen an, indem er zeigt, dass

---

27 A.a.O., 98: »Die Gemeinde ist die ›gelebte‹ Trinität. In der Gemeinde wird die gegenseitige Liebe praktiziert, die der ewigen Liebe der Trinität entspricht«.
28 *J. Moltmann*, In der Geschichte des dreieinigen Gottes, 16.
29 A.a.O., 17.
30 Vgl. *D. Munteanu*, Der tröstende Geist der Liebe. Zu einer ökumenischen Lehre vom Heiligen Geist über die trinitarischen Theologie *J. Moltmanns* und *D. Staniloaes*, Neukirchen-Vluyn 2003, 69–132.
31 *J. Moltmann*, Der Geist des Lebens. Eine ganzheitliche Pneumatologie, München 1991, 27.
32 *J. Moltmann*, Gott in der Schöpfung, 25.110; vgl. *ders.*, In der Geschichte des dreieinigen Gottes, 113; vgl. *ders.*, Erfahrungen theologischen Denkens, 272.
33 *J. Moltmann*, Der Geist des Lebens, 60.
34 A.a.O., 100.

der trinitarische, leidensfähige und einwohnende Gott jede Rechtfertigung des monarchischen Absolutismus oder der Diktatur aufhebt.[35]
Die trinitarische Theologie Moltmanns gab sowohl der Befreiungstheologie als auch der Feministischen Theologie entscheidende Impulse. Dieser konstruktive Einfluss lässt sich sehr deutlich in der Theologie L. Boffs und E. Johnsons erkennen.

2.2 Die trinitarische Gemeinschaft als Grundlage der gesellschaftli-
chen Befreiung – Leonardo Boffs soziale Trinitätslehre

Die soziale Trinitätslehre Moltmanns inspirierte die lateinamerikani-
sche Befreiungstheologie in ihrem gesellschaftlichen Handeln, indem
sie zur Ablehnung der autoritären, die Menschenwürde missachtenden
Systeme beitrug.

Leonardo Boff übernahm von Moltmann die These: »Die Dreieinigkeit
ist unser Sozialprogramm«[36] und verwendete sie als Motor seiner
Ethik der Befreiung. Die trinitarische Gemeinschaft ist für ihn sowohl
»Grundlage einer umfassenden gesellschaftlichen Befreiung«[37] als
auch »Kritik und Inspiration der menschlichen Gesellschaft«.[38] Boff
betont wie Moltmann die gesellschaftliche Relevanz der Trinität, wenn
er die Dreifaltigkeit als die »höchste Gesellschaft« und das »Modell
für jede und jegliche Art von Gesellschaft« beschreibt, die »nach Beziehungen der Teilhabe, Mitbestimmung und Gleichheit sucht«.[39] Für
ihn stellt das Geheimnis der Trinität als Geheimnis der vollkommenen
Perichoresis ein »Licht und Lösungsimpuls« für das Gesellschaftsle-
ben dar. In ihm offenbare sich die harmonische »Koexistenz zwischen
Person und Gesellschaft, zwischen dem Glück eines jeden und dem
Wohle aller«.[40] Unter diesem Aspekt fungiere das gemeinschaftlich-
perichoretische Modell der Dreifaltigkeit als eine befreiende Kritik und
eine unerschöpfliche Inspiration der menschlichen Gesellschaft hinsichtlich der Überwindung aller rassistischen, ökonomischen, ethni-
schen und geschlechtlichen Diskriminierungen.[41] In der Theologie
Boffs lässt sich erkennen, dass die soziale Trinitätslehre zu einem Han-

---

[35] Vgl. *J. Moltmann*, Trinität und Reich Gottes, 207–239; vgl. *G. Röschert*, Die
Trinität als politisches Problem. Zu den geistigen Grundlagen von Recht und Staat,
Stuttgart 1989, 75–100.
[36] Vgl. *L. Boff*, Der dreieinige Gott. Gott der sein Volk befreit, Düsseldorf 1987, 29.
[37] A.a.O., 145f.
[38] A.a.O., 173f.
[39] A.a.O., 140.
[40] A.a.O., 141; ähnlich *G. Mantzaridis*, Soziologie des Christentums, Berlin
1981, 122: »Das soziale Ideal der Orthodoxie ist im Grunde im orthodoxen Trinitätsdogma zusammengefaßt«. Das charakteristische Kennzeichen der vollkommenen Liebe des dreieinigen Gottes, der vollkommene Gemeinschaft der Liebe ist die
Uneigennützigkeit.
[41] A.a.O., 145f.173f.181f.

deln für die Gerechtigkeit und Umgestaltung der Gesellschaft durchaus dienlich sein kann, solange das Bild des gemeinschaftlichen Gottes die ständige Motivation für ein Kämpfen um soziale Gerechtigkeit, für die Gleichheit, die Solidarität und die Befreiung der Unterdrückten anregt. In der sozialen Trinitätslehre findet man aber nicht nur Inspiration und Motivation für die Umgestaltung der Gesellschaft, sondern auch die realen Maßstäbe der vollendeten Gesellschaft. Das Ziel der Gesellschaft sei, ein »Sakrament der Dreifaltigkeit« zu werden.[42] Und darum ist für ihn die Trinität das »wahre Gesellschaftsprogramm«.[43]

> Aus diesem Grund nennt Boff das Mysterium der Dreieinigkeit den »Prototyp« dessen, »was nach dem Willen des dreieinigen Gottes die Gesellschaft sein soll: In der Bejahung und Respektierung der einzelnen Personen sollen die Menschen so zusammenleben und -wirken, dass sie eine einzige Gesellschaft von Gleichgestellten und Brüdern bilden. Die Gesellschaft in ihrem heutigen Zustand, mit all ihren Spaltungen, Antagonismen und Ausgrenzungen, hat keine Erfahrung zu bieten, die eine Begegnung mit dem Geheimnis der Heiligen Dreifaltigkeit möglich macht. Damit sie das Bild und Gleichnis der Gemeinschaft der göttlichen Personen werden kann, bedarf sie der Umgestaltung«.[44]

L. Boff spricht in diesem Zusammenhang vom »Projekt Gottes« und meint damit die geschichtliche Verwirklichung des Reiches Gottes durch die Befreiung von der Knechtschaft der Sünde, die den Menschen und die Gesellschaft in die Gefangenschaft des Egoismus stürzt. Die sozialen und strukturellen Sünden der Unterdrückung und der Ungerechtigkeit in Form von Institutionen und Strukturen der Gesellschaft widersprechen »dem Projekt Gottes«.[45] Boffs Ethik wird somit durch die Definition des Christen als Arbeiter für die Befreiung, der die irdische Stadt mit der eschatologischen Stadt Gottes vereint, gekennzeichnet.[46]

2.3 Das Gottesbild und die Unterordnung der Frauen in der Gesellschaft – Elizabeth Johnson's feministische Perspektive

Nicht nur das Ebenbild Gottes wirkt in der Gesellschaft, sondern auch das Bild, das sich der Mensch von Gott macht. Die Tatsache, dass das Gottesbild gesellschaftliche Konsequenzen hat, zeigt *E. Johnson* in ihrem Buch »Ich bin, die ich bin: wenn Frauen Gott sagen«.[47]

---

42 *L. Boff*, Der dreieinige Gott, 26.
43 A.a.O., 29. Zu Boffs trinitarischer Theologie vgl. auch *R. von Sinner*, Reden vom dreieinigen Gott in Brasilien und Indien, Tübingen 2003.
44 *L. u. C. Boff*, Wie treibt man Theologie der Befreiung?, Düsseldorf 1986, 65.
45 A.a.O., 76.
46 A.a.O., 78.
47 *E. Johnson*, Ich bin die ich bin: wenn Frauen Gott sagen, Düsseldorf 1994, 18: Ein »kriegerischer Gott« führt zum »aggressiven Gruppenverhalten«. »Eine Ge-

Laut Johnson prägt das Gottesbild die »Lebensorientierung«, weil es immer als »letzter Orientierungspunkt (dient), um Erfahrung, Leben und Welt zu begreifen«.[48] Nur eine angemessene Sprache, um über Gott zu reden, kann den Patriarchalismus im Gottesbild überwinden und ein befreiendes emanzipatorisches Wirkpotential zur Gestaltung der Gesellschaft entfalten.

Johnson hat zu Recht erkannt, dass das Paradigma der Gemeinschaft zur Emanzipation von Frauen als vollberechtigte Menschen beitragen kann. Wenn in der trinitarischen Gemeinschaft keine Unterordnung existiert und Gott kein himmlischer Herrscher oder Mann ist, dann müssen die Frauen in der Gesellschaft als gleichberechtigt anerkannt werden. Der erste wichtige Schritt dazu liegt aber in der Dekonstruktion der patriarchalistischen Rede über Gott. Mit Hinweis auf die in Ex 3,14 bezeugte Selbstdefinition Gottes: »אֶהְיֶה אֲשֶׁר אֶהְיֶה« kommt Johnson zum Ergebnis, dass der unbenennbare Name des lebendigen Gottes mit »ICH BIN DIE ICH BIN«[49] übersetzt werden muss, wenn der Götzendienst der androzentrischen Sprache, die zum Sexismus führt, abgeschafft werden soll. Außerdem lässt das Hebräische diese Übersetzung durchaus zu, ist also sprachlich möglich und theologisch legitim.[50] Denn das patriarchalistische Gottesbild (»Vermännlichung Gottes«) führt nach Johnson zur sozialen Sünde des Sexismus bzw. zur Unterordnung der Frauen. Die patriarchale Gottessymbolik legitimiert ihrerseits die patriarchalen Sozialstrukturen in der Gesellschaft und verletzt durch ihren Absolutheitsanspruch einerseits das unbegreifliche Geheimnis des lebendigen Gottes, andererseits die Würde der Frau.[51] Aus diesem Grund schlägt Johnson vor, über Gott in der weiblichen Metapher von *Geist*, *Weisheit* und *Mutter* zu sprechen.[52]

Dabei übernimmt Johnson von Moltmann nicht nur die Schechinah-Vorstellung von der befreienden Einwohnung Gottes in seiner Schöpfung durch den Geist, sondern auch das emanzipatorische Potential des Sprechens über die *Mutterschaft des Geistes*.[53] Darüber hinaus versteht sie Gott wie Moltmann nicht als herrschenden Monarch, sondern als ein »relationales, dynamisches, dreipersonales Geheimnis der Lie-

---

meinschaft, die Gott als willkürlichen Tyrannen feierte, würde ihre Mitglieder ermutigen, sich ihren Mitmenschen gegenüber ungeduldig und respektlos zu verhalten. Andererseits würde das Sprechen über einen wohlwollenden und liebenden Gott, der Sünden vergäbe, die Glaubensgemeinschaft auf Sorge für die Nächsten und gegenseitige Vergebung ausrichten«.

[48] A.a.O., 18; vgl. *P.A. Fox*, God as Communion. John Zizioulas, Elizabeth Johnson, and the Retrieval of the Symbol of the Triune God, Minnesota 2001, 184f.

[49] *E. Johnson*, Ich bin, die ich bin, 327f.

[50] A.a.O., 325–328

[51] A.a.O., 60.65.

[52] A.a.O., 287f.307f.

[53] A.a.O., 119–124.

be«.[54] Ihr trinitarisches Gottesbild gründet wie das von Moltmann auf das *perichoretische Koinonia-Kenosis-Modell.*[55] Der dreieinige Gott offenbart sich als »Geheimnis der Beziehung«, sodass die Trinität nichts Statisches, sondern eine beziehungsreiche Lebendigkeit ist. Diese Vorstellung von der Gemeinschaft stelle die vorherrschenden Strukturen des Patriarchats in Frage.[56]

In Übereinstimmung mit Moltmann möchte Johnson ihr Bild von der immanenten Trinität durch die Heilsökonomie begründet wissen, welche die Personen der Trinität in verschiedenen Beziehungsmustern offenbart.[57] Gott dürfe nicht als starre Hierarchie verstanden werden, sondern als »lebendiges Geheimnis der Beziehung zu uns und zu sich selbst«.[58]

Der trinitarische Gemeinschaftsgedanke der wechselseitigen Perichoresis der drei göttlichen Personen dient Johnson zugleich als Vorbild für eine »herrschaftsfreie Kommunikation« und für die Gleichberechtigung der Frauen in der Gesellschaft. Die trinitarische Koinonia ist für sie das Symbol und die Quelle einer verwandelnden Ethik, welche die Menschen dazu ermächtigt, die Gesellschaft gemäß der vollkommenen Gemeinschaft Gottes zu gestalten.[59]

3   Die Aufnahme der sozialen Trinitätslehre in der ökumenischen Bewegung

Die ökumenische Bewegung ist vermutlich der Ort, an dem die soziale Trinitätslehre die größte Wirkkraft entfaltet hat. Der Gedanke, dass die spezifische Eigenart der inneren Einheit Gottes als Einheit in unterschiedlichen Beziehungen auch Konsequenzen für die Gestaltung der Gemeinschaft unter den Menschen haben könnte, hat seinen Ort in der ökumenischen Bewegung in erster Linie in der Ekklesiologie. Die Gemeinschaft der Kirche bzw. der Kirchen wird analog zur inneren Gemeinschaft Gottes gedacht. In dem Maße, in dem die Ekklesiologie zur Grundlage der Ethik gemacht wird, gewinnt die soziale Trinitätslehre dann auch Aussagekraft für die Ethik.

In seinem programmatischen Buch »Ökumene im Übergang« hat Konrad Raiser 1989 eine in diese Richtung gehende Standortbestimmung der ökumenischen Bewegung gegeben. Nach einer Ära des Christozentrismus als Begründungsparadigma für Ekklesiologie und Ethik nach dem Zweiten Weltkrieg sah er gegen Ende des 20. Jahrhunderts

---

54   A.a.O., 262.
55   A.a.O., 298. 308.316.
56   A.a.O., 20.
57   A.a.O., 266f.
58   A.a.O., 273.
59   Vgl. *P.A. Fox*, God as Communion, 248.

ein neues trinitarisches Paradigma sich entwickeln, dessen Beschreibung auch Anklänge an die soziale Trinitätslehre enthält:

»Die trinitarische Gemeinschaft Gottes als Beziehung von unterschiedenen Personen erschließt ein Verständnis von Gemeinschaft, das über die neuzeitliche Engführung des Begriffs der ›Gemeinschaft‹ als symbiotischer Beziehung im Gegensatz zu ›Gesellschaft‹ hinausführt. Gemeinschaft entsteht nicht als Folge des Zusammenschlusses von Individuen aufgrund von gemeinsamem Engagement, Überzeugung oder Zuneigung. Die bleibende Verschiedenheit der Partner ist vielmehr die Bedingung der Möglichkeit von Beziehung und Gemeinschaft. Eigenständigkeit und Bezogensein sind gleichursprünglich; Verschiedenheit und Gemeinschaft bedingen einander wechselseitig. Die Wirklichkeit von Gemeinschaft kann nur in, nicht über, vor oder unabhängig von der Bezogenheit der Verschiedenen erfasst werden.«[60]

Die »im Horizont einer sozialen Interpretation der Trinitätslehre gewonnene Vorstellung von ›Gemeinschaft‹« eröffnet für Raiser »die Möglichkeit, über die unauflösbare Spannung zwischen Einheit und Vielfalt innerhalb des bisherigen Paradigmas hinauszugelangen.«[61] Raiser grenzt sich hier von einem Homogenitätsideal von Gemeinschaft ab, wie es etwa von dem Soziologen Ferdinand Tönnies in seinem berühmten Buch »Gemeinschaft und Gesellschaft« am Ende des 19. Jahrhunderts vertreten wurde.[62] Die in der ökumenischen Ekklesiologie entwickelte Koinonia-Ethik hat den von Raiser beschriebenen Impuls aufgenommen und in Abgrenzung zu einem vereinnahmenden uniformen Einheitsideal den Pluralismus und die Differenz in der Einheit betont. So wird deutlich, welch weiten Weg die soziale Trinitätslehre seit Scheebens Handbuch der katholischen Dogmatik Ende des 19. Jahrhunderts bis heute in Theologie und Kirche gegangen ist.
Dass ihre ethische Orientierungskraft indessen nicht überschätzt werden darf, zeigt sich, wenn wir ihre Aufnahme in den Studienprozess genauer untersuchen, in dem der Ökumenische Rat der Kirchen sich nun auch ganz explizit mit der Verbindung zwischen Ekklesiologie und Ethik beschäftigt hat. In den Jahren 1992–1996 initiierte der ÖRK in Zusammenarbeit der beiden Untereinheiten »Faith and Order« und »Justice, Peace and Creation« einen Studienprozess zum Verhältnis von Ekklesiologie und Ethik, der drei Konsultationsberichte hervorbrachte (»Costly Unity«, 1993, »Costly Commitment, 1994, und »Costly

---

60   *K. Raiser,* Ökumene im Übergang. Paradigmenwechsel in der ökumenischen Bewegung, München 1989, 121.
61   Ebd.
62   Vgl. zu diesem Buch und seiner Wirkungsgeschichte *H. Bedford-Strohm,* Gemeinschaft aus kommunikativer Freiheit. Sozialer Zusammenhalt in der modernen Gesellschaft. Ein theologischer Beitrag, Gütersloh 1999, 49–74.

Obedience«, 1996) und in einen 1997 veröffentlichten Gesamtbericht mündete.[63]
In dem ersten der drei Berichte (»Costly Unity«) wird die Trinität ausdrücklich als Grundlage auch der Soziallehre der Kirche bezeichnet:

> »The Trinity is experienced as an image for human community and the basis for social doctrine and ecclesial reality.«[64]

Von dieser engen Verknüpfung zwischen Trinität Gottes und menschlicher Gemeinschaft her, die zunächst ekklesiologisch zu verstehen ist, wird dann mit unüberhörbaren Anklängen an die Theologie des amerikanischen Theologen Stanley Hauerwas formuliert: »...the church not only has, but is, a social ethic, a koinonia ethic.«[65] Die Verknüpfung zwischen Trinität Gottes und menschlicher Gemeinschaft wird hier eng mit einer Identifizierung von Ekklesiologie und Ethik verbunden. Notwendig ist das nicht. Denn der die soziale Trinitätslehre kennzeichnende Gedanke des Menschen als »imago trinitatis« kann durchaus Grundlage einer Beschreibung gelingenden Menschseins sein, die Zeichen der göttlichen Realität im menschlichen Zusammenleben auch außerhalb der Kirche erkennen kann.

Die Studie drückt sich im Hinblick auf die ethische Orientierungskraft trinitarischen Denkens durchaus vorsichtig aus. Sie spricht von der göttlichen Gemeinschaft als »image« der menschlichen Gemeinschaft. Sie leitet letztere nicht einfach aus ersterer ab. Wer in den die ethischen Konsequenzen in den Blick nehmenden beiden weiteren Studien danach sucht, was aus dem Bild der trinitarischen Gemeinschaft nun für die Ethik folgt, wird nicht fündig. Offensichtlich sind sich die Autorinnen und Autoren der Grenzen dieses Gedankens bewusst. Statt Begründungen zu geben, die aus der Reflexion der inneren Trinität Gottes erwachsen, wie sie in der sozialen Trinitätslehre die zentrale Rolle spielen, wird die Ethik in den Erscheinungsweisen Gottes gegründet, die in der klassischen dogmatischen Begrifflichkeit der »ökonomischen Trinitätslehre« zugeordnet werden können. Mit starkem Christusbezug wird von »Gnade und Nachfolge« gesprochen. Unter den Stichworten »Hoffnung und Erinnerung« wird Gott als der Öffner des Reiches Gottes beschrieben, die störende Erinnerung an Jesus Christus und die heiligende und erneuernde Kraft des Heiligen Geistes werden gemeinsam als Orientierungsgrundlagen für die Ethik ange-

---

[63] Th. Best / M. Robra (Hg.), Ecclesiology and Ethics. Ecumenical Ethical Engagement, Moral Formation and the Nature of the Church, Geneva 1997.
[64] A.a.O., 5.
[65] Ebd. In dem Beitrag von Duncan Forrester, der in die Erarbeitung der Studie eingeflossen ist, wird dieser Satz explizit von Hauerwas zitiert (D. Forrester, Living in Truth and Unity. The Church as hermeneutic of Law and Gospel, in: Best/Robra, 92–104, 95).

sprochen.[66] Aber auch eine theologische Reflexion des Abendmahls sowie die biblische Bundestheologie werden als Quelle zwischenmenschlicher Gemeinschaft genannt. In der letzten Studie (»Costly Obedience«) wird dem noch eine Reflexion über die Taufe hinzugefügt.[67] Der dadurch stark unterstrichene ekklesiozentrische Zug findet einen gewissen Ausgleich durch die pneumatologische Reflexion, die den Heiligen Geist als eine Art »Energiefeld« sieht, die gekennzeichnet ist durch die erkennbare »Resonanz« der Präsenz Christi in der Welt.[68] Hier werden potentiell auch Menschen als in dieses Energiefeld eingeschlossen gedacht, die nicht durch die Taufe als sichtbarer Teil der Kirche in Erscheinung treten.

Auch in den Arbeiten der an dem ökumenischen Studienprozess Beteiligten taucht die soziale Trinitätslehre auf. Am deutlichsten wird das an dem Buch über Ekklesiologie und Ethik, das Lewis Mudge 1998 veröffentlichte.[69] Mudge nimmt Moltmanns Arbeiten zur sozialen Trinitätslehre und ihren Bezug auf die Kappadozier auf und spricht von dem »tanzenden Gott«, der uns nicht als geschlossene, monarchische Entität gegenübertritt, sondern uns als trinitarische Gemeinschaft in seine von Freude geprägte offene Interaktion einbezieht. In Christus sind wir eingeladen, »an dem Hochzeitsfest teilzuhaben, das in Gottes himmlischem Haushalt stattfindet.«[70] Dieses Hochzeitsfest wird politisch, indem die Kirche sich zwar im göttlichen Haushalt mit Christus verbindet, die Vision der Braut, die vom Himmel kommt, aber schon jetzt ein Vorschein der Ankunft der polis als ganzer ist, der Stadt, in der Gott bei seinem Volk bleiben wird.

Bis in die jüngste Zeit hält die vorsichtige, aber kontinuierliche Rezeption der sozialen Trinitätslehre in der ökumenischen Bewegung an. Im Ergebniskommuniqué der Konsultation über »Ecclesiology and Economic Globalization« am 11.–14. Dezember 2002 in Cartigny/Schweiz stellten die Teilnehmerinnen und Teilnehmer fest:

> »Some of us focused on the transcendent, mystical reality of the Church, corresponding to an emphasis on the immanent Trinity. On the basis of an understanding of how the triune God continues to act in history, others of us focused on how historical changes affect the churches and may lead to its distortions.«

Diese Sätze machen sichtbar, dass es unter den Teilnehmer/innen der Konsultation unterschiedliche Betonungen des jeweiligen Stellenwerts

---

[66] A.a.O., 31f.
[67] A.a.O., 70f.
[68] A.a.O., 78.
[69] *L. Mudge*, The Church as Moral Community. Ecclesiology and Ethics in Ecumenical Debate, New York / Geneva 1998.
[70] »…to join the wedding feast going on in God's heavenly household« (Mudge, 159).

gab, den die innergöttliche Trinität und die in der Geschichte offenbarte Trinität für die Begründung der Ethik einnehmen sollen. Gleichzeitig wird in der Stellungnahme deutlich, dass beides nicht gegeneinander ausgespielt werden kann.

Eine ganz ähnliche Botschaft enthält das Schlussdokument der ökumenischen Konsultation von Bossey am 21.–24. November 2003:

> The emphasis on life in community is rooted in our conviction that God in-
> carnate and God as the three-in-one TRINITY heals and reconciles distorted
> relationships and restores the web of life. God's gift of life is a comprehen-
> sive gift, encompassing the multitude of creation and creatures.[71]

Dass Gott sich als der dreieinige den Menschen schenkt und darin
Gemeinschaft stiftet, kann als ökumenischer Grundkonsens gesehen
werden, unabhängig davon, ob die Betonung dabei eher auf der innergöttlichen Trinität oder auf der in die Geschichte hineinwirkenden Trinität liegt.

4   Chancen und Grenzen der sozialen Trinitätslehre für die Ethik

Wie auch immer die Frage nach der Orientierungskraft trinitarischen
Denkens für die Ethik beantwortet wird, einer Gefahr muss in jedem
Falle *erstens* gewehrt werden: der Gefahr der Deduktion ethischer
Normen aus den gedanklichen Plausibilisierungsversuchen im Hinblick auf die innergöttlichen Relationen. Die Aussage, Menschen
müssten in bestimmter Weise ihre Gemeinschaft gestalten, weil Gott
seine innergöttliche Gemeinschaft in solcher Weise gestalte, wird weder den Anforderungen einer hermeneutisch reflektierten Begründung
der Ethik gerecht, noch kann sie im Lichte des biblischen Bilderverbotes aufrecht erhalten werden. Wenn den Überlegungen zur immanenten
Trinitätslehre die Dignität unmittelbar orientierender Aussagen über
Gott selbst zugebilligt wird, wird die erkenntnistheoretisch ausgesprochen weise Grenzmarkierung des alttestamentlichen Bilderverbotes
überschritten. Denn dann würde die in bestimmten Grenzen durchaus
sinnvolle und berechtigte gedankliche Spekulation über das innere
Verhältnis der drei Erscheinungsweisen Gottes mit Aussagen über
»Gott an sich« verwechselt. Der bleibende Sinn des alttestamentlichen
Bilderverbotes liegt aber genau darin, die Versuche des menschlichen
Verstehens Gottes als höchst begrenztes, ja dürftiges Herantasten an
etwas zu verstehen, was letztlich immer Geheimnis bleibt.[72] Die De-

---

71   Für die Übermittlung beider noch unveröffentlichter Dokumente danke ich
Martin Robra vom Stab des ÖRK.
72   Vgl. *E. Jüngel*, Gott als Geheimnis der Welt, 6., durchges. Aufl. Tübingen
1992, 514–543: Der dreieinige Gott als Geheimnis der Welt.

duktion ethischer Normen aus der innergöttlichen Trinität steht im Widerspruch zu dieser Einsicht.

Eng damit verbunden ist ein *Zweites*: Die Trinitätstheologie ist kein intellektuelles Gedankenspiel. Sie bleibt nur dann authentisch, wenn sie jede abstrakte Sterilität durch die lebensnahe Praxis der Doxologie, des Gottesdienstes und der christlichen Gemeinschaft überwindet. In diesem Sinne muss dem philosophischen Theismus einer säkularen Gottestheorie die Trinitätslehre entgegengesetzt werden, welche eine orientierende Funktion im christlichen Leben einnimmt und die »Fundamentalgrammatik religiöser Lebensvollzüge«[73] verkörpert. Erst eine solche Trinitätslehre stiftet ein Leben in Liebe und die Hoffnung auf die endgültige Überwindung des Bösen in der Gesellschaft.

Der Gedanke führt *drittens* auf die spezifische Leistung, die die soziale Trinitätslehre für die Ethik erbringen kann. Ethische Relevanz gewinnt vor allem die Tatsache, dass der Sinn der Existenz im Lichte des Glaubens an einen als innere Gemeinschaft vorgestellten Gott nicht im versperrten Solipsismus eines sich selbst behauptenden Individuums liegt (incurvatio in seipsum), sondern in der selbstüberschreitenden (Schöpfungs-)Gemeinschaft, in der solidarischen Teilnahme am Leid und an der Freude der Welt, in der Bereitschaft, das Kreuz auf sich zu nehmen, damit es den Anderen besser geht.

Das innere Wesen Gottes ist nie ergründbar. Die immanente Trinität ist unendlich mehr, als die ökonomische Trinität zu erfassen vermag. Gott bleibt trotz seiner Offenbarung das ewige Geheimnis. Dabei handelt es sich aber nicht um ein apersonales, philosophisches Mysterium tremendum, sondern um das warme, nahekommende, umarmende, einladende, erfüllende Geheimnis der ewigen Gemeinschaft! Im Lichte dieses absoluten Geheimnisses der Liebe lernen die Menschen sich selbst kennen, als zur Gemeinschaft berufene und für die Gemeinschaft verantwortliche Subjekte. Im Geheimnis des dreieinigen Gottes erhalten sie auch die Hoffnung des ewigen Lebens, in dem sie als reale Personen in dialogischer Offenheit ewig bestehen werden. Diese Gewissheit im Glauben führt letztendlich zu einer existentiellen Ethik der Versöhnung[74] und der Anerkennung, der Freiraum gewährenden Achtung vor dem Anderen als eine von Gott für uns geschaffene komplementäre Andersheit und als ein von Gott unendlich geliebtes Subjekt.

Woraus sich solche Interpretationen der Trinität speisen, wird deutlicher, indem wir *viertens* die spezifische Differenz zwischen den in den biblischen Überlieferungen erzählten geschichtlichen Erfahrungen der Selbstbezeugung Gottes gegenüber den Menschen und den Aussagen zur innergöttlichen Trinität festhalten. Wenn im Hinblick auf die in-

---

[73]   *I.U. Dalferth*, Die Wirklichkeit des Möglichen. Hermeneutische Religionsphilosophie, Tübingen 2003, 265.
[74]   Vgl. Die versöhnende Kraft der Trinität. Bericht der Studienkonsultation der Konferenz Europäischer Kirchen 22.–26. Nov. 1982, Genf 1983.

nergöttlichen Relationen vom Geheimnischarakter Gottes gesprochen werden muss, so muss doch im Hinblick auf die Relationen Gottes zum Menschen auch von der Zugänglichkeit Gottes gesprochen werden, also eben jenen Erfahrungen, die in der theologischen Tradition unter dem Stichwort »ökonomische Trinitätslehre« verhandelt worden sind. Die Spärlichkeit, mit der die biblischen Texte sich zu den innergöttlichen Relationen äußern, und die kraftvolle Deutlichkeit, mit der die Bibel in ihren unterschiedlichen Traditionsschichten von der Selbstkundgabe Gottes als Vater, Sohn und Heiliger Geist erzählt, können in ihrem unterschiedlichen Gewicht nicht ohne Konsequenz für die Begründung der Ethik bleiben.

Auch für die Ethik muss der Unterschied zwischen der Bibel als *norma normans* und den altkirchlichen trinitarischen Dogmen als *norma normata* klar bleiben. Der Versuch, den altkirchlichen Dogmen über die innergöttlichen Relationen eine konstitutive Begründungsfunktion für die Ethik zu geben, wird diesem Unterschied nicht gerecht. Eine konstitutive Orientierungsfunktion kann nur den biblischen Zeugnissen von Gottes Geschichte mit den Menschen zugeschrieben werden.

Deswegen kann nun zur sozialen Trinitätslehre *fünftens* festgestellt werden: Ihr Wert und ihre Funktion für die Ethik liegen vor allem in ihrer *inspirativen Kraft*. Die Vorstellung von der Gemeinschaft der unterschiedlichen Personen Gottes in der Trinität kann konstitutive biblische Inhalte neu entdecken helfen und damit auch Neubestimmungen im Verständnis menschlicher Sozialität induzieren.

– Koinonia, der biblische Begriff für menschliche Gemeinschaft, kann, wenn sie als »imago trinitatis« verstanden wird, als Vollendung des Menschseins und damit als Überwindung von Egoismus und Selbstzentriertheit durch die Liebe verstanden werden. Dass ein solches Verständnis menschlicher Sozialität auch gewichtige Konsequenzen für die Sozialethik, etwa die Wirtschaftsethik hat, liegt auf der Hand.

– Menschliche Sozialität kann verstanden werden als Beieinander von Einheit und Differenz. Auch wenn sich bei der genauen reflexiven Durchdringung dieses Gedankens deutliche Grenzen der Analogisierung von innergöttlicher Trinität und moderner pluralistisch strukturierter menschlicher Gemeinschaft zeigen, kann von dem Bild Gottes als in sich differente Gemeinschaft inspirative Kraft für das Projekt einer Gesellschaft ausgehen, die Differenzen ihrer Glieder in Biographie, Religion und Weltanschauung aushält und produktiv aufnimmt, ohne in eine diffuse Pluralität der Beliebigkeit zu verschwimmen.

– Als Gegenbild zu einer monarchischen Trinitätslehre kann die soziale Trinitätslehre eine Gesellschaft in den Blick nehmen, die zur herrschaftsfreien Kommunikation ermutigt, die von daher die unterschiedlichen Funktionen und Aufgaben ihrer Glieder so organisiert, dass Unterwerfungs- und Unterordnungsrelationen so weit wie möglich minimiert werden.

– Wenn ein Bild der innergöttlichen Relationen in den Blick genommen wird, in dem der Sohn und der Heilige Geist nicht dem Vater untergeordnet, sondern gleichwertig zugeordnet sind, dann kann zu einem Verhältnis der Geschlechter inspirativ ermutigt werden, in dem der Patriarchalismus und Sexismus in der Gesellschaft und in der Kirche überwunden werden und Frauen und Männer wirklich gemäß ihren jeweiligen individuellen Gaben gleichberechtigt zusammenwirken können.

Nachdem damit die Bedeutung der inspirativen Kraft der sozialen Trinitätslehre unterstrichen worden ist, muss *sechstens* resümierend festgestellt werden, dass für die Begründung und nähere Ausformulierung der Ethik von der Gotteslehre her der ökonomischen Trinität ein klarer Vorrang zukommt, da durch sie allein die immanente Trinität zugänglich wird.

– In der Reflexion über Gott als *Schöpfer* wird etwa in den Blick genommen, was die Erschaffung des Menschen »nach unserem Bild und Ähnlichkeit« (Gen 1,27: »בְּצַלְמֵנוּ כִּדְמוּתֵנוּ«) für das in den Diskussionen heutiger Sozialethik so zentrale Verständnis der Gottebenbildlichkeit bedeutet.[75] Die Mitgeschöpflichkeit der außermenschlichen Natur wird als Grundlage für eine gegenüber dem neuzeitlichen Naturverständnis kritische Neubestimmung des Verhältnisses zwischen Mensch und Natur reflektiert.[76] In den theologischen Diskussionen um die Bioethik wird die Relevanz der Unterscheidung von Schöpfer und Geschöpf für das wissenschaftlich-technische Handeln des Menschen diskutiert.[77]

– In der Reflexion über Gott den Sohn wird, neben vielen anderen Fragen, die inhaltliche Struktur und die Universalität des von Jesus als Summe der Hebräischen Bibel gedeuteten Liebesgebots in seiner Bedeutung für heutige ethische Fragen in den Blick genommen. Der schon im Alten Testament vielfältig zum Ausdruck kommende und im Leben und Sterben Jesu eindrücklich bestätigte Vorrang für die Armen wird als zentrales Charakteristikum Gottes bedacht.[78]

---

[75] Vgl. dazu die Beiträge in: Menschenwürde (Jahrbuch für Biblische Theologie 15, 2000), Neukirchen-Vluyn 2001, darin besonders: *M. Welker*, Person, Menschenwürde und Gottebenbildlichkeit, 247–262.

[76] Vgl. dazu auf der Basis des theologischen Denkens in der ökumenischen Bewegung *H. Bedford-Strohm*, Schöpfung (Ökumenische Studienhefte 12), Göttingen 2001.

[77] Vgl. dazu die Beiträge in: *R. Weth* (Hg.), Der machbare Mensch. Theologische Anthropologie angesichts der biotechnischen Herausforderung, Neukirchen-Vluyn 2004.

[78] Vgl. dazu *H. Bedford-Strohm*, Vorrang für die Armen. Auf dem Weg zu einer theologischen Theorie der Gerechtigkeit, Gütersloh 1993.

Jesu Zurückweisung des Wegs der Gewalt wird in ihren Folgen für die Fragen heutiger Friedensethik reflektiert.[79]

– In der Reflexion über Gott den Geist wird die zentrale Bedeutung einer vom Heiligen Geist inspirierten »creatio continua« für unser heutiges Verständnis der Schöpfung diskutiert und für heutige ökologische Fragen fruchtbar gemacht.[80] Im Hinblick auf ein tragfähiges Verständnis von Pluralismus wird das Differenzen fördernde und gleichzeitig strukturierende Wirken des Heiligen Geistes in den Blick genommen.[81]

Diese exemplarischen Hinweise machen deutlich:

Die Erfassung der Konsequenzen der Rede vom dreieinigen Gott für die Ethik darf nicht auf die Diskussion über die soziale Trinitätslehre verengt werden. Von dieser die immanenten trinitarischen Relationen innerhalb Gottes selbst reflektierenden Sicht kann die Ethik inspirative Impulse gewinnen. Da die immanente Trinität nur von der ökonomischen Trinität her erschließbar ist, geht von den biblischen Erzählungen, die Gottes Handeln in der Geschichte beschreiben, die entscheidende Orientierungskraft aus. Von daher ist die zentrale Aufgabe theologischer Ethik zu bestimmen: heute neu zur Sprache zu bringen, was die Wirklichkeit Gottes als Vater, Sohn und Heiliger Geist für das Sein und Handeln der Menschen in den heutigen Lebenswelten bedeutet.

---

[79] Dazu *M. Haspel*, Gewalterfahrung und die Hoffnung auf gerechten Frieden, in: *U. Link-Wieczorek* u.a., Nach Gott fragen. Ökumenische Einführung ins Christentum, Gütersloh/Freiburg 2004, 95–119.

[80] Das grundlegende Buch dazu ist immer noch: *J. Moltmann*, Gott in der Schöpfung. Ökologische Schöpfungslehre, München 1985.

[81] Dazu *M. Welker*, Gottes Geist. Theologie des Heiligen Geistes, Neukirchen-Vluyn 1992.

JOACHIM GARSTECKI

Die aktuelle friedensethische Herausforderung als Anfrage an die christliche Theologie und Gemeinde

Einführende Überlegungen zur Arbeitsgruppe 8 »Die Gesellschaft für Evangelische Theologie vor der Friedensfrage«, Erfurt, 22. Februar 2005

Die friedenspolitischen und -ethischen Herausforderungen, die sich 1989/90 nach dem Zusammenbruch der Sowjetunion und des real-sozialistischen Lagers abzeichneten, waren in ihren Grundzügen längst bekannt. Der konziliare Prozess der Ökumene hatte ab 1983 wichtige Einsichten der ökumenischen Friedensethik breit popularisiert. Sie besagten, dass die überkommene Art, Frieden durch immer mehr Waffen und Rüstungen erreichen zu wollen, dafür ökonomische Ressourcen zu vergeuden und die Natur zu vergiften, eine Lösung der wirklichen Zukunftsprobleme blockierte: Schaffung von Frieden durch Gerechtigkeit, Wahrung von Menschenwürde und Durchsetzung der Menschenrechte, Erhaltung der natürlichen Lebensgrundlagen, Entwicklung von Instrumenten gewaltfreier Konfliktlösung.

Die Ökumenische Versammlung Dresden schloss im Frühjahr 1989, kurz vor der gewaltfreien Herbst-Revolution in der DDR, mit der Verabschiedung eines theologischen Basistextes »Umkehr zu Gerechtigkeit, Frieden und Bewahrung der Schöpfung«. Einige seiner Aussagen lesen sich heute wie ein Vorgriff auf die Problemstellungen der Jahrtausendwende. Es heißt dort zum Beispiel: »Mit der notwendigen Überwindung der Institution des Krieges kommt auch die Lehre vom gerechten Krieg, durch welche die Kirchen den Krieg zu humanisieren hofften, an ein Ende. Daher muss schon jetzt eine *Lehre vom gerechten Frieden* (Hervorhebung J.G.) entwickelt werden, die zugleich theologisch begründet und dialogoffen auf allgemein-menschliche Werte bezogen ist«.[1] Das Bischofswort »Gerechter Friede« der katholischen deutschen Bischofskonferenz vom September 2000 zitiert diese Äußerung der Ökumenischen Versammlung in seiner Einleitung im vollen Wortlaut.[2] Es gibt einen breiten ökumenischen Konsens, dass die nach dem Epochenbruch von 1989/90 völlig veränderte politische Situation in Europa und weltweit eine ethische Neuorientierung der Politik unter

---

[1] Umkehr zu Gerechtigkeit, Frieden und Bewahrung der Schöpfung. Theologische Grundlegung Nr. 36, in: Ökumenische Versammlung für Gerechtigkeit, Frieden und Bewahrung der Schöpfung, Dresden 1989, hg. von Aktion Sühnezeichen / Friedensdienste und Pax Christi, Berlin 1990, 40.

[2] Gerechter Friede. Friedenswort der deutschen Bischöfe vom 27. Januar 2000, hg. vom Sekretariat der Deutschen Bischofskonferenz, Nr. 1, 5.

der *Zielperspektive des gerechten Friedens* erfordert. Was diese Neuorientierung politisch leisten soll, hatte die Dresdner Versammlung
1989 so formuliert: »Die Menschheit muß sich in ihrer Verflochtenheit
als Überlebensgemeinschaft organisieren in einer verbindlichen
Rechtsgestalt, die den Schwächeren schützt und Konflikte politisch
löst«.[3] Dieser Satz lässt sich als prägnante Zusammenfassung der
wichtigsten friedenspolitischen Herausforderungen lesen, vor denen
wir gegenwärtig stehen:

– eine allgemeine Zunahme von Gewalt und die Neigung, politische
und gesellschaftliche Konflikte mit Gewaltmitteln auszutragen, unter-
halb der Schwelle von klassischen Staaten-Kriegen. Das katholische
Bischofswort von 2000 fragt in diesem Zusammenhang, ob die
Menschheit im Begriff sei, zu jenem Zustand allgegenwärtiger Gewalt
zurückzukehren, der ihre Geschichte kennzeichnet;[4]

– eine zunehmende Entstaatlichung von Gewalt bis hin zum völligen
Zerfall des staatlichen Gewaltmonopols; an seiner Stelle diverse eska-
lierende Formen von privatisierter und kommerzialisierter Gewalt;[5]

– der Zusammenbruch gesellschaftlicher Infra-Strukturen und das Fehlen von öffentlicher Sicherheit; Übergang in einen Zustand allgemeiner
Anarchie;

– eine sich vertiefende ökonomische und soziale Kluft zwischen dem
reichen Norden und der Mehrzahl der Länder des Südens als Folge einer politisch ungezügelten Globalisierung;

– eine wachsende Verarmung und Verelendung großer Bevölkerungs-
teile in den Ländern des Südens, die sich mehr und mehr zum Nährbo-
den für terroristische Akte »gegen die Reichen und Gottlosen« im
Norden entwickelt;

– eine unkontrollierte Verbreitung von nuklearer Technologie vor allem in Spannungsgebiete (Naher Osten, indischer Subkontinent, Nord-
korea) und das Streben von Schwellenländern nach nuklearer Teilhabe;

– eine weitgehende Gleichgültigkeit gegenüber der Bedeutung ökolo-
gischer Probleme, vor allem beim globalen Klimawandel, und die
Nichtbeachtung des Umweltproblems in seiner Relevanz für die Frie-
dens- und Sicherheitspolitik;

– eine neue Qualität des internationalen Terrorismus, der als leistungs-
fähiges, global operierendes Netzwerk mit islamistischer Prägung je-
derzeit und überall auf der Welt mit hoher destruktiver Intensität zu-

---

3   Umkehr (s. Anm. 1), Nr. 38, 41.
4   Gerechter Friede (s. Anm. 2), Nr. 6, 8.
5   Vgl. *Erhard Eppler*, Vom Gewaltmonopol zum Gewaltmarkt? Die Privatisie-
rung und Kommerzialisierung der Gewalt, Frankfurt a.M. 2002.

schlagen kann. Er macht die strukturelle Verwundbarkeit der Industriegesellschaften des Nordens sichtbar und setzt, indem er Angst und Schrecken verbreitet, mehr auf die psychischen als auf die physischen Wirkungen der von ihm eingesetzten Gewalt;[6]

– eine Praxis der Terrorismus-Bekämpfung, die sich als »Krieg gegen den Terror« (G.W. Bush) versteht, die eigentlichen Ursachen des Terrorismus aber außer Acht lässt, nicht in multilaterale Strukturen eingebettet und eng mit eigennützigen geo-politischen und ökonomischen Interessen verknüpft ist, die geltenden Normen des Kriegsvölkerrechts missachtet und die Ideologie eines »Kampfes der Kulturen« begünstigt;

– eine neue nationale Sicherheitsdoktrin der USA, die faktisch ein moralisches Recht der USA auf völkerrechtlich nicht legitimierte präventive Selbstverteidigung beansprucht, und dazu ihre militärischen Fähigkeiten rücksichtslos einsetzt (vgl. Irak-Krieg ab 2003);

– die Infragestellung und offene Missachtung des Völkerrechts sowie die Destabilisierung der UN als der einzig legitimierten internationalen Autorität der Streitschlichtung; daraus folgend die Unterminierung der »rule of law« mit der Gefahr internationaler Anarchie;

– eine generelle Bereitschaft, militärische Mittel zivilen und politischen Instrumenten der Konfliktlösung vorzuziehen, und der offene Rückgriff auf die Tradition des gerechten Krieges bzw. des heiligen Krieges zur Legitimation eigener Interessen;

– die Inanspruchnahme religiöser und theologischer Kategorien für grob vereinfachende, dualistische Deutungen der Wirklichkeit, die die Welt in Gut und Böse einteilen und die Grundlage für fundamentalistische Politikmuster bilden; im Ergebnis ein Missbrauch von Glauben und Religion für politische Zwecke.

Die hochkomplexe Gemengelage dieser und anderer Konfliktfaktoren macht vor allem eines deutlich: Die Institution des Krieges ist nicht aus der Welt geschafft; die Bereitschaft zur Anwendung von Gewalt nimmt zu. Die Verabschiedung der ethischen Tradition des gerechten Krieges und die Orientierung ihrer Kriterien auf die Zielperspektive des gerechten Friedens ist zwar wichtig, sie kann aber nur der Einstieg in eine generelle Neuausrichtung der friedensethischen Blickrichtung überhaupt sein. Erst durch diese Neuausrichtung wird ein Raum positiver Friedensgestaltung geöffnet, in dem die vorrangigen Optionen für Gerechtigkeit, Menschenwürde, Menschenrechte, nachhaltige Entwicklung, Solidarität und Gewaltfreiheit eine Chance bekommen, politisch verwirklicht zu werden. Die Aufgabe der »Zivilisierung der Kon-

---

6 Vgl. *Heribert Münkler*, Die neuen Kriege, Hamburg 2002.

flikte« bedeutet nicht nur, bestehende Gewaltverhältnisse einzudämmen, zu minimieren, zu domestizieren. Sie bedeutet vor allem eine weitsichtig konzipierte, multilaterale, aktive *Politik der Gewaltvorbeugung.* Das Stichwort »Vorbeugung«, schreiben die katholischen Bischöfe in ihrem Friedenswort 2000, »könnte die politische Phantasie beflügeln und zu Konzepten führen, die den Krieg nicht mit seinen eigenen Mitteln bekämpfen, sondern die Logik von Gewalt und Gegengewalt unterlaufen. Die Zielperspektive des gerechten Friedens ermöglicht eine vorausschauende Politik ...«.[7]

Horizonte friedensethischer Verantwortung

In welchen Horizonten muss sich eine Friedensethik bewegen, die konsequent an der Zielperspektive des gerechten Friedens ausgerichtet ist und positiv-verstärkend auf diese Perspektive Einfluss nehmen soll? Ich nenne drei Horizonte:

1 Der Horizont positiver Gestaltung

Friedensethik war in Deutschland seit der Zeit des Ost-West-Konfliktes eingebettet in eine Kultur der Verweigerung gegenüber dem System militärischer Rüstung und Sicherheit, ihr gesellschaftlicher Ort waren die Konflikte im Spannungsfeld zwischen Politik, Wiederaufrüstung, Bundeswehr, NATO-Mitgliedschaft, Atombewaffnung, Nachrüstung, Friedensbewegung und Friedensforschung. Das viel beschworene »Nein ohne jedes Ja« der Friedensbewegung zu den Atomwaffen erscheint in der kritischen Rückbetrachtung vor allem als ein entschieden artikuliertes »Nein«, dem ein ebenso entschieden artikuliertes »Ja« verlorengegangen war – nicht der politischen Intention, wohl aber der alltäglichen Bewegungspraxis nach. Damit reproduzierte die Friedensbewegung ungewollt noch einmal den negativen Friedensbegriff der Abschreckung mit Massenvernichtungswaffen, den sie doch eigentlich überwinden wollte.

Der Friedensforscher Dieter Senghaas hat der Friedensbewegung 1994 einen »ärmlichen Friedensbegriff« bescheinigt; ihr Pazifismus sei auf Antimilitarismus zusammengeschrumpft und »hechele hinter den jeweils letzten Rüstungs- und neuerdings Interventionsrunden« her, ohne zu wissen, welchem positiven Friedenskonzept er eigentlich folge. Senghaas fragt dem gegenüber nach den konstitutiven Bedingungen einer Friedensordnung: »Was ist die konstitutive Botschaft des

---

[7] Gerechter Friede (vgl. Anm. 2), Nr. 60, 36f.

Pazifismus hinsichtlich der Bedingungen eines dauerhaften Friedens?«.[8]

Das sogenannte ›zivilisatorische Hexagon‹, das Senghaas zu dieser Frage entwickelt hat, definiert sechs Komponenten, die konstitutiv für Frieden und damit produktiv für die Zivilisierung von Konflikten in hoch entwickelten Gesellschaften sind: staatliches Gewaltmonopol, Gewaltkontrolle und Rechtsstaatlichkeit, Interdependenz und Affektkontrolle, demokratische Teilhabe und konstruktive Konfliktkultur.[9] Ich verstehe das Hexagon-Modell als Aufforderung, über die »konstitutiven Bedingungen des Friedens« vor den oben genannten neuen friedensethischen Herausforderungen neu nachzudenken, zum Beispiel angesichts von Situationen des Staatenzerfalls wie in Afrika. Für unseren Zusammenhang ist am zivilisatorischen Hexagon der positive Ansatz bedeutsam. Als ein Modell des friedens-gestaltenden Ja steht es in Korrespondenz zur Zielperspektive des gerechten Friedens.

Es geht also um mehr und um anderes als um die bloße Ansammlung von Gründen für ein antimilitaristisches, gewaltkritisches Nein. Die heutigen friedensethischen Herausforderungen sind zwar hoch-komplex, aber bei all ihrer Unkalkulierbarkeit grundsätzlich gestaltungsoffener als das hermetisch geschlossene System der Friedenssicherung mit Massenvernichtungsmitteln, in dem sich Friedensethik während des Ost-West Konfliktes als Kriegsverhütungsethik profiliert hatte. Heute muss friedensethisches Urteilen versuchen, positive Kriterien geltend zumachen, an denen sich Politik orientieren kann, zum Beispiel für multilaterale Kooperation zwischen Staaten, für Gewaltprävention oder für den Vorrang ziviler Konfliktbearbeitungsstrategien.

2 Der Horizont präventiven politischen Handelns

Dürfen wir von der Friedensethik erwarten, was wir der Politik zumuten, aber kaum noch zutrauen: vorausschauend zu sein? In der Regel wird ein friedensethisches Urteil erst benötigt, wenn ein Konflikt manifest geworden ist, gewaltförmig ausgetragen wird und dringend nach geeigneten Lösungen verlangt, wie zum Beispiel 1999 zum Kosovo-Konflikt. Vielen kritischen Zeitgenossen fällt beim Wort Friedensethik heute denn auch nur noch der ethische Grenzfall, die »ultima ratio«, ein. Die »ultima ratio«-Figur verweist auf eine zu Recht kritisierte Engführung. Denn das friedensethische Urteil kommt viel zu spät, um noch konfliktdämpfend wirken und korrigierenden Einfluss auf politische oder militärische Entscheidungen nehmen zu können. Im Horizont vorausschauender Einmischung wird friedensethische Kompetenz

8 *Dieter Senghaas*, Metanoeite. Der Pazifismus und das leere Loch, in: Dem Humanismus verpflichtet. Zur Aktualität pazifistischen Engagements, hg. v. *Th. Dominikowski* und *Regine Mehl*, Münster 1994, 17ff.
9 *D. Senghaas* (s. Anm. 8), 24.

weit *vor* einer Gewalteskalation aktiv. Sie wird zur Bundesgenossin
präventiver Politik. Was ethisch geboten, ethisch legitim, ethisch tole-
rierbar ist, versucht sie in der »prima ratio« ziviler politischer Einmischung zur Geltung zu bringen und nicht erst in der »ultima ratio« militärischer Intervention. Die prima ratio der Politik aber heißt Kon-
fliktprävention. Das Bischofswort »Gerechter Friede« nennt als »die
zentrale Herausforderung: politische Instrumente zum Umgang mit
Konflikten zu schaffen, die die Frage nach bewaffneten Interventionen
als letztem Ausweg so weit wie nur irgend möglich überflüssig machen. Eine Gewöhnung an das Mittel der Gewaltanwendung kann es
unter dem Vorzeichen des gerechten Friedens nicht geben«.[10] Die
»vorrangige Option für die Gewaltfreiheit«[11] wird auf dem Weg vorausschauender, frühzeitiger Einmischung besser und wirksamer ein-
zulösen sein als im nachträglichen Streit über die Notwendigkeit und
Zulässigkeit militärischer Interventionen in gegebenen Konfliktsituationen.

3 Der Horizont menschenrechtlich begründeter Einmischung

Die heftigen Kontroversen über das Versagen der UN, das das Massa-
ker von Srebrenica in Bosnien 1995 erst möglich machte, über das
Wegsehen der europäischen Staaten beim Völkermord in Ruanda 1994
oder umgekehrt über das NATO-Eingreifen im Kosovo-Krieg 1999
zeigen eines deutlich: Immer war die Frage der ethischen Beurteilung
von humanitären Interventionen in der Zeit nach dem Epochenbruch
1990 der dominierende friedensethische »Ernstfall«. Die Notwendigkeit, von ungerechtfertigter Gewalt betroffene Menschen in extremen
Notlagen nach dem Versagen aller zivilen und politischen Mittel gegebenenfalls auch unter Einsatz militärischer Gewalt zu schützen, ist eine
moralische Pflicht und entspricht einer alten christlichen Überzeugung.
Sie führt heute aber fast regelmäßig in ethische und politische Dilem-
ma-Situationen, die nur noch die Wahl zwischen zwei gleich unbefrie-
digenden »Lösungen« zulassen.
Die Zielperspektive des gerechten Friedens schließt dagegen ein, dass
alles getan werden muss, um solche ausweglos erscheinenden Situationen gar nicht erst entstehen zu lassen. Entstehen sie als Folge politischen Versagens dennoch, kann sich friedensethische Verantwortung
nicht mehr auf den ›status quo ante‹ zurückziehen, sondern muss sich
der dann gegebenen Entscheidungssituation stellen. Sie kann auch
nicht ein einzelnes Kriterium wie das der Verpflichtung auf Gewaltfreiheit aus dem Gesamt-Ensemble der Bedingungsfaktoren des gerechten Friedens herauslösen und zum alleinigen Entscheidungs- und

---

10 Gerechter Friede (s. Anm. 2), Nr. 161, 88f.
11 Umkehr (s. Anm. 1), Nr. 37, 40.

Handlungskriterium machen wollen. Vielmehr muss die vorrangige Option für Gewaltfreiheit in solchen Situationen ins Gespräch mit der vorrangigen Option für den Schutz des menschlichen Lebens treten, weil nur in der Verknüpfung beider Optionen eine ethisch befriedigende Lösung gefunden werden kann.

Angesichts berechtigter Zweifel an der Ernsthaftigkeit des Menschenrechtsschutz-Argumentes und der Sorge um seinen Missbrauch für ganz andere Interessen bedarf es einer systematischen Klärung, ob, wann, unter welchen Voraussetzungen und in welcher Weise Einmischungen bzw. Interventionen ein geeignetes Mittel zum Schutz der Menschenrechte sein können. Die Erfahrung der jüngsten Vergangenheit zeigt, dass gerade kirchliche Stellungnahmen zur Frage ›Eingreifen oder nicht?‹ in konkreten Konfliktsituationen ohne klare Beurteilungskriterien zu kurz greifen und Gefahr laufen, einer einseitigen oder zumindest unvollständigen Einschätzung der Lage auf den Leim zu gehen.

Eine solche systematische Klärung müsste also versuchen, ethische Kriterien für zivile Einmischung und militärische Intervention bereitzustellen. Als eine Art Modell dafür könnten die »Heidelberger Thesen« von 1959 gelten, die in der kontroversen Frage der Friedenssicherung durch Atomwaffen ebenfalls ethische Kriterien für politisches Handeln formuliert hatten.[12] Für solchen Klärungsversuch gibt es verheißungsvolle Ansätze. Jüngst hat eine Projektgruppe der Deutschen Kommission Justitia et Pax die Ergebnisse ihrer vierjährigen Arbeit vorgelegt, die genau dieses Ziel verfolgen.[13] Die umfangreiche Studie versteht sich als eine »grundsätzliche ethische Stellungnahme zu den Legitimitätsvoraussetzungen und Konsequenzen unterschiedlicher Formen einer menschenrechtlich begründeten auswärtigen Einmischung«.[14] Sie bündelt ihre Ergebnisse in acht »Empfehlungen«, die als Angebot zur ethischen Urteilsbildung dienen können:

1. die Problematik humanitärer Interventionen in der Leitperspektive des »gerechten Friedens« reflektieren;

2. die gewaltpräventiven Handlungsmöglichkeiten von Kirche und Zivilgesellschaft nutzen;

3. politische Möglichkeiten einer gewaltfreien Einwirkung auf Konflikte mit Entschiedenheit nutzen und ausschöpfen;

---

12 Heidelberger Thesen. Erklärung einer Kommission der Evangelischen Studiengemeinschaft vom 28. April 1959, in: *C.F. v. Weizsäcker*, Der bedrohte Friede, München/Wien 1981.

13 *Thomas Hoppe* (Hg.), Schutz der Menschenrechte. Zivile Einmischung und militärische Intervention – Analysen und Empfehlungen«, vorgelegt von der Projektgruppe Gerechter Friede der deutschen Kommission Justitia et Pax, Berlin 2004.

14 Ebd., 6.

4. die Durchführung militärischer Interventionen von Anfang an unter den Imperativ der Schadensbegrenzung und des Schutzes der Zivilbevölkerung stellen;

5. auf strikte Völkerrechtskonformität und die Legitimierung durch die zuständigen Institutionen der Staatengemeinschaft bedacht bleiben;

6. in der Planung und Durchführung Humanitärer Hilfe mit Zielkonflikten rechnen und Strategien zu ihrer Minimierung ausarbeiten;

7. Einsatzgrundsätze für Interventionsstreitkräfte am Ziel der Gewaltminimierung und am Respekt vor den Menschenrechten und den Normen des humanitären Völkerrechts ausrichten;

8. eine koordinierte Bearbeitung der vielfältigen Aufgaben im Bereich der Konfliktnachsorge und Friedenskonsolidierung sicherstellen.[15]

Die differenzierte Zielbeschreibung der Studie zeigt, dass es aller Mühe wert wäre, die Legitimitätsvoraussetzungen für externe Einmischungen und Interventionen unter der Zielperspektive des gerechten Friedens sorgfältiger als bisher zu reflektieren und in den Mittelpunkt des weiter gehenden friedensethischen Diskurses zu rücken. Das könnte auch kirchliche Auseinandersetzungen über die Zulässigkeit humanitärer Interventionen vor prinzipiell-ideologischen Argumentationsmustern und notorischen Wiederholungszwängen bewahren.

---

[15] Ebd., 8ff.

Thomas Sternberg

»Wer mich sieht ...«

*Visualisierungen des Einen Gottes in drei Personen**

1   Einleitung: Über das Sehen Gottes

In seinem dogmatischen Hauptwerk »De Trinitate«, in den ersten zwei Jahrzehnten des 5. Jahrhunderts verfasst, geht Augustinus mehrfach auf die Frage der Sichtbarkeit Gottes ein. Im zweiten Buch behandelt er die Gotteserscheinungen der Bibel. Im Buch Genesis wird berichtet, Adam habe nach dem Genuss der verbotenen Frucht im Paradies die Stimme Gottes gehört und sich aus Angst, gesehen zu werden, versteckt. Augustinus fragt, wer hier im Paradiesesgarten ging. Sei hier derjenige gemeint, der auch gesagt hat »*es werde Licht*«, oder »*Sprach unterschiedslos Gott, die ganze Dreieinigkeit in der Gestalt eines Menschen zum Menschen?*« (II,17). Augustinus warnt vor einer allzu simplen Exegese dieser Stelle und fragt, ob Adam überhaupt mit leiblichen Augen gesehen habe. »*Ist es doch überhaupt eine große Frage, von welcher Art die Augen waren, die nach dem Genuss der verbotenen Speise geöffnet wurden*« (II,18).

Was wird in den biblischen Theophanie-Erzählungen von wem wie gesehen? »*Wer sieht Gott Vater mit leiblichen Augen? Wer sieht das Wort, das im Anfang war und das bei Gott war und das Gott war und durch das alles geworden ist, mit leiblichen Augen? Wer sieht den Geist der Weisheit mit leiblichen Augen? Was aber bedeutet das Wort: ›Zeige dich mir unverhüllt, damit ich dich sehe‹ anderes als: ›Zeige mir deine Substanz!‹*« (II,16). Aber selbst auf die Bitte des Moses hin wird die Schau Gottes nicht gewährt. Wie vorsichtig formuliert die Bibel die Gotteserscheinungen! Augustinus zitiert ausführlich Exodus 33: »*Du kannst mein Angesicht nicht sehen; denn kein Mensch kann mich sehen und am Leben bleiben. Dann sprach der Herr: ›Hier, diese Stelle da! Stelle dich an diesen Felsen! Wenn meine Herrlichkeit vorüberzieht, stelle ich dich in den Felsspalt und halte meine Hand über dich, bis ich vorüber bin. Dann ziehe ich meine Hand zurück, und du wirst meinen Rücken sehen. Mein Angesicht aber wird niemand se-*

---

* Die Form des mündlichen Referats ist beibehalten. Alle Nachweise und Originalzitate sind zu finden bei *Verf.*, Bilderverbot für Gott, den Vater?, in: *Eckhard Nordhofen* (Hg.), Bilderverbot: Die Sichtbarkeit des Unsichtbaren, (= Reihe: ikon. Bild und Theologie) Paderborn u.a. 2001, 59–116.

hen‹.« (Ex 33,20–23). Der Rücken wird gedeutet als die leibliche Erscheinung der Inkarnationsgestalt, und damit als die Gestalt Jesu Christi. Er konkludiert: »*Ferne bleibe uns die Vorstellung, das Wort und die Weisheit Gottes habe ein Antlitz und einen Rücken wie der menschliche Körper*« (II,31).

Jede Art von bildlichen Vorstellungen der Trinität weist Augustinus in aller Schärfe und Deutlichkeit zurück. »*Der Herr möge die Herzen seiner Gläubigen von solchen Vorstellungen reinigen!*« (II,25). Aber was war denn dann in den Visionen zu sehen? Den Interpretationsschlüssel bietet Augustinus im Sinne seiner Zeichentheorie. Die Feuersäule des Exodus, der brennende Dornbusch, Feuer, Blitze und Wolken, auch menschliche Erscheinungsweisen sind Ankündigungen der Gegenwart des Unsichtbaren, geistigen Gottes. »*In Wahrheit wurden alle diese sichtbaren und sinnfälligen Vorgänge, wie wir schon mehrfach sagten, durch eine hierzu verwandte geschöpfliche Wirklichkeit dargestellt.*« (II,25). »*Jene Erscheinungen erfolgten durch wandelbare, dem unwandelbaren Gott unterworfene Geschöpfe; sie offenbarten Gott nicht, wie er an sich ist, sondern im Symbol, wie es Zeit und Umstände erforderten*« (II,17).

Über diese biblischen Bilder hinaus, als Zeichen biblisch legitimiert, erlaubt Augustinus an künstlerisch-bildlichen Umsetzungen nur solche, die sich an den biblischen Berichten eng anschließen. Die »*menschliche Schwachheit*« dürfe sich Darstellungen Christi von der Geburt bis zur Kreuzigung, auch den Auferstandenen, die Himmelfahrt und die Erscheinung des endzeitlichen Gerichtes darstellen, niemals aber dürfe man »*in die Weisheit Gottes die Gestalt eines menschlichen Körpers*« einführen (Sternberg 1995, 257).

Diese Position bleibt für die christliche Theologie bestimmend. Sie ist Grundlage für die Bilderreden des Johannes von Damaskus, der die entscheidende theologische Begründung für die Beschlüsse des Zweiten Konzils von Nicäa 787 lieferte, das den byzantinischen Bilderstreit lehramtlich beendete. Sie sind in der Theologie auch danach nicht vergessen worden. Noch Thomas von Aquin zitiert eine scharfe Äußerung des Johannes von Damaskus in der entsprechenden Quaestio seiner Summa theologica: »*Vom wahren Gott selbst aber konnte man, da er unkörperlich ist, kein körperliches Bild anfertigen. Es ist nämlich ›der Gipfel der Dummheit und der Gottlosigkeit, das Göttliche darzustellen‹. Da aber im Neuen Testament Gott Mensch geworden ist, kann er in seinem Bild angebetet werden*« (Sternberg 1995, 261).

Die biblische Rede von Gott behält einen analogischen Charakter. Sie ist zudem von einer auffallenden Vorsicht, anthropomorphe Bilder wiederzugeben. Der Prophet Ezechiel scheint sich des Bilderverbots bewusst zu sein, wenn er mit größter Vorsicht im ersten Kapitel seine Gottesvision beschreibt. Immer heißt es einschränkend, es habe ausgesehen »*wie*«. Ein Beispiel: »*Über ihren Köpfen war etwas, das wie Sa-*

Abb. 1: Elias-Ikone, Zagors, Anf. 18. Jh.,
Kunstsammlung der Geistlichen Akademie Moskau

phir aussah und einem Thron glich« (Ez 1,26). Alle diese Aussagen
stehen unter dem Vorbehalt des »als ob«. Und der Interpret dieser
Stellen, Gregor der Große, verdeutlicht um das Jahr 600 noch einmal,
hier erkenne Ezechiel eben, dass der menschliche Geist, auch wenn er
sich noch so anstrenge, die Vorstellung körperlicher Bilder aus seinem
Denken zu verbannen, dennoch die Herrlichkeit Gottes, wie sie ist,
nicht zu schauen vermöge, solange er noch körperlich determiniert sei.

»Was immer diese im Geist aufleuchtende Ähnlichkeit sein mag, die Herrlichkeit selbst ist es nicht.« (Sternberg 1987, 52)
Wie die Differenzierung von darstellbarem, biblischem Geschehen und spekulativer Schau im Bild umgesetzt sein kann, mag eine Ikonendarstellung (russisch, 18. Jh.) mit *Elias-Szenen* demonstrieren: Die Ermahnung durch den Engel, der durch einen Raben ernährte Prophet, die Überquerung des Jordan, der Abwurf des Mantels zu Elischa, auch die Person in der Himmelfahrt sind in diesem sehr verbreiteten Bildtypus ausgemalt, während das visionär gesehene feurige Gefährt nur in einer Umzeichnung angedeutet bleibt (2Kön 2,11). (Abb. 1)
Nimmt man die theologischen Ausführungen über die Abbildbarkeit, die eigentlich nichts anderes als dogmatische Selbstverständlichkeiten in der Konsequenz einer Religion unter dem Bilderverbot sind, ernst, dann stellt sich die Frage, was heute unser Bilddenken bestimmt, wenn von Gott und dem Göttlichen die Rede ist. Die Fragestellung spitzt sich zu in einer Zeit, in der, spätestens seit der Erfindung der Fotografie, der Abbildung ein hoher Authentizitätsanspruch zugemessen wird. Das Abgebildete verweist auf eine so geartete dingliche Existenz, die in der Visualisierung vor Augen gestellt, das Denken fixiert.

Abb. 2: Max Biber, Mit Gott fang an. Ein Bilderbuch vom Beten, Würzburg (Echter) 1960

Ich zeige hier ein beliebig herausgegriffenes Beispiel solcher Fixierungen: ein *Kindergebetbuch* aus dem Jahr 1960 (Abb. 2). Ich könnte Ihnen auch die künstlerisch sicher erheblichere Bibelillustrationen Schnorr von Carolsfelds, die ganze Generationen von Hausbibellesern bestimmt hat, in Erinnerung rufen. Wir sehen das Brustbild jenes Gott Vaters, wie er uns vertraut ist. Diese Vertrautheit lässt sich schon daran erkennen, dass die Figur eigentlich keiner Kommentierung bedarf, sondern sofort von jedem als Gott Vater identifiziert wird. Dass dies keinesfalls selbstverständlich in der Bildgeschichte ist, sondern erst nach 1200 Jahren Kirchengeschichte möglich wurde, das mögen die folgenden Ausführungen skizzieren.

Vorab sei darauf hingewiesen, dass zu diesem Thema nahezu ausschließlich kunsthistorische Studien vorliegen und sich die Theologie – bis auf Ausnahmen wie Boespflug, Stock und Lange z.B. – bis heute merkwürdigerweise kaum dieses Phänomens angenommen hat. Aber dies mag zusammenhängen mit einer, in der westlichen Theologie seit den Anfängen zu bemerkenden Geringschätzung der Bildproblematik, wo Bilder immer nur als hilfreiche Propädeutik für das Eigentliche, den Text angesehen wurden und werden. Übrigens eine Geringschätzung, die einerseits eine freie Entwicklung der Kunst im Westen förderte und andererseits Auswirkungen bis auf das Missverhältnis in der Bedeutung von Zeichen und Wort in der heutigen Liturgie hat.

2   Frühe Trinitäts- und Gottesdarstellungen

Die ersten Visualisierungen Gottes in der christlichen Kunst greifen ein biblisches Motiv auf, das sich vom Buch Exodus – »*Israel sah, dass der Herr mit mächtiger Hand an den Ägyptern gehandelt hatte*« (14,31) – bis zur Apostelgeschichte – »*die Hand des Herrn war mit ihnen*« (11,21) – erstreckt (Abb. 3). Die wirkmächtige Hand Gottes finden wir als Bildmotiv im 3. Jh. in der jüdischen Kunst (vgl. die *Ezechiel-Vision in Dura Europos* aus dem Anfang des 3. Jh.) und etwa zeitgleich in der christlichen, wo sie sich durchgängig hält. Hier sehen Sie eine Illustration der Taufe Christi in einem syrischen Codex vor 600 (Abb. 4).

Abb. 3: Synagog von Dura Europos/Euphrat
Teil der Wanddekoration mit Ezechielszenen / 1.Hälfte des 3. Jh. n.Chr.

Abb. 4: Taufe Christi
Reliquienkästchen Sancta Sanctorum Lateran Rom (6. Jh. aus Palästina)

Abb. 5: Rekonstruktion des Apsismosaiks der Basilika Apostolorum in Nola,
nach der Beschreibung des Paulinus (um 431)

Mit solchen Kompositionen sind wir im Bereich früher symbolischer Trinitätsdarstellungen. Für die Apsis, die Paulinus, der Bischof im italienischen *Nola* im 5. Jh., dem Hl. Felix dediziert hat (Abb. 5), ist eine Beischrift erhalten, wo eine solche Kombination als Hinweis auf die Trinität gelesen werden sollte: *»Geheimnisvoll erstrahlet die Dreieinigkeit: / Christus steht da als Lamm, des Vaters Stimm‹ vom Himmel tönt, / und in der Auge schwebt herab der Heilge Geist.«* (Hackel, 19). Die Hand bleibt in der Kunst ein Zeichen Gottvaters: hier aus *Tahull / Barcelona* aus der Zeit um 1123 auf einem Apsisbogenscheitel (Abb. 6).
Es gibt mit dem Bild der Hand symbolische Annäherungen an die Gottesdarstellung: Ich weise auf ein Mosaik hin, das im *Baptisterium in Neapel* zu sehen ist und eine symbolische Trinität aus dem 5. Jh. zeigt

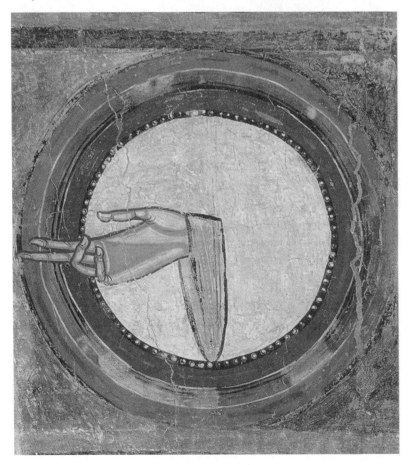

Abb. 6: Hand Gottes. Apsisbogenmotiv der Kirche S. Clemente in Tahull/Spanien, heute Barcelona, Fresko 1123

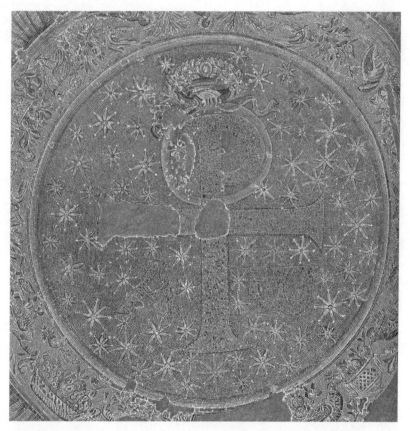

Abb. 7: Chrismonkreuz
Mosaik des Baptisteriums am Dom von Neapel, um 400

(Abb. 7). Das gleiche finden wir im Motiv der Hetoimasia, dem leeren Thron, der bereitet ist als Thron für den wiederkommenden Christus als Richter. Er wird zum Kennzeichen des Nichtdarstellbaren, markiert eine Leerstelle für das sich der Abbildung Entziehende. Dieses
Symbol der Präsenz Gottes hat sein Vorbild im römischen Kaiserkult,
der die Verehrung des bereiteten Königsthrons kannte. Ein bemer-
kenswertes Mosaik ist das aus dem Baptisterium von *Albenga* in Nord-
italien (Abb. 8). Auf andere symbolische Umschreibungen kann ich
hier nicht ausführlicher eingehen: auf die Darstellungen von Dreiergruppen, Symbolkombinationen und trinitarischen Hinweisen. Für das
Symbol gilt, dass ein prinzipieller Unterschied zwischen dem Bezeichneten und dem Bezeichnenden besteht, nur im Sinne einer Analogie
verbunden, und deshalb theologisch unproblematisch. Eine Vertau-
schung von zeichenhaftem Hinweis und bildlicher Wiedergabe wird
ausgeschlossen.

Abb. 8: Monogramm Christi
Deckemosaik aus dem Baptisterium von Albenga/Oberitalien, Ende 5. Jh.

Die in der Ikonenmalerei kanonisch gewordene Darstellung der Trinität ist die Szene des Besuchs der drei Männer bei Abraham. Als Beispiel ein Mosaik aus *Santa Maria Maggiore* aus der Zeit um 430 (Abb.
9). Etwa 100 Jahre später das gleiche Motiv aus der Kirche *San Vitale*
in Ravenna (Abb. 10). Und schließlich die berühmte Ikone *Andrej Ru-
blews* von 1410 mit dem gleichen Thema (Abb. 11). Zum Vorbild dieser Ikone in der Sophienkirche zu Konstantinopel lese man bei Hans
Belting (Bild und Kult, 219) nach. In der gesamten frühchristlichen

Abb. 9: Die Gastfreundschaft Abrahams
Santa Maria Maggiore, Rom – Mosaik des Obergadens, um 430

Exegese wird die Erscheinung der drei Männer bei Abraham als Erscheinung der Trinität gedeutet, da im Text ein Wechsel zwischen Sin-
gular und Plural geschieht. Dies wurde als Vorausdeutung der Trinität
im christlichen Sinne verstanden. Für Augustinus stellt sich in dieser
Erzählung das Problem, ob hier etwa der präexistente Logos in einer
Gestalt zu sehen sei, die er doch erst in der Inkarnation durch Maria
angenommen hat. »*Wie konnte er vorher in der Gestalt eines Mannes
Abraham erscheinen? Oder handelte es sich um gar keine wirkliche
Erscheinung? So könnte ich fragen, wenn Abraham die Erscheinung
nur eines Mannes gehabt hätte und man glauben würde, dass dieser*

Abb. 10: Gastfreundschaft Abrahams
Mosaik aus San Vitale Ravenna, 2. Viertel des 6. Jh.

der Sohn Gottes war. Nun sind aber drei Männer erschienen, und von keinem wird erzählt, dass er an Gestalt, an Alter oder Macht die anderen überragt habe. Warum sollte man da nicht annehmen, dass hier durch sichtbare, geschöpfliche Gebilde die Gleichheit der Dreieinigkeit und die Gleichheit und die Selbigkeit der Substanz in den drei Personen angedeutet und veranschaulicht werden soll?« (De trinitate II,11)
Soviel sei an dieser Stelle gesagt, dass, obwohl ich keine östlichen Beispiele zeige, auch die Ikonenkunst bis zur Mitte des vorigen Jh., bis zur Fixierung einer strengen Bildtheologie, die sich an Johannes Damascenus orientierte, keineswegs immer das Paradigma der Bildlosigkeit Gott Vaters befolgt hat, im Gegenteil, gerade frühe Beispiele für Gottvaterdarstellungen aus dem Osten stammen (so Krücke 1959).

Abb. 11: Troiza / Dreifaltigkeit / Gastfreundschat Abrahams, Andrej Rublew, 1411
Aus der Inkonostase der Kathedrale des Greifaltigkeitsklosters Sagorsk,
Tretjakow-Galerie, Moskau

Bevor ich auf die kanonisch werdende Darstellung Gottvaters im Mittelalter eingehe, sei hier noch eines der zwei strittigen Beispiele einer
Gottvaterdarstellung aus dem Ende des 4. Jh. gezeigt. Der sog. »*dogmatische Sarcophag*« im Museo Pio Cristiano im Vatican (Abb. 12),
1838 unter Sankt Paul gefunden, hat eine Parallele in einem *Arleser
Sarkophag* (Abb. 13), wohl gleicher Provenienz. Dort ist eine Szene zu
sehen, die drei Männer bei der Erschaffung Evas zeigt. Hier deutet
trotz anderer Vorschläge vieles auf eine bildliche Wiedergabe der Tri-

Abb. 12: Sarkophag aus Rom, um 430, Arles

Abb. 13: Sarcophag der zwei Ehegatten

nität in Menschengestalt hin – aber diese beiden Sarkophage, vermutlich aus der gleichen Werkstatt, bleiben isoliert für 1000 Jahre. (Kurios bleibt die Tatsache, dass ausgerechnet ein Monument, auf dem gegen die Bildlosigkeit Gottes verstoßen wird, in der Forschung den Beinamen »dogmatisch« erhalten hat ...)

3   Christomorphie als legitimes Bild Gottvaters

In der bildlichen Darstellung ergreift die Kunst die Möglichkeit, Gott-Vater in der Figur des Sohnes darzustellen, der als präextistenter von Anfang existiert. Für diese Bildentwicklung gab es eine Fülle von theologischen Anregungen und Legitimationen. Schon Ambrosius, der Lehrer des Augustin, schreibt in seiner Interpretation der Taufe am Jordan: »*Auch der Sohn ist seiner Gottheit nach unsichtbar; denn ›Gott hat niemand gesehen‹. Da nun der Sohn Gott ist, ist er eben darum als Gott unsichtbar. Doch er wollte sich im Leibe zeigen. Und weil der Vater keinen Leib trug, darum wollte der Vaters uns beweisen, daß er im Sohn zugegen ist, indem er beteuerte: ›Mein Sohn bist du, an dir habe ich mein Wohlgefallen‹.*« (Lukas-Kommentar II,94)
Die Gestalt Christi wird zum Gottes- und eben auch Gottvaterbild des Mittelalters. Bis über das Jahr 1000 hinaus gibt es die Darstellung Gott Vaters nahezu ausschließlich im Typus Christi. Ich werde im Folgenden einige Belege hierfür zeigen.
Ich nenne zwei Motive der *Bernwards-Tür* aus Hildesheim um 1000, vor 1015 entstanden. Das eine Bild zeigt eine Paradiesesszene, die Zusammenführung Adams und Evas. Das andere Bild zeigt in der Szene des Opfers *Kains und Abels* die mächtige Hand Gottes (Abb. 14). Bei

Abb. 14: Hand Gottes / Abel-Kain-Opfer
Bernwardstür am Dom zu Hildesheim, 1015

Abb. 15: »Gottvater«
Bernwardstür am Dom zu Hildesheim, 1015

genauerem Hinsehen erkennt man in der Gottvater-Darstellung der Pa-
radiesszene eindeutig eine Christus-Ikonographie, auch wenn dies in
Kunstbüchern und Reiseführern immer wieder anders zu lesen ist
(Abb. 15).
Die Kunst bleibt eben bei der alten Übung, die auch die Libri Carolini,
die bislang zumindest immer noch für eine Schrift der Zeit um 800
gehalten werden, im Gefolge des Bilderkonzils von 787 festlegen:
»*Deus pingi non potest*«. Und wofür sich bei zeitgleichen Autoren wie

Abb. 16: Entdeckung Adams und Evas
Mosaik vom Langhaus des Doms von Monreale/Palermo, um 1200

z.B. Rabanus Maurus (de videndo dei) weitere Beispiele nennen ließen. Aber alle erlauben sie den Rückgriff auf die Christusfigur, da er
als historischer Mensch gelebt hat – und so gibt es mit Christus ein le-
gitimes Gottesbild. In den alttestamentlichen Schöpfungsszenen ist die
Begründung für die Christomorphie Gottes auch auf andere Weise biblisch begründet. Insbesondere das Johannesevangelium weist auf die
Erschaffung der Welt durch den präexistenten Logos hin (Joh 1,3).

Abb. 17: Opfer Kains und Abels
Mosaik vom Langhaus des Doms von Monreale/Palermo, um 1200

Auch in den Paulinen finden wir dies immer wieder. So etwa im Ko-
losser-Hymnus: Christus »*ist das Ebenbild des unsichtbaren Gottes,
der Erstgeborene der ganzen Schöpfung. Denn in ihm wurde alles erschaffen im Himmel und auf Erden.*« (Kol 1,15f; Par. 1Kor 8,6; Hebr
1,1f). Am Anfang des 5. Jh. formuliert Prudentius den gleichen Sach-
verhalt so: »*Nicht hat allein er's getan. Ein Gott stand bei Gott im
Schaffen, / als nach dem Bilde des Herrn, der Herr die Menschen gebildet. / Christus trägt Gottes Gestalt, wie Christi Bild und Gestaltung.*« (Hackel, 32)

Hier sehen Sie zwei andere Szenen aus dem Mosaik von Monreale mit
dem Christus-Typ und mit der Hand (Abb. 16/17). Zwei weitere Beispiele mit anderen Bibelstellen: Die Vision Ezechiels (Ez 9,11) zeigt in
seiner bildlichen Darstellung in der Kirche von Schwarzrheindorf aus
der Mitte des 12. Jh. die »Herrlichkeit des Herrn« als Brustbild Christi.
Und auch das Taufbecken aus der Kirche San Frediano in Lucca aus
der gleichen Zeit zeigt die Erscheinung Gottes vor Moses im Dornbusch in Christomorphie – wie auch die Gesetzesübergabe und viele
andere Beispiele mehr.

Die eigentliche Begründung für die Christomorphie des Vaters liefert
jedoch eine andere Bibelstelle. Um noch einmal Augustinus zu zitie-
ren; es heißt bei ihm: »*Warum wollen die Leute immer weiter, wenn sie
bei Christus sind? Sie sind doch, wie uns Johannes sagt, am Ziel: ›Ich
und der Vater sind eins‹*« (ennarationes in psalmos 45,1). Und so finden wir, wie eben gesehen, die Christusgestalt als Bild Gottvaters auch
in anderen Szenen als denen der Schöpfung. Die biblische Legitimation nach Johannes 14,9 finden wir auch in einem Bild selber formuliert.

Abb. 18: Apsis-Mosaik aus San Michele in Afrisco, Rafenna, 1. H. 6. Jh.
heute in Berlin, Bode-Museum

Sie sehen hier oben eine frühe Umzeichnung des Mosaiks von San Michele in *Africisco aus Ravenna*, das 545/6 entstanden ist und heute
nach vielen Restaurationen und Reparaturen im Berliner Bode-Museum zu sehen ist (Abb. 18). *Christus* mit dem Kreuzstab hält in der verhüllten Hand eine Bibel, in der wir die Johannes-Stelle lesen können:
Qui vidit me vidit et patrem ego et patrem unum sumus (Wer mich
sieht, sieht den Vater; ich und der Vater sind eins) (Abb. 19).

Abb. 19: Triumphierender Christus
Apsis-Mosaik aus San Michele in Afrisco, Ravenna, 1. H. 6. Jh.
heute in Berlin, Bode-Museum

Nun haben die Theologen der Bildauseinandersetzungen seit Origenes immer wieder gesagt, dass ja gerade das Göttliche in Jesus nicht dargestellt werde, wenn man den Menschen Jesus abbilde, doch die Legitimation für das Christusbild wie auch das spätere christomorphe Gottesbild verfolgt diesen Weg und wird im byzantinischen Bilderstreit so gelöst. Gerade an dieser Stelle werden vielfältige theologische Spekulationen entwickelt. Erwähnt sei nochmals Origines († 253), der die Stelle interpretiert: »*Kein vernünftiger Mensch wird behaupten, Jesus habe diese Worte im Hinblick auf seinen sinnlichen, den Menschen sichtbaren Leib gesagt. Sonst hätten Gott den Vater ja auch all jene gesehen, die da schrieen: ›Kreuzige, kreuzige ihn!‹*« (nach Schönborn, 60). Während Cyrill, kaum 200 Jahre später, zur selben Stelle meint:

Abb. 20: Schöpfungszenen
Pentateuch von Tours (Ashburnham-Pent.), 7. Jh. Paris Bibl. Nationale,
ms. nv. acq. la. 2334, f. 1v.

*»Gewiss sehen wir den Sohn vor allem mit den Augen des Herzens,
doch auch mit den Augen des Fleisches, weil er sich selbst entäußert
hat und bis zu uns herabgestiegen ist, und doch zugleich in Gottes
Gestalt lebt, Gott dem Vater gleich, da er aus ihm dem Wesen nach
geboren ist«* (nach Schönborn, 94). Diese Christomorphie bleibt theologisches und künstlerisches Axiom für das Gottesbild von etwa 1000
Jahre Kunst- und Theologiegeschichte.

Abb. 21: Gnadenstuhl
Psalterium der Engelberger Stiftsbibliothek, um 1335

4   Die Verdoppelung der Christusfigur im Trinitätsbild

Für die Frage nach der Entstehung eines eigenen Gottvaterbildes werden alle die Abbildungen bedeutsam, in denen Vater und Sohn zugleich dargestellt werden sollen. Einige frühe Lösungen des Problems haben wir gesehen: die symbolische Kombination und die Szene der Gastfreundschaft Abrahams. Ich zeige Ihnen eine Seite aus dem sog. *Ashburnham-Pentateuch* aus dem 7. Jh. mit Schöpfungsszenen (Abb. 20). Die Zweiheit von Vater und Logos war hier figürlich wiedergegeben, wurde aber bereits im 8. Jh. getilgt. Die Rasur an diesen Stellen vermittelt etwas von den Auseinandersetzungen um die verdoppelte Darstellung. Unter den Beispielen des frühen Mittelalters verdienen hier vor allem die Psalter-Illustrationen Beachtung. So zeigt uns eine Illustration des 110. Psalms: *»So spricht der Herr zu meinem Herrn: setze dich zu meiner Rechten.«* Die Darstellung des Stuttgarter Psalters aus dem 10. Jh. zeigt ausgerechnet bei dieser Illustration eine Rasur oder Radierung, die nicht von einem schlechten Erhaltungszustand herrührt, da alle anderen Illustrationen bestens erhalten sind. Auch hier hat man offensichtlich ebenfalls die zweite Figur aus theologischen Erwägungen beseitigt. Gegen eine *»grob sinnliche«* Vorstellung des *»sedet ad dexteram patris«* polemisierte unter anderen schon Augustinus: dieser Text sei *»creditur, non videtur«*, geglaubt, nicht gesehen (de civitate Dei 17, 17).

Die Problematik kulminiert in einem Bildtyp, der in der Kunstgeschichte seit F.X. Kraus unter dem Begriff Luthers *»Gnadenstuhl«* geführt wird. Es ist ein Bildtyp, der seinen Platz im Messkanon hat und häufig zur Buchillustration des *»te igitur«*, also des Anfangs des Hochgebetes, genutzt wurde. Der theologische Ort des Bildes ist die Annahme des Opfers des Sohnes durch den Vater (hierzu: Simson, 1993, 168/72). Ich zeige Ihnen hier zwei frühe Gnadenstuhl-Abbildungen: eine Illustration aus einem Psalterium von 1335 (Abb. 21) (Engelberger Stiftsbibliothek, Buchheim, 48) und aus einem spanischen Codex aus der Zeit um 1340/50 in Barcelona (Abb. 22). Auch in der Skulptur der Gnadenstühle ist die Verdoppelung zu erkennen: aus der Krypta des Domes von Fritzlar aus der Zeit um 1300 (Abb. 23) ebenso wie in Erfurt am Nordportal des Domes. Allen Bildern ist gleich, dass in ihnen die Christusfigur eindeutig verdoppelt wird. Die identische Ikonographie wird theologisch korrekt, aber vielleicht künstlerisch nicht ganz befriedigend zweimal wiedergegeben, getreu dem Postulat, dass die Gottvater-Darstellung christomorph zu erfolgen habe.

Die Christusgestalt wird seit dem Spätmittelalter auch zur Darstellung des Heiligen Geistes verwandt. Diese Miniatur aus dem *Hortus Deliciarum*, heute verschollen, zeigt die Verdreifachung (Abb. 24). Ich könnte andere Beispiele, etwa aus dem ägyptischen Faras, zeigen. Eine Zeichnung nach einer Miniatur des 14. Jh. (Braunfels, 27) zeigt auch

Abb. 22: Gnadenstuhl
Altartafel aus S. Maria de Vallbona de les Monges (Urgell), Guillem Seguer zuge-
schrieben, 1340/50,
Barcelona, Museu Nacional d'art de Catalunya

Abb. 23: Gnadenstuhl um 1300
aus dem St.-Petri Dom zu Fritzlar

Abb. 24: Der Ratsschluss zur Erschaffung des Adam, Nachzeichnung aus dem
Hortus Deliciarum der Herrad von Landsberg, 1170–1180 (HS 1870 verbrannt)

eine solche Trinität. Der Heilige Geist ist dort als Person in gleicher
Ikonographie als bärtiger Mann wiedergegeben. Alle drei tragen den
Kreuznimbus. Unterschieden sind sie durch ihre Attribute: Christus
trägt den Pilgerstab, Gottvater Weltkugel und Krone, der Geist ein
Buch. Mit der Darstellung des Geistes in Menschengestalt betreten wir
allerdings einen Weg, den wir hier nicht weiter verfolgen können und
wollen, der allerdings eine durchaus eigene Wirkungsgeschichte hat.
Francois Boespflug (Dieu dans l'art und 1997) hat sich zu diesem
Thema ausführlich geäußert.

Theologisch bewegen wir uns hierbei auf einem höchst sensiblen Ge-
lände: Ambrosius sagt über die Trinität: »*Der Verstand versagt, die
Stimme schweigt, und nicht bloß der Vernunft, sondern auch die der
Menge*« (de fide ad Gratianum I,16); und Augustinus: »*An eine
menschliche Form, an Umrisse menschlicher Glieder, an die Gestalt
des menschlichen Fleisches, an diese sichtbaren Dinge, an Stellungen
und Bewegungen des Leibes, an einen Dienst der Zunge und artikulier-
te Laute dürft ihr bei der Trinität nicht denken, außer was die
Knechtsgestalt betrifft ...*« (tract. in Joh hom XL, 4). Wie kommt es
dann in einer Religion unter dem biblischen Bilderverbot ausgerechnet
für die bildliche Darstellung dessen, worüber in Analogien, Andeutun-
gen und negativen Aussagen zu sprechen ist, zu einem eigenen Bildtyp?

Abb. 25: Trinität mit trikephalem Bid und Symboldiagramm, Holzschnitt 1524

5   Ausdifferenzierung eines eigenen Gottvaterbildes

Sie sehen jetzt einen anderen Versuch, die Dreiheit in der Einheit wiederzugeben. Ich zeige einen Holzschnitt von 1524 mit einem Sinnbild,
von denen es eine Fülle von Beispielen gibt und das eine eigene Untersuchung über solche »Schemata« oder »Schaubilder« im durchaus
modernen Sinne verdiente (Abb. 25). Dieses theologische Schema
wird in dem Holzschnitt gehalten von einer menschlichen Figur mit
drei Gesichtern. Francois Boespflug hat kürzlich aufgewiesen, dass
diese trikephalen Darstellungen erst in der 2. Hälfte des 13. Jh. aufkommen (1998, 171). Er zeigt eine Buchmalerei mit einer Gastfreundschaft Abrahams mit drei aus einem Halsschnitt grotesk hervorwach-
senden Köpfen. Diese dreigesichtigen, dreiköpfigen oder »trikephalen«
Darstellungen wurden schon früh als »Monstra«, als unangemessene
Verdinglichungen der theologischen Trinitätsaussage, verworfen. Diese Zurückweisung gehört zu den wenigen expliziten Bildverurteilun-
gen der Kirchengeschichte, zu denen allerdings auch die Ablehnung
der Darstellung des Heiligen Geistes in Menschengestalt gehörte.

Abb. 26: Dreifaltigkeit
aus einer Miniatur der »Lothianbibel«, um 1220
(Pierpont-Morgan-Library, New York)

Zu den Verurteilungen im Zusammenhang des Gottesbildes gehört auch eine Gruppe von Marienfiguren, die unter dem Namen »Schreinmadonnen« geführt werden. Ein Beispiel aus der Zeit um 1300 stammt aus Köln und befindet sich heute in New York. Die Begründung für die Verurteilung liegt in der Feststellung, die Muttergottes habe eben nicht die ganze Trinität geboren.

Es bleibt bei der Verdoppelung über mehrere Jahrhunderte. Zwei Beispiele aus einer Visualisierung des Credos aus Siena dienen als Beispiele. Die Schritte hin zur Ausdifferenzierung dieser Figuren sind nicht leicht zu ziehen.

Ich zeige Ihnen eine Buchmalerei um 1220, in der die Trinität im zentralen Vierpass eines Bildes mit der Illustration des *Sechstagewerkes* in einer merkwürdigen siamesischen Symbiose gezeigt werden (Abb. 26). Zwei Füßen und einem, durch einen Mantel verhüllten Unterleib entspringen zwei Oberkörper, zwischen denen die Taube als Kennzeichen des Heiligen Geistes eingeklemmt erscheint. Steht ein Kind neben dem Sitzenden? Bezeichnend ist, dass im Vergleich zur etwa gleich alten Illustration des 110. Psalms (Braunfels, 23) zwar einerseits die Personen zu einer einzigen verbunden erscheinen, aber andererseits eine Altersdifferenzierung in den Gesichtern vorgenommen wird. Bei beiden Köpfen handelt es sich um eine typische Christus-Ikonographie, beide tragen den Kreuznimbus, doch der linke ist bärtig mit langem Haar, während der rechte sehr jugendlich und bartlos wiedergegeben wird. Nun muss dies noch nicht unmittelbar auch die Darstellung von zwei Individuen meinen; denkbar wäre auch, dass ein mittelalterlicher Betrachter in diesen Altersstufen die Differenzierung im Christusbild selbst sah, denn Christus kann sehr wohl einmal als bartloser Jüngling und ein anderes Mal als bärtiger Weltenrichter erscheinen.

Die Altersdifferenzierung lässt sich auch an einem anderen Beispielen zeigen [italo-byzantinische Miniatur der Zeit um 1150 (Abb. 27)]: In dieser streng frontalen Darstellung wird nun rechts und links neben dem Nimbus über der Lehne des Thrones eine Beischrift gegeben, die später eine zentrale biblische Legitimation für die Gottvater-Darstellung abgeben sollte. Rechts kann man recht gut die Buchstaben »*hemeron*« *(to palaios ton hemeron)* erkennen, die hier die Beischrift IC XP ersetzen. Es ist der »Hochbetagte« der Daniel-Apokalypse (Dan 7) gemeint. Es heißt im Buch Daniel: »*Ein Hochbetagter nahm Platz. Sein Gewand war weiß wie Schnee, sein Haar wie reine Wolle. Feuerflammen waren sein Thron, und dessen Räder waren loderndes Feuer.*« Schon Augustinus beschäftigt sich intensiv mit dieser Vision, da wir hier Vater und Sohn in sichtbarer Gestalt präsentiert bekommen. Augustinus deutet die Stelle als ein Traumbild, in dem sich »*nicht nur der Sohn oder der Heilige Geist, sondern auch der Vater in einem körperlichen Bild oder Symbol den sterblichen Sinnen ein Gleichnis seiner Selbst geben*« (de trin. 2,18,35). Wie in den anderen Visionen han-

Abb. 27: Dreifaltigkeit
aus einer Miniatur

dele es sich bei Daniel um eine Annäherung an etwas, von dem es an der gleichen Stelle heißt: »*die Natur selbst oder die Substanz oder das Wesen, oder wie immer man die in sich ruhende Wirklichkeit Gottes nennen mag, sie kann mit den Leibessinnen nicht gesehen werden.*« Nach freiem Belieben schaffe Gott sinnenfällige und sichtbare Gebilde, um seine Gegenwart in ihr so, wie er es für angemessen halte, kundzutun, »*ohne dass dabei freilich seine seinsbegründende Substanz sichtbar würde*« (de trinit 3,4,10). Der Daniel-Text wird, soweit ich sehe, nie früher für die Legitimation an der Gottvater-Darstellung herangezogen.

In dem nächsten Bild sehen Sie nun Ausformulierungen des vorhin besprochenen Gnadenstuhls mit einer Altersdifferenzierung, die bei Massaccio in Florenz 1426 noch eine Parallelisierung zwischen der Phy-

Abb. 28: Gnadenstuhl
Dom-Museum, Main
Anonym, 1520

siognomie des Gekreuzigten und des Kreuz haltenden Vaters erlaubt, also vielleicht doch noch ein Nachklang der Christomorphie ist. 100 Jahre später aber, im anonymen *Mainzer Gnadenstuhl* von 1520 als ein beliebiges Beispiel, gibt es eine Differenzierung, die jetzt auch mit der Tiara als Gottvater-Attribut eindeutig geworden ist (Abb. 28).

Das Gottvaterbild, so haben wir gesehen, entwickelt sich vor allem im 14. Jh. in der Ausdifferenzierung verschiedener Altersstufen im Trinitätsbild, insbesondere im Typus des Gnadenstuhls, und wird später legitimiert durch die Daniel-Apokalypse.
Was die Künstler hier tun, ist zur Zeit seiner Entstehung nicht theologisch legitimiert – im Gegenteil. So verurteilt etwa der Bischof Lucas von Thuy (†1250) alle die, die Gottvater als Mensch darstellen, als Anhänger der Irrlehre der Audianer, der Anthropomorphiten (4. Jh.). Und Johannes XXII (†1334) hat, folgt man einem Autor aus dem Anfang des 16. Jh., Künstler aus Böhmen, die Gottvater als Greis dargestellt hatten, vor Gericht gezogen und einige von ihnen gar als Ketzer verbrennen lassen – das Thema war also offensichtlich nicht immer so nebensächlich, wie es heute scheint (beide Beispiele nach Krücke 1937, 62f). Allerdings zeigen die Auseinandersetzungen auch, dass wieder einmal, wie schon in der Anfangsphase der christlichen Bilder, die Kunst über die theologische Fixierung siegte.

6 Das Bild des alten Mannes

Ich kann nur Hinweise geben und Vermutungen anstellen, wie diese Entwicklung erfolgt. Die Studien zum Trinitäts- und Gottvaterbild Alfred Hackels, Adolf Krückes und Wolfgang Braunfels aus den dreißiger und fünfziger Jahren – allesamt Kunsthistoriker – haben bis auf die Arbeiten Francois Boespflugs kaum theologische Fortsetzung gefunden, obwohl die Fragen an den Kern des christlichen Glaubens rühren. Wir haben es im 14. Jh. mit einer Veränderung des Gottesbildes ebenso wie des Gekreuzigten in der Frömmigkeit und Theologie zu tun. In der Erfahrung von Katastrophen und Leid, insbesondere der Pest, wird das Bild eines strafenden und rächenden Gottvaters verstärkt, während auf der anderen Seite die Darstellung des Gekreuzigten das Motiv der Compassio, des Aufgehobenseins aller Schmerzen und allen Leides in den Leiden des Gekreuzigten bildlichen Ausdruck findet. S. 310 sehen Sie einen rächenden Gott, der dem fürbittenden Christus gegenüber gesetzt wird auf einem Altarbild von Martin *Schaffner* aus Ulm von 1510/4 (Abb. 29), S. 311 ein *Breslauer Kruzifix* aus der Mitte des 14. Jh. (Abb. 30). Weder der leidende Christus noch der rächend-strenge Gottvater können in der bloßen Verdoppelung der Personen angemessen bildlich wiedergegeben werden. Eine auch bildlich sichtbare Differenzierung der Personen ist bei einer veränderten Gottesbeziehung in Frömmigkeit und Theologie geradezu folgerichtig.
Der Vater ist jedoch nicht allein der rächend-strenge Gott; die Beziehung zu dem Opfer seines Sohnes ist wie schon in der Anfangsphase der Gnadenstuhldarstellungen die entscheidende Beziehung.

Abb. 29: Martin Schaffner, Altarbild, Ulm

Abb. 30: Kruzifix, Bresslau, Mitte 14. Jh. Warschau

Frömmigkeitsgeschichtlich wichtig sind Trinitätsdarstellungen, in denen die erbarmende Liebe des Vaters in der Annahme des toten Sohnes in der Form einer Pietá wiedergegeben sind. S. 312 sehen Sie eine Trinität von *Hans Multscher* aus der Zeit um 1430 (Abb. 31). Der Gekreuzigte

Abb. 31: Dreifaltigkeit / Erbarmen des Vaters
Hans Multscher, Ulm 1430/35, Frankfurt, Liebighaus

wird seit etwa 1400 zum »*Erbärmdebild*«, der Vater zum Bild der Annahme des Leidens seines Sohnes. Das Bild ist zum Beter und Betrachter gewendet, spricht ihn in seiner Frömmigkeit an, wird zum
Ausdruck der Meditatio, der persönlichen Andacht. Die Beziehung
zwischen Beter / Betrachter und Bildinhalt, das »gegenseitige Anbli-
cken« ist mithin wichtiger geworden als das inhaltliche »Lehrpro-
gramm« (vgl. hierzu Simson 1993). Eine Frömmigkeit, die die erste
göttliche Person vor allem in der Funktion des zu besänftigenden Vaters versteht, mag zur Verengung und schließlichen Grenzüberschrei-
tung beigetragen haben.

Abb. 32: Muttergottes in der Rosenlaube, Stefan Lochner (1400–1451)
um 1450 / Köln, WRM

Abb. 33: Thomas Altar, Meister des Bartholomäus Altars (1470–1510)
1499, Köln WRM

Jedenfalls ist am Ende des 15. Jh. eine eigenständige Gottvater-Ikono-
graphie festgelegt, die dann den Weg bis zu Verniedlichungen geht.
Zwei Beispiele aus dem Walraff-Richartz-Museum in Köln – Stefan
Lochners ›*Madonna im Rosenhag*‹ und der *Thomas-Altar* aus der Zeit
um 1500 mögen als Beispiele für einen lieblichen Alten gelten, dessen

Darstellung sich weit entfernt zu haben scheint von der früheren Ernsthaftigkeit des Gottesbild-Themas, aber als eine Gegenbewegung zum
Bild des strengen Richters verstanden werden kann (Abb. 32/33).
Für den Höhepunkt der Gottvater-Bilder dienen selbstverständlich die
Malereien der *Sixtinischen Kapelle* von Michelangelo als Beispiel (Abb.
34). Sie haben wegen der überragenden Qualität der Malerei Schule
gemacht; und da Kunst zunächst auf Kunst reagiert, sind diese Bilder
wiederholt worden. Wie wird in diesem bildlichen Realismus noch »Al-
terität markiert«? Wie ist hier das Sinnbildliche der Realistik gewahrt?
Vielleicht sollte man stärker auf *Irrealität der Bewegungen* und der
räumlichen Situation achten als auf die Wiedergabe einer bestimmten
Physiognomie. Wie groß ist aber doch der Abstand vom Katechismus
Romanus, der es im dritten Teil, 2. Kapitel, Quaestio 13, als eine »*Beleidigung Gottes*« bezeichnet, wenn sich jemand unterfangen sollte,
die Gestalt der Gottheit durch ein Kunstwerk abzubilden.

Abb. 34: Erschaffung Adams
Sixtinische Kapelle, Rom, Michelangelo Buonarotti 1510/12

Auch dort findet sich aber eben jene Einschränkung, nach der niemand glaube, dass man sich gegen Religion und Gottesgesetz versündige, wenn man eine Person der Dreieinigkeit durch Zeichen darstelle, die sowohl im Alten wie im Neuen Testament sich fänden. Als ein solches Zeichen wird dann das Bild des Alten der Tage nach Daniel 7 genannt. Genau dies ist die biblische Legitimation für eine künstlerische Praxis, die vielleicht auch etwas zu tun haben mag mit der Antikenrezeption der Renaissance, mit ihrer Parallelisierung antiker Götter mit christlichen Themen; aus der Rezipientensicht aber ebenso mit der Erwartung mimetischer Informationsleistungen im Bild.

7 Kritik am Gottvaterbild

Die Interpretation des Gottvater-Bildes durch Michelangelo blieb allerdings sehr viel weniger kanonisch, als uns dies heute erscheinen mag. Als Beispiel für eine sehr viel zurückhaltendere Wiedergabe des Gottvater-Themas – durchaus als »*Alter der Tage*« nach Daniel – mag *Matthias Grünewald* gelten (Abb. 35). Bei ihm ist die Gottesdarstellung eher ein irreal flirrendes Lichtereignis.

Abb. 35: Matthias Grünewald, Isenheimer Altar,
Festtagsseite um 1515, Colmar, Museum Unterlinden

Und nur wenige Jahre spätere Drucke zeigen eine sinnbildliche Darstellung Gottes mit dem hebräischen Gottesnamen als Wiedergabe der ersten göttlichen Person. Ohne Frage spielen hier die Bildauseinandersetzungen der Reformation eine entscheidende Rolle. Hans Belting hat eine Reihe von sehr deutlichen Texten der Reformatoren gegen die Bilder zusammengestellt (Bild und Kult, Anhang). Gegen die vorsichtige Haltung Martin Luthers, der die Bilderfrage – in bester westlicher Theologietradition – für nicht so wichtig hielt, die Bilder für bloße Adiaphora, war Calvin sehr viel deutlicher: *»Der rohe Unsinn hat die Welt ergriffen, wenn man eine sichtbare Gestalt Gottes besitzen will.«* Bilder seien ungeeignet, die Geheimnisse Gottes zu präsentieren. Trotzdem schließt er nicht aus, dass es überhaupt Bilder geben dürfe, aber nur in einem *»reinen und legitimen Gebrauch«*, weil es ein Verbrechen sei, Gott in sichtbarer Gestalt darzustellen. Er habe es verboten, und es könne nicht geschehen, *»ohne dass seine Glorie deformiert wird«*. Seine Konzession, biblische Historien und Ereignisse wiederzugeben, entspricht der theologischen Tradition von Augustinus über Johannes Damascenus bis zu Thomas von Aquin.

Das deckt sich übrigens durchaus mit katholischen Autoren, wie dem in der Reformationsgeschichte nicht unbedeutenden Thomas de Vio, Kardinal Cajetan, der in einem Kommentar zur Summa des Thomas von Aquin schrieb, Trinitätsbilder mit Gottvater als Greis, Christus am Kreuz haltend und darüber den Heiligen Geist als Taube seien zwar nicht einzuziehen, aber man solle sie auch nicht allzu weit verbreiten. Vorzuziehen sei ihnen ein Bild Gottes, das gerade seine Unabbildbarkeit (*Potius tamquam infigurabilis*) darzustellen versuche. Adolf Krücke hat 1959 in der Zeitschrift der Kunstwissenschaft einige sehr deutliche Beispiele für den Streit um das Gottvater-Bild im Protestantismus zusammengetragen. Einen Gottvater zeigt die Illustration der Schöpfungsgeschichte aus einer Bibelausgabe, die 1614 in Amsterdam erschienen ist. Bei der Neuauflage 1638 wird die menschliche Gestalt ersetzt. Offensichtlich ist die Vorstellung, dass hier der Schöpfer in der Gestalt Christi erscheint, durch die verbreiteten Gottvater-Darstellungen abhanden gekommen. Der Ersatz ist wieder das schon gezeigte Tetragramm. Noch aufschlussreicher ist eine Illustration aus den letzten Jahren des 18. Jh., die Heinrich Füger zu dem seinerzeit ungemein erfolgreichen Messias von Klopstock machte (Abb. 36/37). Die erste Auflage zeigt ein Gottvater-Bild, während die zweite Auflage Gottvater durch seine Lichterscheinung ersetzt. In einem Brief vom 15. August 1798 schreibt *Klopstock* an Heinrich Füger: *»Christus, der dem Vater schwört, kann von ihnen selbst nicht übertroffen werden. Aber, kühner Mann, sie haben auch den Vater gewagt. Raphael und Angelo hatten es, sagen sie, getan. Ihr habt alle drei gesündigt. Auch große Künstler dürfen den Vater nicht bilden, keiner darf's«* (nach Krücke 1959, 85).

Auch im katholischen Bereich wurde versucht, mit Reglementierungen die Darstellung Gottes zu beschränken. Etwas hölzern klingen die Sätze in einem im 19. Jh. verbreiteten *»praktischen Handbuch der kirchlichen Baukunst einschließlich der Malerei und Plastik«*: *»Die heiligste Dreifaltigkeit erfordert eine ernste Darstellung, und kein Bild davon*

Abb. 36 und 37: Heinrich Füger, Illustration zu Klopstock, Messias
1. (1798) und 2. Auflage

*darf eine bloße Spielerei enthalten. Sie darf nicht dargestellt werden
›im Schoße Marias, nicht in Gestalt eines Menschen mit dreifachem
Gesichte und nicht in einem Bilde von drei einander ähnlichen Menschen. Das Bild der heiligsten Dreifaltigkeit, des Vaters, Sohnes und
Heiligen Geistes, wird so gemalt, dass es entweder den Vater neben
dem Sohne darstellt oder den Sohn im Schoße des Vaters und zugleich
mit ihnen den Heiligen Geist in Gestalt einer Taube‹. Die kirchlich
traditionelle Darstellung ist folgende: Gottvater wird als alter Mann
mit langem, weißen, ungespaltenen Barte dargestellt, mit einem weißen Kleide und Prachtmantel und ein Zepter oder die Weltkugel in der
Hand haltend. Die Konstitution Benedikts XIV. vom 1. Oktober 1743
gibt als Grund an: ›Weil er dem Daniel als alter Mann in weißem Ge-
wande‹ erschien und ›Isaias als König auf einem Throne sitzend‹ ihn
bezeichnet.«* (Heckner, 256f) usw. Doch die Kunst geht eigene Wege,
das Bilddenken folgt nicht solchen auferlegten Regeln, auch dann
nicht, wenn man im 19. Jh. versucht hat, eine eigene Kirchenkunst der
allgemeinen Kunstentwicklung entgegenzusetzen. Dieser versuchte
Machtkampf, die Sonderwelt einer »*christlichen*« Kunst gegen die allgemeine Kunstentwicklung zu setzen, ist in der zweiten Hälfte des 20.
Jh. gründlich gescheitert. *Caspar David Friedrich* malt Allegorien des
Glaubens in seinen Landschaftsbildern – auf die Naturoffenbarung
auch in ihrer bildlichen Wiedergabe vertrauend (vgl. Abb. 38). Schon
1828 bemerkt ein Betrachter zu diesem Bild: »*Das ewig Undarstell-*

Abb. 38: Das Kreuz im Gebirge / Tetschener Altar
Caspar David Friedrich 1809, Dresden, Gemäldegalerie

bare lässt Friedrich undarstellbar sein« (nach Krücke 1959, 89). Dass
gleichzeitig im 19. Jh. die Darstellungen der Nazarener eine so un-
glaubliche Popularität und geradezu das Bilddenken bestimmende
Kraft bekommt, das liegt eher an dem Aufkommen der *Reproduktions-
techniken* im 19. Jh. und ihre primäre Vermarktung religiöser Sujets
(vgl. hierzu vor allem: Christa Pieske, Bilder für Jedermann, Katalog,

Abb. 39: Entdeckung der Stammeltern, Matthäus Schiestl,
Altar für die ehemalige Stiftskirche am Domberg in Freising

Berlin 1988). Die Verbreitung von Bildern gelang zunächst vor allem
über den Vertrieb von religiösen Bildern der Nazarener oder an mittelalterlichen Darstellungen orientierter Maler.

Dass mittlerweile aber auch Grundsätze wie die Christomorphie vergessen scheinen, das mag der Freisinger Altar von *Matthias Schiestl*
von 1910 zeigen (Abb. 39), der auf seiner »mittelalterlichen« Altartafel im Paradies einen Gottvater im Typus des Alten der Tage darstellt
und nicht den in der gemeinten Referenzzeit zu erwartenden Christus.
Das Gottvater-Bild wird über seine massenhafte Verbreitung bestimmend für das Bilddenken. Hinzu kamen eine Fülle von Kirchenausma-

Abb. 40: Dieses Bild ist von
Peter Cornelius, Schöpfung, München, S. Ludwig, 1836

lungen, hier die von *Rudolf Seitz* 1890 in München (Abb. 40). Erst seit
der 2. Hälfte des 19. Jh. kann es zu der Fixierung auf den alten Mann
mit dem langen weißen Bart kommen, denn erst seit dieser Zeit werden Bilder und Kunstwerke im umfassenderen Maße überhaupt rezi-
pierbar. Das Abrutschen in den Kitsch ist eine folgerichtige Entwicklung.

8   Schluss

Ich komme zum Schluss: Seit dem Ende des vorigen Jahrhunderts
wurde auch innerhalb einer sich dezidiert christlich verstehenden
Kunst versucht, das Gottvater-Bild zu verändern. Hier müsste man in-
tensiver auf die Beuroner Kunstschule eingehen. Es wäre ein sehr reiz-
volles Unternehmen, die Wiedergabe der ersten göttlichen Person in
den letzten 150 Jahren kunsthistorisch zu verfolgen. Hier nur als Beispiel die Dornbusch-Erscheinung, gemalt von *Karl Caspar* 1916 (Abb.
41). Ansätze zur Untersuchung, was an »Alteritätsmarkierungen« in
einer Kunst geschehen ist, die nicht in unmittelbarem kirchlichen Gebrauch stand oder steht, wie dort das Thema der Transzendenz und des
Gottesbildes behandelt wird, sind vielversprechend – ich kann hierauf
nicht weiter eingehen (vgl. vor allem W. Schmied, Katalog: Zeichen
des Glaubens – Geist der Avantgarde, Berlin 1980).

Abb. 41: Brennender Dornbusch, Karl Caspar 1916,
Friedrichshafen, Städt. Bodensee-Museum

Soweit ich sehe, gibt es in der Kunst dieses Jahrhunderts die anthropomorphe Darstellung Gottvaters nicht mehr. Das Nichtdarstellbare als
solches, nämlich als Nicht-darstellbares im Bild darzustellen, das ist
eher das Thema einer heutigen Kunst der Verweigerung, Übermalung
oder der Paradoxie. Wie Hieronymus Bosch vor 500 Jahren nähert man
sich heute eher über das Thema »Licht« der Imagination dessen an,
über das nicht zu viel gesagt werden sollte, sondern das eher als
Fremdheit und Entzogenheit thematisiert wird. So in den Raumbildern
von Ben Willikens.

Abb. 42: Prototypes, Mittelteil eines Triptyhons,
Milan des Stil Marcovic,
Europalette / Bienenwachs / Blattgold
1989, 120 x 80 cm

Ich schließe mit einem Bild aus dem Jahre 1989. Nur der Umriss des Nimbus des Gekreuzigten als das Zeichen Gottes ist zu sehen (Abb. 42). Im Buch Deuteronomium (4,15) heißt es: »*Denn eine Gestalt habt ihr an dem Tag, als der Herr am Horeb mitten aus dem Feuer sprach, nicht gesehen.*«

Doch die einmal gesehen Bilder verfolgen uns – wie sehr wird jede Theologie der ersten göttlichen Person von den Typen des Gesehenen bestimmt! – Augustinus beschreibt diese Bilderinnerung in seinem Traktat über die Trinität (de trinit. 27, 50): »*Du kannst und konntest nicht hinlänglich mit Worten deutlich machen, was du in den Nebeln der körperhaften Abbilder – ununterbrochen treten diese dem menschlichen Denken in den Weg – selbst kaum gesehen hast. Jenes Licht aber, das nicht ist, was du bist, zeigte dir auch dies: Etwas anderes sind die unkörperlichen Abbilder der Körper, etwas anderes ist das Wahre, das wir, die Bilder zurückweisend, mit der Einsicht schauen.*«

Abgekürzt zitierte und grundlegende Literatur:

Artikel: Bild Gottes I–IV in: TRE 6 (1980) 491–515 und zum antiken Götterbild-komplex: Art. Götterbild, in: RAC XI (1981) 659–828.

Hans Belting, Bild und Kult. Eine Geschichte des Bildes vor dem Zeitalter der Kunst, München 1990.

Francois Boespflug, Dieu dans l'art. Sollicitudini Nostrae de Benoit XIV (1745) et l'affaire Crescence de Kaufbeuren, Paris 1984.

– La vision de la Trinité de Norbert de Xanta et de Rupert de Deutz, in Revue des Sciences Religieuses 71 (1997), 205–229.

– Le diable et la trinité tricéphale, in: Revue des Sciences Religieuses 72 (1998), 156–175.

– Die bildenden Künste und das Dogma. Einige Affären um Bilder zwischen dem 15. und 18. Jahrhundert, in: *Christoph Dohmen / Thomas Sternberg* (Hg.), ... kein Bildnis machen. Kunst und Theologie im Gespräch, Würzburg 2/1987, 149–166.

Wolfgang Braunfels, Die heilige Dreifaltigkeit, Düsseldorf 1954.

Irmgard Correll, Gottvater. Untersuchungen über seine bildliche Darstellungen bis zum Tridentinum, zugleich ein Beitrag zur östlichen und westlichen Bildauffassung, Heidelberg (masch. Diss.) 1958.

Josef Engemann, Zu den Apsis-Tituli des Paulinus von Nola, in: Jahrbuch für Antike und Christentum 17 (1974), 21–46.

– Zu den Dreifaltigkeitsdarstellungen der frühchristlichen Kunst, in: Jahrbuch für Antike und Christentum 19 (1976), 157–172.

Alfred Hackel, Die Trinität in der Kunst. Eine ikonographische Untersuchung, Berlin 1931.

Georg Heckner, Praktisches Handbuch der kirchlichen Baukunst einschließlich der Malerei und Plastik zum Gebrauche des Klerus und der Bautechniker, Freising 3/1897.

Adolf Krücke, Über einige angebliche Darstellungen Gottvaters im frühen Mittelalter, in: Marburger Jahrbücher 10 (1937), 5–36.

– Der Protestantismus und die bildliche Darstellung Gottes, in: Zeitschrift für Kunstwissenschaft XIII (1959), 59–90.

Christa Pieske u.a.: Bilder für Jedermann. Wandbilddrucke 1840–1940, = Katalog Ausst. Berlin SMPK 1989, München 1988.

Christoph von Schönborn, Die Christus-Ikone. Eine theologische Hinführung, Schaffhausen 1984, 59f.

Wieland Schmied (Hg.), Zeichen des Glaubens – Geist der Avantgarde. Religiöse Tendenzen in der Kunst des 20. Jahrhunderts, Stuttgart 1980.

Otto von Simson, Über die Bedeutung von Masaccios Trinitätsfresko in Santa Maria Novella (zuerst: 1966), in: ders., Von der Macht der Bilder im Mittelalter. Gesammelte Aufsätze zur Kunst des Mittelalters, Berlin 1993, 161–202.

Thomas Sternberg, Vertrauter und leichter ist der Blick auf das Bild, in: *Christoph Dohmen / Thomas Sternberg* (Hg.), ... kein Bildnis machen. Kunst und Theologie im Gespräch, Würzburg 2/1987, 25–58.

– Das Nichtdarstellbare darstellen, in: Lebendiges Zeugnis 50 (1995), H. 4, 253–263.

Alex Stock, Die Ehre der Bilder, Thomas von Aquin – Johannes von Damaskus, in: *Josef Wohlmuth* (Hg.), Streit um das Bild. Das 2. Konzil von Nizäa (787) in ökumenischer Perspektive, Bonn 1989, 67–78.

HEINO FALCKE

Mittagsgebet und Ansprache zum Abschluss der Tagung der Gesellschaft für Evangelische Theologie am 23. Februar 2005 in der Augustinerkirche Erfurt

Gebet

Herr, Gott Vater, wir preisen Dich! Du hast die Welt erschaffen, Du trägst sie von Tag zu Tag, Du bist der Herr unseres Lebens, unsere Zeiten stehen in Deinen Händen, Du bist der Vollender von Welt und Zeit. Erbarme Dich aller Opfer von Naturgewalten und menschlicher Gewalt und halte uns alle im Vertrauen, wo Du uns unbegreiflich wirst.

Herr, Jesus Christus, Du bist das Licht der Welt, das uns erleuchtet. Du bist der Weg, den die Liebe geht, Du bist die Wahrheit, die uns leitet, Du bist der Kommende, der uns Hoffnung gibt. Erfülle uns mit Deiner Liebe, führe uns auf den Weg der Nachfolge, heile die vielen Wunden, an denen Menschen und Völker heute leiden.

Herr, Heiliger Geist, Du bist die Kraft des Lebens, die schöpferische Macht ohne jede Gewalt. Du kannst Menschenherzen wenden, aufrichten, was niedergeschlagen ist, erneuern, was sich verirrt und erschöpft hat. Wir bitten Dich, komm und erneuere Deine Kirche, erfülle die Herzen Deiner Glaubenden, schließe die Verzweifelten und Verbitterten auf für neue Hoffnung und Gemeinschaft und wehre dem zerstörerischen Ungeist der Gewinnsucht, der Selbstgerechtigkeit und der Feindschaft.

Gott Vater, Gott Sohn, Gott Heiliger Geist, höre unser Gebet und geleite uns auf unseren Wegen. Amen.

Ansprache

Sie sehen vor sich einen Gnadenstuhl und erinnern sich an den Vortrag von Thomas Sternberg. Dies ist der Gnadenstuhl aus dieser Kirche. Er krönt das Buntfenster in der Nordwand des hohen Chores, das die vita Augustini darstellt. Das Fenster stammt aus dem Anfang des 14. Jahrhunderts. Wir hörten es: Um die Zeit beginnt in den Trinitätsdarstellungen die Ausdifferenzierung der Vatergestalt neben dem Sohn. Wenn Sie genau hinschauen, erkennen Sie aber den Kreuznymbus, den der Vater hier noch trägt, weil der Sohn und der Vater ja nach dem Johannesevangelium »eins sind«. Ich will jetzt nicht kunsthistorisch fortfahren. Mir lag einfach daran, dass wir die drei Tage Nachdenken über Trinität in das Anschauen dieses Bildes aus dieser Kirche münden lassen. Während Sie es auf sich wirken lassen, möchte ich nur auf zweierlei hinweisen, was mir an diesem Glasfenster wichtig ist.

Als Martin Luther vor genau 500 Jahren in dieses Kloster eintrat, hatte er dieses Bild vor Augen bei den Horengebeten und besonders nach seiner Priesterweihe, wenn er während der Messe vorn in der Sediliennische dem Fenster gegenüber saß. Ob er sich daran erinnerte, als er später auf der Wartburg und in Wittenberg den Römerbrief und Hebräerbrief übersetzte und für *Kaporeth, Hilasterion*, also für die Deckplatte der Bundeslade, das Wort »Gnadenstuhl« erfand? Jedenfalls hat die Ikonographie schon im 16. Jahrhundert diese Wortschöpfung Luthers auf diese Darstellungsweise der heiligen Trinität angewandt.

Ich möchte der biblisch-theologischen Deutungsspur folgen, die in dem Wort Gnadenstuhl und der Verbindung von Gnadenstuhl und Dreieinigkeit liegt. Das Geheimnis der Trinität und das Geheimnis der Versöhnung verschmelzen hier zu *einem* großen Mysterium. Die Dreieinigkeit Gottes erschließt sich als *Heilsgeschehen*, und das Heilsgeschehen wird transparent für das ungetrennte und doch unterschiedene Wirken von Gott Vater, Sohn und Geist. Das Kreuz bildet die Mitte der drei Personen, und so sind sie der *vollkommene* lebendige Gott, wie der sie umschließende Kreis der Vollkommenheit zu verstehen gibt. Wir verstehen das Kreuz nur, wenn wir es aus dem Herzen des Dreieinigen Gottes verstehen, und wir verstehen die Dreieinheit Gottes nur, wenn wir die Liebe des Vaters, die Hingabe des Sohnes und die Lebenskraft des Geistes an uns wirken lassen.

Nehmen wir also diese Darstellung nicht als Bild, als Abschilderung des Dreieinigen Gottes, sondern als *Symbol* für die Einheit von Trinität und Heilsgeschehen. Ja mehr noch, diese Darstellung will den dreieinigen Gott nicht in einem erstarrten Bild fixieren, sie will die Dreieinigkeit Gottes *erzählen*. Gott wird nicht ins Bild gebannt, sondern in erzählendem Lobpreis wird gerühmt, »was Gott an uns gewendet hat / und seine süße Wundertat / gar teuer hat er's erworben.« Nur so können doch Trinitätsdarstellungen überhaupt vor dem Bilderverbot bestehen, dass sie die Trinität erzählen, statt sie uns durch ein Bild zu verstellen. Die Kaporeth trug ja eben gerade kein Gottesbild! Zwischen den Cherubim war der leere Raum, in dem Gott aus freier Gnade erschien, um mit Mose zu reden, sich seinen Klagen zu stellen und ihm den Weg zu weisen, und hier nun: um uns den Sohn zu zeigen, den er und der sich für uns gab.

Noch eine zweite Beobachtung zum Gnadenstuhl.

Die ganze Darstellung ist nach außen gerichtet und hat etwas Demonstratives. Sie erzählt nicht von den innertrinitarischen Beziehungen der drei Personen, wie es die compassio-Bilder tun, die den Sohn im Schoß des Vaters und den Vater in seinem Schmerz um den Sohn zeigen. Der Vater zeigt den Gekreuzigten der Welt. Das alles dominierende helle Antlitz des Vaters blickt aus großen, schwer deutbaren Augen in den weiten Raum der Welt bis zu ihrem Ziel, bis zum Punkt Omega, und unter seinen Augen verläuft der weite Weg bis dahin. Ich denke an das Zwiegespräch zwischen dem Herrn und Mose. Der Herr zu Mose: »Mein Angesicht soll vorangehen, ich will dich zur Ruhe leiten.« Und Mose zum Herrn: »Wenn nicht dein Angesicht vorangeht, so führe uns nicht von hier hinauf« (2. Mose 33,14.15). Und der aaronitische Segen rückt alle Wege des Gottesvolkes unter das *Leuchten* dieses Angesichts.

Liebe Schwestern und Brüder, wir machen uns nach drei Tagen in diesem Kloster ja nun wieder auf den Weg, auf unseren gemeinsamen Weg, und jeder auf den seinen. Der Dreieinige Gott will uns vorangehen, und wir sollen in seinem Namen zu unseren Wegen aufbrechen.

Was heißt es, im Namen und auf den Namen des Dreieinigen Gottes hin anzufangen, aufzubrechen, weiterzugehen, Welt zu erfahren, auch zu erleiden? Im Namen des Vaters – das weist uns in die Schöpfung ein. Sie steht für uns seit zwei Monaten im Zeichen der Todeswoge. Michael Welker hat uns daran erinnert, dass die Welt nicht das Paradies ist. Sie lebt im zerbrechlichen und riskanten Wechselspiel geschöpflicher Kräfte. Da ringen Tod und Leben miteinander. Chaosmächte drohen. Die neue Welt des Sehers Johannes, wo »das Meer nicht mehr ist«, steht noch aus. Noch steht alles auf dem Spiel. Die ökologische Schöpfungstheologie ist keineswegs die Harmonielehre einer heilen Welt. Und das Angesicht Gottes verbarg und verzerrte sich uns in den Schreckensmeldungen von der Tsunami-Flut wie im sechzigjährigen Gedenken an Auschwitz.

Im Namen des Dreieinigen Gottes gesendet zu werden, das heißt im Namen des Gottes aufbrechen, den uns der Sohn als Vater anzureden erlaubte. Herrliche Freiheit der Kinder Gottes! Im Sohn kommt das Angesicht Gottes zu seiner *Eindeutigkeit*, denn er und der Vater sind eins, der Vater trägt den Kreuznymbus! Es gibt immer wieder Zeiten, biografische, geschichtliche und geschöpfliche Zeiten, in denen wir den *Trost* der Dreieinigkeitslehre brauchen. Sie treibt die Furcht aus, hinter dem Angesicht des Vaters könne ein ganz anderes Gesicht auftauchen, die Fratze eines unbekannten Gottes, einer potentia absoluta, die nach Willkür zuschlägt oder verschont. Der Sohn ist nicht nur ganz der Vater, der Vater ist auch ganz der Sohn. Die Einheit beider bringt auch über der Tsunamiwoge den Regenbogen der Sintflutgeschichte zum Leuchten, der Gottes Treue zur Schöpfung bezeugt. Gottes Wille ist eindeutig Wille zum Leben, und wo das Leben auf dem Spiel steht, will er, dass wir uns seinem Lebenswillen verbünden: Dein Wille geschehe auch auf Erden, wie er im Himmel geschieht.

Sich mit dem Lebenswillen Gottes verbünden, sagt uns die Schrift, heißt dem *Sohn* nachfolgen, also sein, wo er ist. Er ist aber nicht einer, der allezeit sein Schäfchen ins Trockene bringt und seine Lebensentwürfe stets in trockenen Tüchern hat. Hilde Domin begann in den fünfziger Jahren ein Gedicht, das sie »Bitte« überschrieb, mit den Worten: »Wir werden eingetaucht / und mit den Wassern der Sintflut gewaschen,/ wir werden durchnässt / bis auf die Herzhaut.« Durchnässt bis auf die Herzhaut, welch eine Metapher für die Welterfahrung nach Tsunami! Wer hält das aus!? Der Sohn hilft, den dunklen Seiten der Schöpfung standzuhalten. Durchnässt bis auf die Herzhaut, könnte das die Metapher einer alternativen Globalisierung sein, *alle* durchnässt »bis auf die Herzhaut«? Sind wir es?

Wir brechen zu unseren Wegen auf im Namen Gottes, des *Geistes*. Das ist unsere Hoffnung. Dürfen wir in der eindrucksvoll hohen Woge der Spendenbereitschaft ein Indiz seines Wirkens sehen, weit über Kirchengrenzen hinaus? Oder arbeiten wir damit unsere Erschütterung ab, um unsere Herzhaut zu trocknen? Es ist wohl mehr nötig als eine Woge der Erschütterung, die schon wieder abklingt. Nachhaltigeres ist nötig. Als der Turm von Siloah 18 Menschen erschlagen hatte, sprach Jesus von Umkehr. Aber rechnen wir damit? Wir sind so skeptisch geworden aus zu vielen Enttäuschungserfahrungen mit uns selbst, mit dem angeblichen »Katastrophenlernen«, mit der Fähigkeit der Politik, vorbeugend zu handeln. Aber uns wird auf unseren Weg der Ruf mitgegeben: »Komm, Schöpfer Geist«! Hilf unserer Skepsis auf, dass sie uns nicht lähmt. Gott sei Dank ist der Geist nicht nur anonyme Dynamik, sondern Person, die wir anrufen, herbeirufen können bei jedem Schritt und auf allen Strecken unseres Weges.
Er ist die Kraft des Lebens und wirbt uns als seine Verbündeten, wo in der Schöpfung Tod und Leben miteinander ringen. Er ist die Kraft der Heilung und der Heiligung. Er ist der große Verbündete *in* uns. Er kommt ganz nach unten, hilft unserer Schwachheit auf, stellt uns wieder auf die Beine und bringt uns auf den Weg. Gewiss als die bis auf die Herzhaut Durchnässten! Hilde Domin schließt ihr Gedicht mit einer Bitte, aus der – denke ich – der Geist des Gekreuzigten spricht: »Und dass wir aus der Flut / dass wir aus der Löwengrube und dem feurigen Ofen / immer versehrter und immer heiler / stets von neuem / zu uns selbst / entlassen werden.«

So lassen Sie uns aufbrechen zu unseren Wegen im Namen des Vaters und des Sohnes und des Heiligen Geistes. Amen.

Verzeichnis der Autorinnen und Autoren

Heinrich Bedford-Strohm, Dr. theol., ist Professor für Systematische Theologie und Theologische Gegenwartsfragen an der Otto-Friedrich-Universität Bamberg.

Eberhard Busch, Dr. theol., Dr. h.c., ist emeritierter Professor für Reformierte Theologie an der Universität Göttingen.

Hans-Joachim Eckstein, Dr. theol., ist Professor für Neues Testament an der Evangelisch-Theologischen Fakultät der Universität Tübingen.

Heino Falcke, Dr. theol., Dr. h.c., war Probst der Evangelischen Kirche der Kirchenprovinz Sachsen.

Magdalene L. Frettlöh, Dr. theol., ist Privatdozentin für Systematische Theologie an der Evangelisch-Theologischen Fakultät der Universität Bochum.

Joachim Garstecki, Dipl.-Theol., war Generalsekretär der deutschen Sektion der Internationalen Katholischen Friedensbewegung Pax Christi und ist seit 2001 Geschäftsführender Studienleiter der Stiftung Adam von Trott, Imshausen.

Bertold Klappert, Dr. theol., ist emeritierter Professor für Systematische Theologie an der Kirchlichen Hochschule Wuppertal.

Ulrike Link-Wieczorek, Dr. theol., ist Professorin für Systematische Theologie und Religionspädagogik an der Universität Oldenburg.

Michael Meyer-Blanck, Dr. theol. ist Professor für Religionspädagogik an der Evangelisch-Theologischen Fakultät der Universität Bonn.

Jürgen Moltmann, Dr. theol., Dr. h.c., ist emeritierter Professor für Systematische Theologie an der Universität Tübingen.

Daniel Munteanu, Dr. theol., promovierte 2002 in Heidelberg und habilitiert sich z.Z. in Erlangen.

Peter Ochs ist Edgar-Bronfman-Professor für Judaistik der Moderne an der Universität von Virginia.

Susanne Plietzsch, Dr. theol., ist Assistentin für Jüdische Studien am Institut für Jüdische Studien der Universität Basel.

Thomas Sternberg, Dr. theol., Dr. phil., ist Direktor der Katholisch-Sozialen Akademie Franz-Hitze-Haus in Münster sowie Honorarprofessor für Kunst und Liturgie an der Universität Münster.

Michael Welker, Dr. theol., Dr. phil., ist Professor für Systematische Theologie an der Evangelisch-Theologischen Fakultät der Universität Heidelberg.

Rudolf Weth, Dr. theol., war bis 2003 Direktor des Neukirchener Erziehungsvereins und bis 2005 Vorsitzender der Gesellschaft für Evangelische Theologie.